U0895106

$E=mc^2$

解码世界科学

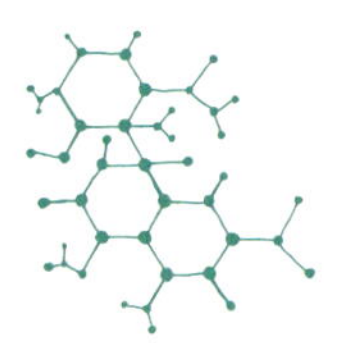

[法] 伊万·基利奥夫
[法] 莱亚·米尔桑 著
胡莲张绚 译

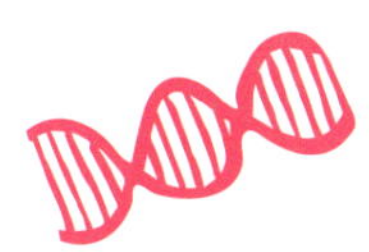

图书在版编目（CIP）数据

解码世界科学 / (法) 伊万・基利奥夫, (法) 莱亚・米尔桑著 ; 胡莲, 张绚译. -- 上海 : 上海交通大学出版社, 2019
ISBN 978-7-313-22727-0

Ⅰ. ①解… Ⅱ. ①伊… ②莱… ③胡… ④张… Ⅲ. ①科学知识 – 普及读物 Ⅳ. ①Z228

中国版本图书馆CIP数据核字(2019)第281446号

Direction de la publication Isabelle Jeuge-Maynart et Ghislaine Stora
Direction éditoriale Agnès Busière
Édition Maëva Journo
Création graphique, mise en page et couverture Anne Bordenave
Informatique éditoriale Philippe Cazabet
Recherches iconographiques Valérie Perrin
Fabrication Rebecca Dubois

Published in its Original Edition with the tile *ZAPPING DES SCIENCES*
by Ivan Kiriow (Mr),Léa Milsent (Mrs)

解码世界科学
JIEMA SHIJIE KEXUE

著　　者：［法］伊万・基利奥夫　［法］莱亚・米尔桑
译　　者：胡　莲　张　绚
出版发行：上海交通大学出版社
邮政编码：200030
印　　制：北京博海升彩色印刷有限公司
开　　本：889mm×1194mm　1/16
字　　数：447千字
版　　次：2020年8月第1版
书　　号：ISBN 978-7-313-22727-0
定　　价：168.00元
地　　址：上海市番禺路951号
电　　话：021-64071208
经　　销：全国新华书店
印　　张：20
印　　次：2020年8月第1次印刷

告读者：如发现本书有印装质量问题请与印刷厂质量科联系
联系电话：022-69310971

目录

追根溯源 001

漫长的人类进化史 004

史前时代的十大发明 006

化石：发现与谣传 008

恐龙，消失的巨兽 010

很久很久以前，人类出现 012

走下神坛的达尔文 014

关于进化的无尽讨论 016

自然发生之谜 018

小心灭绝的风险！ 020

寻找起源 022

世界的年龄 024

生命的奥秘 026

细胞：生命体的砖瓦 028

生物图鉴、动物园与自然历史 030

繁殖：1+1=3 032

微生物 034

孟德尔：遗传学的鼻祖 036

生命循环往复！ 038

基因：人类可以编成代码吗？ 040

DNA 与遗传的秘密 042

蛋白质：万能分子 044

饥饿的机制 046

细胞：破译生命的密码 048

生命的核心 050

生殖：1+1=1 052

攻击人体的病毒 054

细菌：300 亿个好朋友 056

人不是动物！ 058

极端条件下的生命 060

酵母的奥秘 062

大象的耳朵为什么大？ 064

随时待命的 600 块肌肉！ 066

分子生物学：DNA 知多少 068

基因工程 070

人类的医学探索 072

神的医学，人的错误 074

备受考验的解剖学 076

成为实验学科的医学 078

外科医学，从理发店到手术台 080

巴斯德：向微生物发起进攻！ 082

大脑的秘密 084

精神病学：精神的胜利 086
庞大的神经系统 088
疫苗战胜病魔? 090
记忆和遗忘的道路 092
现代弗兰肯斯坦：器官移植的发展 094
血液、生命与死亡 096
肠道系统的奥秘 098
激素的错? 100
大脑也骗人…… 102
克隆与干细胞：狂想与现实 104
艾滋病：医学难题 106
和谐的人体 108
大脑是智力的核心吗? 110
免疫系统与癌症：身体失衡了! 112
透视人体 114
现代医学之路 116

对地球的研究 118
地心之旅 120
土地：被埋藏的历史? 122
一切都可以变得精确! 124
晶体：按照规律排列的原子? 126
升温 128
移动的地球 130
地球上看不到的力 132
海面下的世界 134
风中的科学 136
海底大发现 138
盖亚假说：地球有生命吗? 140

开发地球资源 142
碳化物 144
X 射线：物质内部的能量 146
核武器：科学与罪恶 148
聚合物：万能物质 150
地球在升温 152
青黄不接 154
城市规划与空间优化 156
分子真奇怪! 158
细菌的反抗：数量太多了! 160
生态学：科学与良知 162
“有机”的秘密 164
未来的能源? 166

探索浩瀚宇宙 168
大爆炸：爆炸创造宇宙! 170

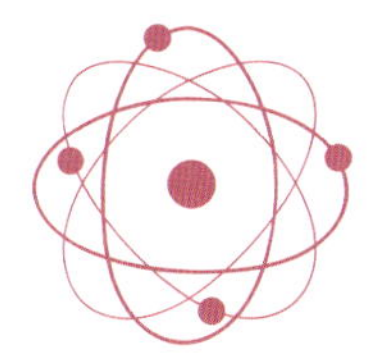

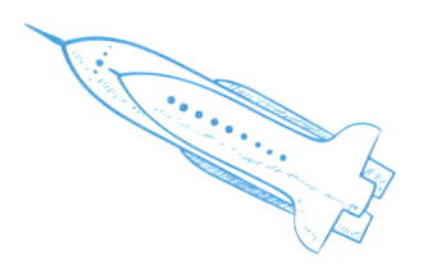

大爆炸还是大反弹? 172
托勒密，绘制星图的人 174
哥白尼，第一位现代天文学家 176
布鲁诺和文艺复兴时期的天才 178
真空真的存在吗? 180
伽利略：看，星球在运动! 182
沉浸在星空里 184
天文学家的工具箱 186
开普勒定律 188
十大著名天文台 190
月球百态 192
我们是宇宙中唯一的生命吗? 194
十大天文发现 196
黑洞，宇宙的谜团 198
太阳为什么会发光? 200
从征服太空到探索太空 202
暗物质与暗能量 204
有生之年，移民火星? 206

非几何学家免进! 208
泰勒斯和毕达哥拉斯：他们创造了什么? 210
亚里士多德，全能科学家 212
圆周率的漫漫长路 214
阿拉伯科学的瑰宝 216
令人着迷的黄金分割比 218
笛卡尔，用数学解析世界 220
素数的秘密 222
帕斯卡：真空与无穷大 224
将偶然关进笼子 226
不可错过的十大公式! 228
数据啊数据! 230
无限的眩晕 232
蝴蝶效应、混沌理论和分形几何 234
非欧几何：超越三维空间 236

物质的秘密 238
原子大冒险 240
让元素排好队 242
色彩的生命 244
光线的未解之谜 246
牛顿的革命! 248
炼金术：物质的奥义 250
拉瓦锡：一切皆可转换 252
衡量时间 254
空气中的电 256
两次获得诺贝尔奖的居里夫人 258

$$E_n = \frac{-13.6Z^2}{n}$$

走向混乱：热力学法则 260
爱因斯坦：难以超越的天才 262
超越光速 264
量子物理：原子世界的科学 266
盘子里的化学 268
基本粒子！ 270
纳米：挑战还是威胁？ 272
弦理论 274

技术与科技 276
蒸汽，全新的动力 278
定格影像 280
走进暗箱，走上大屏幕 282
不同形态的声音 284
追求速度 286
强化人，修复人 288
激光：未来之光 290
计算机的根源 292
因特网：连接世界 294
生物信息学：生命数字化 296
大数据：我们都被监视了吗？ 298
量子计算机：未来的个人电脑？ 300
您说二元论？ 302
科技治愈人类！ 304
机器人的智力 306
科幻：幻想还是现实？ 308

词汇表 310

索引 312

图片信息 314

Na_2CO_3

追根溯源

探寻人类起源

亚里士多德在《形而上学》开篇写道：“求知是人类的本性。”20多个世纪之后，弗洛伊德将这种本性称之为“求知欲”，人类天生就具有揭开自身起源之谜的欲望。

因而，当我们谈论科学时，不可避免地要探寻科学的起源。在引发科学研究的众多问题中，“我们从哪里来？”始终占据着重要位置。目前，针对这个问题，已经有诸多基于事实而得出的合理解答，代替了神话和宗教传说中的解释。达尔文的进化论学说则是将这个问题分为两个层面：人类起源和生命起源。

追溯时间之河

无论从个体层面、物种层面还是从全世界的有生命体层面去追溯过往，并不总是好事。在达尔文的时代，提出人类祖先是类人猿的学说不仅激起了民愤，更遭到了教会的抨击。那场震惊社会的争论还远没有结束，大大小小的余震一直延续到当今社会，最近反进化论的宗教学说——神创论就是活生生的例子。生命起源的问题（比如自然发生说）还拥有厚重的意识形态背景。在追根溯源的过程中，困难远不止这些。人们必须充分动用想象力、耐心和智慧，根据已有的一切，比如几块残缺不全的化石，来重现历史。在不断尝试重建人类历史的过程中，探讨是否存在利用当下来解释历史的可能性。人类至今还无法拥有一台时光机，因而那些可以用来追根溯源的方法和技术就显得弥足珍贵：如放射性同位素测年法、基于计算机处理的基因分析等，甚至包括先进的法医和刑侦科技，能够像处理犯罪现场一样严密勘探考古现场。

多重起源

然而，当我们对祖先和远古历史的研究越来越深入时，人类起源的真相却似乎越来越遥远。这是无止境的研究，答案会不断被新的问题所替代（如果生命的起源在外太空，那它出现在何处？又是如何出现的？）。最初的生命形式、最早的人类……而当生命和人类的古老性时常被高估时，单一起源论似乎也站不住脚了。一些人坚信最早的人类是直立行走的，另一些人却在强调两足行走的多样性，一些近现代的物种也存在两足行走的现象。

说到人类最早的祖先，首个生命体 LUCA（法语为“DACU”，意为“最早的共同祖先”）更像是一个概念，而非真实存在的实体。追寻人类的起源也就愈发需要刨根究底，相比于拥有单一的“共同祖先”，科学真相似乎更加复杂和多样。这一追根溯源的过程也并不枯燥乏味，相反，对人类复杂而曲折的起源的认知有着非常重要的科学、哲学和政治意义。因为探寻我们从哪儿来，其意义等同于探寻人类如何归去，否则在这个盲目消耗资源的时代，人类终会亲手摧毁自己赖以生存的摇篮。

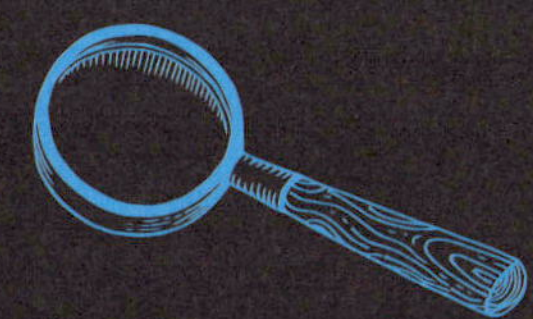

漫长的人类进化史

人类进化

人类进化包含一系列进化步骤。通过这些步骤，人类能够获得使其区别于动物，特别是其古猿类祖先的特征。经历了这些进化步骤的物种共同构成人科。研究这些物种的学科，我们称之为古人类学。

直立行走的物种

两足直立行走是人类演化过程中首要且关键的一步。众多灵长目动物、甚至部分其他动物（譬如熊），都能靠两肢站立一段时间，我们称之为直立姿势。直立姿势区别于直立行走，后者最开始只是偶然发生，后来才转为持续发生。直立行走是最早的人类特征，在我们的猿类祖先中，最早能够靠两只后脚站立的是南方古猿。1978 年，古生物学者玛丽 · 利基在坦桑尼亚莱托里发现了最早的两足直立行走遗迹：火山灰中的脚印。这些脚印属于三个不同的人科，而且可能是露西那样的阿法南方古猿留下的遗迹。然而，一些古人类学者提出，阿法南方古猿和灵长目猿人一样，仍旧保留林栖的生活方式。因此，这种古猿出现直立行走，很可能仅仅是个偶然事件。

1. 南方古猿“露西”是首个直立的猿人。
2. 尼安德特人。
3. 克鲁马努人。

露西

1974 年 11 月 24 日，由莫里斯 · 泰伊白、唐纳德 · 约翰逊和伊夫 · 柯本斯带领的研究队伍在埃塞俄比亚哈达尔发现了一具女性南方古猿骸骨。该给她起个什么名字呢？埃塞俄比亚人称之为“Dinqnesh”（意为“你美极了”），而研究员们总在夜晚时分，在帐篷里听披头士乐队的《缀满钻石天空下的露西》（*Lucy in the sky with diamonds*），因而给这具骸骨起名为“露西”（Lucy）。1978 年，露西被确认属于南方古猿阿法种。根据骸骨推算，露西的诞生日距今约有 320 万年。

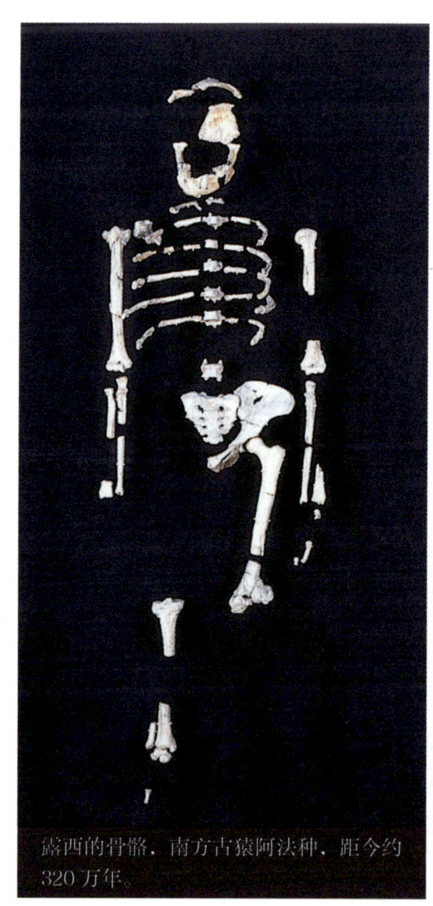

露西的骨骼，南方古猿阿法种，距今约 320 万年。

巨大的脑袋

人脑随着颅骨形状的巨大变化而不断演化，是人类进化的一个基本标志。南方古猿的平均脑容量仅为 400 ml 左右，能人脑容量为 600 ml 左右，直立人脑容量超过 1 000 ml，距今约 20 万年的早期智人脑容量则高达 1 650 ml。但一段时间以来，现代人类的脑容量减少至 1 350 ml。若根据上述规律，这一变化只能说明人类变得越来越愚蠢，可见脑容量大小并不能说明一切。

能人头颅形状。

直立人头颅形状。

所有人都站立起来了！

用两只脚在地上行走还不够，还得保持直立姿势才行！掌握直立姿势并挺直脊柱之后，给人类带来许多形态和机能上的变化。尽管被称为“直立人”，但直立人并不是第一个拥有直立能力的人种。它的名称来源于 1894 年荷兰人欧仁·杜布瓦为“爪哇人”所取的名字——直立猿人。

1891 年，杜布瓦在印度尼西亚发现了爪哇人的骨化石。他认为这些化石能够对人类进化史里“缺失的一环”，即猿猴向人类过渡的环节做出说明。

征服辽阔的世界

直立人活动的年代约为公元前 150 万年到公元前 10 万年。尽管非洲一直被看作是“人类的摇篮”，但并没有在这片大陆上发现直立人的骸骨，却在亚洲和欧洲有相关发现。直立人的出现标志着人类迁徙的开始。从此，我们的祖先便开始前往世界各个适居区定居生活。

人类的手

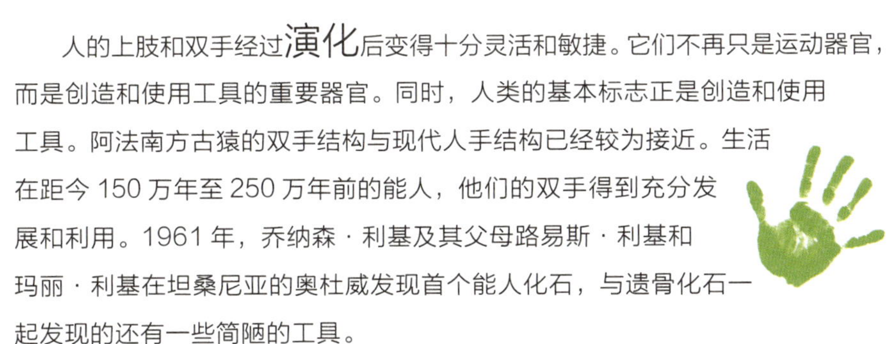

人的上肢和双手经过演化后变得十分灵活和敏捷。它们不再只是运动器官，而是创造和使用工具的重要器官。同时，人类的基本标志正是创造和使用工具。阿法南方古猿的双手结构与现代人手结构已经较为接近。生活在距今 150 万年至 250 万年前的能人，他们的双手得到充分发展和利用。1961 年，乔纳森·利基及其父母路易斯·利基和玛丽·利基在坦桑尼亚的奥杜威发现首个能人化石，与遗骨化石一起发现的还有一些简陋的工具。

史前时代的十大发明

掌控野火

对火的掌控，无疑是史前人类所掌握的最重要的技能。最先掌握这项技能的是直立人：在直立人的骸骨旁，人们发现了最早的生火遗迹。

延展双手

尽管现今我们知道很多动物都会使用工具，但一般来说，使用工具仍被看作是人类的专属特征。另一方面，我们也很难推测出史前人类到底是何时开始使用工具的。能人使用的第一块碎石片（英文名为“chopper”），可以追溯到 250 多万年前。

旧石器时代的“莫斯特时期”刮板。

阿尔代什的肖维岩洞中发现的手印。

留下印记

最早的岩洞壁画可以追溯到公元前 3.5 万年，是 1991 年由潜水员亨利 · 科斯克在马赛海湾下的肖维岩洞中发现的。1881 年，弗朗索瓦 · 达勒在拜尔农拜尔山洞中发现了公元前 3.3 万年至公元前 2.6 万年的壁画。

使用切割工具

人类之所以能脱颖而出，不只是因为会使用工具（我们在动物世界中发现了很多使用工具的例子），而是在于人类对原始材料进行加工以制造工具和武器的能力（尽管在这点上，动物并没有我们想象中那么笨拙！）。打制燧石是目前有迹可循的最早的一门技术。直立人已经能打制两面器和刃斧。燧石切割工具的使用标志着旧石器时代的开端，即打制石器时期（公元前 300 万年—公元前 1 万年）。

磨制刀具

旧石器时代结束，人类进入了新石器时代，也叫磨制石器时期（公元前 9000 年—公元前 3300 年）。1865 年，英国史前学家约翰 · 卢伯克确立了“石器时代”中这两个重大时期的划分（中间穿插了一个过渡时期，即中石器时代）。磨制工具技术在旧石器时代晚期（公元前 4.5 万年—公元前 1.2 万年）得到发展，直到新石器时代，农业和定居生活有所发展，磨制技术才得以普及。

埋葬亡者

最早确凿的墓葬遗迹发现于以色列，可以追溯到10万年前，是智人的墓葬。其他更早的遗址也已挖掘出来，可追溯到300万年前或40万年前，但人们对这些墓葬的性质还存在争议。我们很难确定，这些骸骨的主人是否是有意被这样放置的。埋葬逝者的行为表达了灵魂有所归属以及人类对死亡的思考，在人类精神文化发展中迈出了至关重要的一步。

耕种土地

农业发展最初的迹象可以追溯到约公元前1万年。这里所说的农业是指掌握一些蔬菜萌发的技术，这项革新技术标志着人类由狩猎采集的游牧生活向定居生活过渡。这是新石器时代的一场革命！

驯服动物

农业有了初步发展，为满足需求的动物驯养技术也得以普及。第一只被驯养的动物是距今1万年前的原牛。

加工金属

金属的首次使用可以追溯到约公元前4000年，即铜的发现与加工。但更重大的发现却是金属的熔融、合金的冶炼技术，它标志着冶金学真正开始发展起来。众所周知青铜是第一种合金，它标志着人类由铜器时代进入了青铜时代（公元前2500年—公元前1000年），随后进入铁器时代。

画着两头牛拉犁的岩洞壁画（公元前3000年）。

步入有史时期

文字的发明标志着史前文明向有史文明过渡。约公元前3300年，最早的文字出现于美索不达米亚地区。

化石：发现与谣传

寻找“新人类”

1856 年，在德国杜塞尔多夫附近的尼安德特山谷的山洞里发现了**尼安德特人**的颅骨，这是世界著名的首个人类化石样本。非常巧合的是，这处地名在古希腊语中意为“新人类之谷”！

人类化石

1859 年，雅克·布歇·德·**彼尔特**成功地让科学界承认了“太古人”的存在。而在那之前的若干年前，彼尔特就一直致力于寻找“太古人”的遗迹。此前 6 年，他的学说曾被同僚抨击，遭科学院摒弃。要知道在那个时代，被所有人乃至整个学界都一致认同的方法是通过解读《圣经》来推定年代，而《圣经》中却说最早的人类生活在 4000 年前！雅克·布歇·德·彼尔特搜集到的一些证据，特别是在同一地质层中发现了人类骸骨、灭绝动物化石（如猛犸象、披毛犀、洞穴熊）和燧石工具，使他的学说获得了科学界的认可。

三叶虫化石。

备受争议的下颌骨

1863 年，雅克·布歇·德·彼尔特在阿布维尔大区（索姆省）附近的木林奎农（Moulin-Quignon）遗址旁的一片沙地上，挖掘出一块旧石器时代初期的人类**下颌骨残骸**，这是“太古人”学说的重要佐证。但争议随之而来，英国科学界更是哗然一片，纷纷质疑化石的真实性。来自英吉利海峡两岸的学者组成委员会，聚集在一起调查“下颌骨之谜”，并得出结论：这块下颌骨是真的“人类化石”。然而，结果证实是有人弄虚作假，布歇·德·彼尔特深受其害；原来那块下颌骨是现代人的，采石工人们因觊觎布歇·德·彼尔特承诺的赏金，故意将它放到了遗址里！

雅克·布歇·德·彼尔特。

长出来的矿物

16 世纪，一些博物学家并不认同化石是真实存在过的动物遗迹。在他们看来，这些化石是在岩石中自然生成的，是“大自然的游戏”（见第 122 页）。陶艺家伯纳特·贝利希甚至认为是山脉催生了这些“植被矿物”！就像山上长出植物一样……（见第 123 页，以便真正理解此处山脉的“催生”作用）。

从猿人到北京人

当 1895 年重返欧洲的尤金·杜布瓦宣称带回了印度尼西亚“猿人”的残骸时，他的同行还并不把这当回事儿。直到 1923 年发现了“北京猿人”（又称“北京人”，之后被命名为“直立人”），1924 年又在南非发现第一个“南方猿人”，杜布瓦的观点才得到佐证。

缺失的环节！

雅克·布歇·德·彼尔特并不是化石伪造事件的唯一受害者。1899 年，查尔斯·道森在皮尔丹（英国）发现了同时具有人与猴子特征的骨头残骸：颅盖是人类头骨的形状，但下颌却保留着猴子颌骨的形态。在 13 年之后，道森才向史前学家亚瑟·史密斯·伍德沃公开自己的发现。这两人以为自己发现了人与猴子间缺失的一环，预估距今有 50 万年的历史，他们将这个人种命名为“道森曙人”，之后改名“道森人类”，最后定名为“皮尔当人”。

揭露骗局！

在被发现后的半个世纪内，皮尔当人曾被认为是人类进化线上的重要一环，后被证实只是拼装在一起的残骸。其实，早在 20 世纪 20 年代，就已有人对此提出了质疑，可直到 20 世纪 50 年代靠现代测年法才得到证实（氟、碳 14）！其中人类头骨的历史仅可上溯至中世纪，而颌骨则是猩猩的。至于是谁导演了这场骗局，有很多种猜想：一些人认为是皮埃尔·泰亚尔·德·夏尔丹所为，后者曾出现在 1912 年的发掘现场，那时他还只是个年轻的爱好史前学研究的神学院学生；另一些人则认为这是小说家阿瑟·柯南·道尔所为，后者可是福尔摩斯之父！

1912 年，道森宣称发现了“皮尔当人”颅骨的碎片。

恐龙，消失的巨兽

龙的时代

第一批恐龙**化石**发现于中国，被认为是龙之骨。人们压碎了它们的牙齿，用来制作药物。在犹太基督教世界中，也认为存在一些古老生物（生活在诺亚洪水时期之前）。

恐龙化石。

“第一只”恐龙

1822 年，医学家兼古生物学家**吉迪恩·曼特尔**鉴定出第一具恐龙化石：那是一颗巨大的牙齿，由他的妻子玛丽·安发现。自然主义学者乔治·居维叶与曼特尔共同鉴定后，前者断定这颗牙齿属于一只犀牛。但曼特尔，这位英国的古生物学家却坚信它属于一种灭绝的动物。曼特尔记录下这颗牙齿与鬣蜥牙齿的相似点，并将该生物命名为禽龙（“鬣蜥之牙”），并推测其身高约有 20 m！他的估测后来经复核鉴定，牙齿原主的身高其实只有 5 m！

被遗忘的先驱

英国古生物学家**玛丽·安宁**在恐龙的研究中扮演了一个重要角色。玛丽出身低微，自学成才，她发现了海洋爬行生物（鱼龙、蛇颈龙）和有翼爬行生物（翼指龙）。

理查德·欧文爵士，“恐龙（dinosaure）”一词的创造者。

巨型蜥蜴！

“恐龙”一词（源于希腊语“deinos”，意为“可怕的”，“sauria”意为爬行动物或蜥蜴）由理查德·欧文于 1841 年提出，是史前巨型爬行动物的总称。他坚决反对曼特尔所谓的“禽龙”说，并断言那颗牙齿只可能是某只哺乳动物的！

鱼龙化石。

谁杀死了恐龙?

在很长一段时间内，恐龙灭绝的原因都一直困扰着学术界。这些巨型生物怎么会如此迅速地消失并近乎灭绝？多年间，一直有两种说法对立着。

假说 1：火山爆发。

一座活跃的活火山爆发后，火山灰遮盖了太阳光线，引发全球降温。植被枯萎，导致大型食草动物灭绝，以它们为食的肉食动物紧接着也消亡了。

假说 2：陨石撞击。

巨大的陨石坠落引发全球气候混乱。这一假说是基于墨西哥尤卡坦半岛直径达 180 km 的希克苏鲁伯陨石坑而提出的，可能发生于白垩纪 - 第三纪灭绝事件时期。

霸王龙，两足肉食性恐龙。

遗失的世界

恐龙的“统治”持续了约 1.5 亿年。最早的遗迹可以溯源到 2.3 亿年前的三叠纪晚期，最近的也可追溯到 6500 万年前的白垩纪晚期。记录在编的恐龙种类有七百多种，并不都属于同一时代。但所有的恐龙都有一个共同的祖先，即祖龙（“古蜥蜴”）。

梁龙，生活在侏罗纪时期的食草类恐龙。

达成共识

最新的一些发现表明，上述两种有关恐龙灭绝的假说可能是互补的。“火山爆发说”和“陨石撞击说”的支持者各有道理。2015 年，地质学家们分析了印度德干高原的古老熔岩流后，发现了 5 万年前剧烈火山活动的证据，火山喷发就发生在陨石坠落在尤卡坦半岛之后。这两大事件的先后发生或加快了“巨型蜥蜴”的覆亡。陨石也可能引起了火山喷发，后者则导致了地球的生物多样性在 50 万年间都无法复原。

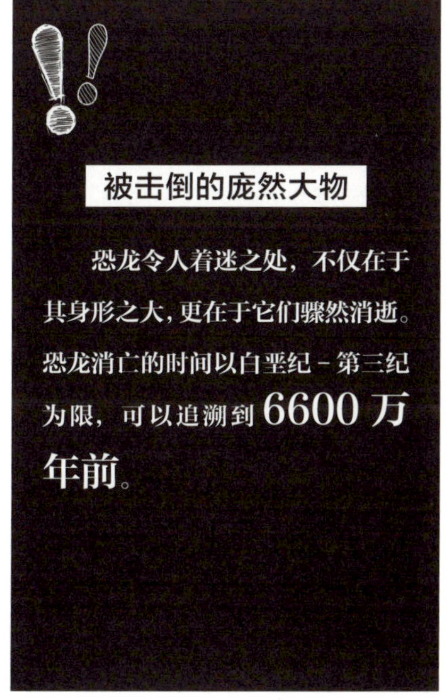

被击倒的庞然大物

恐龙令人着迷之处，不仅在于其身形之大，更在于它们骤然消逝。恐龙消亡的时间以白垩纪 - 第三纪为限，可以追溯到 **6600 万年前**。

很久很久以前，人类出现

进化的历史

人类历史发端的谜题还远远没有解开。古生物学的发现和基于形态学、分子生物学的系谱研究，使得人类进化的演变得以细化。

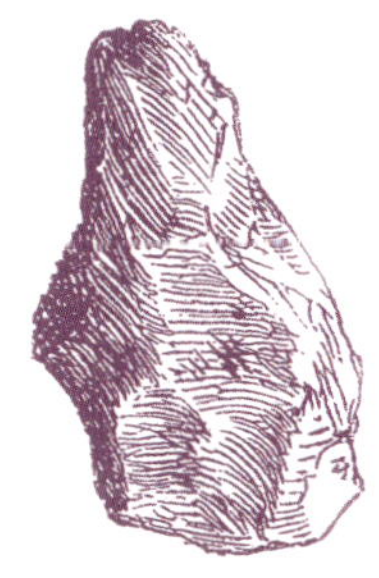

3 亿年前的石炭纪森林。

总有更早

在很长一段时间里，露西人在人类史研究中一直占据着重要地位，但它渐渐地被发现的更古老的残骸所取代。1994 年，理查德·厄斯金·利基（生于 1944 年，其父母都是伟大的古生物学家——玛丽和路易斯·利基）和他的妻子米薇·利基（生于 1942 年）在肯尼亚的卡纳波依挖掘出距今 410 万年的古猿种——南方古猿。

尼安德特人

2014 年的两项研究表明，现今欧亚和亚洲人种继承了尼安德特人 20%的基因组，个体差异在 1%~4%之间。智人与尼安德特人的杂交产生了这一基因，也使得我们的祖先继承了能适应欧亚环境的皮肤。

东边故事

古生物学家伊夫·柯本斯所拥护的“人类起源说”曾一直占据主流地位，它描绘了人类的起源，认为人类化进程始于埃塞俄比亚东部裂谷，这一学说因此被命名为“东边故事”。该假说认为东非断层或者说是东非裂谷扩大而导致地理隔离，这正是人类物种形成（指一个物种渐渐发生分化）的原因。可能是气候变化（从森林向草原过渡）令我们的祖先不得不开始自我适应，而渐渐抛弃了林栖生活。但这个假说完全是以达尔文进化论为框架而提出的，可是最新的一些发现则对这一假说提出了质疑。

命运的“十字路口”

21 世纪初，人类系谱树形图让我们得以窥见一个人类与动物界限模糊的时代。2000 年，布瑞吉特 · 森努特和马丁 · 匹克福特公布了图根原人的牙齿、股骨和趾骨，将其命名为“千禧人”。图根原人生活在约 600 万年前，已经偶有出现双足行走的迹象。2001 年，由米歇尔 · 布鲁奈和杜马伊带领的小队在乍得发现的残骸，被认为是我们最早的祖先，距今已有 700 多万年的历史。但它在人类进化线上的归属问题却饱受争议。

公元前 4000 年的洞穴岩画。

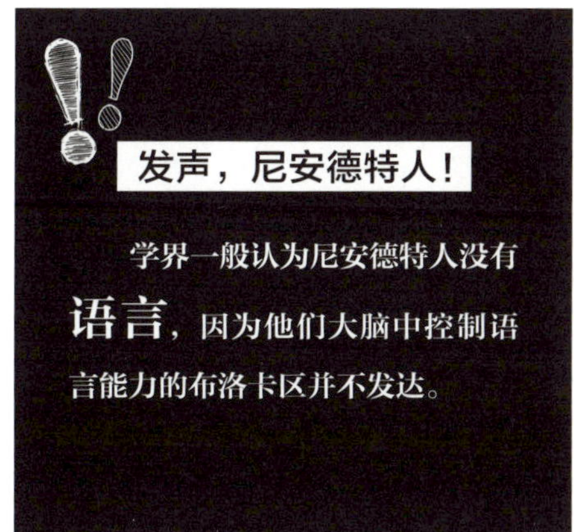

发声，尼安德特人！

学界一般认为尼安德特人没有**语言**，因为他们大脑中控制语言能力的布洛卡区并不发达。

“不幸的表兄”

很长一段时间里，我们都把尼安德特人看作是晚期智人的亚种，称之为“尼安德特智人”。但基因研究学对它的归属重新进行了划分，将尼安德特人归为介于直立人与现代人之间的另一人种，后者在 3 万年前就已经灭绝了（而我们的祖先是智人）。

是人还是猴子?

1992 年至 1994 年间，美国人提姆 · 怀特在埃塞俄比亚的阿拉米斯发现了比南方古猿更早的古人类残骸——地猿始祖种，距今约 440 万年。一开始，它被划分为南方古猿类，在 1995 年被重新命名。怀特小队在原址上继续挖掘，并最终挖掘出 36 具尸骨残骸。在研究这些化石达 17 年之久后，研究人员终于向世界展示了古人类化石标本“Ardi”，这是复原出的最完整的古人类化石。这具骸骨看起来并不像古人类化石，也不像猴子，而更像是猿人，从其身上可以看到林栖生活的痕迹。Ardi 已经能直立行走，但还不能走太远的路程。

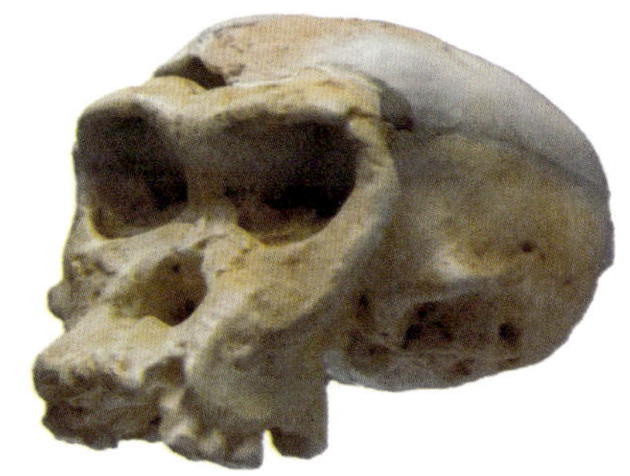

经鉴定，此为尼安德特人的颅骨。

走下神坛的达尔文

51 岁的查尔斯 · 达尔文。

著名的遗产

查尔斯 · 罗伯特 · 达尔文出生于 1809 年。他的祖父是伊拉兹马斯 · 达尔文，是一位哲学家、诗人、医生，也是英国著名的博物学家。达尔文的祖父在他的著作《动物学》（又名《有机生命法则》，1794—1796 年）中，已经表明了对物种演进学说的支持。

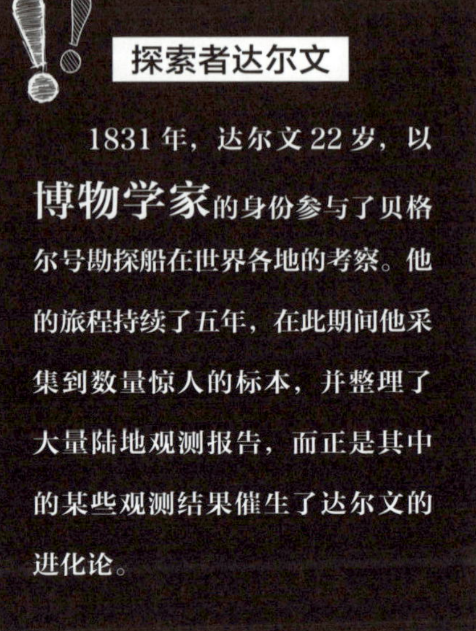

探索者达尔文

1831 年，达尔文 22 岁，以博物学家的身份参与了贝格尔号勘探船在世界各地的考察。他的旅程持续了五年，在此期间他采集到数量惊人的标本，并整理了大量陆地观测报告，而正是其中的某些观测结果催生了达尔文的进化论。

使命之诞生

青年时期的查尔斯 · 达尔文在学业上并没有表现出超凡的能力。他热爱自然历史，喜欢阅读，但资质平平，还不守纪律。他的父亲是一名医生，最初还要求他继承家业。但达尔文太过敏感，不能见血，也忍受不了手术台上的血腥。他的医学学业荒废了，反而更喜欢自然历史。达尔文的父亲建议他选择传教士的职业，于是，他学习了神学，但他对自然界的热情很快又重新凌驾于神学之上。

人类的起源

在他 1871 年出版的著作《人类的由来》（*The Descent of man*）中，达尔文明确提出了有关动物世界中人类所处的位置之论：人类不是猴子的“子孙”，但人和猴子却有着共同的祖先，在一定程度上猴子是人类的“表兄”。

加拉帕戈斯群岛上的发现

在研究了位于赤道附近的科隆群岛即加拉帕戈斯群岛上的动物——尤其是鸟类后——达尔文发现了一个惊人的事实：每个岛上都有自己独特的物种。不过这些动物的形态（特别是鸟的喙部），似乎都与它们在各自的生活环境中能获取到的食物完美适应。而且，在它们之间似乎存在着某种亲缘关系，而它们与大陆上的物种也存在着这样的关系。

漫长的酝酿

达尔文在一次勘探任务中所绘的鸟。

1844 年，达尔文开始编写第一版进化论，只有几个他信任的人才见过最初的手稿。但在 1858 年，当他读到一个年轻的同行艾尔弗雷德·拉塞尔·华莱士所写的一篇文章时，他的计划被打乱了。华莱士在文中阐述的观点与他的很接近！由于担心会被捷足先登，达尔文决定在 1859 年就发表他的学说，这本书就是时至今日仍闻名于世的《论借助自然选择（即在生存斗争中保存优良族）的方法的物种起源》。尽管是仓促写就、被动提早出版的，这本书仍被认为是达尔文最伟大的著作！

加拉帕戈斯群岛的鸟类。

空前的丑闻

尽管《物种起源》的出版为达尔文带来了显赫的名声，但也给他引来了敌人！因为这本书不仅对“物种不变”的观点产生了严重的冲击（在他之前，拉马克和其他人已经对此观点提出过质疑），而且他书中的理论所引发的后续结果更是震惊了世人：假设物种能进化，人类也起源于这场进化，那么这就意味着我们的祖先是动物！人们很快便将达尔文的名字与“人类由猴子进化而来”的说法捆绑在一起，这与宗教教义以及“人类是万物灵长”的观点完全相悖。

自然选择下的进化

进化论的核心观点启发了经济学家托马斯·罗伯特·马尔萨斯，他认为人口的增长速度远大于生存所需要的资源补给速度。达尔文提出了物种根据“适者生存”的原则进化，如此看来，为在给定的环境中存活下来而进行最强“武装”的物种就有更多机会可以活得长、繁衍更多的后代。通过把个体特征传递给下一代，它们就能渐渐重塑自己的种类。

关于进化的无尽讨论

达尔文的“斗牛犬”

1859年达尔文的《物种起源》一书一经出版，达尔文派和反达尔文派便锋芒相对。在进化论最忠实、最激进的拥护者中，有一些非常著名的人，比如博物学家托马斯·亨利·赫胥黎。这位犀利的雄辩家、厉害的笔战者被称为“达尔文的斗牛犬”！在1860年的英国科学促进协会会议上，牛津教区主教塞缪尔·威尔伯福斯——达尔文学说的坚决反对者——质问赫胥黎他是从外祖父还是外祖母那代开始继承了猴子的血脉，以此讥讽他。这位生物学家的回答很尖刻：“我宁可当猴孙，也不愿做一个受过教育、却用学到的文化和口才来传播偏见和谎言的人的后代！”

英国动物学家托马斯·亨利·赫胥黎（Thomas Henry Huxley），达尔文进化论的拥护者。

伟大的猜想

直到1930年，在遗传学的帮助下，进化论才臻于成熟（达尔文和他同时代的人对遗传学一无所知）。分子生物学和特性传输的统计处理法（群体遗传学）也有了一定的发展，使得我们能够科学地确立物种间的亲缘关系，建立起一个生动而真实的人类系谱树形图。

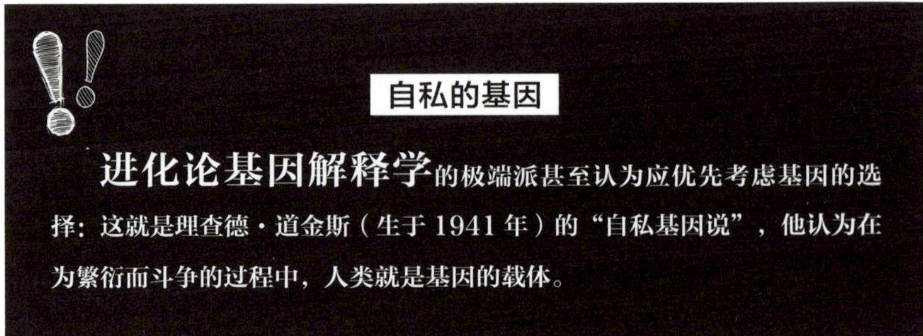

自私的基因

进化论基因解释学的极端派甚至认为应优先考虑基因的选择：这就是理查德·道金斯（生于1941年）的“自私基因说”，他认为在为繁衍而斗争的过程中，人类就是基因的载体。

斯宾塞式的进化

达尔文的学说与他同乡赫伯特·斯宾塞的学说经常被混为一谈，后者在很多观点上与达尔文相近，但在一些核心问题上又有所区别。斯宾塞是经济学家，也是哲学家和社会学家，早在达尔文出版有关自然选择的书之前，他就提出了建立在物种演变论基础上的学说。他的理论深受拉马克有关动物世界的物种变化论影响，但其观点却广泛适用于整个宇宙层面，包括人类社会和其他天体。而对于斯宾塞而言，《物种起源》的出版则更像是对他的学说的肯定。

进化与互助

达尔文自己也曾强调人类因互相帮助而得以生存。然而，达尔文学说的最新解释却过度宣扬“优胜”和竞争法则。进化论的某些捍卫者鼓吹优生学（即在物种改良层面上的择优原则），另一些则像俄罗斯王子兼无政府主义者彼得·克鲁泡特金那样，后者在他的《互助，进化的因素》一书中，提出了团结互助是晚期智人最有力的进化优势。

另一种进化

自然选择不是进化的唯一原动力。达尔文早已强调过性选择的重要性（即在繁衍过程中对配偶的选择）。就拿较近的物种来说，人们发现了在没有任何选择的干扰下，仍存在例如基因的偏差性——某些等位基因迅速消失（基因学说法）等其他现象。这些发现使得日本人木村资生得以从 1968 年开始发展进化论的中立说。根据这一学说，进化不仅是“最适”基因的选择结果，其中也存在着某种偶然性。

社会达尔文主义的起源

如果要寻找社会达尔文主义（即把竞争进化论应用于人类社会）的创始人，或许不是达尔文本人，而应该是斯宾塞。正是斯宾塞带来了这股以“野蛮的”自由主义和反对帮助弱者为主要表现的政治层面的思潮。也正是斯宾塞创造了“适者生存”（survival of the fittest）这一表述，后被达尔文采用。

达尔文进化论图解（19 世纪）。

自然发生之谜

老鼠是如何诞生的?

以亚里士多德为首的先人们认为，生物可以自发地从惰性物质中诞生。这种理论是从观察一些腐烂现象中得出的，被称为自然发生。如果说对一些微小的生命形式来说，这种理论是讲得通的，某些作家则将这种理论推崇至荒诞不经的地步。

在16世纪，生理学家及炼金术士范·海尔蒙特确信，活老鼠及所有生命形式都是从一种因酵素而“受精”的小麦中诞生的，而这种酵素则是从“脏衬衣”中提取出来的！

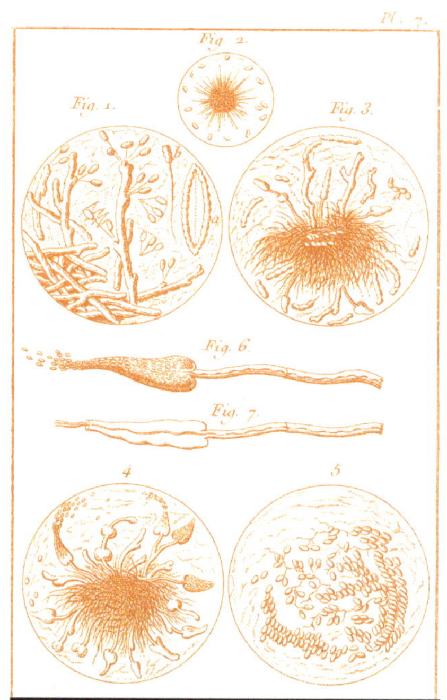

约翰·杜博维尔·尼达姆的插图，表明微生物存在于用腐烂的小麦所熬制的汤中。

路易·巴斯德在他的实验室中工作。

只要想到就足够了！

1668年，意大利人弗朗西斯科·雷迪对自然发生的首次实验争议提出质疑。他指出，在一块事先用布包裹起来的肉上，我们不会发现蛆虫的存在，这块布可以阻止苍蝇在上面产卵。因此，蛆虫、苍蝇的幼虫，并不是从腐烂的肉中诞生的，而是寄生在肉上。

致命一击

1858年，菲利克斯·阿基米德·普歇提出了一种有关自然发生的新理论，他称之为“hétérogénie”（意为“自然发生”）。巴斯德对他的实验进行反驳——他让我们想起斯帕兰札尼反对尼达姆的理论——这一反驳导致该理论在1864年被彻底抛弃在科学历史的泥潭中。

尼达姆，“鳗鱼帝”

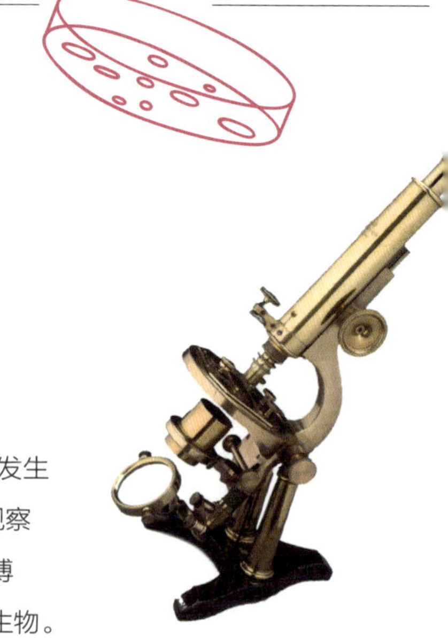

显微镜的发明极大地促进了人们对自然发生理论的信任。18世纪，通过借助这一机器观察用腐烂的小麦所熬煮出来的汤汁，约翰·杜博维尔·尼达姆发现了一些像鳗鱼一样的细长生物。

这一发现激发了博物学家布丰的热情，但是也招来伏尔泰的讥讽，他给尼达姆起绰号为“鳗鱼帝”。这一发现同样引发了尼达姆与拉扎罗·斯帕兰札尼的争论，斯帕兰札尼模仿了尼达姆的实验，但是却否认他的结论：只要对配置物进行足够加热就可以阻止微生物的出现。

试管生命

1953年，**斯坦利·米勒**及他的团队在实验室重现了益生元汤汁的环境。实验获得了成功：在他们的“汤汁”中，含有一些在生命出现时呈现出来的基本分子，并伴有放电现象（放电现象被认为重现了某种强烈动乱活动的闪电现象），并出现了氨基酸以及蛋白质的构成分子！

关于生命起源的最新消息

2015年，锆石中**生物炭**（由生命体产生）的发现可能会使生命起源的年代比现在人们普遍接受的生命起源年代早3亿年。锆石是一种接近于钻石的矿石，可追溯到41亿年前。

文化汤汁

“原生汤汁”，或“**原始汤汁**”，抑或“益生元汤汁”的理论是由苏联人亚历山大·欧帕林最早于1924年提出的，后来，英国人约翰·霍尔丹又于1929年提出该理论，试图解释地球上出现生命的原因。他们认为，太古代（从公元前38亿年到公元前25亿年）时期，地球上的物理-化学环境有利于最早的有机分子的合成，以这些分子为基础，产生了最早的活细胞。

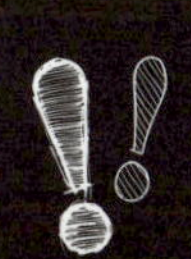

追寻露卡

系统发育之树（生物界的“谱系树”）的建立及演变理论的发展引入了一种理论，即所有生命形式都拥有一个共同的祖先。这一假定的“超级祖先”被命名为**露卡**，这是英语词组Last Universal Common Ancestor（“所有物种的最后一个共同祖先”——如果我们逆向追溯谱系树的话，那就是“最后一个”）的首字母缩略词。但是，在追寻所有生命之“父”的过程中，也遇到了一些方法论及技术难题：这更像是一种理论实体，而非可以通过科学手段进行证实的真实存在。

生命源自别处

另外一种理论认为生命源于**地球以外**的地方……这种理论绝非科幻。该理论被称为泛种论，认为生命可能出现在火星或者彗星上。

小心灭绝的风险！

地球上出现过五次

人们认为，生物圈曾经出现过**五次**重大危机：第一次是在 4.45 亿年前，最后一次则使恐龙灭绝。最近才刚刚被发现的第六次是在 2.62 亿年前突然发生的，仍存在一些争议。

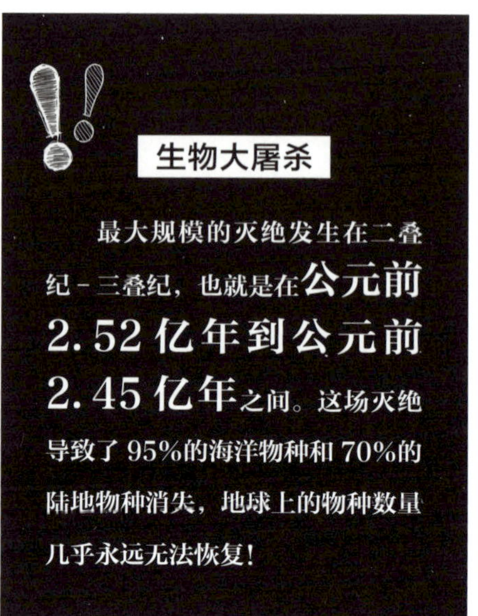

生物大屠杀

最大规模的灭绝发生在二叠纪－三叠纪，也就是在**公元前 2.52 亿年到公元前 2.45 亿年**之间。这场灭绝导致了 95%的海洋物种和 70%的陆地物种消失，地球上的物种数量几乎永远无法恢复！

雌性渡渡鸟，1598 年被发现，但很快灭绝。

掩盖森林的树木

标志着恐龙灭绝的**白垩纪－第三纪灭绝**是最为有名的灭绝现象，尽管如此，本次灭绝远非最大规模的灭绝现象：它仅仅涉及当时生物物种的 60% 至 75%。哺乳动物和鸟类依然可以占据由较大的爬行动物留下的空缺生态位（“生命空间”）。

婆罗洲的森林逐渐被人类破坏，人类从树木中榨取棕榈油。

渡渡鸟，第一受害者

过去，**渡渡鸟**是生活在毛里求斯岛的大型鸟，不能飞行，是首批已知的灭绝物种：由于迁移居民的到达、狩猎和砍伐森林的活动以及食肉物种的引进，渡渡鸟在接近 17 世纪末时灭亡。从此以后，它成了人类毁灭动物的灾难的象征。斑驴，属于南非马科，与斑马相近，也由于过度捕杀而于 19 世纪末灭绝。

婆罗洲丛林里的猩猩，因森林砍伐而面临灭绝风险。

当心，保护濒危动物！

在与人类相关的众多物种灭绝的原因中，最明显的原因就是无节制、大规模狩猎及捕捞。非洲大象，因为人类贩卖象牙而遭到猎杀，是最濒危的动物之一。某些物种也会遭受人类活动的衍生损害：婆罗洲丛林的森林砍伐日益威胁猩猩的生存。

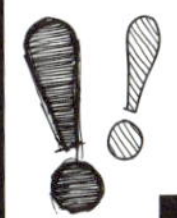

令人震惊的报告

据报告，在过去的四个世纪中，人类毁灭了 150 余种脊椎动物。平均每 2.7 年就有一个物种消失，依照这种节奏，与地球历史上大规模灭绝最糟糕时期的灭绝速度相比，现在的灭绝速度已经超过那时 1 000 倍甚至 10 000 倍。超过一半数量的脊椎动物已经在过去 40 年的时间里消失了。

地质全新世的灭绝物种

第一次灭绝浪潮与人类在中石器时代的殖民地化相呼应。在这一时期，乳齿象、猛犸象、刃齿虎及巨熊都消失了，人类活动对此产生的影响无法估量。而某些澳洲巨型爬行动物，比如古巨蜥，长 6 m 至 8 m，也被岛上史前时期的居民消灭了。

生物多样性，一种亟须保护的宝藏

如果人类想阻止正在发生的大规模灭绝现象，就必须意识到人类活动对生物多样性造成的危害。除了要保护一些标志性物种以外，比如老虎或鲸，一些生物多样性最丰富的陆地区域，如热带雨林，以及一些海洋资源（自 1950 年以来，浮游植物群落的数量已经减少了 40 %，人类所呼吸的氧气的一半都来源于此）也亟须保护。但是人类也已经预料到了最糟糕的情况：如果人类不能扭转现状，从现在起直至 2025 年，25 % 的生物物种可能都会消失！

达尔文和圣经

创造论认为，一切与宇宙、地球、生物及人类起源相关的科学理论都必须与圣经文本保持一致。这种观点与 19 世纪物种进化论的早期观点相悖。

米开朗琪罗创作的《创造亚当》细节（位于西斯廷教堂的天花板）。

年轻的地球，抑或年老的地球？

既然人类信赖圣经经文的权威性，对经文的解释就会出现问题。如果人们坚持经文的字面理解，则世界是用了 6 天时间创造出来的：这是“年轻地球”创造论最坚定的原教旨主义支持者的论断，他们最“温和”的论断也认为地球存在的时间不超出 6000 年。“古老地球”创造论则提议对经文进行更加有弹性的阅读及理解，将创世纪的几天看作不同的地质时期，他们认为古老地球已经存在了 46 亿年。

创作的上帝之手

有一种思想流派没有像创造论一样固执地坚持原教旨主义，但却比创造论更加敏锐，它提出，在生命形式逐渐演变之后，存在着一种**“智能设计”**。这是一种终极因论的解释方式，依据这种解释，有机体不会根据环境进行调整，但其进化朝向一个目标，对应着一项神圣的计划。

1801 年的让－巴蒂斯特·德·拉马克。

我们是偶然诞生的吗？

19 世纪的进化论者未必都赞成**偶然诞生论**。比如，拉马克认为，生物总是朝着更加复杂、更加完美的方向进化，而人类是这一进程的终点。达尔文则认为，人类的出现只是偶然情况的产物，人类的变化取决于偶然因素。

信仰与科学

正如皮埃尔·泰亚尔·德·夏尔丹（中文名为德日进）的事例所证实的那样，信仰与进化论并非完全不兼容。夏尔丹是一位古生物学家、生物学家、哲学家、神学家，他把进化视为一种以灵修为目标的上升运动。尽管这种解释在哲学及科学领域会引起争议——主要是由于其目的论及人类中心论——尽管这种解释在某些方面与智能设计相似，但是它并不打算用圣经的权威性来替代科学推理及研究。

游说和宣传

创造论者毫不犹豫地采取一些重大举措来宣传他们的思想，诋毁进化论。哈伦·叶海雅（阿德南·奥卡塔的笔名，生于1956年）创作的《创世论图谱》于2006年在土耳其出版，风靡全球并免费寄送给一些教育机构。书中有大量插画，旨在向人们表明，那些描绘某些已经消失的生命形式的进化并证明其存在的化石只是一些骗局。他承认地球存在已有46亿年，但是又坚决捍卫固定论的观点。

宗教是否可以融于科学？

众多科普作家，尤其是物理学领域的一些专家，声称一些最新理论可以提供上帝存在的证据：伊果尔与戈里科卡·伯达诺夫这对孪生兄弟尤其坚持这种观点。有时候很难确定这些说法是否是耸人听闻的。按照出版商的要求，利昂·莱德曼（出生于1922年）的书籍名称从《该死的粒子》改为《上帝粒子》（1993年），后来，这一书名的法文翻译又出现错误，法文指的是希格斯玻色子（尽管在1996年这本书就已经被译为《一颗该死的粒子》），上述情况都表明了宗教与科学之间的模糊不清的关系。

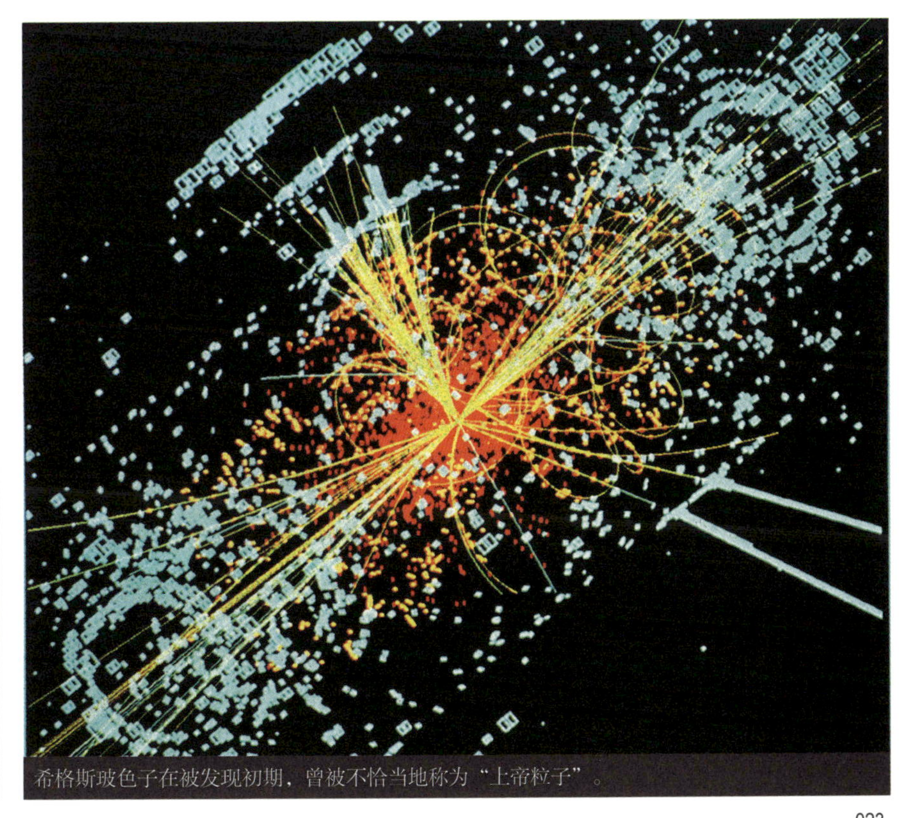

希格斯玻色子在被发现初期，曾被不恰当地称为“上帝粒子”。

世界的年龄

建立年表

地质年代测定法是指一系列用于测定化石、物体、岩石等年代的方法……该测定方法主要用于建立地球发现、进化以及一些重大历史事件的年表，用于研究过去的气候变化以应对未来风险，同时用于了解生物循环及海洋运动。

对工具及化石年代的最初断定

比较法使得我们可以通过与某些已经经过鉴定的相似物体进行比较，进而推断某一物体或工具的年代。这种方法容易受到质疑，因为依据资源及定位，技术变化也是不同的。相似的原则也适用于化石及骸骨（年代学）。

测年地质学

直到20世纪50年代，**地层学**一直是最常用的地质学基础学科。其旨在研究地层层序，是建立在一些规则基础之上的：最深的地层年代最久；位于同一层面的沉积地层具有相同的年龄；因塌陷或洪水而被另一地层分割开来的地层是最古老的。

美国犹他州的卡皮特尔砂岩国家公园里的单斜层，清晰地展示了不同年代的岩石分层。

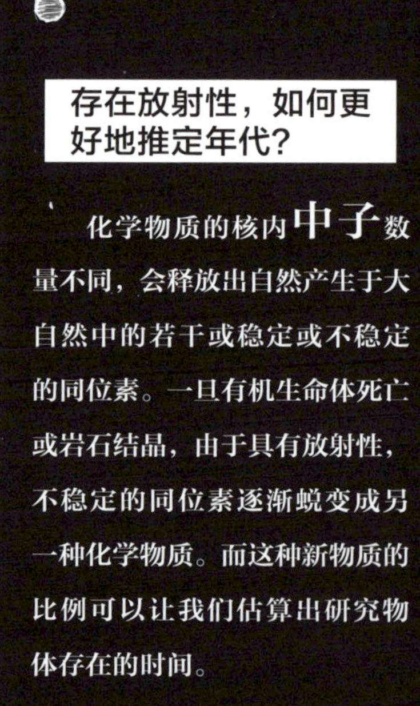

存在放射性，如何更好地推定年代?

化学物质的核内**中子**数量不同，会释放出自然产生于大自然中的若干或稳定或不稳定的同位素。一旦有机生命体死亡或岩石结晶，由于具有放射性，不稳定的同位素逐渐蜕变成另一种化学物质。而这种新物质的比例可以让我们估算出研究物体存在的时间。

树木，迈向精准测定的第一步

多亏了安德烈·埃里克特·道格拉斯的树轮年代学，自20世纪初开始，人们就可以推断**树木**的年龄。每年春天，由于受到树木所处的生态环境中气候条件的影响，树木以或快或慢的方式逐渐变得茂密起来。当它们长到足够大的时候，我们就可以观察到它们的年轮，并与同地区的其他树木进行比较，以画出参考生长曲线。正因如此，我们不仅可以依据残骸、物体或家具的木材推算出其树龄，并且还可以研究气候变化。

各有各的方法！

放射性测年法所用到的材料不只有碳14，只有对于地球年龄相对较近的某一时期来说，用碳14进行测定才是精确的，此外，碳14只适用于活性材料的测定。对于一些沉积物、公元前3.5万年到公元前1万年的一些石笋或者珊瑚来说，我们应该采用铀－钍测定法。氩可以用于测定公元前10万年到公元前1000万年的岩石，尤其适用于庞贝古城的考古工作。但是，目前的最高纪录由钐测量保持，钐能够测定1060亿年前的元素！

碳的使用

自1946年以来，**碳14测年法**用于测定有机物质的年代，如骨头、贝壳、布料……正如所有化学元素一样，碳14的分解也会遵循我们研究过的降级曲线，这可以让我们对5万年前的物质进行测定。

测定波段感光

一些**测年技术**可以研究找到的碎片的波段感光。比如，“光学激励发光”可以确定骸骨被埋葬的年代。

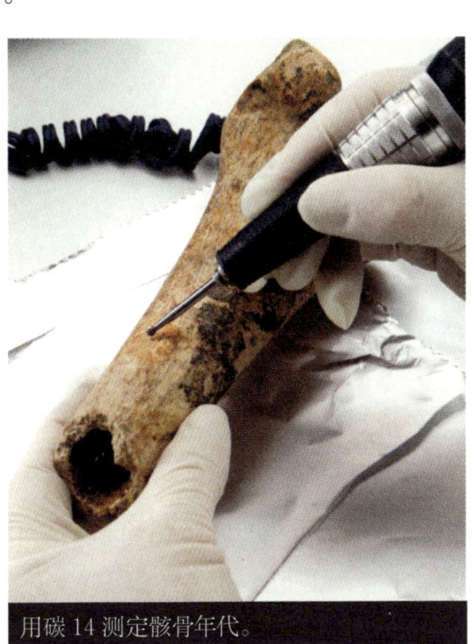

用碳14测定骸骨年代。

万年前的贝壳

测年法和**古生物学**让我们了解到一些惊人的事实：3万年前，日本冲绳岛的渔民已经开始使用鱼钩；4万年前，居住在德国的现代人就会演奏乐器；8000万年前，在西班牙出现了第一次人工生火；在法国香槟地区地下28 m深度的地方发现的贝壳具有4500多万年的历史！

生命的奥秘

革命性的发现

通过研究，人们发现某些菌类拥有与昆虫甲壳相同的蛋白质，并和动物一样以糖原的方式储存能量，并且拥有与植物一样的繁殖方式。因而，这些菌类脱离植物领域形成单独的种族——真菌门。当然，该事件对于炒平菇爱好者而言微不足道，因为他们无法认识到其背后的革命性意义……下面就为大家进行解释。我们所生活的时代，技术可以让人类“抵达”地球的任何角落，甚至是地球之外的太空。而有关生命的精心研究，能够让人类更为精准地在尖端领域进行探索发现。就好比镜头的聚焦，在几十年间，人类将研究领域不断细化和深入，从研究整个生命体到研究DNA中最小的组成部分。然而即使穷尽我们所有的知识和工具，世界上仍然存在很多未知的奥秘，比如被人们亲切地称为“斑点”的黏菌。它们是单细胞有机体，但却可占据好几平方米的空间；尽管它们没有大脑和神经系统，却能够学习策略和辨别方向。至今，人们尚未清楚了解并定义这种生命……由此可见，尽管人类知识丰富，但是上述事物仍超出了我们目前的认识能力范围。

动物革命

与微生物相反，通过对包括细胞及其机制在内的研究，逐渐揭开那些似乎为人们所熟知生物的秘密。事实上，人类将自身归于动物一类是为了研究动物，而不是为了迫使其屈从自身的法则。当然人类也收获了重要发现：动物会理解、感知、算数和思考。当人类需要哲学家的支持和漫长的时间时，他们就将缺乏、零和死亡概念化。接着，我们开始思考很多伦理问题，总之，是关于人类对环境的影响问题。

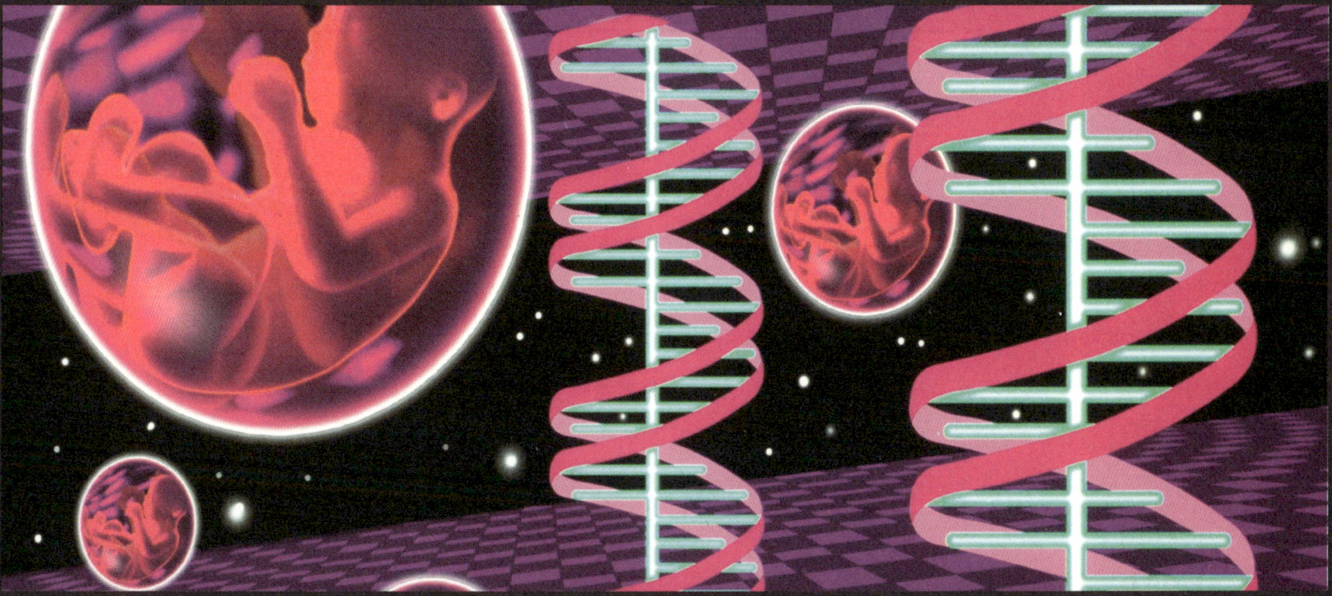

生命：新的参数

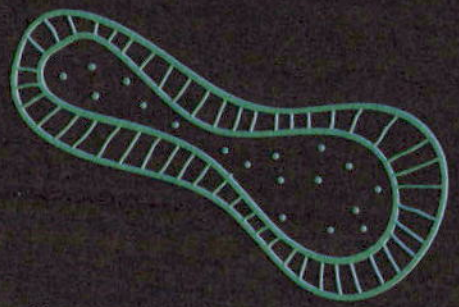

探索空白领域、研究样本和其他生命形式都有利于改进人类对生命现有的认识。事实上，目前我们仅是通过现有的知识来对生命进行定义，比如需要氢、氧、碳、氮等化学元素维持生长的是陆地生物。但当我们在一些出乎意料的地方（深海、火山等）发现其他形式的生命体后，才知道生命的形式不止这一种。也可能由于和我们现有的定义不对应，而存在一些仍旧不为人所知的生命形式。脱离其功能的特点和内涵以设立新的假说，将有可能不断促进科学的进步和发展。人类为了实现向未来的跨越，始终坚持认识自身、认识细胞和认识 DNA。而遗传学这一不断变革的研究领域可以修改甚至是创造生命密码。

通过这些实验，人们不仅创造出一些有用之物（药物、科技等），还创造出一些既令人畏惧又令人憧憬的事物，如转基因和克隆等。但是在科学核心的选择上，伦理道德及其支持者扮演着重要角色。科学家、国家和普通人争论不休，相互对立时也在不断交流……这是因为在某种程度上，生命的未来是在实验室中上演的。我们生活的时代是多么激动人心啊！

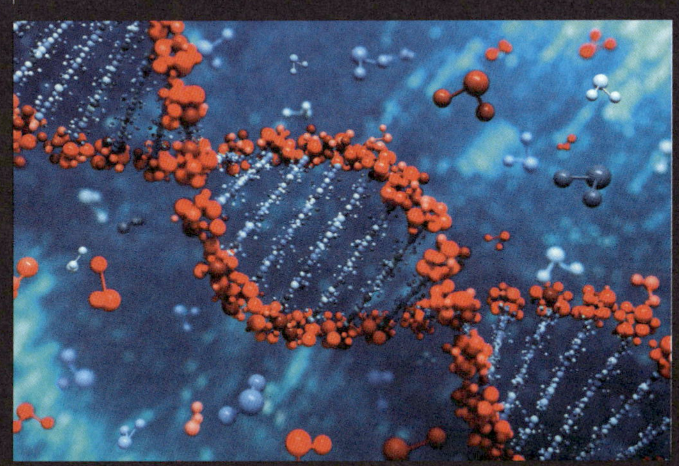

细胞：生命体的砖瓦

鲜为人知的观点

人类无法用肉眼观察到**细胞**，因此显微镜的问世为细胞的发现奠定了基础。英国科学家罗伯特·胡克是第一个发现植物细胞的人，并在其著作《显微图谱》（*Micrographia*，1665年）中做出了详细阐述。在长篇的描述中，他指出软木薄切片和其他植物切片中，都存在一种类似于蜂房的六边形细胞结构。但细胞似乎也只是其他形式中的一种。

17世纪60年代，胡克发明的显微镜。

两个领域

植物细胞先于动物细胞被科学家用显微镜发现，绝不是纯属偶然。这是因为植物细胞外围有一层细胞壁，在组织切片下轮廓更为清晰，而动物血细胞较脆弱且外形难以辨认。即使当植物细胞在显微镜下观察时遭到破坏，其细胞壁结构也不会被损害，而这很可能就是胡克所命名的第一个“细胞”。这也就解释了细胞是构成生物体的基本单位这一观点首先出现在植物界的原因。

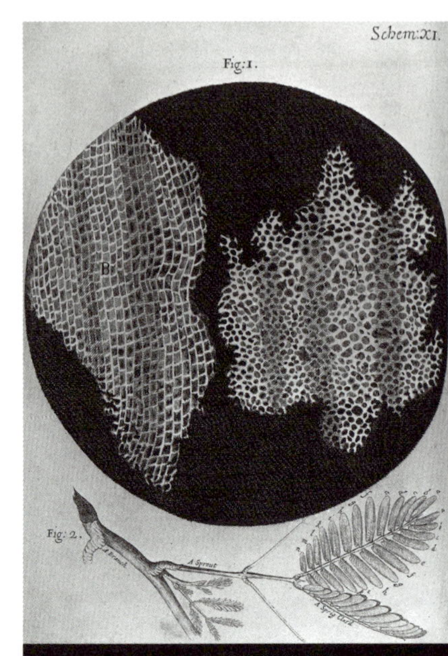

1665年，胡克观察到的植物细胞。

言与物

胡克将其观察到的结构用**“细胞”**（拉丁语为“cellula”，字面意思是“小房间”）一词命名，并沿用至今。但是有的科学家却用其他名称指代同一结构，比如1672年，罗伯托·马尔皮吉将其命名为“球囊”和“椭圆囊”。

不死的细胞？

细胞以分裂的方式进行增殖，从而延续遗传物质。在细胞分裂时，为了稳定染色体，端粒逐渐缩短直至极限。而端粒酶可在细胞胚胎生命期和诞生过程中把端粒修复延长。干细胞中也存在这种活性端粒酶。

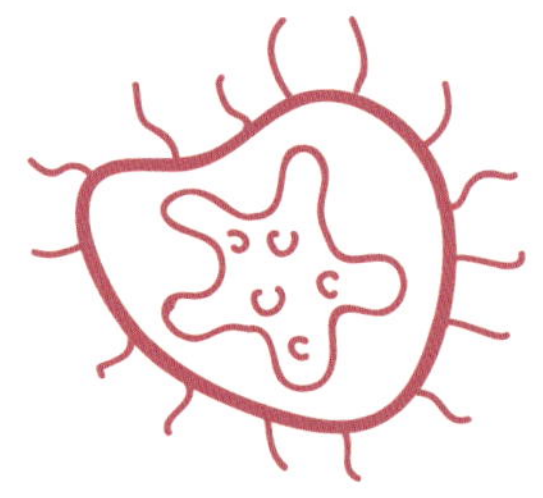

生命的统一性

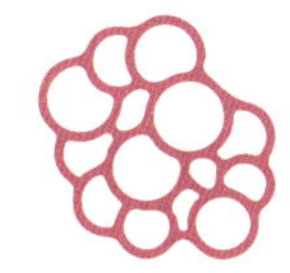

19 世纪，由于显微镜技术的发展和对已知结构的植物形态分类学的研究，马蒂亚斯·雅各布·施莱登和泰奥多尔·施旺发现所有生命组织的组成元素都是细胞。1838 年，施莱登在植物界验证了这一真理。1839 年，施旺将这一真理扩展至动物界。至此，人们认识到整个生命界都是由细胞这一基础的“砖瓦”统一构成。但是其繁殖方式仍旧神秘莫测。

细胞还是球？

19 世纪初，动物完全由**细胞**构成的观点才有了进展。起初是由让·路易·普列沃斯和让·巴蒂斯特·安德烈·杜马推动，后经亨利·米尔恩·爱德华兹得以发展。然而，所有画出来的细胞都是相同的完美球形，我们对它们的认识还很浅显。首个被科学家发现的动物细胞是红细胞，可能是通过类推，它们后来被叫作“球”（globule）而不是“细胞”（cellule）。

开端：细胞分裂

直到 1858 年，细胞学说才真正得到完善。而鲁道夫·魏尔肖则提出了另一个重要的论断：“细胞皆源于细胞”（个体的所有细胞都是由原有细胞分裂产生的）。随着细胞分裂和细胞分化（一个母细胞分裂后形成两个子细胞），细胞的增殖形成系统：所有的细胞都是源于最初的受精卵，而后者本身是来自配子的减数分裂（配子结合）。

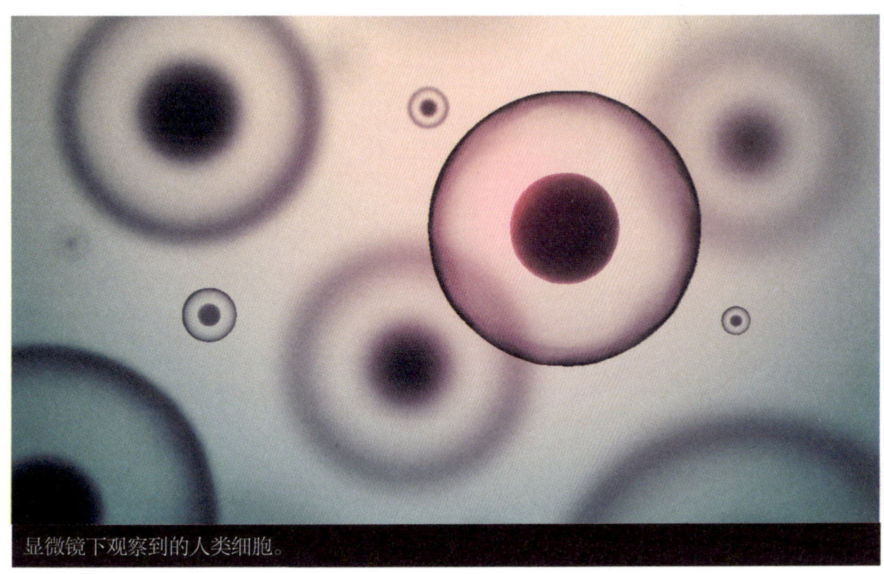

显微镜下观察到的人类细胞。

生物图鉴、动物园与自然历史

生物图鉴和中世纪动物园

中世纪时期，对西欧社会而言，仍然存在很多未知的生物物种。早期的探险家在发现生活于遥远地区的物种时还会感到十分惊奇。当马可·波罗第一次见到苏门答腊岛的犀牛时，他发现原来独角兽并不如神话传说中那般美好！而在经常配有丰富插图的动物寓言集中，关于动物的描述总是混杂着各种见解，并带有神话色彩。

自然历史的开端

从古希腊古罗马时期起，人们就想要将现有的生物物种按照一定的顺序记录成集。老普林尼编写出第一本《博物志》（*Histoire naturelle*）。这部宏伟的著作涵盖了当时所有的知识学问，但在框架结构上没有做到有条不紊、合理有序。

生物的分类

在当时急切需要系统分类的时代背景下，英国科学家约翰·雷通过定义物种的概念，开启了博物学的科学时代。随着美洲大陆的发现，全球交往变得密切，许多新的物种涌现聚集，无人可以再清晰地认出生物世界图表里的所有物种！

与众不同的园林

法国皇家药用植物园建于1626年至1635年间，是在植物学家和路易十三的医生居伊·德·拉·布劳斯的建议下修建的。该植物园汇集了来自世界各地的植物，除了用于医学研究外，还可用于编纂植物目录和物种研究。这座“皇家草药园”成为研究和教育的基地，很快在国际上享有盛名。后于1793年法国大革命期间，合并了凡尔赛皇家动物园，成为国家自然历史博物馆（Muséum national d'histoire naturelle）。而在君主贵族没落后，被人们简称为“植物园”。

皇家药用植物园。

蜂雀，选自《自然史》，布丰。

第二个亚当

瑞典博物学家卡尔·冯·林奈是生物分类系统之父，即《自然系统》（*Système de la nature*，1735 年）。作为一个植物学家，他根据物种并非完全一致的相似性进行分类。而且他采用双名法，以拉丁文为生物命名（第一个名字是“属”的名字，第二个是“种”的名字，比如犬属灰狼种），这种命名方法一直沿用至今。因为他给上帝创造的动物命名，林奈将自己毫不谦逊地称为“第二个亚当”！

生命之树

19 世纪，在系谱学的基础上，让巴蒂斯特·拉马克建立起了新的分类方法。但这一方法依靠假说建立，并未涉及物种进化的真正机制。假设一种物种是从另一种物种中演化而来，就可以在系统树（后称“系统发育树”）上将其表现出来，并根据亲缘关系对其进行分组集中。该系统发育分类法随着人类知识（遗传学、统计学和古生物学）的进步不断完善，并且直至今日还为人们所用。

打破物种不变论

孔德·德·布丰，原名乔治·路易·勒克莱克，是 18 世纪最著名且最具影响力的博物学家。与林奈分类系统不同的是，他提出把杂种不育性作为物种分类的标准。而与林奈相同的是，他也认可物种不变性，但是这种信仰随着研究的深入而被动摇。最终他发现尽管有些物种拥有共同的起源，但这个物种不变论原则并不适用于所有动物物种。在晚年时，林奈同样也在向“有限物种变化论”靠近。

植物会移动吗？

有些植物能够完成一些简单动作，如含羞草在被触碰时会将细小的叶子合拢，棕榈树在照射不到阳光时会向太阳缓慢移动。当然，还存在一些真的可移动的植物，如风滚草。19 世纪末，美国从俄罗斯引入并种植风滚草。当干旱来临的时候，它会从土里将根收起来，团成一团随风四处滚动。当其遇上水源后，上面的种子会发芽，长成新的风滚草。

繁殖：1+1=3

诞生的奥秘

“繁殖”问题是人类思想史上极具争议的问题之一。两个生命（在通常研究的有性生殖情况下）如何孕育出第三个生命？这种繁殖的过程中，亲本双方分别发挥了何种作用？长期以来较其他主题学说更为盛行的亚里士多德学说，明确指出第三个生命诞生自父本和母本的精子和卵子的结合。这意味着亲本双方在生命的孕育中做出了同等贡献。

后成论还是先成论？

1625 年，威尼斯植物学家、医生朱塞佩·阿布鲁·阿罗马塔里首次引入“先成论”这一概念。根据这一理论，生命体的微小形态结构一开始就存在于生殖器官之中，后期仅通过增大完成生长发育。他通过观察植物发现，植物种子当中已经含有植株的组成部分——胚芽。由此得出先成论，并将这一理论延伸至动物界，认为在卵子中同样存在一个已经成形的微小有机体结构。

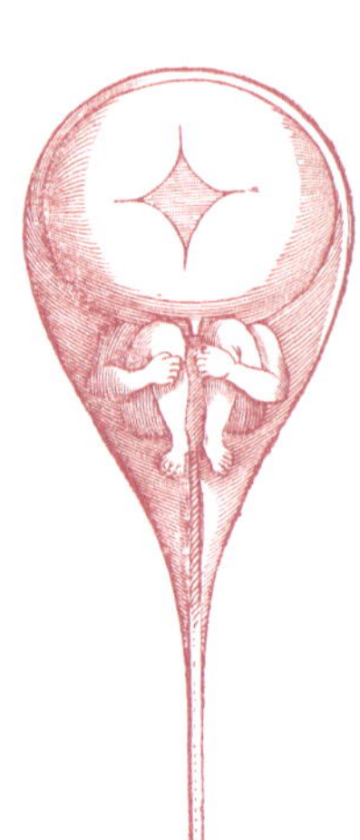

“精源学说者”认为胎儿的完整形态预先存在于精子中。

渐进发育

亚里士多德推崇“后成论”，认为胚胎是从一个卵子发育成为新生命。后成论是由威廉·哈维命名的，他不仅是一位哲学家，还是血液循环的发现者，并通过研究母鸡胚胎，提出小鸡是从类似于卵子的物质起逐渐发展形成的。

父亲或母亲？

先成论认为，个体在生殖要素（当时人们尚不知细胞）中已经形成完整的微小形态结构，但这一观点却存在一个突出问题：在等待受孕期间，亲本双方是将胚胎安放在何处？卵源学说和精源学说是先成论的两大阵营，前者认为在母亲的卵子中本来就存在微小的胚胎雏形，而后者则认为胚胎预先存在于精子（小动物）中。1677 年，列文虎克的助手路易斯·多米尼库斯·哈姆利用显微镜在精液中观察到一种“微生物”，后科学家将之称为“精子”。

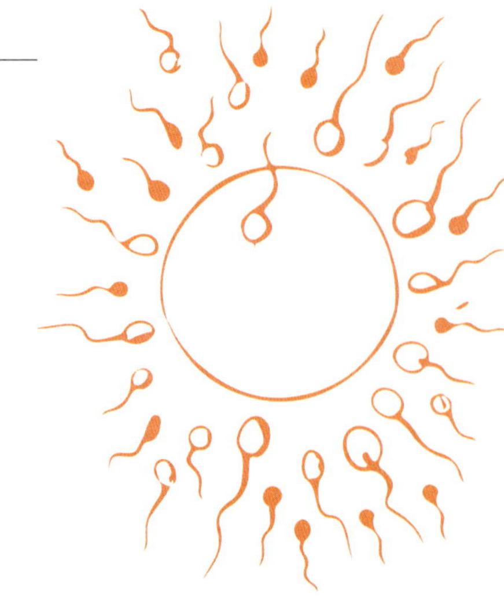

穿裤子的青蛙

1777 年，拉扎罗 · **斯帕拉捷**开始着手两栖类动物实验。为了研究出精子的授孕作用，他给公青蛙穿上了短裤！而穿短裤的青蛙并未繁育出后代，因此他总结出卵子在不与精液接触的情况下无法发育。1780 年，他根据这一知识，在犬类物种上成功实现了首次人工受精。

遗传

先成论认为新生命只源自一个亲本，但在观察到性状的**遗传**，特别是遗传疾病后，对先成论提出了一个重要问题：这些新生命为何有些遗传了父本的性状，另一些则遗传了母本的性状？精源学说认为卵子只是营养介质，而卵源学说则认为精子只激活了卵子中的胚胎发育，但是无论如何胚胎仍然可以遗传双亲的某些性状……

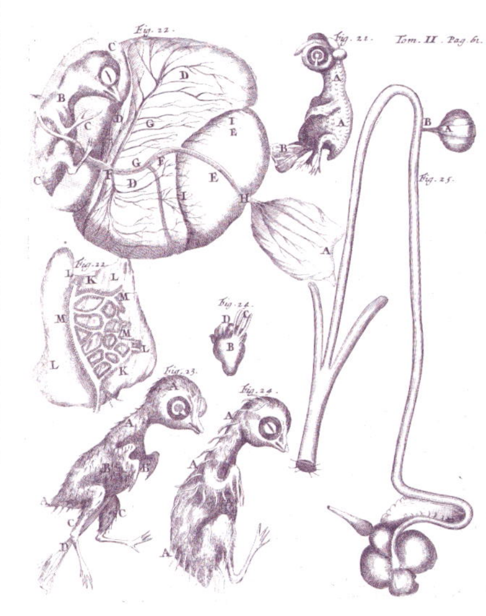

马尔切洛 · 马尔比基认为，小鸡的结构形态预先存在于卵子中。

迷惑人的卵子

胚胎的**预先存在**这一观点得到当时许多知名哲学家和科学家的支持。1672 年，通过显微镜观察母鸡胚胎发育的早期阶段，马尔切洛 · 马尔比基由此认为小鸡的微小形态结构预先存在于卵子中。

无穷的俄罗斯套娃

一些**先成论**支持者得出了更为惊人的结论：如果一个生命预先存在于其亲本之一，那么在他自身微小的生殖器官中存在结构形态更为微小的后代。这个被称为“胚胎嵌套”的理论迎合了宗教观点，认为每个物种自上帝创世之时直至世界末日，未来所有世代都以微缩体的形式预先存在最初的母体中。15 世纪，引入该理论的意大利医生安东尼奥 · 瓦利斯内里认为，在夏娃的卵子当中已经存在着人类种族直到灭绝的所有世代的微缩体！

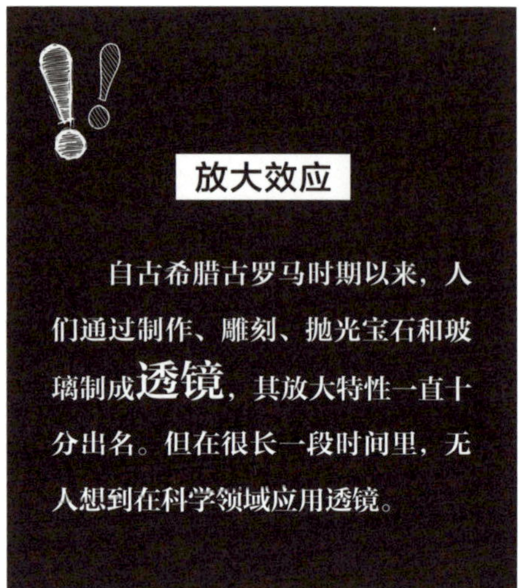

放大效应

自古希腊古罗马时期以来，人们通过制作、雕刻、抛光宝石和玻璃制成**透镜**，其放大特性一直十分出名。但在很长一段时间里，无人想到在科学领域应用透镜。

微观世界里的克里斯托弗·哥伦布

18 世纪，安东尼·范·**列文虎克**在荷兰的代尔夫特（Delft）自营绸布。尽管他并未接受过任何科学教育，却成了显微镜观察领域最伟大的先驱人物。列文虎克利用自己制作的单镜片显微工具，收获了许多科学发现。他一生制作出 500 多个透镜，只有 9 个留传至今，其中放大倍数最大可达 266 倍。但据说他设计的透镜中最大的放大倍数接近 500 倍！

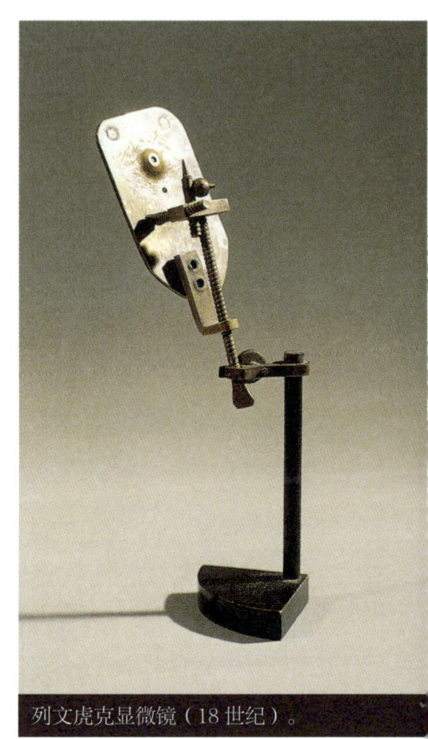

列文虎克显微镜（18 世纪）。

在纺织品行业的应用

直到 16 世纪末，**放大镜**才在荷兰问世，甚少有人知道其来历。在当时，放大镜不仅是贸易商品，还是纺织品行业的重要工具。手工艺者使用“照布镜”，即放大镜，细致观察织物的纬线和质量。显微镜很可能就是这些放大镜改良后的成品。

单镜头或双镜头？

在**英国**，科学家使用双镜头显微镜进行科研活动，显微镜研究取得显著进步。但这本应提高分辨率的显微镜并未达到标准：其产生的错视降低了观察的质量。当荷兰人列文虎克将其研究成果告知英国皇家学会时，英国的学者们请求他提供一个显微镜样品。但他们徒劳而返，因为列文虎克根本不想透露自己的显微镜制作方法！

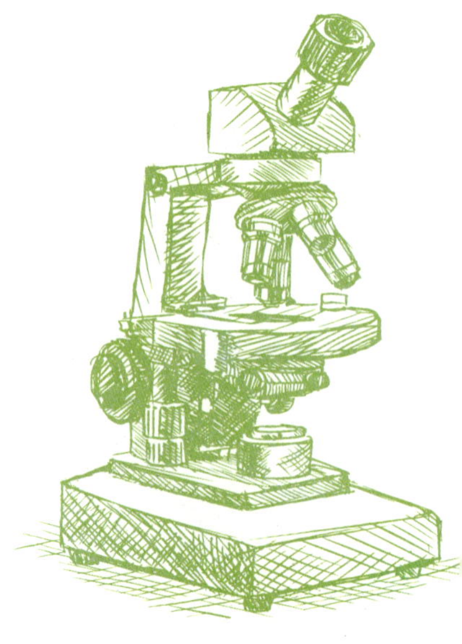

列文虎克的秘密

直至今日，人们尚未明晰为何列文虎克显微镜优于同时期的其他显微镜。他制作的显微镜是由一个镶嵌在两块金属片中的微小透镜组成。他在透镜前安装了一根带尖的金属棒，把要观察的东西放在尖端或柱身上即可。并且观察需要利用烛光在黑暗的环境中进行。因此，他还借助镜子设计了一个可以将光线向透镜集中的系统。

有缺陷的工具

在经历过第一次显微镜研究的高潮后，后来的一个世纪里，科学家们逐渐不再使用这种工具。这是因为显微镜存在色差和球面像差的缺陷，一些科学家十分质疑其产生的视觉效果。

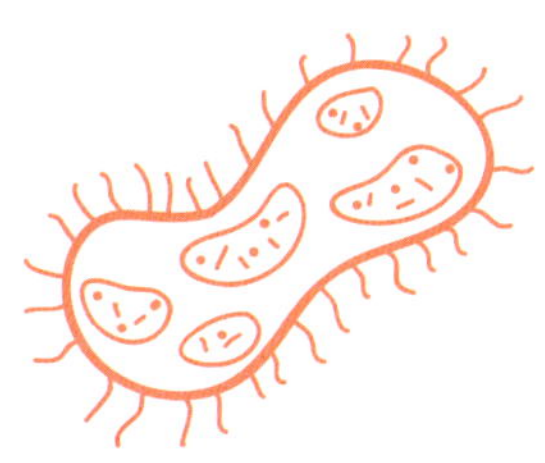

牛顿的错误

由于艾萨克·牛顿有关光学的错误理论，他认为人们不可能制出消色差显微镜。但历史很快就证明他的错误！1730 年左右，英国伦敦一位醉心于科学的律师切斯特·穆尔·霍尔发现，利用两块不同折光率的玻璃片可减少两个镜头的色差。

显著成就

1931 年，第一台**电子显微镜**诞生，放大倍数高达 12 000 倍。1981 年，扫描隧道显微镜被发明。这些仪器能观察小于原子的物质，推动了微生物领域的探索研究。

决定性进步

1749 年，莱昂哈德·欧拉指出了牛顿有关光的色散定律的错误性。1757 年，光学家约翰·多伦德由此制造出消色差显微镜。经过这一重大进步后，显微镜的可靠性和精确度都得到了大幅提高，推动了生物学家对微生物的研究。

扫描隧道显微镜下的螨虫。

孟德尔：遗传学的鼻祖

豌豆的秘密

在两次申请任教资格失败后，孟德尔决定潜心进行生命实验。他对修道院里的南瓜、土豆和梨子等诸多植物物种进行杂交研究以改良品种，对豌豆的杂交实验次数甚至超过上万次。

遗传的随机性

利用概率是孟德尔研究的基本方法。当时的生物学家力图建立遗传规律，而他却将随机性引入遗传研究：配子的结合是随机的，杂合体亲本（今日所称的“异型合子”）同样可以传递一方的特征。

神父和学者的双重身份

1822年，格雷戈尔·约翰·孟德尔出生于奥地利摩拉维亚（现捷克）的一个农民家庭。当地的小学教师注意到他的聪明才智并鼓励其追求学业。21岁时，他以格雷戈尔这一教名在布鲁恩（Brünn，现称Brno）的一座修道院成为修士。25岁时，孟德尔被任命为神父。但他想投身于科学事业，并进入维也纳大学深造学习物理、数据统计方法和细胞理论。

孟德尔定律

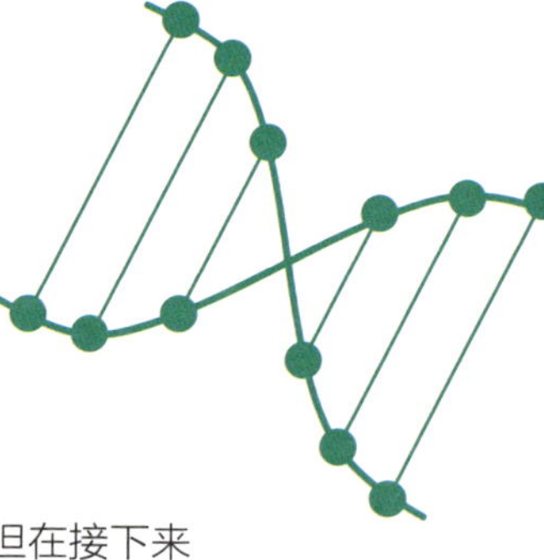

1865年，孟德尔将其研究结果公之于世。他发现豌豆会传递一些简单的双重性状：圆粒和皱粒、黄色和绿色。并注意到在第一代中，所有的植株都表现出一些相同性状，即显性性状。但在接下来的杂交中，已经“消失”的性状再次显现，称之为“隐性性状”。他再次通过自花授粉的方式让已有的豌豆植株杂交，并在整个研究观察中使用数据统计处理的方法。由此发现性状分布的比例是恒定的：第二代植株中显性遗传和隐性遗传的比例为3 ： 1，并且其中一半为杂交种（即杂合体），另一半为“稳定形态”（即纯合体）。

无基因遗传

孟德尔提出假说，猜想存在携带遗传信息的**因子**。但是由于他对这些遗传媒介的性质一无所知，所以他相关解释的确切性更加令人惊讶。他认为每个亲本都携带决定一个形状的一对遗传因子，并且只传递一个遗传因子。经自花授粉，每个性状的每对遗传因子也随之重组。此外，他还指出性状在遗传上是彼此独立的（除非是一些特殊情况）。染色体和基因的发现，证实了其建立在逻辑分析和数据统计上的观点的正确性。

漫长的遗忘

尽管**孟德尔的论文**是生物学历史上最重要的成果之一，但是在当时被世人全然忽视了！那时，格雷戈尔修士在遗传现象知识领域引起的革命并未得到任何人的赏识和支持。1884 年，孟德尔在科学界的漠不关心中黯然离世。直到 20 世纪初，他的发现才被 3 位生物学家（雨果・德・弗里斯、卡尔・柯伦斯和埃里克・契马克）各自重新验证，由此才最终开启了现代遗传学的时代！

亲本双方的同等贡献

孟德尔认为**雌配子和雄配子**同时只传递一个性状，而带有两种性状的杂合体也只遗传其中一种性状。该定律后被称为“配子纯度”，是遗传学的一个基本要素。

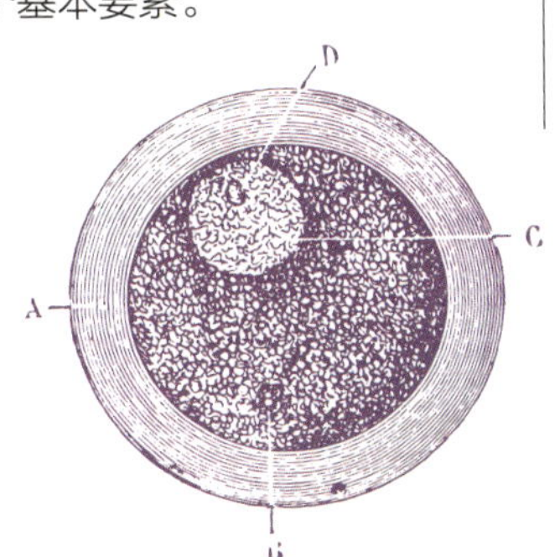

杂交和杂合

遗传学在初创时期进行过早期的动植物杂交研究。自 18 世纪起，科学家为了改善作物品种以及满足自身的好奇心，开始开展杂交实验。许多生物学家对众多物种的杂交进行研究并发现了物种返祖的现象。1822 年，瑞士药学家安东尼・科拉东展示了有关老鼠的杂交实验结果并注意到性状的持久性。

生命循环往复！

人体领域的哥白尼

英国著名的生理学家和医生**威廉·哈维**是血液循环的发现者。但当时的人们很难接受这一真理，所以其被认可经历了很长一段时间。人们以前认为，血液由肝脏产生，流向各个器官后被消耗。

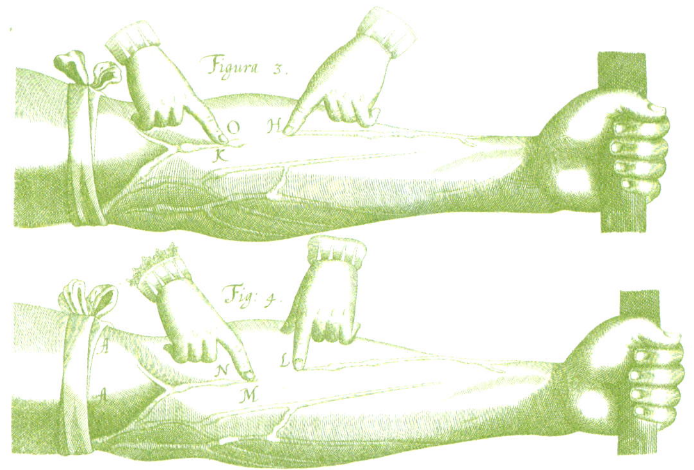

首个展示血液循环的解剖模型。

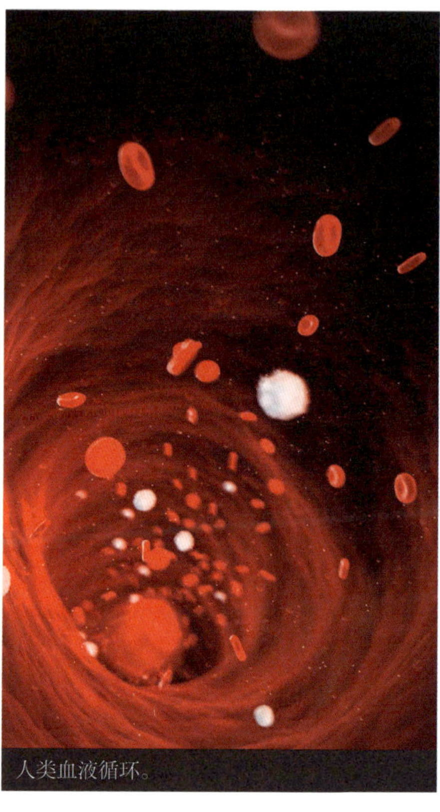
人类血液循环。

理论的传播

1628 年，哈维在观察和实验的基础上发表了**《动物心脏和血液运动的解剖学研究》**。他使用定量方法以估算心脏的血液含量和跳动次数，是首个在生命科学研究领域应用此方法的科学家。尽管他的这一理论受到很多医生的反对，却也不乏支持者，特别是在路易十四时期的法国。自 1672 年起，国王让年轻的外科医生皮埃尔·迪奥尼（Pierre Dionis）负责在皇宫里教授这一理论。

来自戏剧界的支持

在法国，**莫里哀**是哈维理论的支持者之一，他以戏剧表演的形式向这个伟大的学者致敬。在《无病呻吟》（1673 年）这部剧中，讽刺形象迪亚法留斯医生，对自己所觊觎的女孩的父亲说：“我写了一篇论文，排击主张循环论者，在先生允许之下，我斗胆献给小姐，作为我精神的处女之作，聊表敬意。”哈维理论否定者用“循环论者”一词的另一层含义来反对他：在拉丁语中，循环论者也指“江湖骗子”。

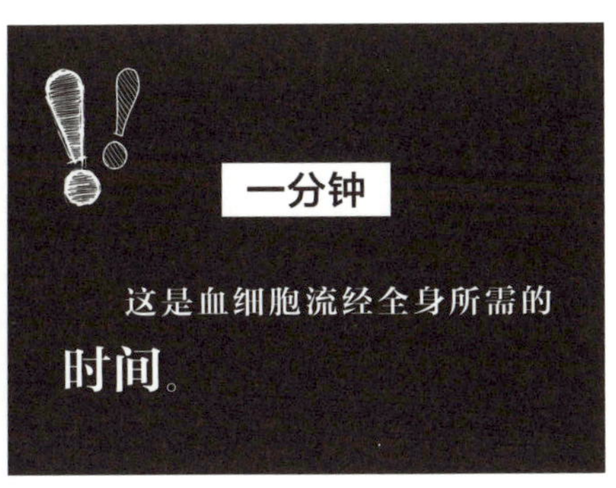

一分钟

这是血细胞流经全身所需的**时间**。

非良性循环

小腿浮肿、刺痛：引起这些血液循环问题的原因有哪些？静脉瓣，是防止血液在静脉中倒流的“阀门”，其功能减弱时，会引起局部血液淤积。此外，当血液中的水分渗透到组织中时会引起浮肿。静脉壁的弱化可引起静脉曲张，动脉硬化（动脉粥样硬化）能导致更为严重的问题（梗死和中风）。最后，血液的成分也会影响血液循环，可能形成血栓，直到堵塞血管。

调节血液循环

血管收缩和扩张可以让人体器官根据需求调整血液流量。这需要激素和神经两种调节模式共同作用：血管收缩会减小血管直径，血管扩张则会增大血管直径。

循环路线

哈维提出的血液循环线路图是今日使用的图形的基础。血液由左心室射出，流经全身，在给各个器官补充营养过后，富含氧的动脉血变为缺氧的静脉血，流回右心房。血液由右心室射出，经过肺部，吸收氧气后，回到左心房。

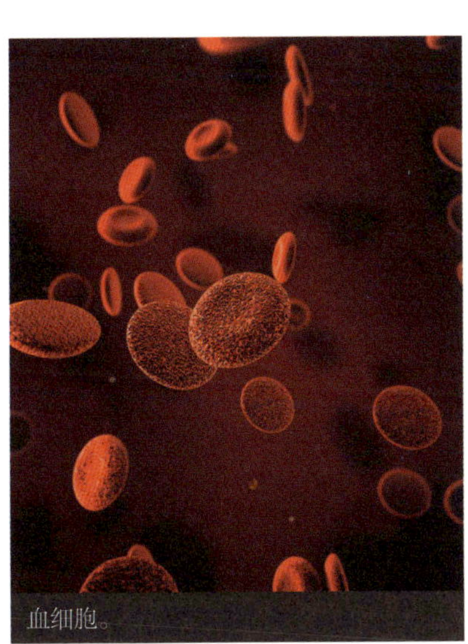

血细胞。

蚁走感

为什么有时候四肢会有“蚁走感”？当血液循环不畅时就会出现这种现象。此时传入神经缺氧，无法向大脑传递信息，因此人们无法再感受到自己的手脚部位。当移动身体时，血液再次循环，停滞的神经细胞便向大脑发送信号。但由于大量信息的抵达导致这一系统崩溃，人们由此就会感受到刺痛感：事实上这是在提示人体神经的障碍。

血液循环中的性别歧视

女性是否比男性更易产生血液循环问题？黄体酮等雌性激素有利于改善一些血液循环问题，如浮肿、水潴留和腿肿等，但妊娠期女性更容易产生此类问题。

基因：人类可以编成代码吗？

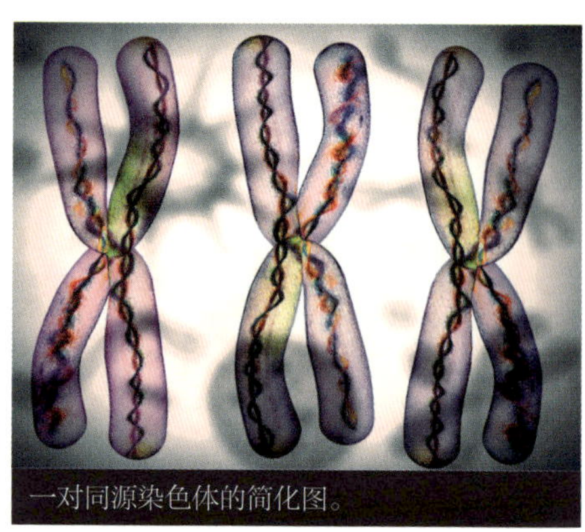
一对同源染色体的简化图。

遗传因子

1909年，维尔赫姆·路德维希·约翰逊指出，基因是有遗传效应的DNA片段，在染色体上都有自己特定的位置。尽管他尚未建立性状与染色体之间的联系，却指出性状从一代遗传给下一代，还指出一个表现性状（表现型）中可能包含着好几种基因（基因型）。

性染色体X和Y

1905年，内蒂·史蒂文斯建立了染色体和个体性别间的联系。通过研究面包虫精子的形成，她在其中发现了一种或大或小的“次级”染色体，能够决定生物个体的雌雄。这一对染色体后被命名为X和Y（根据外形）。直到20世纪70年代，科学家才确认Y染色体含有能够促使胚胎发育成为雄性的基因，这个基因被称为SRY基因。当该基因不表达时，胚胎则为雌性。

内蒂·史蒂文斯。

相似基因

当两个来自同一家族的个体共同繁育后代时，会增加近亲繁殖的风险。事实上，隐性基因在两个样本上存在和表达的可能性很大。两个嫡亲个体结合后，其后代畸形（心脏、大脑、兔唇等）或产生疾病（囊性纤维化、镰刀型细胞贫血症等）的风险超过5%。

果蝇

科学家对于遗传学的早期知识源于果蝇。因为果蝇繁殖能力强，个头小，只有4对8个染色体，因其易于研究的特点，常被用作实验的对象。1909年，托马斯·亨特·摩尔根（1933年诺贝尔生理学或医学奖获得者）着手饲养果蝇，并发现一只白眼而非红眼的畸形果蝇。他为了弄清楚产生该现象的原因，做了多次杂交实验。通过研究，他总结出基因的数量远多于染色体，且基因是以一种特定的顺序（基因链）排列在染色体上，有时候会发生交换（染色体互换），以及染色体复制时会发生畸形（三倍体和单倍染色体）。从此，果蝇开始出现在10万多个发表的研究成果中。

男性和女性

男性拥有一条X染色体和一条Y染色体。女性拥有两条X染色体。

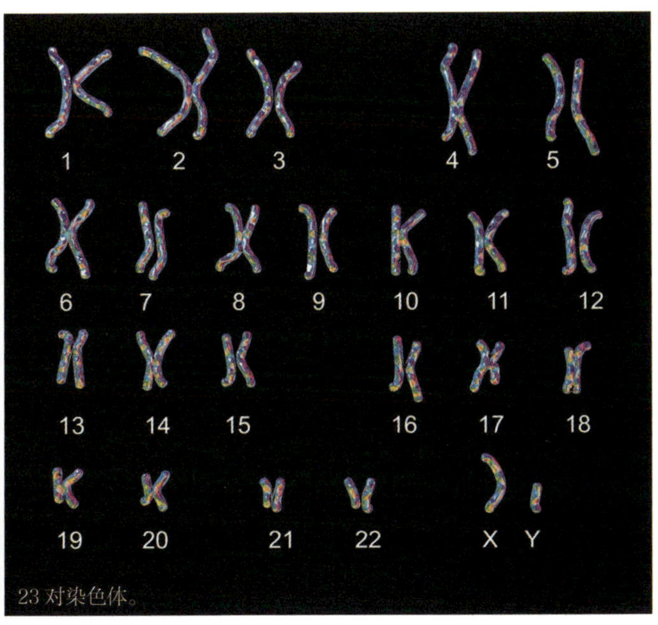

23 对染色体。

染色体图谱

托马斯·摩尔根利用染色体图谱，即**基因的连锁图**（1913年），进行深入的研究工作：通过观察表现型（所有性状）的变化以及出现的可能性，他估算出基因彼此之间的距离（单位是厘摩，即 cM）。第一个基因图表是果蝇的 Y 染色体。1927 年，X 射线带来的突变提高了该图谱的精确度。当今，科学家使用 DNA 分子标记的方法来追踪染色体片段。

人类基因测序

人类基因组计划利用超过 15 年的时间，来对人类全部的 DNA 进行测序（至 2004 年完成）。关于 2 万种检测基因的所有数据都公开保存，对外开放，可供自由使用，并且禁止有关专利行为。该计划目前正在研究非编码 DNA 及其具体功能。

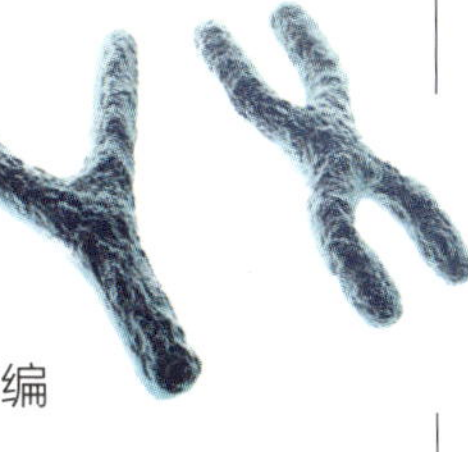
性染色体 X 和 Y。

幸存的基因

研究人员发现，动物在死亡好几天以后，身上的某些基因依然存活。并且还发现这些死后依然活跃的基因同样存在于胚胎发育时。也就是说，在细胞层面上，发育中的生命形式和腐烂的尸体存在共同点。

垃圾 DNA？

不同物种的**基因组**大小（C 值）各不相同。20 世纪中叶，测定基因组大小是一种根据生物的复杂性对其进行分类和建立进化阶梯的方式。但是，当科学家发现非编码 DNA 的存在后，这种模型的局限性很快就出现了。同样根据物种的不同，基因是由编码部分（内含子）和非编码部分（外显子）组成，而这两个部分在蛋白质形成前就被去除了。实际上现在人们所知的基因组仅有 1.5% 是编码的。其余的则是垃圾 DNA，但它们在调节基因活动上扮演着重要的角色。

DNA 与遗传的秘密

遗传方案

1869 年，**弗雷德里希 · 米歇尔**首先从白细胞的细胞核中，分离出一种他称为“核素”（nuclein，现称核酸）的化学物质。他是生物化学史上首个发现细胞核中含磷物质的科学家，而这也是他最重要的发现。此外，他还在包含精子在内的所有细胞中以及所有物种上都发现了核酸。其实核酸就是 DNA，只是当时人们尚不知道。

染色体

1879 年，华尔瑟 · 弗莱明在观察细胞**分裂**时注意到，一些丝状物质散漫地分布在分裂细胞上。这些物质很容易被染色，故被称为染色体，源于希腊语“chromos”，意为“染色”。

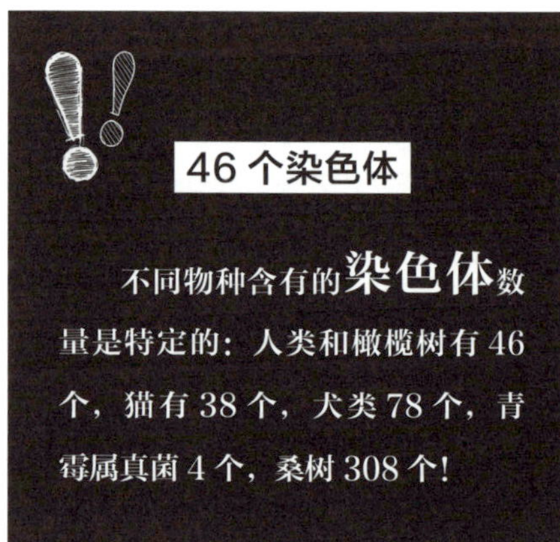

46 个染色体

不同物种含有的**染色体**数量是特定的：人类和橄榄树有 46 个，猫有 38 个，犬类 78 个，青霉属真菌 4 个，桑树 308 个！

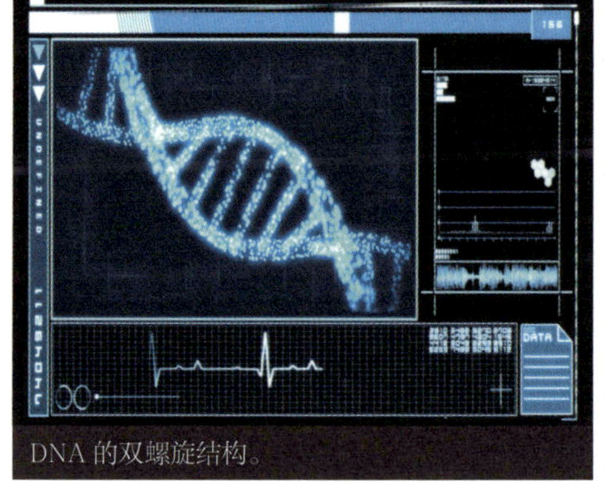
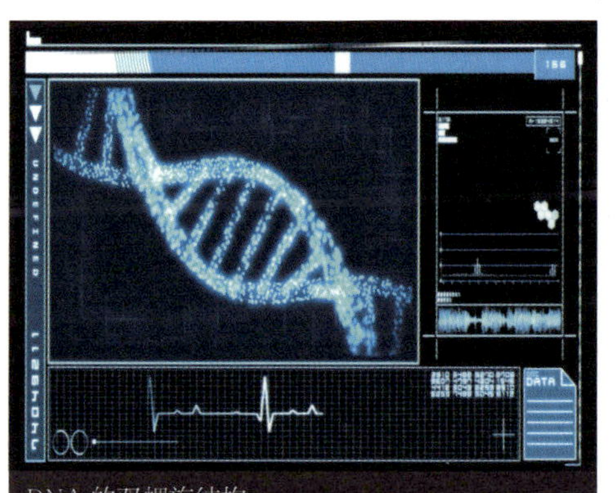

DNA 的双螺旋结构。

DNA 是双螺旋结构?

20 世纪 50 年代初，**罗莎琳德 · 富兰克林**利用 X 射线研究 DNA。她成功拍摄出 DNA 的 X 射线衍射照片，其中最有名的是 DNA 第 51 号 X 射线照片。该照片证明了 DNA 的双螺旋结构，并且能够测量出含氮碱基之间的距离。这就是为什么在警匪片中，当基因分析完成时，人们会在屏幕上看到一个螺旋状梯子的原因了。

脱氧核糖核酸

直到 20 世纪初，科学家才研究清楚**核酸**的成分。首先是发现蛋白质和核酸中酸性物质的存在。其次，发现 4 个碱基的存在，即腺嘌呤、胸腺嘧啶、鸟嘌呤和胞嘧啶。最后，才认识到脱氧核糖。1935 年，科学家认识了脱氧核糖核酸（DNA）。1944 年，奥斯瓦尔德 · 艾弗里的研究团队证明了 DNA 是遗传密码的载体。

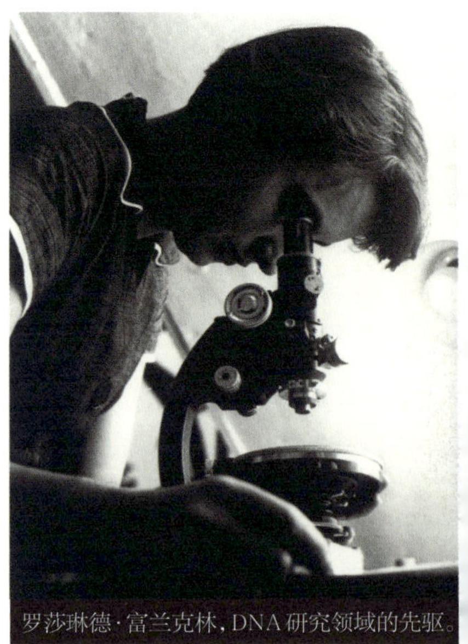

罗莎琳德 · 富兰克林，DNA 研究领域的先驱。

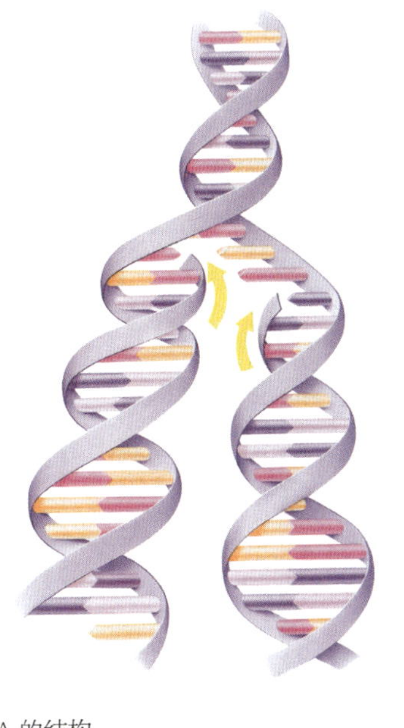

DNA 的结构。

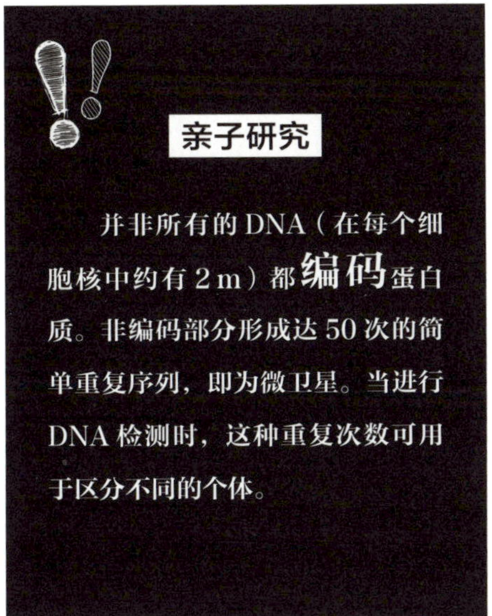

亲子研究

并非所有的 DNA（在每个细胞核中约有 2 m）都**编码**蛋白质。非编码部分形成达 50 次的简单重复序列，即为微卫星。当进行 DNA 检测时，这种重复次数可用于区分不同的个体。

在家中提取 DNA

提取 DNA 的方法极为简单。用少量洗洁精（使蛋白质和细胞膜变性）和食用盐（用于沉淀制备）压碎水果，接着把碎渣放到咖啡滤网上（去除残渣），按压以获取果汁，最后轻轻加入与果汁等量的 90 度酒精（沉淀）。然后会形成一些白色球形悬浮物，这就是水果的 DNA！实验室中为研究分析提取 DNA 的步骤与此相同，但更为严格，需要提纯和严加控制。

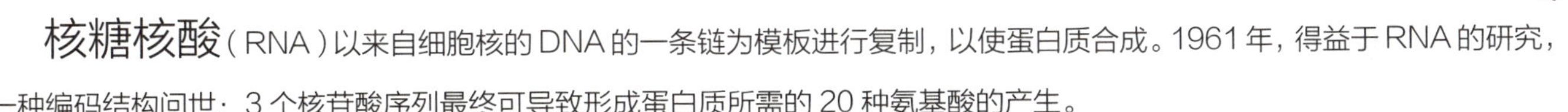

破译 RNA

核糖核酸（RNA）以来自细胞核的 DNA 的一条链为模板进行复制，以使蛋白质合成。1961 年，得益于 RNA 的研究，一种编码结构问世：3 个核苷酸序列最终可导致形成蛋白质所需的 20 种氨基酸的产生。

两条遗传链

DNA 分子由排列着多个核苷酸的**两条长链**组成。这两条链通过碱基之间的桥梁相互连接，并形成反向重复序列，也称为回文结构，以使每条链上的密码子遗传信息一致。这两条链彼此扭曲形成双螺旋结构，并且在细胞分裂时期，呈现出浓缩丝状物质（染色质）外观，可用于区分染色体。

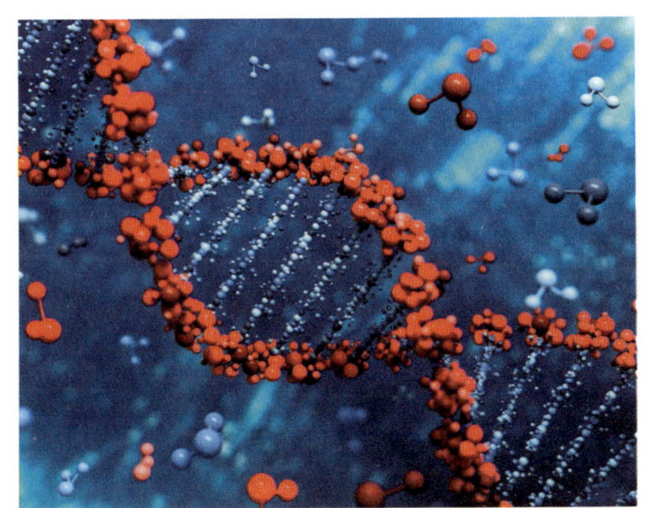

蛋白质：万能分子

生命的基本知识

生命体中最丰富的**分子**是蛋白质。蛋白质是由一条或一条以上的氨基酸链组成，直接来源于遗传表达，在细胞和生理现象上有基础性作用。

蛋白质在哪?

蛋白质**遍布各处**！阿斯巴甜甜味剂是只含有两个氨基酸的小蛋白质。胰岛素更为复杂，是由 4 种蛋白质组成。免疫抗体本身就是蛋白质。弹性蛋白能让皮肤有弹性，但随着年龄的增长，合成的弹性蛋白变少，皱纹随之出现。

蛋白质的组成

人体含有 **20 种**氨基酸，蛋白质的特性取决于它们的排列顺序。一些“必需氨基酸”是人体无法自行合成的，若缺少，会导致睡眠、消化、生长发育和情绪方面的障碍。

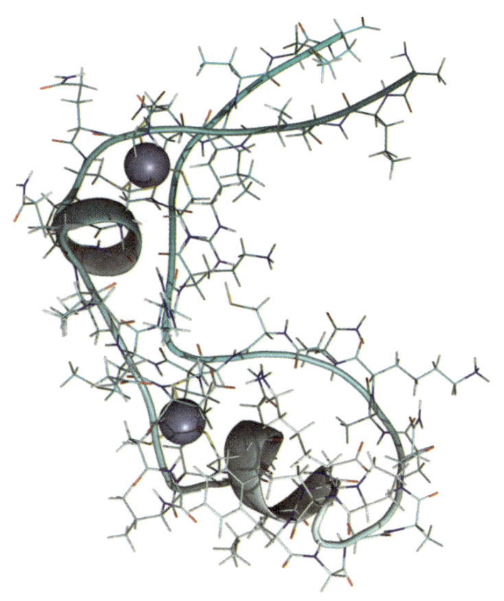

有可能连接 DNA 序列的锌指蛋白。

纤维或蛋白质?

蛋白质有**两种主要类型**：一是紧凑、近似球形的球蛋白，发挥酶、信使和氨基酸储存的作用。二是纤维蛋白，在组织结构（维护细胞形状、骨组织、弹性组织和肌肉组织构建），保护结构（指甲、毛发、羽毛和角）以及某些产品（蚕丝）上起着重要作用。然而膳食纤维不是蛋白质而是糖！

蝴蝶或毛毛虫?

生物的内外部**刺激**会导致蛋白质合成的变化，但基因的数量保持不变。这就是蝴蝶和毛毛虫、瓢虫及其幼虫之间，尽管拥有一样的基因组，外观上却迥然不同的原因。

不同种类的蛋白质

动物蛋白质（肉、鱼、鸡蛋、乳制品等）含有全部必需氨基酸，但往往与脂肪有关。植物蛋白质（谷类、豆类、种子等）必须相结合才能满足所有需求，因为只有藜麦和大豆的蛋白质含有少量的人体必需氨基酸。而植物蛋白质与复杂的碳水化合物、维生素和纤维有关。

极其古老的蛋白质!

蛋白质比 DNA 更易保留，人们能在化石中发现其踪迹。2016 年，科学家在一个鸵鸟蛋壳中发现了年龄为 380 万年的蛋白质，而现存的最古老的 DNA 距今只有 70 万年。这些蛋白质的研究给考古学家提供了有关食物研究的重要线索，也对环境研究产生了间接的作用。

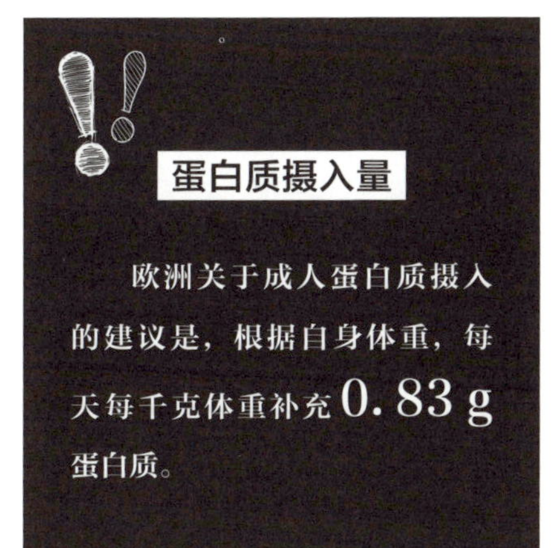

蛋白质摄入量

欧洲关于成人蛋白质摄入的建议是，根据自身体重，每天每千克体重补充 0.83 g 蛋白质。

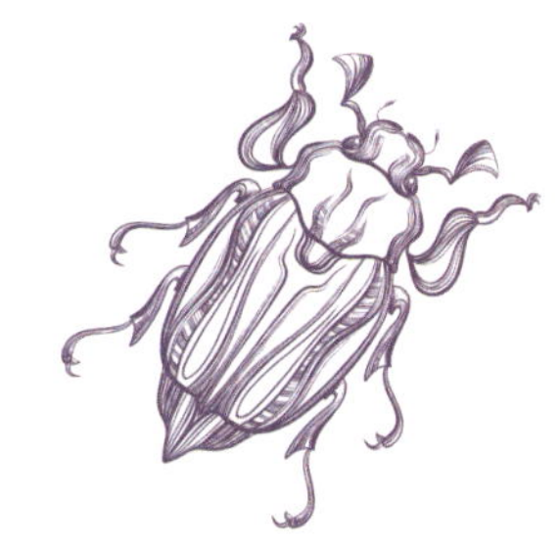

昆虫“崛起”!

全球都将昆虫作为食物将会带来诸多好处：回报高（9 kg 昆虫只需 10 kg 饲料）、占地面积小、风险低（繁殖快速、疾病少等）、营养价值高和品种多（蟋蟀、蚱蜢、苍蝇等）。2016 年，科学家甚至发现蟑螂奶是有史以来发现的最具营养价值的物质之一（是牛奶的 4 倍）。虽然目前仅在显微镜下完成蟑螂奶的提取，但这些研究很可能最终会改变全球的营养不良状况。

昆虫会是未来的蛋白质来源吗?

饥饿的机制

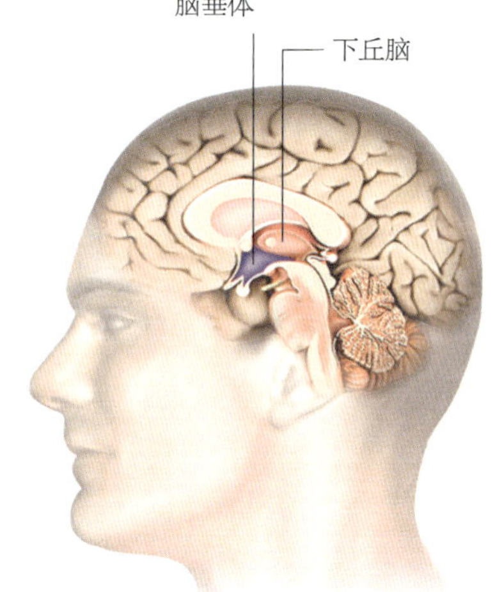

大脑中下丘脑的位置和图示。

饥饿的化学原理

从生物化学角度来看，下丘脑通过影响激素平衡以激活和停止饥饿的感觉。当血糖（葡萄糖）含量降低时，胃部细胞会分泌出饥饿激素，从而导致饥饿。进行过胃部切除术后，分泌饥饿激素的细胞数量减少，食欲下降。当脂肪细胞和肠道细胞分泌瘦蛋白和胆囊收缩素时，则会产生饱腹感。

饥饿的结束

饱腹感的产生有一系列原因：血液上（激素、“营养”和糖分的存在），机体上（胃部饱食），神经上（副交感神经系统在消化过程中执行饥饿感的负反馈），激素方面，知觉上（产生饱腹感的时候，知觉为了让我们不进食而产生一种“恶心感”）。很长一段时间以来，肠道及其细菌的作用都不为人所知。但现在科学家已经明确，其在向大脑传递每种营养素都充足供应的信息中发挥着重要作用。

甜味剂和食欲

“假糖”，即甜味剂（阿斯巴甜、糖精钠、甜蜜素等）甜度极高而热量几乎为零，人们利用其减少糖分摄取（糖尿病、减肥等），一些制造商还使用它来生产食品。而大脑通过能量的提供（血糖的升高）来感知甜度，当两者的关系变化时，大脑则会要求更多的能量，以使血糖含量满足其期望和需求。此时食欲反而增加，这与最初追求的效果恰恰相反。

对奶酪的厌恶！

2016 年，神经学领域的研究员开展了对“厌恶”概念的研究。他们选择奶酪作为研究对象，结果发现 6% 的人群厌恶奶酪。在对 15 个厌恶奶酪的人的大脑活动进行观察后，结果出人意料：毋庸置疑的是，此时，饥饿时会活跃的腹侧苍白球丝毫未动，但厌恶奶酪人群的参与奖赏回路的大脑皮层被激活，而且比那些喜爱奶酪的人更为活跃。这提出了关于大脑层面的喜欢和厌恶的新问题。

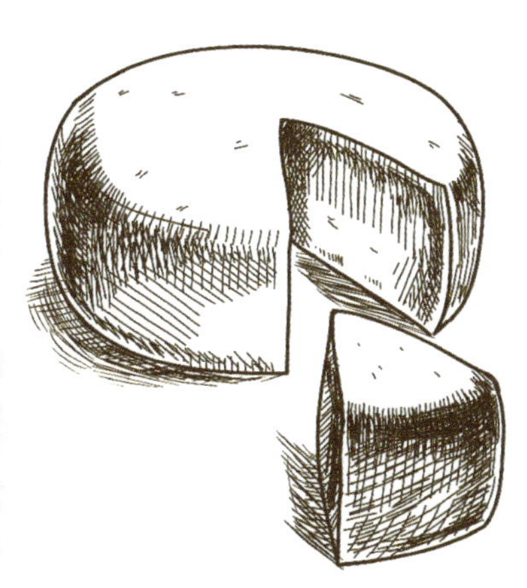

像时钟一样运转！

简单瞥一眼**时钟**即可产生食欲，由此可见生物节奏对食欲有十分重要的影响。因此，当一个人已经习惯在 12 点左右用餐，他会在 11 时 45 分便分泌出饥饿激素，尽管此时他的血糖含量还很高。此外，外界刺激也可引起饥饿。食物的香味足以让我们产生饥饿感，因为它激活了下丘脑回路和储存食物营养记忆的大脑皮层和海马区。

“吃土”

异食癖（PICA）是指人们习惯吃土、纸、灰尘、头发等非营养物质的饮食行为问题。

喜欢的原因

吃食物时，人类的唾液会执行复杂的任务，将食物的各个物质分解，以便把它们运送到负责分析的感受器上，即味蕾。然后，味蕾会把信息发送到大脑，引起喜欢和厌恶的各种反应。成年人拥有大约**1 万个味蕾**，且与嗅觉相联系，因此，当人们感冒时，味觉也会降低。人类衰老时，味蕾的数量减少，只能感受到更为突出的味道。

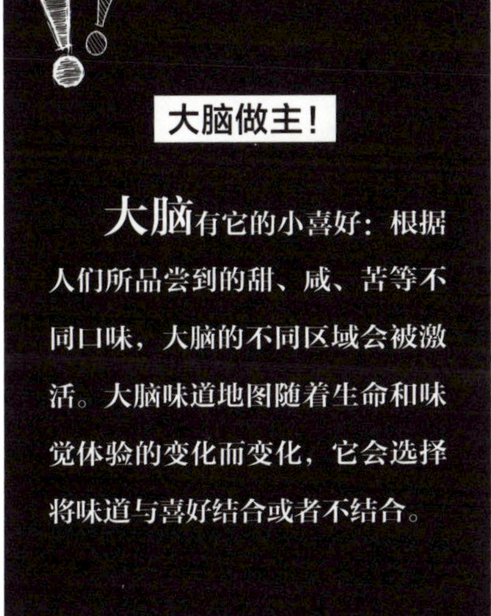

大脑做主！

大脑有它的小喜好：根据人们所品尝到的甜、咸、苦等不同口味，大脑的不同区域会被激活。大脑味道地图随着生命和味觉体验的变化而变化，它会选择将味道与喜好结合或者不结合。

细胞：破译生命的密码

微型工厂

细胞可构成生命机体，同时自身也是独立的生命单位，能够增殖、储存、消耗能量以及合成生命所必需的分子。单细胞动物就是一个细胞能单独完成全部生理活动的证明！

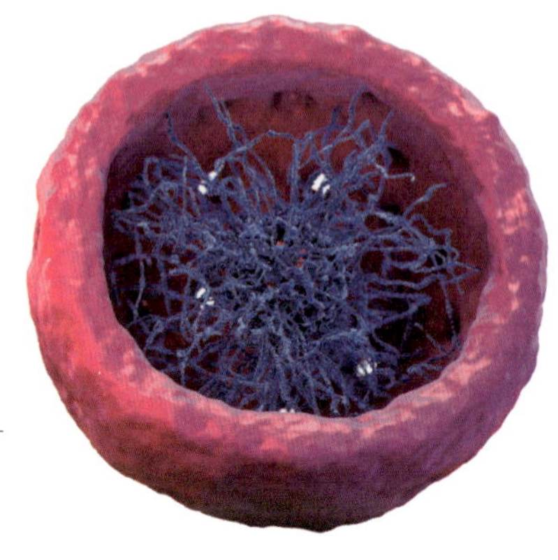

显微镜下的细胞核剖面图。

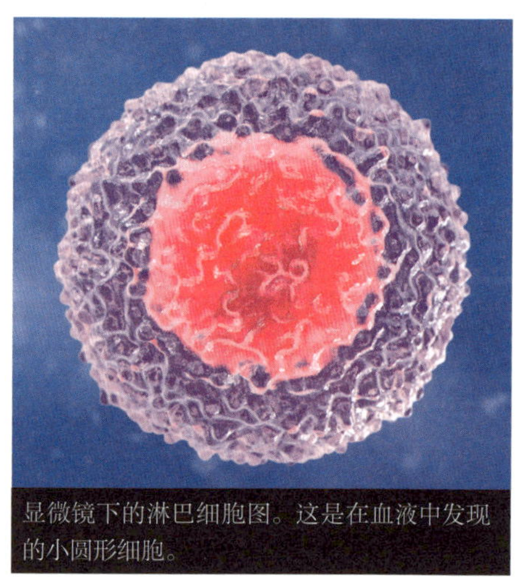

显微镜下的淋巴细胞图。这是在血液中发现的小圆形细胞。

控制物质进出的细胞

细胞及其内部的细胞器均由脂质双层的细胞膜及细胞器膜隔开。细胞膜因其完美的封闭性，扮演着细胞“海关”的角色，仅允许特定的成分借助由蛋白质形成的“大门”在特定的时候通过。细胞和细胞器的表面有“孔隙”和各种蛋白质“钥匙”，以确保细胞中的分子运动！细胞膜能保持内外部环境间的差异，它包裹着细胞质，而这其中含有细胞的所有组成成分。

在细胞中心

细胞核是首个被发现的细胞组成部分。1831年，植物学家罗伯特·布朗（Robert Brown）首次发现了细胞核。细胞核十分重要，因为它包含了DNA中存在的遗传信息。每个细胞都携带着个体的整个遗传信息，但只有一些基因会被表达出来。

所有细胞都相似，却不相同

一个生物的所有细胞都来自于同一个卵子的连续分裂，因此虽形成的模式相同，但在发育过程中逐渐分化：神经元不会与皮肤细胞产生一样的蛋白质，且形状也不相同。每个分化的细胞都经过“编程”以精确发挥其作用。有些细胞保留了能分化成各种类型细胞的能力，如干细胞，它在寻找新治疗方式的研究方面十分重要。

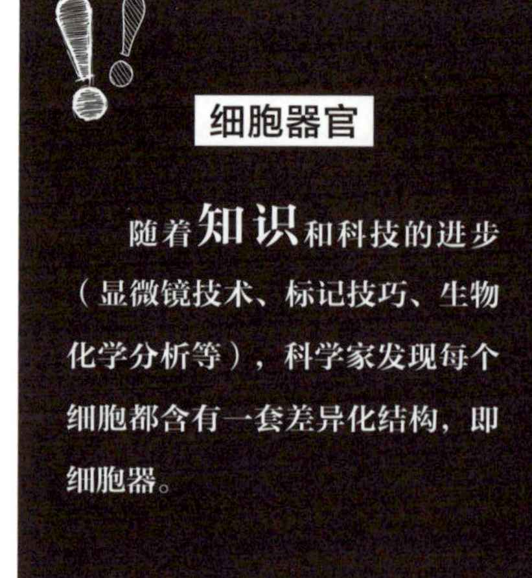

基因的信使

为了实现**遗传信息表达**，细胞中的DNA会被转录；也就是说，DNA双链上的部分编码信息——即基因，会被转录到另一个分子上，即RNA。RNA是以DNA的一条链为模板，转录而形成的一条单链，它没有DNA稳定却更具灵活性，可充当基因的信使：可以从细胞核转移到细胞质中。

能量中心

线粒体是小细胞器（微米量级），细长状，在细胞质中的数量不等。线粒体通过生产ATP（腺嘌呤核苷三磷酸）提供细胞运转的能量和机体的“燃料”。它还拥有线粒体DNA，与细胞核中的DNA不同。

另一种遗传

线粒体作为**DNA**的载体，在细胞分裂期间可传递遗传信息。但在受精过程中，与细胞核中的DNA遗传自亲本双方不同的是，线粒体DNA只来自于母本，精子不传递细胞质。因此，这是一种母系遗传。

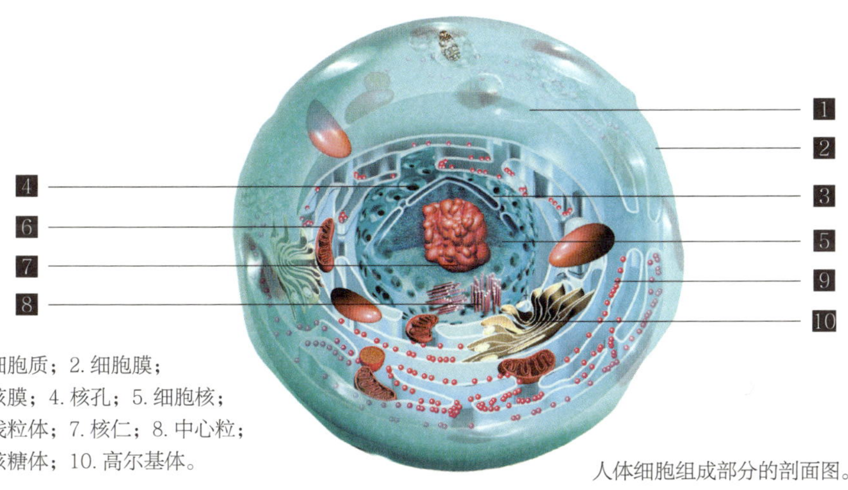

1. 细胞质；2. 细胞膜；
3. 核膜；4. 核孔；5. 细胞核；
6. 线粒体；7. 核仁；8. 中心粒；
9. 核糖体；10. 高尔基体。

人体细胞组成部分的剖面图。

显微镜下的线粒体视图。

奇异的起源

线粒体DNA与**细菌**的DNA极为接近，因此有人怀疑，事实上这些如此特殊的细胞器很可能就是被原核细胞（“原始”细胞）吞噬的细菌，并且最终可能成为共生体——一种更为“友好”版本的寄生虫。这种所谓的“共生”理论是微生物学家林恩·马古利斯于1966年提出的。

生命的核心

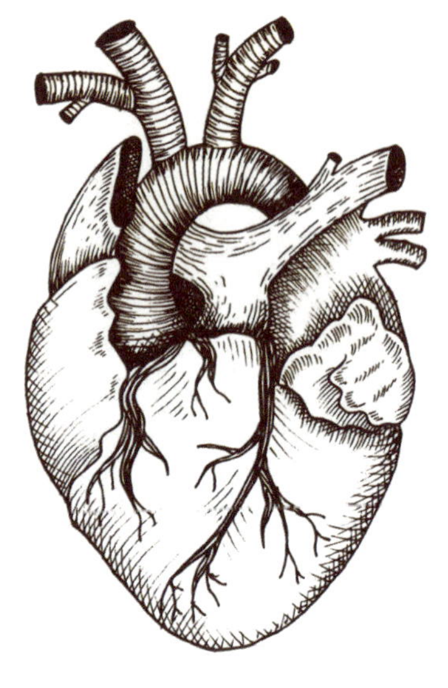

心脏的位置？

心脏，或**心肌**，是一个拳头大小的空心肌肉器官。其作用是提供压力，把含氧的血液运送至身体各个部分。基于这一点，它靠近肺部的位置是完美的！心尖位于人体左侧，在这里可以更好地听到心脏跳动的声音；另外儿童和极其消瘦的人群，甚至可以在皮肤上观察到其心脏的跳动。而这种不对称的位置会引起另外一种后果：左边肺叶比右边少一个，因此左肺更小！

血压的测量

血压以厘米汞柱（cmHg，译注：中国使用毫米汞柱，即 mmHg）为表达单位，包含两个数据：首先最重要的是心脏收缩时对应的压力（收缩压），其次是心脏舒张时对应的压力（舒张压）。初期的水银血压计是一个标着刻度的含汞管。可将其插入到动脉中，血压的变化能让水银的高度发生波动。

恋爱的节奏

尽管如今人们已知晓心脏不会产生**爱**和其他感情，但这些却能影响到心脏的节奏，常会引起心动过速（心跳加快）。事实上，大脑会同时发出神经和激素信息，如与应激回路和奖励回路有关的肾上腺素。而对心脏而言，性活动的影响等同于从一楼上升到二楼，性高潮过程中释放的催产素能减小压力。性活动和其他体育锻炼一样可减少罹患心脏病的风险 ！

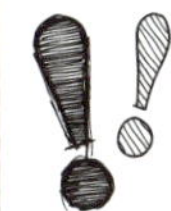

心脏的速度

当人们**安静**时，每分钟约吸入和呼出 6 L 空气。

对称结构

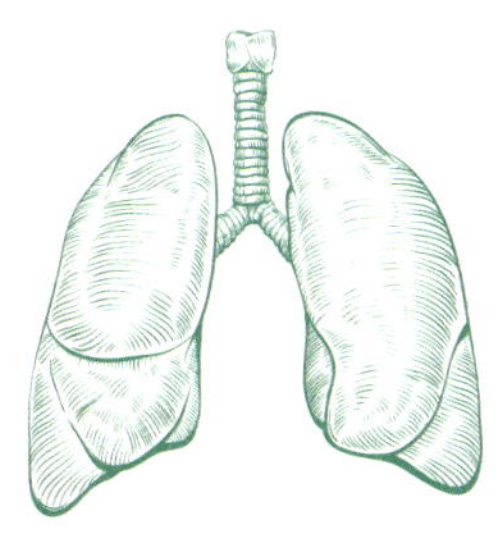

心脏是小循环（从右心房至肺）和大循环（从左心室至整个人体）之间的**桥梁**。左侧心室压出含氧血液而右侧负责回收血液。胎儿身上存在左右渗透，可促使大脑吸氧，但在出生时即会消失。

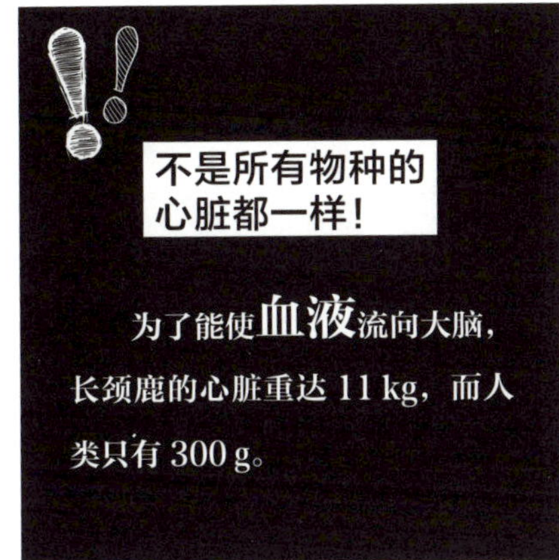

不是所有物种的心脏都一样！

为了能使**血液**流向大脑，长颈鹿的心脏重达 11 kg，而人类只有 300 g。

破碎的心

我们常说 **“心碎”** ，但事实上，人们心碎时并未产生任何生理痛苦。研究人员借助核磁共振对失恋人群的大脑进行观察，结果发现，并未在与感知生理痛苦有关的脑部区域中检测到任何异常活动。但是，失恋会导致诸如皮质醇和肾上腺素等应激激素的释放。这会引起恶心、空气缺乏感和心脏跳动减缓（心肌病）等。在某些情况下，这些症状甚至能危害生命健康。

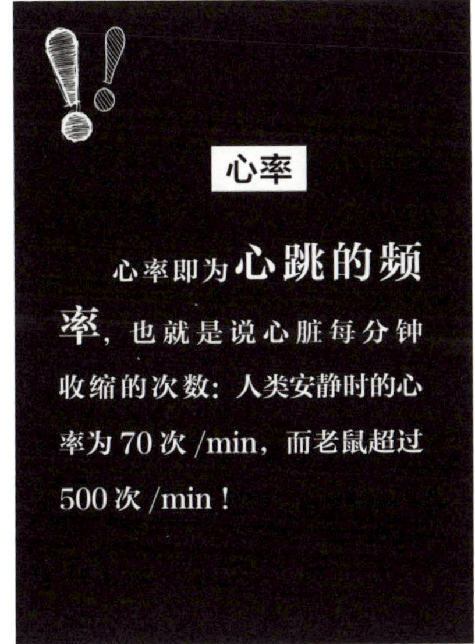

心率

心率即为**心跳的频率**，也就是说心脏每分钟收缩的次数：人类安静时的心率为 70 次 /min，而老鼠超过 500 次 /min！

心脏杂音

心脏由**四个腔**组成：上方是左右心房，下方为左右心室。左右心房之间和左右心室之间均由间隔隔开，故互不相通，心房与心室之间有瓣膜。连接心脏处的血管上还有两个瓣膜，在心脏收缩时，可避免血液循环中的回流。当瓣膜关闭时，会产生心脏噪声，通过听诊即可听见。当瓣膜关闭不全时，正常的心脏声音中会伴有“吹风声”。

生殖：1+1=1

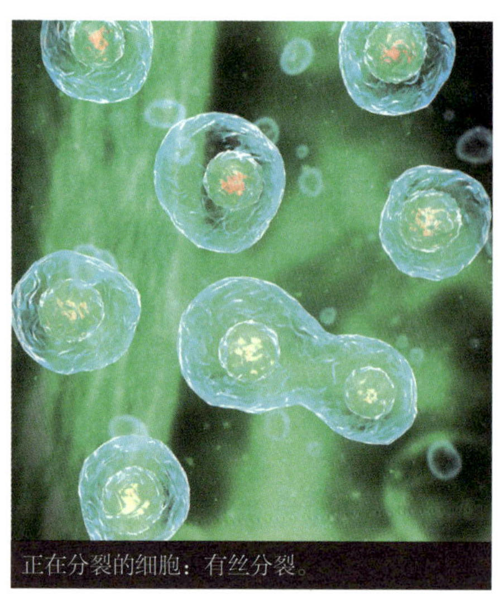
正在分裂的细胞：有丝分裂。

两个细胞形成一个胚胎

有性生殖与受精有关，即两个有性生殖细胞（雌雄配子）结合后形成一个胚胎。人类的受精是在精子和卵子间发生的。花朵的授粉是在雌蕊上的卵子和花粉（雄性配子）间发生的。两个不同物种间的有性繁殖则会形成杂交体，如马和驴结合后生出骡子，橘子和甜橙杂交后生长出克里曼丁红橘等。

分裂带来生长

所有的生命体都需要通过细胞分裂来实现生长和再生。诸如细菌一类的生物通过有丝分裂进行无性繁殖。有丝分裂可以忠实地复制细胞，得到的两个细胞是彼此的克隆。

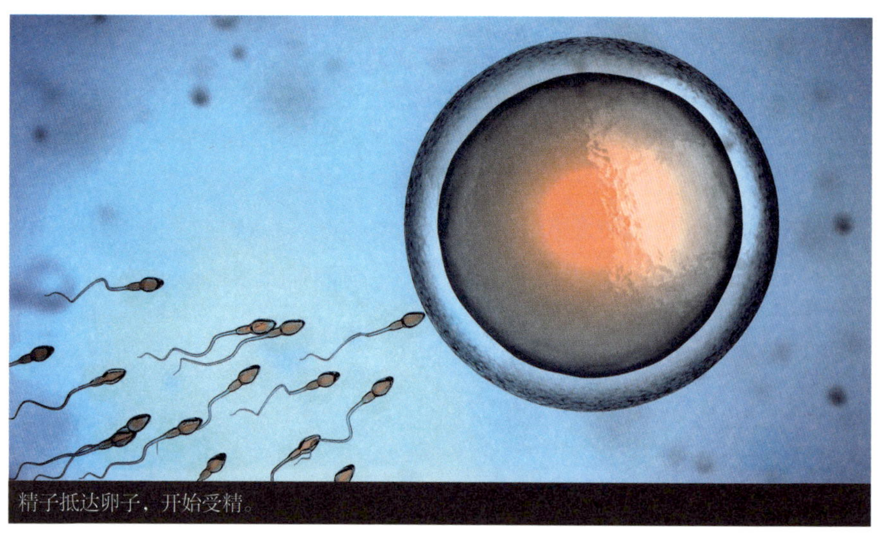
精子抵达卵子，开始受精。

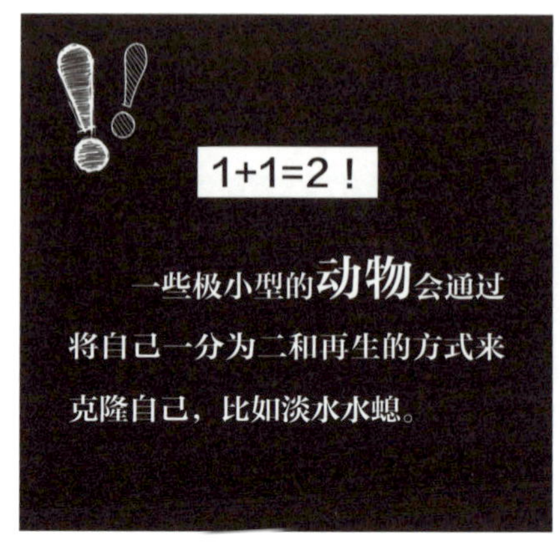

一变四

二倍体生物（拥有成对的染色体，可用 2n 表示）通过减数分裂（两次细胞分裂过程中可形成配子）形成携带一半遗传信息的配子，遗传信息在受精后补充完整。细胞本身复制其 X 形状的染色体，在第一次分裂时，产生的两个次级精母细胞每个都仅含有一条 X 形状染色体，第二次分裂使得 X 的分支（染色单体）进入不同的细胞中。从二倍体初级精母细胞开始，一共形成 4 个二倍体生殖细胞（仅含有一对染色体的细胞）。

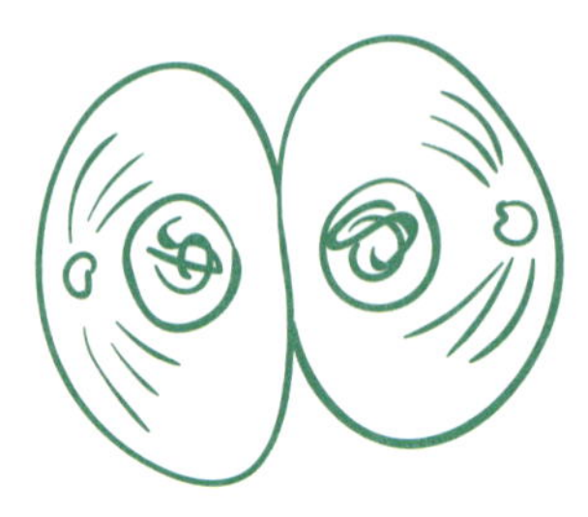

减数分裂的错误

在细胞的两次减数分裂和融合期间，可能会产生异常情况：染色体交换时基因可能被复制或删除，甚至染色体对无法正确分离。这一方面会导致染色体三倍体症：唐氏综合征或称 21-三体综合征（21 号染色体多出一条），13-三体综合征（多出一条 13 号染色体）和克氏综合征（多出一条 X 染色体）等；另一方面会导致染色体单体综合征：特纳综合征（性染色体异常），猫叫综合征（5 号染色体的一部分缺失）等。

克隆羊：后者跟前者拥有一样的遗传物质。

帮助生育

1978 年 7 月 25 日，利用体外受精，第一个"试管婴儿"路易丝·乔伊·布朗（Louise Joy Brown）诞生了。这种医疗技术被广泛应用于解决生育障碍上，并且成功率达 20%。如今，每 35 个人当中就有一个是体外受精的成果。

忠实于原物！

克隆一词指的是对生物体忠实的复制。自然情况下，和蘑菇一样，有些植物也有真正的双胞胎（异型合子），它们拥有完全相同的遗传型。或是人工情况下的植物扦插、微生物培养等。1996 年，第一个成功的克隆哺乳动物克隆羊多利诞生：来源于一个转化成胚胎（未经受精）的细胞，和母本拥有相同的遗传基因。

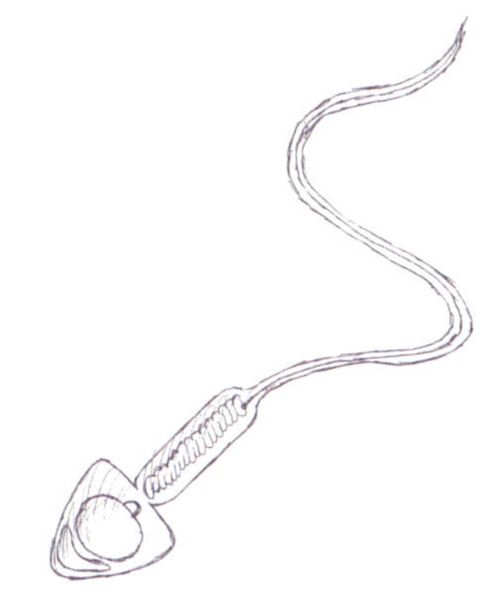

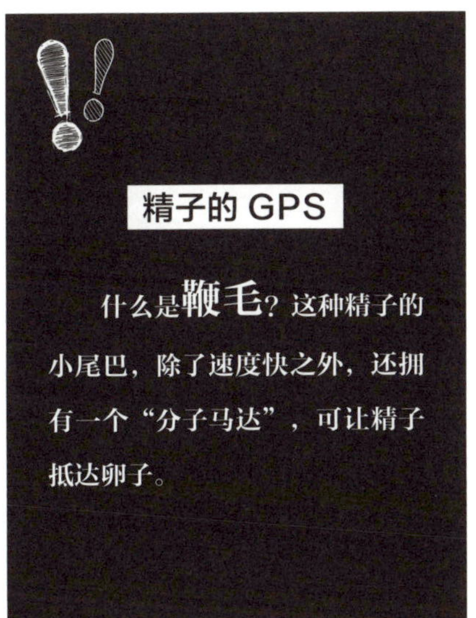

精子的 GPS

什么是鞭毛？这种精子的小尾巴，除了速度快之外，还拥有一个"分子马达"，可让精子抵达卵子。

伦理问题

人类生殖的科学控制提出了一些伦理问题，尤其是优生的问题。虽然克隆人被禁止，但有关干细胞研究、代孕、人类基因改良的立法在各个国家都不一样。

攻击人体的病毒

最小的生命

病毒是最小的微生物，纳米量级（即 10^{-9} m）。它是不同于细菌和原虫的传染源。病毒都含有遗传物质（RNA 或 DNA）；所有的病毒都有衣壳，用来包裹和保护其中的遗传物质以及吸附它们将要感染的细胞。病毒的辅助结构是包膜，是其以出芽方式释放，穿过宿主细胞时获得的。

H1N1 流感！

最著名的流感是 1918 年的“西班牙流行性感冒”，之所以这么命名，是因为西班牙是第一个公开声明确诊此流感的国家。该流感的传染源是 H1N1 流感病毒，当时造成数以千万计的欧洲人死亡。不论该病毒的形状如何，它能在呼吸道中增殖，对呼吸道的影响极为严重。

漫长的发现

对于科学家而言，病毒的概念在很长一段时间内都是一个未解之谜。1898 年，马丁努斯·威廉·拜耶林克首创病毒学，并认为病毒是“传染活液”，直到 1935 年人们才真正清楚认识这一物质。温德尔·梅雷迪思·斯坦利从烟草花叶上分离出传染性病毒的晶体蛋白，阐明病毒的化学本质是蛋白质，因而获得 1946 年的诺贝尔化学奖。

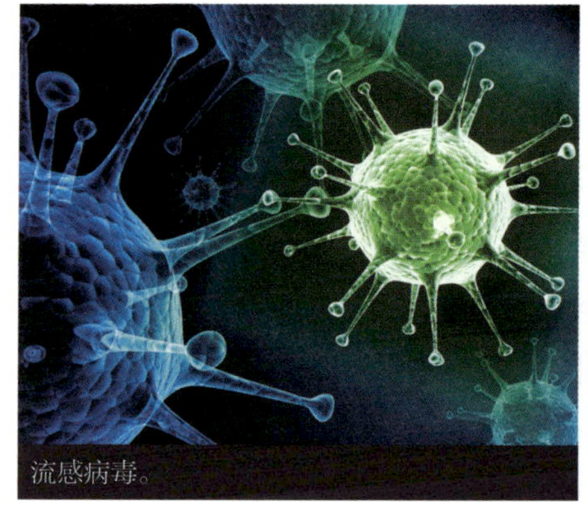

流感病毒。

入侵活细胞

病毒是“绝对的”寄生虫，因为它们无法单独进行复制和生长。它们必须进入活细胞，利用宿主细胞的能量和物质进行增殖。病毒可寄生在人类和动植物细胞、真菌甚至是细菌上。一旦被感染，细胞可恢复正常，也可被破坏和修改，成为生产病毒的“温床”。

包膜：强劲与否？

病毒外包膜的存在与否对于其强度和传递方式而言具有直接影响。包膜病毒在机体外十分脆弱，能够被消化系统轻易消化。以下是一些可通过直接接触、呼吸和寒冷天气传播的病毒：

- 流感病毒；
- 疱疹病毒；
- 狂犬病病毒（较少见）；
- 腮腺炎病毒。

相反，不含包膜的病毒抗性更强，可以在外部环境中存活好几天。它们可在卫生较差和天气炎热的环境中传播。这一类的病毒如下：

- 肠道病毒；
- 轮状病毒；
- 人类乳突病毒（HPV）；
- 甲型肝炎病毒。

巨型病毒

2003 年，研究人员在阿米巴变形虫身上发现了一种巨型病毒（直径为 0.5 μm），该病毒含有大量遗传物质（基因数量达 2 500 个，而流感病毒只有十几个）和一些未知基因。因其尺寸巨大，一开始被认为是细菌。但是经过 DNA 片段的比较后，发现其应当是病毒：它所含基因数量达几千，但 90% 都属未知！ 2015 年，科学家在西伯利亚的冻土中发现这一病毒。十年来，在不同环境中发现的巨型病毒种类为科学发现翻开了动人心弦的新篇章。

病毒和蚊子

蚊子是黄病毒属中的好几种病毒的载体，可通过叮咬人体将其传播给人类。登革热会引起头疼、恶心、关节疼痛和出血的可能；基孔肯雅热会引起肌肉和关节酸痛以及瘫痪；鸟类携带的西尼罗病毒经蚊子传播后，会引起高烧和神经系统体征；黄热病会引起流感、登革热或疟疾（寄生感染）的症状。这些病毒中只有黄热病能够通过疫苗得到有效的治疗。

病毒也会生病

2008 年，生物学家迪迪埃·拉乌尔及其团队经研究后发现了 Spoutnik 病毒的存在。这种病毒的特点是不寄生细胞，而寄生在巨型病毒上。这是一种病毒的病毒！

Spoutnik 病毒模型。

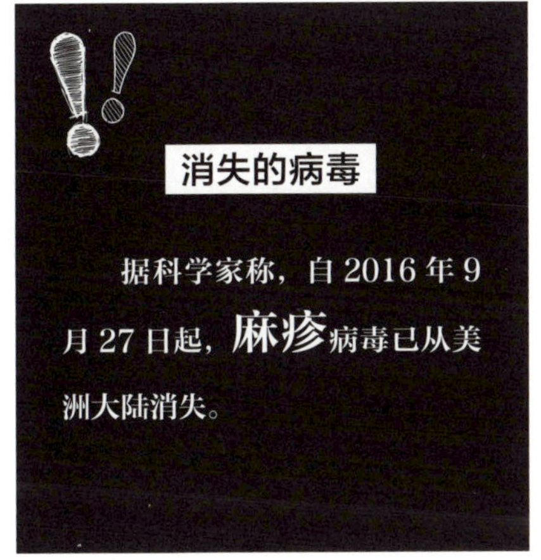

消失的病毒

据科学家称，自 2016 年 9 月 27 日起，麻疹病毒已从美洲大陆消失。

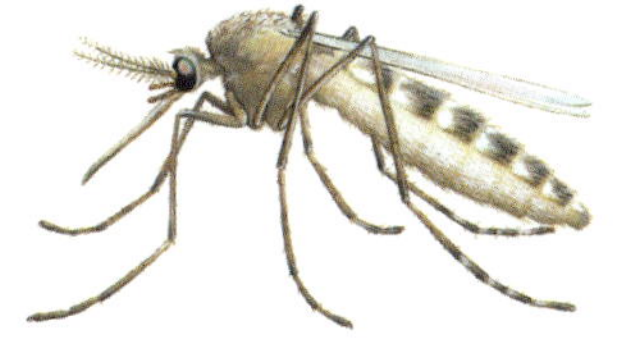

细菌：300 亿个好朋友

细菌和超级细菌

细菌是微生物，存在于地球上已知的**所有环境**中，其单位是微米（μm），通常由一个细胞组成。细菌有一条染色体和游离的 DNA 片段或质粒，能够变形和遗传。这些机制促成了对抗生素具有抵抗力的超级细菌的形成。

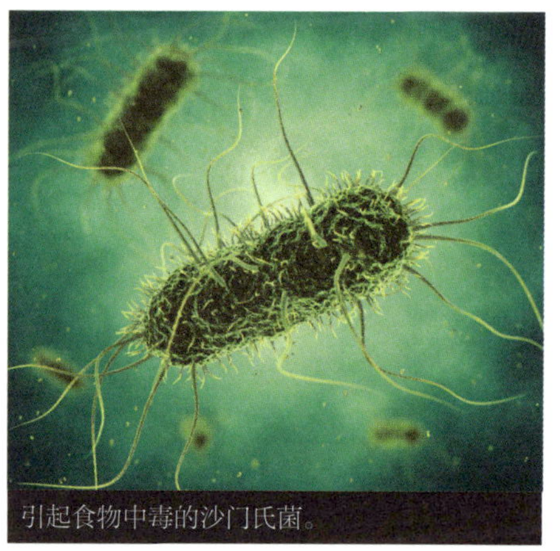
引起食物中毒的沙门氏菌。

改变对细菌的看法

人们普遍认为细菌是有害微生物，路易斯 · **巴斯德**的研究有助于人们认识细菌的致病作用。

尽管细菌确实会引起肺结核和霍乱等严重疾病，但它们的存在依然至关重要。事实上，细菌可以用于分解有机物、净化水、发酵和充当某些物种的食物（尤指浮游生物），即广泛意义上的“物质循环”。

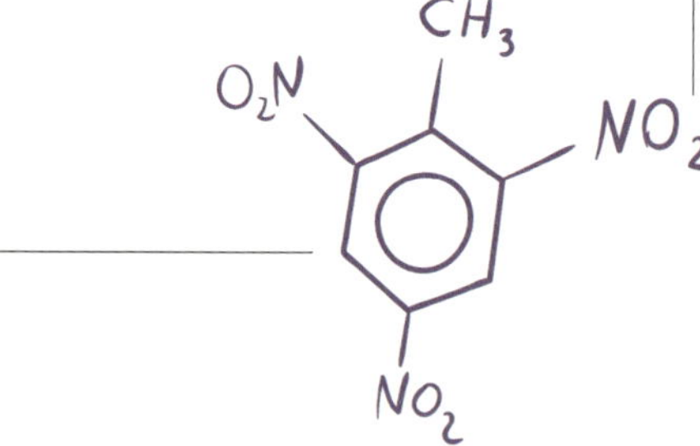

杆状菌。

束状或杆状?

人们根据细菌的形状将其**命名**：呈直杆状的杆状菌，排列成链状的链球菌和排列成葡萄串状的葡萄球菌。金黄色葡萄球菌得名于其能够显色的橙黄色色素。根据用于移动的不同纤毛及其尺寸的差异，细菌可相互区分。当它们数量足够多时，就能够实现协调集体行为、致命和防卫。

珍贵的细菌

2016 年，科研人员通过关于老鼠的**实验**，发现在化疗期间，摄入存在于肠道中的大肠杆菌，可提高对癌症肿瘤的治疗效果。目前，在人类身上对细菌的具体防御细胞的研究，可以预测出癌症未恶化的时间段，当然科学家也在着手改善人体抗肿瘤反应的研究。

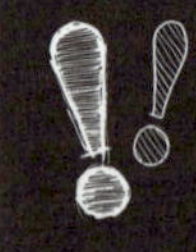

2 kg 细菌

根据最新估算，人体含有的细菌数超过 **300 亿个**，与细胞数量相当。种类有七百多种，占据了 2 kg 的体重！

我们的祖先：细菌

在细胞中，**线粒体**会产生身体所需的能量（ATP）。线粒体的分布取决于不同组织：血液红细胞中没有，肌肉细胞中则数量众多。其形状和自身的环状 DNA 可在同一细胞内变化，科学家由此认为它们很可能被细菌寄生，并于 20 亿年以前，在细菌充分融入机体之前被细胞吸收。

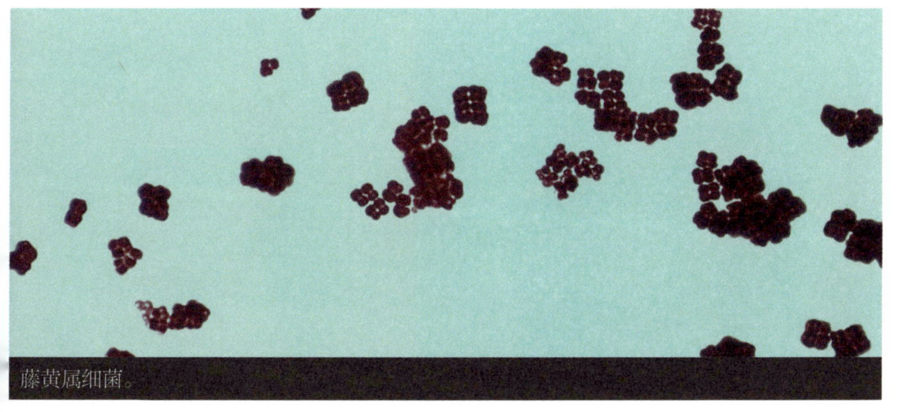

藤黄属细菌。

用处极大的细菌

生活在人体里的细菌能够**保护**我们。它们占据空间，并创造出不利于其他细菌生长的条件，还可制造维生素并促进消化。参与消化的细菌中 80% 是肠道菌群（如大肠杆菌），它们通过分解营养成分进行消化。最近，人们开始意识到过度卫生和滥用抗生素的危害。这就是美国等国家逐渐开始禁止使用抑菌肥皂的原因……

杀死细菌的病毒

第一次世界大战期间，科学家发现**噬菌体疗法原理**。不致病并且天然存在于自然和生物中的病毒，能够识别和消除一些细菌，尽管这些细菌的位置很难达到（如骨骼、关节等）。

转基因细菌

在细菌的基因组中插入**人类基因**，随之变成转基因，能够进行胰岛素生产。目前化学手段还不能完美制备胰岛素，以治疗某些疾病，如糖尿病。同样，利用小鼠基因进行转基因，可以制造出一种净化汞污染区域的细菌。2016 年，科学家将海洋中章鱼细菌基因中的发光性能转移到地面细菌上，以创造出无电发光。终有一天，公共照明和显示屏幕都可利用细菌实现！

微生物学家汤姆·布洛克在美国黄石国家公园的温泉水边提取嗜热链球菌。

人不是动物！

动物习性

三十年来，科学家对**动物的智力**测量竞赛转向对其认知能力的研究（记忆、学习、决策等）。同时，拟人倾向减弱：人们不再将动物和人类进行系统比较，且在某些方面动物超越了人类。

动物，聪明的战略家！

动物良好的**环境适应能力**就是其智力的一个证明。这个可以分为先天性行为（例如求爱、越冬）、后天习得的习惯（如信鸽）和动物自己创造的行为。

而且，很多动物都能够制定策略、使用工具和适应环境。在城市里，乌鸦会将干果扔到车胎下以打开果壳，等到红灯亮起安全时才去寻找果肉……

卷尾鸟。

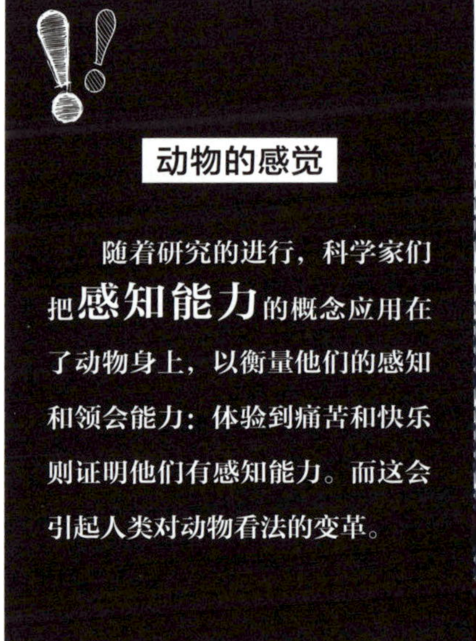

动物的感觉

随着研究的进行，科学家们把**感知能力**的概念应用在了动物身上，以衡量他们的感知和领会能力：体验到痛苦和快乐则证明他们有感知能力。而这会引起人类对动物看法的变革。

认识自己

为了知道动物能否**认识**自己，科学家观察动物在镜子前的表现。尽管这个方法有很多局限性，但仍然表明，海豚、大象、乌鸦、虎鲸等很多动物都能够认出自己。黑猩猩甚至用镜子看自己的嘴巴或背部，这些部位都是它们平时看不到的！

社会构建

和人类一样，许多动物物种都是**社会群居**（集群），以便相互帮助、确保安全和获取充足的食物。因此，一些物种甚至产生了利他主义：某些蝙蝠会给未成功捕食的同伴分享食物；黑猩猩会收养孤儿；燕子会飞去救助受伤的同伴……

黑猩猩组织自己的社会生活。

记忆力：从鱼到大象

非洲象。

一直以来，人们都认为动物的记忆力并不好，但事实并非如此：就短期记忆而言，黑猩猩对数字和图片的记忆能力高于人类；中期记忆方面，黄蜂能通过记忆周围的物体找到自己的巢穴；长期记忆方面，大象可以记住遇到过的所有面孔，鱼能在好几年之后找到数千千米外自己的出生之地！

对其他个体的认识

用自己的思想和意图影响另外一个个体（心理理论）的能力，可导致同理心和为实现目标采取不同方案。猴子会安慰失败者以及停止伤害同类的动作；卷尾鸟会模仿其他动物的警告呼声，让它们丢下猎物后自己去收取。许多动物都会装死以避免被捕食者吃掉。

动物的文化

2015 年，《波恩公约》极为正式地承认了动物界非人类文化的存在。动物文化既包括后天习得的行为，也包括当地动物特有的习惯：珍稀动物卡索热（Kasoge，坦桑尼亚）黑猩猩会握手，山羊会有适用于羊群的“口音”。该公约有 120 个签署国，生效后，将保护和支持动物文化。

动物的交流

动物之间会彼此交流：例如海豚发出相当于自己名字的“海豚音”与特定的对象交流。大猩猩科科（Koko）学会了 1 000 多个手语单词以和人类交流沟通，也能就悲伤和死亡等抽象的主题有所表达。

海豚和同伴交流的能力令人震惊。

极端条件下的生命

在别处生长?

近些年来，科学家在一些被认为是不可能存在**生命**的极端环境中发现了生命。对已发现的生命体进行研究好处颇多，可应用于技术和医疗，拓展关于生命的认识并扩大生命出现条件的研究范围。

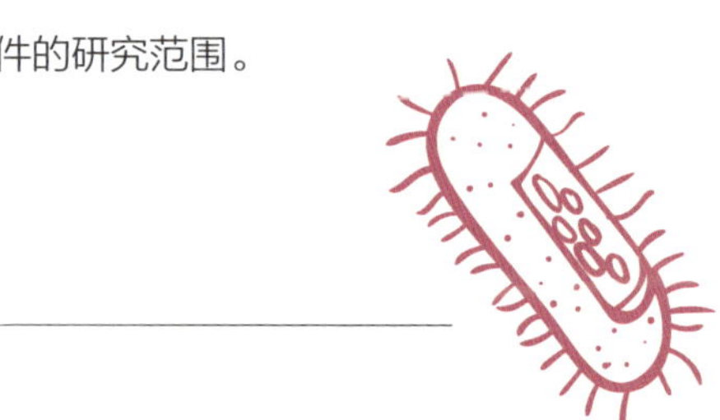

太平洋中拍摄到的黑烟囱。

世界上最顽强的细菌

1956 年，科学家发现，**耐辐射奇球菌**是一种对 γ-射线表现出极强抗性的细菌。这种对人类无害的粉红色细菌，从消过毒的手术刀到南极的岩石中，都无处不在。它强大的抗性潜能（抗紫外线辐射、放射性、干旱、酸性、极端温度、真空等）都归功于其特殊的 DNA 修复能力。该细菌的应用领域较广：污染土壤处理（生物修复）、药物制造、生物再生和 DNA 硬盘!

当温度上升之时!

喜温生物体在高温环境中生长（45 ℃至 90 ℃以上）！这是因为改良的细胞膜可保持细胞的封闭性，并且其中的蛋白质致密分布从而不会变性（如鸡蛋中的蛋清煮熟后变白，也更为稳固）。

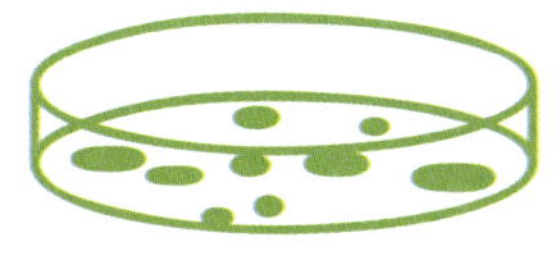

海底世界

20 世纪 70 年代，科学家在海洋深处发现**黑烟囱**，它喷溢出的海水温度超过 300 ℃。尽管这里十分热、压力巨大、呈酸性、缺乏氧气和光，研究人员在周围惊奇地发现一些真实多样生物的存在（甲壳类、蠕虫、鱼等）。实际上，这种物种多样性是由细菌引起的，这些细菌能够利用喷射出的气体和岩石衍生物制造能量和养分，它们还为其他物种的繁殖提供了条件。

“机智的”山花

在高海拔地区，植物的多样性减少，这是因为生长条件变得恶劣（冻融交替、风、强光照和紫外线辐射、土壤贫瘠等）。因此，生活在这里的植物在存活和繁殖能力上都有自己的“王牌”：它们的矮植株可减少对风的阻力，鲜艳的色彩能在紫外线辐射下保护自己，有可蓄水的厚叶片，并深深植根于土壤或岩石之中……

缓步动物，又称“水熊虫”。

不会感到冷！

通过观察世界上最寒冷水域（北极，-2 ℃）的鱼群，科学家发现了抗冻蛋白。抗冻蛋白存在于冷水鱼和许多昆虫（蚂蚁、蜱等）的血液中，还存在于行走在冰面上的鸟的爪子里和某些植物及细菌里，它们会结合在冰晶的表面，从而阻止冰晶的进一步生长。这些防冻蛋白可以用来保护器官移植过程中的器官及组织，用于改善冰冻食品的贮藏，也能用于水产养殖业以增强鱼类的抗冻性。

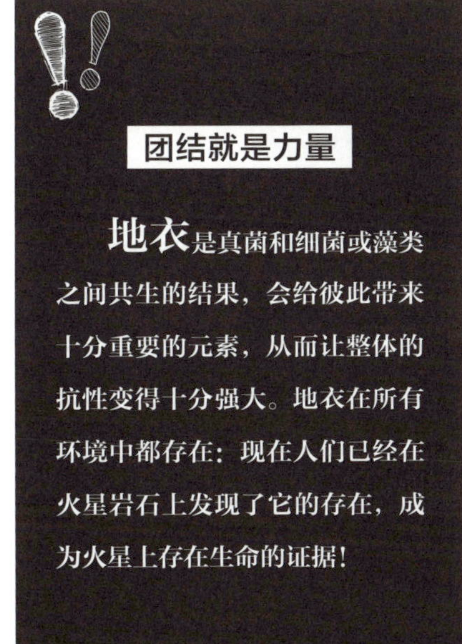

团结就是力量

地衣是真菌和细菌或藻类之间共生的结果，会给彼此带来十分重要的元素，从而让整体的抗性变得十分强大。地衣在所有环境中都存在：现在人们已经在火星岩石上发现了它的存在，成为火星上存在生命的证据！

生命力强大的水熊虫！

水熊虫是小型无脊椎动物（毫米量级），以其强大的生命力著称。它能够在恶劣环境下停止所有新陈代谢（隐生），在结冰的状态下存活好几年，在高温下脱掉 99% 的水分后存活或是在真空环境中生存。2016 年，一支日本研究团队发现了能保护水熊虫 DNA 免受辐射和干燥的蛋白质。它的应用会颠覆食物、药物等的贮存方式，还会提高人类对射线疗法的耐受性（对抗癌症）。

地衣花坛。

酵母的奥秘

显微镜下促进消化的酶。

是什么促成了催化反应？

1830 年，安塞姆·佩恩和让·弗朗西斯·佩尔索在唾液当中检测到酶之前，发现了一种可以催化淀粉分解的物质（一种可以加速化学反应而保持不变的物质）。这是一项革命性的发现，因为自 19 世纪起，不能合成活细胞分子的化学家们，开始猜测存在一种“生命力”，而它可能就是导致能量产生和新陈代谢的原因。尽管催化作用早就被阐释出来，但其效应子（即酶），直到这时才被发现。而且，自此以后可以在实验室中对其进行研究。

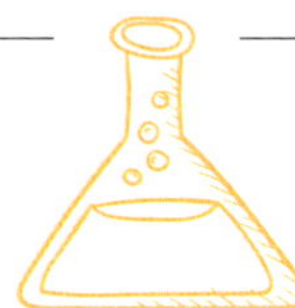

细胞的“齿轮”

酶的发现可以让人们解密生命并理解所发生的反应。科学家逐渐发现其以下特征：每个酶都会产生特定的催化反应；酶是很多生物体产生呼吸和发酵等现象的原因，即使是低浓度效果也不错；酶是蛋白质；每种酶都被基因编码……由此建立了生命单位概念和生物化学。

可形成气泡的真菌

1857 年，得益于巴斯德的研究，酵母被认为是一种活性有机体，其活动是负责发酵。然而事实上，它是一种微小的单细胞真菌，是研究人类细胞的简化模型。如今，人们使用酵母来酿制啤酒（啤酒酵母）或是制作面包和发面（面包酵母）。“化学”酵母是由化合物组成，当化合物加热和加湿时，发生酸碱反应得到的 CO_2。制作糕点时，酵母可以使其更快变膨松。

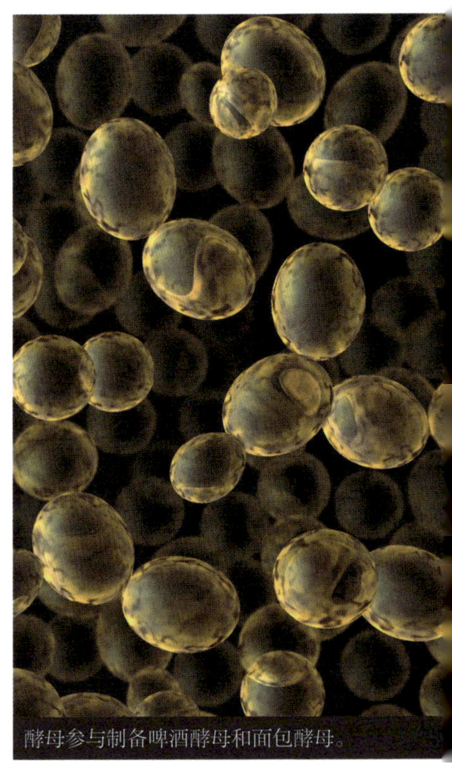
酵母参与制备啤酒酵母和面包酵母。

糖分和酸痛感

发酵是一种化学反应和生理变化，发生在所有生物体上，是在无氧的环境下（不借助氧气）对葡萄糖（糖分）进行不完全分解。例如，短暂运动时，肌肉细胞发酵产生乳酸，导致肌肉疲劳和身体疼痛。再比如，除了用细菌发酵来制作食物（泡菜、酸奶、醋等）外，肠道中的细菌发酵可帮助消化。

新科学的诞生

研究细胞中的**化学反应**可让生物化学弄清楚所有大分子（如细胞离子）间的相互作用，同时从以下方面详细了解生命体：繁殖、自愈和能量管理机制。它还能带来对正常和病理状态的认识理解，因此涉及疾病治疗、适应作物的土壤、消灭寄生虫和建立饮食制度等。随着技术的进步，这些发现可促进人们利用生物技术对遗传基因工程、生物信息或转基因的开发。

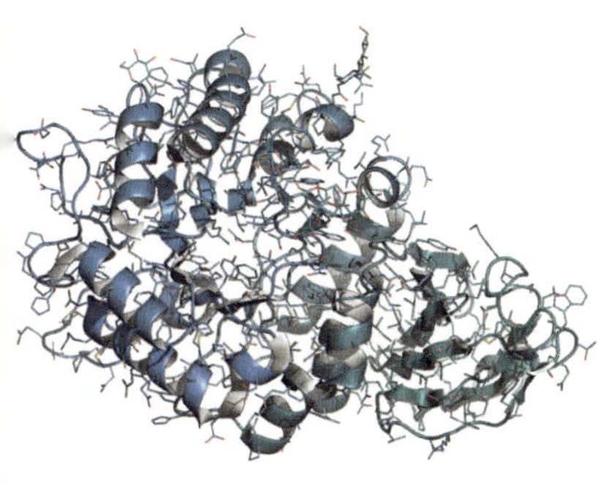

酶的数字图形。

酶行业

酶可以促成多种有助于提高商业收入的**反应**（加速、降低温度和压力、降低经营风险和减少成本），因而在市场上拥有极佳的销路。今天，酶行业在全球市场上占有好几十亿欧元的市场份额。洗涤用品行业（洗涤剂）是最大的用户，其次是食品行业的制糖领域（葡萄糖糖浆）、储存或提纯（用果胶酶澄清浑浊的苹果汁）领域。

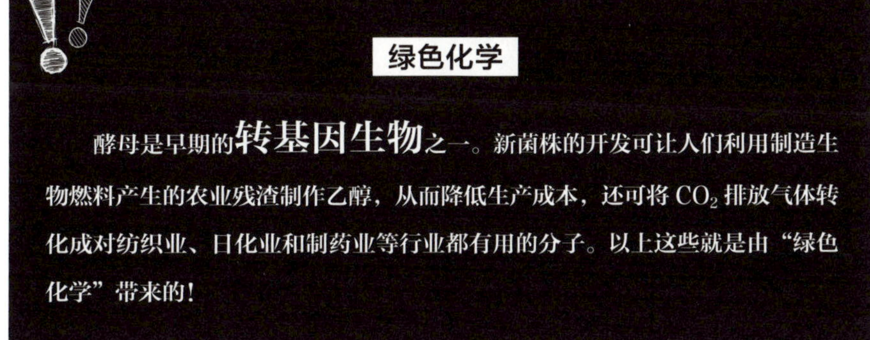

绿色化学

酵母是早期的**转基因生物**之一。新菌株的开发可让人们利用制造生物燃料产生的农业残渣制作乙醇，从而降低生产成本，还可将 CO_2 排放气体转化成对纺织业、日化业和制药业等行业都有用的分子。以上这些就是由“绿色化学”带来的！

大象的耳朵为什么大？

进化的偶然性

虽然**动物**随着时间的流逝不断进化，但这是源于遗传、融合、变异和适应的偶然性。进化不会受到任何主观意愿的影响，动物和自然都不能，所以其结果可能出人意料。在干旱时期，能够消化新型食物的个体有更好的适应能力才能生存下去。大多数幸存个体身上都有的特性将会代代相传并且不断进化。反刍动物（牛、羊、鹿、骆驼、长颈鹿等）的胃包括 4 个相通的隔室，可让它们很好地消化所吃的植物纤维素。

博茨瓦纳的非洲象。

大象的耳朵

生活在草原上的**非洲象**拥有一双超过 1 m 长的大耳朵，可用于散发身体的热量。而亚洲象的耳朵则要小一些，可减少在丛林中受伤的风险。这两种大象，虽然都是大象，却在不同的地理环境中各自进化，彼此之间互不影响。

南非的白犀牛。

各大洲的犀牛

地球上总共有 **5 种**犀牛：非洲有白犀牛和黑犀牛；亚洲有苏门答腊犀牛、爪哇犀牛和印度犀牛。数万年来，它们各自进化。因此，不同地域的犀牛在角的数量和进食方式上都不相同。

驼峰

在骆驼科中，双峰骆驼的种类较多：大夏野生骆驼和鞑靼地区的骆驼拥有脂肪含量高的双驼峰和厚实的皮毛（厚达 30 cm），这能让它们在亚欧草原的低温下生存。生活在炎热沙漠地区的单峰骆驼（或阿拉伯骆驼）较双峰骆驼更高，只有一个驼峰。但所有骆驼都十分抗旱，这是因为它们拥有良好的防水分流失能力（聚尿、干粪便、回收呼吸产生的水汽等）和可在好几度内调节体温的能力。其红细胞也十分独特：经过几周未饮水后，它们能在短短十几分钟内喝下 150 L 水，而红细胞不会破裂！

北极熊。

棕熊和白熊

北极（在希腊语中意为“熊之领地”）得名于指向北方的大熊星座。而这里确实也是真正的北极熊王国。北极熊能适应在冰天雪地中生活，它们拥有透明的毛发，可伪装与冰雪融为一体，而黑色的皮肤能够很好地吸收太阳的热量。由于受到环境的影响，北极熊的食物十分有限，但它们拥有带蹼的爪子和透明的毛发，所以是最优秀的海豹猎手。而它的同类棕熊，则是陆地动物，还保留着杂食习惯（浆果、鱼、蘑菇等）。为了在寒冷的环境中生存，它们会吃大量食物以储存能量。

所有毒液都致命吗？

地球上大约有 15 万种有毒动物（水母、昆虫、青蛙等）。每种毒液都混合了 500 多种酶和毒素，这些毒素可能导致瘫痪、组织坏死、出血或血液凝固。在欧洲，一项名为“Venomics”的计划正在进行中，研究员们尝试明确毒液及数以百万计的毒素的组成成分，并进行有效的利用。该计划的研究目的是寻找治疗疼痛、糖尿病、高血压和癌症等疾病的新方法。

要有信心……

蛇类身上有 20 多种基因都参与了毒液的形成。毒液可以让蛇类快速地杀死体型比自己大很多的猎物以及促进食物消化。

随时待命的 600 块肌肉！

三类肌肉

肌肉的三大类型：骨骼肌（横纹肌），可让人体的不同部位自主运动；平滑肌，位于空腔脏器内壁上（食道、胃、肠、膀胱、血管等的内壁）；心肌，尽管其拥有横纹结构，却像平滑肌一样发挥作用。

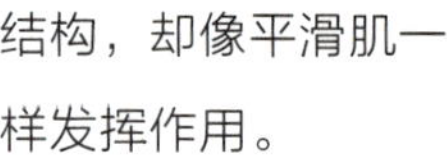

神经支配

有些肌肉受到双重神经支配，比如横膈膜。在自主神经系统的作用下，横膈膜持续自动下降以进行肺部呼吸。在身体活动的影响下，虽然我们还能控制呼吸，但它的节奏却自主地上升（躯体神经支配和自主神经支配）！同样道理，白天眼睑肌肉负责眨眼，晚上放松后我们方可闭上眼睛，但也可做瞥一眼或闭紧眼睑的动作。因此，这些肌肉收缩的紊乱会引起打嗝或眼睑痉挛（颤抖或重复眨眼）。

最强肌肉

什么肌肉是最强大的？臀大肌连接上身和双腿，让我们可起身和站立；咬肌可以让我们合上下巴，尽管其尺寸小，施加的压力可超过 80 kg/cm^2。双臂上的肱二头肌尽管已经很强大，但在这两种肌肉面前依然逊色……

肌腱或韧带？

肌腱和韧带是主要由胶原纤维组成的结缔组织。二者最大的区别表现在功能上：韧带主要是连接骨与骨，通常是围绕或位于关节处，对保持关节的稳定很有帮助；肌腱主要是连接骨与肌肉，便于肌肉的附着和固定。当我们向外伸展大拇指时，它们就会突起，甚至形成一个三角形凹陷，名为“解剖学鼻烟壶”（以前人们把鼻烟放在此处）！

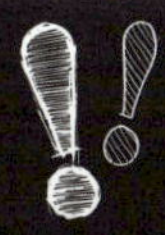

团结就是力量

17 块，这是我们微笑时需要使用的肌肉**数量**。而皱眉时需要牵动 43 块肌肉！

额外的肌肉

有些人有一些常人没有的肌肉，这些肌肉被称为**非固定肌肉**。例如当大拇指和小指接近时，人们可以在内手腕的表面观察到，并非所有人的手腕和参与到肌肉收缩中的肌腱数量都一样！这是为什么呢？这与掌长肌的存在与否有关，有些人只有一只手腕有，有些人甚至两只手腕都有。根据这一并不能完全凸显问题的模式，脚上的第三腓骨肌也是非固定的。腹直肌被 2 至 5 条腹直肌腱划分成多个肌腹，所以人们的肌腹数量也不相同！

尸僵

人类**死亡**后，钙离子浓度上升，肌纤维凝结，让肌肉在没有收缩的情况下也可变僵硬。在死亡的几个小时后，尸僵首先从颌关节的咬肌开始，逐渐发展到颈部，然后蔓延全身，其中包括平滑肌（伴随“鸡皮疙瘩”、体内分泌物射出、粪便流出）。法医可据此准确追溯死亡时间。数十小时后，肌动凝蛋白分解，才使得僵硬的尸体得以缓解。

锻炼肌肉

肌肉的**密度**（1.1 kg/L）比脂肪（0.9 kg/L）大，这意味着 1 kg 脂肪比 1 kg 肌肉体积更大。进行身体锻炼时，可减少脂肪形成肌肉。虽然这可能导致体重增加，但身形更为健美！

头发

头发是一种毛发。与指甲一样，头发的可见部分由死亡的细胞组成。因此不断生长的不是可见部分，而是内部的部分。头上的每根头发都有毛根和毛干。立毛肌对温度或情绪变化十分敏感，可把毛囊拉至较高的位置，使毛发竖起。人们已经知道，头发每天生长 0.3 mm！

分子生物学：DNA 知多少

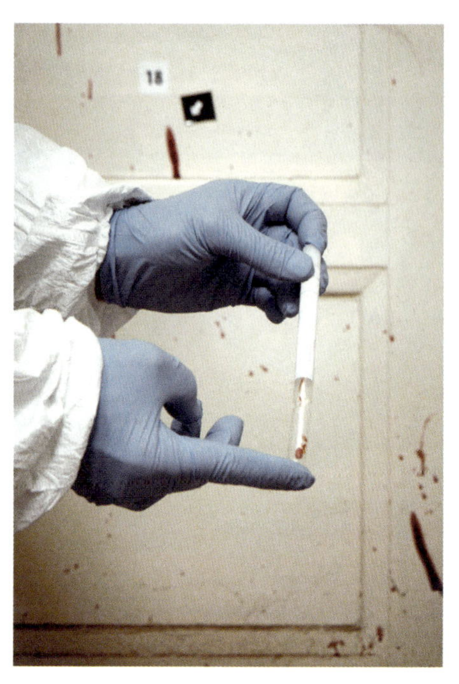

什么是遗传密码？

由于遗传密码的存在，DNA 的四个含氮碱基才能和不计其数的蛋白质之间建立**联系**。遗传密码采用三个碱基为一组（密码子），以指示合成蛋白质所需的氨基酸。多个密码子可代表同一个氨基酸或停止信号。所有生物体的基因组都是建立在这个遗传代码上的。

腺嘌呤绿色，胞嘧啶蓝色

自 20 世纪 70 年代起，科学家开发出一些 DNA **测序**方法，可知道构成生物 DNA 的四个碱基（腺嘌呤核苷酸、胞嘧啶核苷酸、鸟嘌呤核苷酸和胸腺嘧啶核苷酸）的准确序列。目前使用的方法是通过使用一种经染色和改良的碱基合成酶，在实验室中复制 DNA。这种酶发出“停止”信号后，DNA 复制立即停止。由此可获得长短不一的 DNA 片段，且该片段上的最后一个碱基带有颜色（腺嘌呤绿色、胞嘧啶蓝色）。

复制是为了更好的研究

在分子生物学中研究 DNA 所使用的**技术**之一是 PCR（聚合酶链式反应）：使用酶来对一个 DNA 片段复制数百万次，这样可以更容易检测该片段以及促进研究。这种技术被法医广泛使用，使其可从简单的一根头发、一滴血或邮票后面的唾液痕迹，建立出遗传图谱。该技术还广泛应用于其他方面：确定食物中的转基因、检测血液中的病毒（HIV、某些肝炎等）、研究化石 DNA、分析遗传性疾病的诱发因素……

微妙的差异

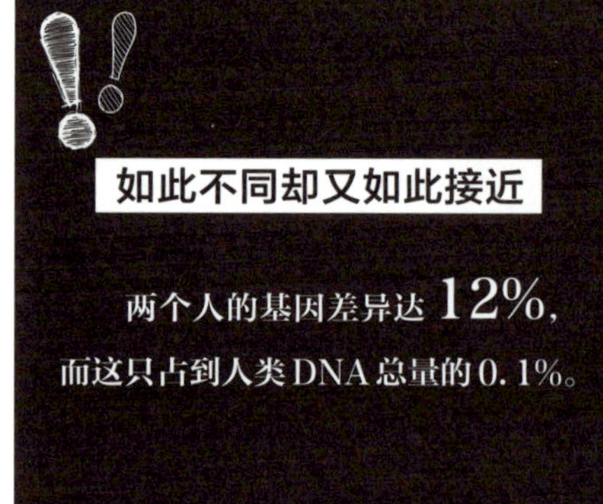

当DNA测序完成后，科学家迫不及待地将**人猿**与人类二者的 DNA 进行比较，令人惊讶的是，他们发现人类的 DNA 与黑猩猩、倭黑猩猩甚至大猩猩的 DNA 间的相似度超过 98%。但是，每组比较出的相似性和差异都不一样。因此，尽管某些物种基因变化类似，但其却没有以同一种方式表达出来。例如，人类和大猩猩的听觉进化遵循着同样的模式，这让科学家开始思考听觉进化和语言进化间的联系。

如此不同却又如此接近

两个人的基因差异达 12%，而这只占到人类 DNA 总量的 0.1%。

偶然的作用

每个人身上都存在几百种基因**突变**，至少有 50 多种与某些可能发生的遗传病有关。

人类起源

DNA 传递的**遗传信息**是“冗余”的：尽管核苷酸（碱基）的序列不同，同一种氨基酸可以由几个不同的密码子来决定。氨基酸是组成蛋白质的基本单位。在 DNA 被转录或复制时，一些“错误”无法显露。相反，由氨基酸形成的蛋白质的功能可能受到损害。这种变化也可表现为提前停止蛋白质合成的结束信息。

未来医学的希望：干细胞

未分化的**胚胎细胞**能够成为各种类型的细胞（称为全能性）。随着胎儿和孩子的不断生长发育，胚胎细胞逐渐分化，在成人身上仅有微量的存在。理解调节干细胞功能的分子机制是 21 世纪研究的重大挑战之一。迄今为止，其医学应用尚未被完全控制，特别是因为它们优点中的缺点：其旺盛的分裂能力有可能诱发癌症（见 112 页）。

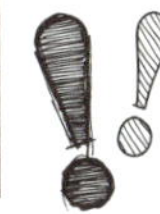

未来医疗预期

2016 年，一对法国**夫妇**被允许保留胎儿的脐带血（富含干细胞），供将来可能的医疗之需。这是法国首个官方许可案例。该判决充分考虑了宝宝复杂的家族病史和对未来医疗在该领域取得突破的美好愿景。

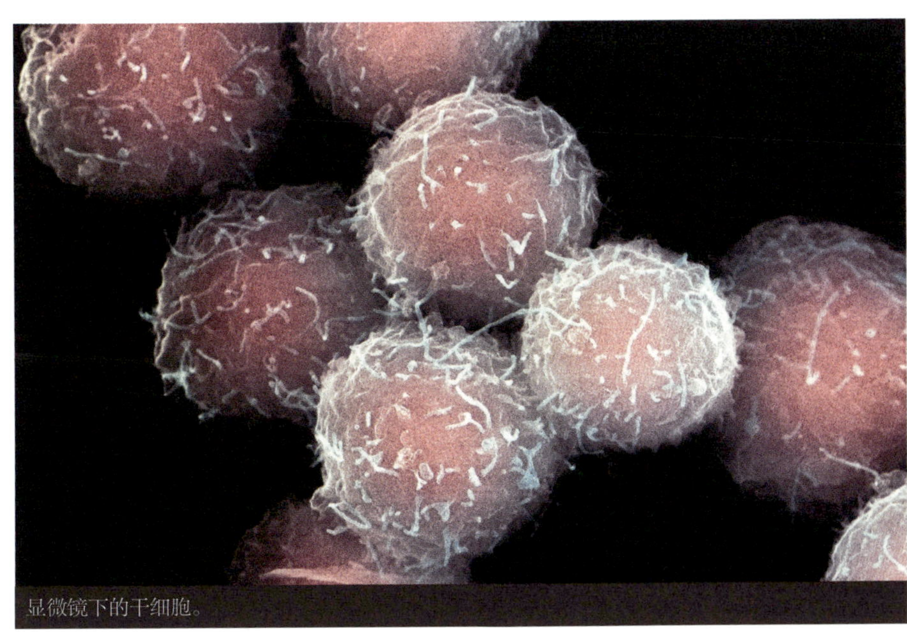

显微镜下的干细胞。

基因工程

基因组编辑神器

埃玛纽埃尔·沙尔庞捷和让尼耶·杜代娜这两位女性变革了基因工程领域的研究：2012年，她们两人发明出名为CRISPR-Cas9的基因编辑技术，该名称结合了两种组成分子的名字。该技术既简单又廉价，而且可对DNA进行精确的切断。

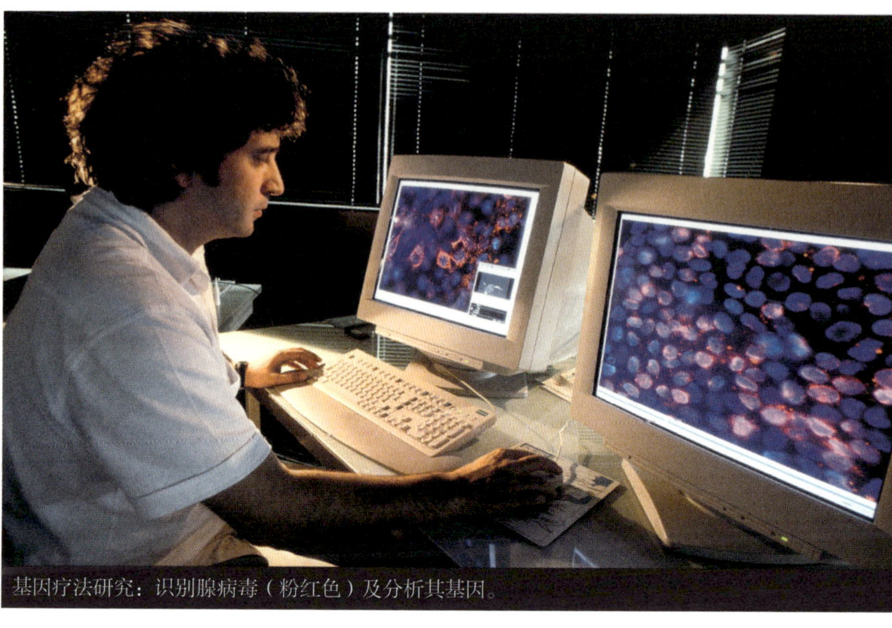
基因疗法研究：识别腺病毒（粉红色）及分析其基因。

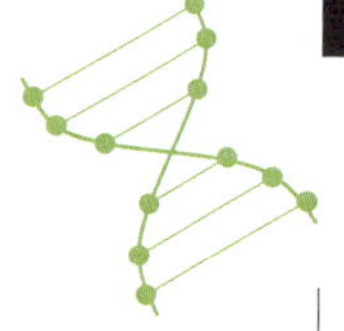

准确切割

在细菌DNA中，CRISPR-Cas9基因编辑器的前半部分CRISPR系统，会发出两个引导信号，包围感染后细胞中的病毒DNA部分。在识别该病毒DNA时产生的信息被Cas9酶吸收。在病毒出现时，Cas9会找到该序列，并从病原体DNA上将其切除，从而克服感染（免疫作用）。人们现在已经会人工将CRISPR引导信号引入DNA中，以将其导向Cas9，并且切除特定部分的DNA。

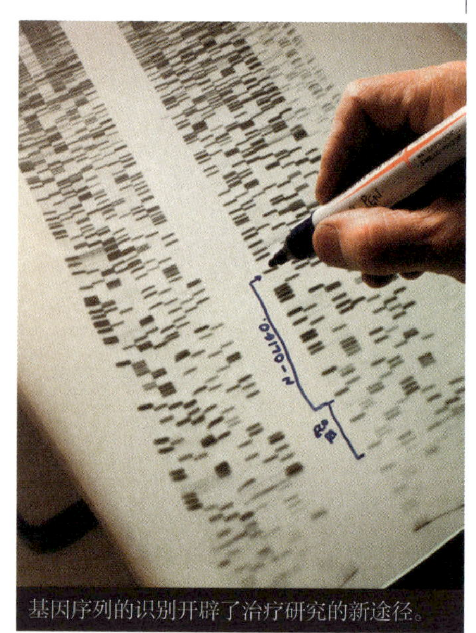
基因序列的识别开辟了治疗研究的新途径。

“治疗”基因

基因治疗用于预防或治疗遗传性疾病，也可治疗与基因表达有关的疾病（癌症、艾滋、阿尔茨海默病）。基因疗法有三种模式：直接更换有问题的基因（转基因）、添加可达到治疗效果的基因和管理有缺陷基因活动的具体调节激素。

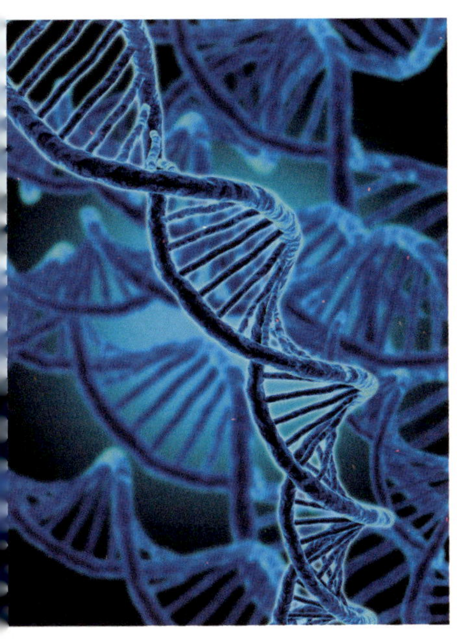

你切断，我修复

每个细胞都含有 DNA 的**修复机制**，以维持自身的完整性。当 DNA 暴露在紫外线下和复制错误时会启动该机制。当 DNA 被切断时，该机制会试图把片段拼在一起，创造构成随机基因突变的新 DNA 序列。得益于 CRISPR-Cas9 基因编辑技术，人们可以准备一个修复片段，以控制基因突变的内容。治疗遗传性疾病和不加入其他物种基因即可制造出转基因的可能性，人们对此浮想联翩。

干细胞

干细胞提取是指从疾病组织上获取**干细胞**（见第 69 页），例如从患者的血液里提取，而后经过修正、“培育”最终重新植入人体。此举的目的是让干细胞表达新的基因，并且在多次再生分裂中逐渐传递。尽管提取干细胞尚在研究阶段（神经系统和心脏），但体内移植的技术是可以实现的。

个性化医疗

个人对某种**疗法**过敏和出现副作用与某种遗传因素有关，药物遗传学正在对其进行探索。随着研究的进行，药物对基因组的作用也得到了研究：当药物在肝脏等位置被消化、吸收和转化的过程中，哪些基因被激活了？最终可给患者开出个性化处方，减少由于过敏反应和对药物的不耐受性致死的多发事故。在乳腺癌方面，现在已经可以检测女性患者是否会产生某种蛋白质，以采取及时治疗减缓疾病的发展。

无菌隔离帐里儿童的福音

基因疗法最成功的案例之一是治疗免疫功能不全的儿童。这些儿童 X 染色体携带的遗传基因有缺陷，自身不能生产 ADA，先天免疫功能不全，不能抵抗任何感染。他们必须生活在无菌的隔离帐里。1999 年的首次基因疗法实验，部分案例中虽然疾病得到治愈，但同时却引发了白血病。因而，这项研究被禁止，直到 2012 年在对方法进行改良之后，才重新启动。以目前情况看，设想总比现实数据来得美好，积极的、活跃的研究正试图扭转这个局势！

人类的医学探索

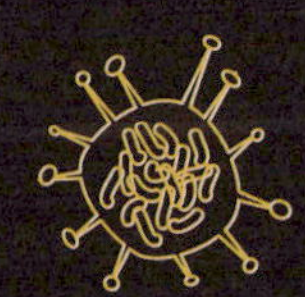

如何定义死亡？

医学史上的事件众多，有些事件虽不闻名，但对思考人类、健康、疾病具有突破性意义。人类医学何时从治疗医学过渡到康复医学？尽管科技进步在其中发挥了重要作用，但并没有明确的时间：青霉素可医治肺炎，移植新器官以取代衰竭的器官，用假肢代替四肢。就连说话都能用电脑进行，那么死亡又当如何？在短短的几十年间，人类的预期寿命延长了十几年。但是，在法国和美国这样的国家，预期寿命却在每年减少几个月。在法国，人们的预期寿命为 80 岁，身体健康的时间是在 65 岁之前。尽管人类站在金字塔的顶端，能消除天敌、征服敌人且使用武器及工具，但暗区依然存在。有些方面人们已经能充分认识和掌握，而另一些的轮廓则更加模糊，至今不为人所知。

细菌

细菌是当今人类面对的最大威胁之一。很长一段时间，在抗生素的强大作用下，细菌被消除，但它们现在变得更加强大且对我们的药物产生耐药性。所以，人类不能再依赖抗生素成为当代医者最大的担忧。那人类应当何去何从？如何预防传染病？是否一个“小小的”肺炎就能夺取我们的性命？

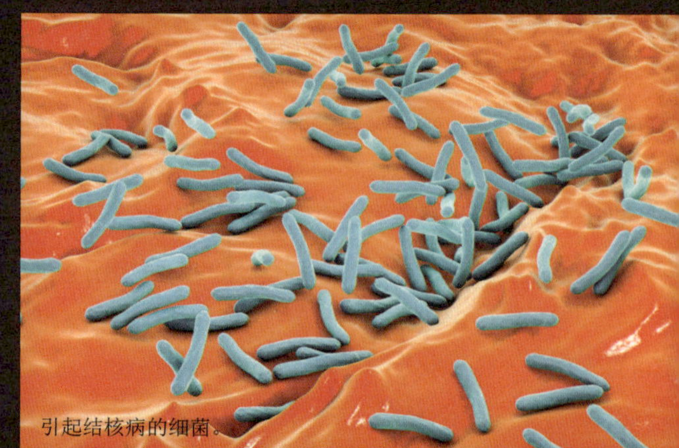

引起结核病的细菌。

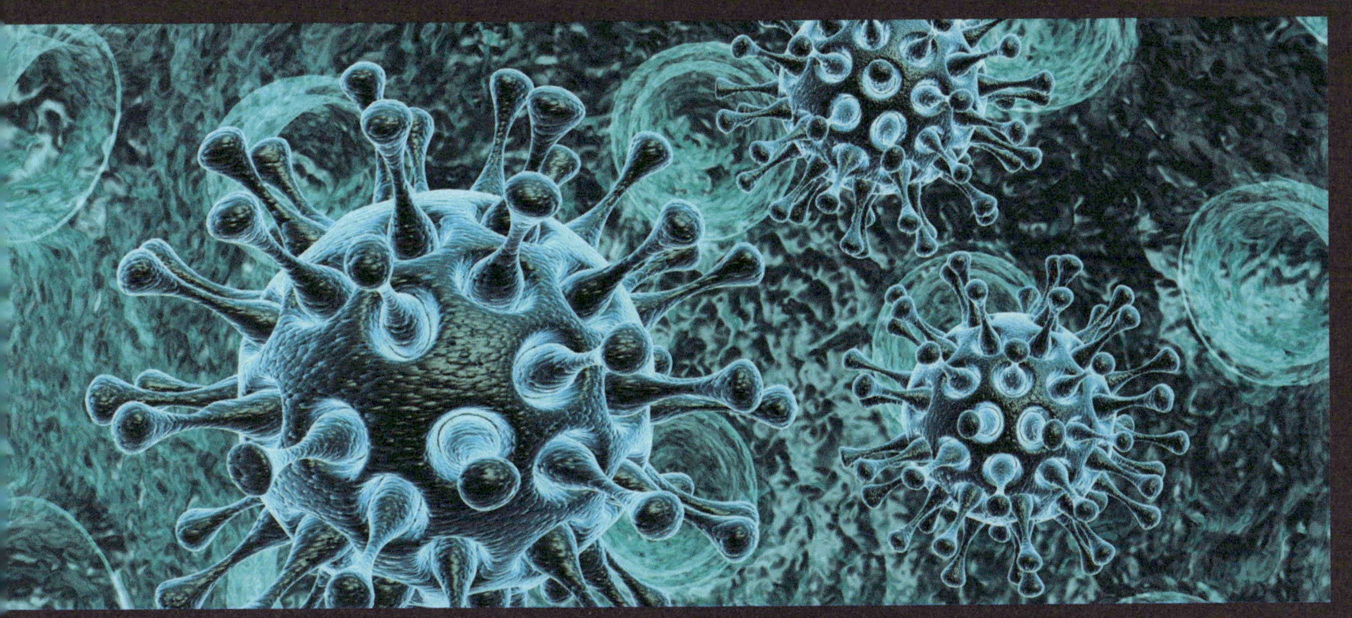

同样，在日常生活中，人们发现细菌在保护人体方面发挥着重要作用，对我们的行为等诸多方面都有影响。人体当中的细菌重达数千克，而且仍有许多细菌的属性至今尚未明确。当细菌被破坏之后，人体会变弱。肠道微生物细菌已被证实对人体有好处，而科学家也正在研究肺部、口腔乃至肚脐部位的细菌的积极“魅力”。

医学面临的挑战

既然人类掌握了化学和生命机制，还可以观察、分析，但是为何有些方法并不奏效呢？目前，人类可依据现有的理论实现完美的人工受精，但实践的成功率只达 20%；通过化学制作出的一种合成分子被认为可与自然分子完全一样，但事实上其效果并不佳。然而只有在发达国家，这些问题才会被提上日程。这些国家的人口较为健康，且分配给研究和医疗领域的资源十分充足，人们因而会关注治疗失败、副作用和生活质量。而这有利于规范制药行业，逐步实施适应性健康政策和开展个性化医疗。或许有一天，医生可直接根据个人的表达基因型开处方。也很可能在不远的将来，医学能够在人们尚未患上某种疾病时就预测出其即将遭受的痛苦……

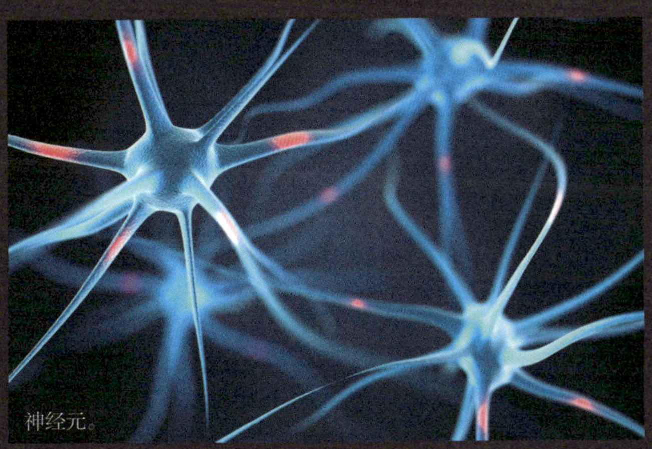
神经元。

神的医学，人的错误

医神阿斯克勒庇俄斯。

从圣人到智者

医者的工作可追溯至史前社会，与**圣人**紧密相连。在埃及，作为大祭司、建筑师和诗人的印和阗也是一位著名的医生，其死后被人们奉为医神。在希腊，人们认为医生是从医神阿斯克勒庇俄斯（Asclépios，罗马的埃斯科拉庇俄斯）身上获得治疗能力的。

希波克拉底和盖伦（Calen，右）。

医学之父

希波克拉底是希腊人，约生于公元前460年。当时医学从神学中解放出来，成为建立在理性知识上的艺术。而希波克拉底是医学史上重要过渡的代表：尽管他的家族起源就来源于神话传说［其家族声称是特洛伊战争英雄、希腊医生和医神埃斯科拉庇俄斯之子包达里虑斯（Podalyre）的后裔］，但他将其医术建立在自然知识的基础上。

4 种体液

希波克拉底的**体液**理论被后人广泛认可。他认为，体液共有4种，每种体液都对应着恩培多克勒假设的4种元素之一：血液对应空气，黏液（或痰）对应水，黄胆汁（由肝脏产生）对应火，黑胆汁（来源于脾脏）对应土。个人的健康与人体中这些体液的混合比例有关：当这些体液比例和谐时才可达到完美的健康状态。此外，体液的不同混合比例会使人具有不同的气质类型。

经久不衰的理论

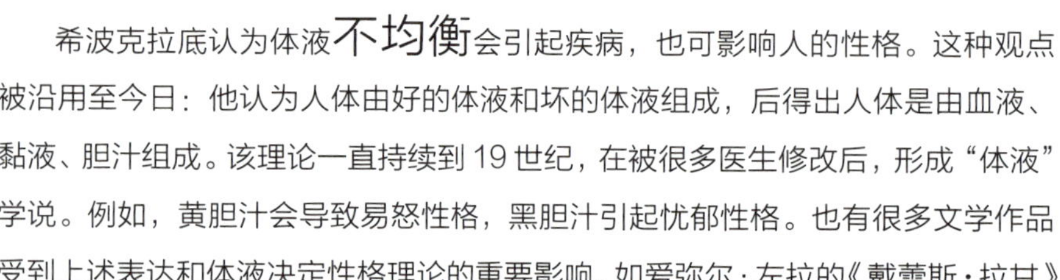

希波克拉底认为体液**不均衡**会引起疾病，也可影响人的性格。这种观点被沿用至今日：他认为人体由好的体液和坏的体液组成，后得出人体是由血液、黏液、胆汁组成。该理论一直持续到19世纪，在被很多医生修改后，形成“体液”学说。例如，黄胆汁会导致易怒性格，黑胆汁引起忧郁性格。也有很多文学作品受到上述表达和体液决定性格理论的重要影响，如爱弥尔·左拉的《戴蕾斯·拉甘》（1867年）一书。

《希波克拉底誓言》

作为一名医疗工作者，我正式宣誓：

把我的一生奉献给人类；我将首先考虑病人的健康和幸福；我将尊重病人的自主权和尊严；我要保持对人类生命的最大尊重；我不会考虑病人的年龄、疾病或残疾、信条、民族起源、性别、国籍、政治信仰、种族、性取向、社会地位，或任何其他因素；我将保守病人的秘密，即使病人已经死亡；我将用良知和尊严，按照良好的医疗规范来践行我的职业；我将继承医学职业的荣誉和崇高的传统；我将给予我的老师、同事和学生应有的尊重和感激之情；我将分享我的医学知识，造福患者和推动医疗进步；我将重视自己的健康，生活和能力，以提供最高水准的医疗；我不会用我的医学知识去违反人权和公民自由，即使受到威胁；我庄严地、自主地、光荣地做出这些承诺。

让自然发挥作用

希波克拉底在治疗领域的贡献是什么？他像同时期和许多年后的医生一样，在很多疾病面前束手无策。但是他受到替代医学的启发，即营养学和物理疗法，而这些在近些年又重新受到人们重视。事实上，希波克拉底学说十分认可自然作用：他认为饮食制度和健康的生活方式是真正的良药。

人类的错误……

在修改了希波克拉底的理论后，盖伦在4种体液中加入了3种“精神”或“灵气”，这是像空气一样轻盈浮动的物质，且每个器官里都有一种灵气，并利用“管道”系统在全身流动：自然灵气（肝脏）、生命灵气（心脏）和心理灵气（头脑）。每种“灵气”都与一种灵魂力有关：欲望、情感和理性。尽管人们认可盖伦的突出贡献，特别是关于大脑重要地位的认识，但是他的许多错误后来都成为人们信仰的真理，这在很长一段时间内阻碍了医学知识的进步。

从角斗士到皇帝

克劳迪亚斯·盖伦，于公元129年出生在小亚细亚（今土耳其）的帕加马，是当地的一名角斗士医生。得益于角斗士身上十分严重的伤势，他完善了自己有关解剖及手术方面的知识！后来，他在罗马行医，并教授解剖课程，投身于解剖实践，且最喜欢在猴子身上做解剖实验。他还出任马可·奥勒留和康茂德两位皇帝的御医。

公元前2世纪，给病人治病的医生。

备受考验的解剖学

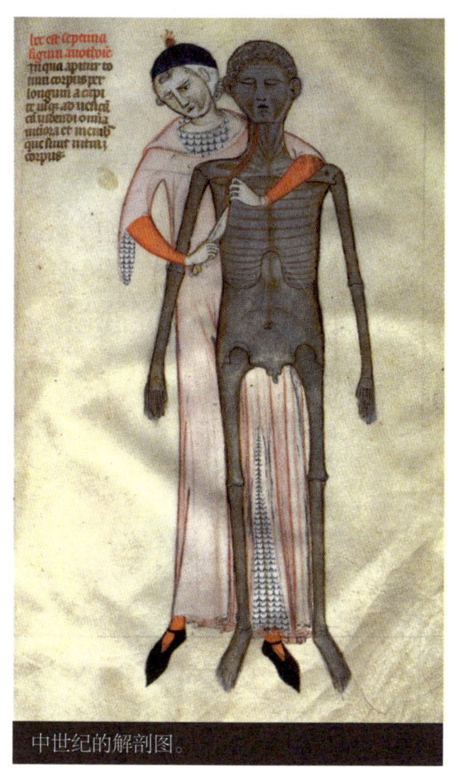

中世纪的解剖图。

早期解剖刀下的真理

希腊的医生和哲学家很少会进行**解剖**实践。但这并不妨碍古代出现重大发现：在公元前 5 世纪，克罗顿的阿尔克迈翁是一个毕达哥拉斯主义者。他对大脑进行了解剖，通过突出视神经和咽鼓管（又称欧氏管），认为大脑是人体的智力和感觉的中心。公元前 3 世纪，亚历山大学校的医生，如出生于卡尔西登的希罗菲卢斯，他们有时利用尚且活着的罪犯进行解剖实践，推动了大脑和神经系统知识的进步。

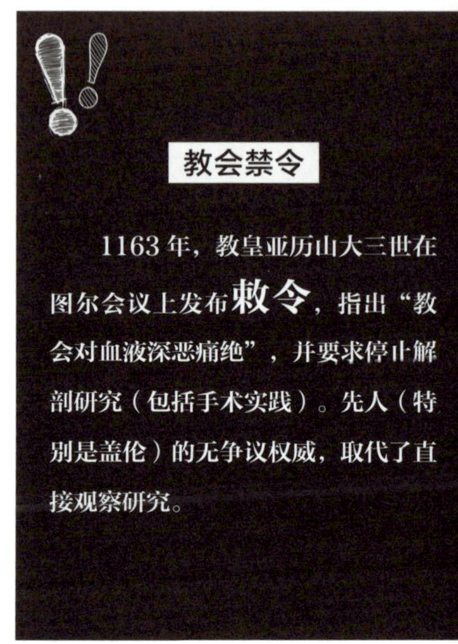

教会禁令

1163 年，教皇亚历山大三世在图尔会议上发布**敕令**，指出“教会对血液深恶痛绝”，并要求停止解剖研究（包括手术实践）。先人（特别是盖伦）的无争议权威，取代了直接观察研究。

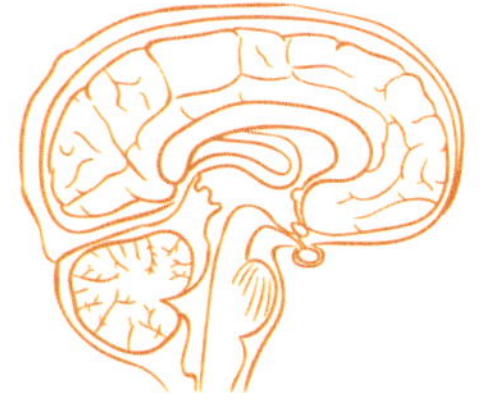

天才的解剖学

列奥纳多 · 达 · 芬奇的解剖作品在艺术和科学上，都是文艺复兴时期的代表作之一。他不满足于人体解剖的外部和美观展示，比如在他著名的作品《维特鲁威人》中，就呈现了人体的理想比例。他致力于解剖，并采用新方法实验，如将蜡引入脑室。而教会中的内梅西斯和圣 · 奥古斯丁神父认为，大脑中的这些颅腔是盖伦指出的三种“灵魂”能力的所在位置。此外，达 · 芬奇还创作出许多新颖和出色的内部解剖图。

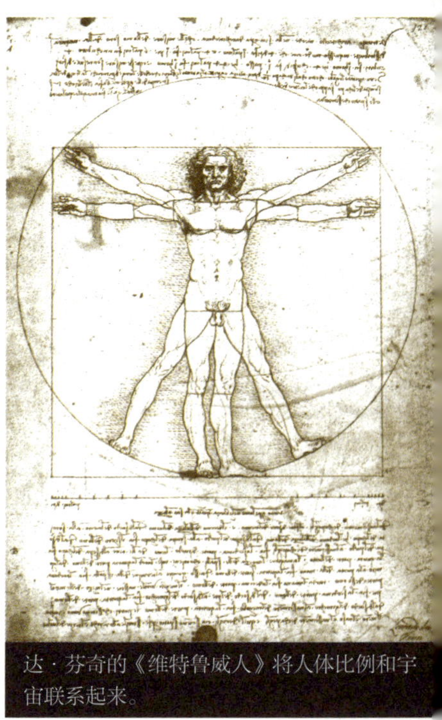

达 · 芬奇的《维特鲁威人》将人体比例和宇宙联系起来。

人类和猴子

若盖伦解剖的是人类，若他有机会自己医治并研究受伤的角斗士，情况也许会有不同，然而他偏偏选择了猴子作为研究观察对象！正因如此，一些历史学家认为，其描述的人体解剖其实就是对猴子这一四肢动物的解剖！

16 世纪，宗教裁判判处维萨里死罪。

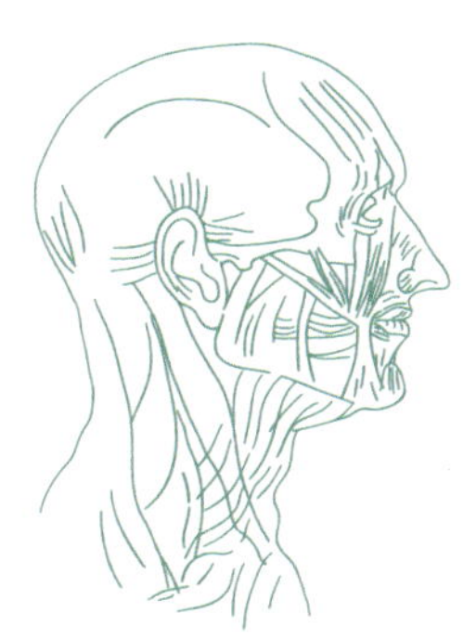

解剖学的飞跃

安德烈 · 维萨里让解剖学真正从黑暗的时代走出来。他出生于医生世家，并于 1537 年在帕多瓦大学取得博士学位。毕业后，他留在了帕多瓦教授外科和解剖学。他从城市政府部门处获得了死因尸体的使用权。

羽毛笔和解剖刀

插图在解剖学的发展过程中发挥了重要作用，而论文的成功和威望取决于其中插图的质量。伟大的解剖学家，当他们自己不像达 · 芬奇一样是个艺术家时，便会与有天赋的画家和雕刻家合作。另外，解剖学还有艺术上的作用：它能更真实地呈现人体。

解剖课

17 世纪时，公共解剖再次被批准，吸引了许多充满好奇的学生和学者。画家伦勃朗·哈尔曼松·凡·莱因的两幅著名画作，《蒂尔普教授的解剖课》（1632 年）和《琼德曼医生的解剖课》（1656 年）描绘了解剖的场景。

成功和丑闻

1543 年，维萨里的伟大著作《人体的构造》出版。该书的插图十分细致，是由提香的弟子让 · 范 · 卡尔卡和作者自己共同绘制的，但这本书引起了医学界的公愤。事实上，维萨里敢于在这本书中挑战盖伦的绝对权威，并指出其在解剖理论上的很多错误。他后来担任了国王查理五世的御医，再后来在航海途中，他因发烧而被害怕传染的船员遗弃，50 岁时在扎金索斯岛上去世。

成为实验学科的医学

从观察科学到实验医学！

直到 19 世纪，医学还仅是**观察**科学，当疾病发生时只是观察疾病。博物学家致力于动物的生理实验，如安托万－洛朗·德·拉瓦锡的呼吸研究，成为实验医学的开端，尽管这与人类医学之间尚未建立联系。

毒理学

弗朗索瓦·马让迪通过研究某些毒药的作用开启了毒理学这一学科。1809 年，他指出马钱子（1818 年，其活性成分——士的宁被分离出来）结合到脊髓上时才能发挥作用。

第一步

马让迪被公认为 19 世纪实验生理学的创始人。他认为应当从化学、物理学和生物学资源中获取医学知识，以实现治疗领域的进步，并且使其成为一门真正的科学。

克劳德·贝尔纳在法兰西公学院的实验室中。

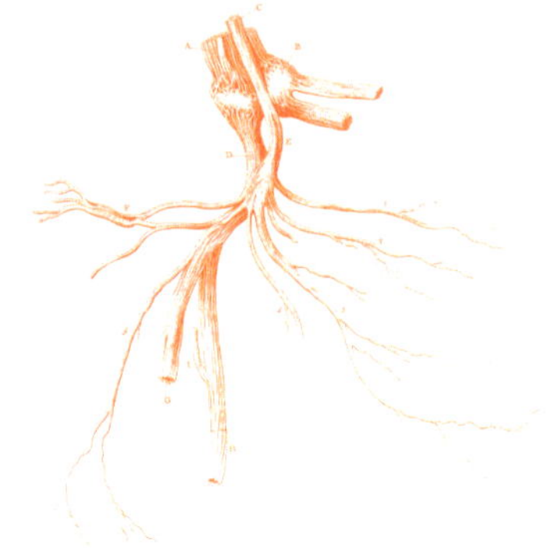

马让迪的前辈，查尔斯·贝尔绘制的大脑交感神经图。

良好的反射

马让迪投入大量时间对**神经系统**进行生理研究。1822 年，他证明脊髓的后神经根是感觉神经。

忠诚

19 世纪时，**克劳德·贝尔纳**将实验医学直接引入科学行列。他是马让迪的助手，后接任其在法兰西公学院的职位。贝尔纳在家中做实验，没有任何实验室。他揭示了肝糖原的作用，指出肝脏以糖原的形式储存糖分，在需要时将其释放，进入血液循环他还突出了胰腺在消化脂肪中的作用以及交感神经的重要性。

现代医学宣言

克劳德·贝尔纳在《实验医学研究导论》（1865 年）一书中，阐述了新科学医学真正的“方法”。科学医学要求必须认识人体功能的内部运行机制，才能有望治愈身体。他指出实验就是一种“有意的观察”，以检验假设和调用物理和化学模型。这本书影响十分巨大，甚至超出了自然领域：例如，作家爱弥尔·左拉在其《实验小说论》（1881 年）一书中也曾提到。

伦理道德

医学研究定然要面对在人类身体上进行实验的棘手问题。除了一些在志愿者身上进行的药物临床试验外，活体解剖类的人类实验显然是不可行的。而某些令人愤慨的“实验”则打着科学幌子进行，如自古代起对死囚进行活体解剖，以及臭名昭著的约瑟夫·门格勒医生在死亡集中营里实施的暴行。1970 年，一些美国医生在塔斯基吉（Tuskegee，亚拉巴马州）对非洲裔劳工身上的梅毒进行研究，他们为了观察病情发展，拒绝对其进行任何治疗。这一事件的揭露，让人们开始思考并以道德守则来规范医学实验。

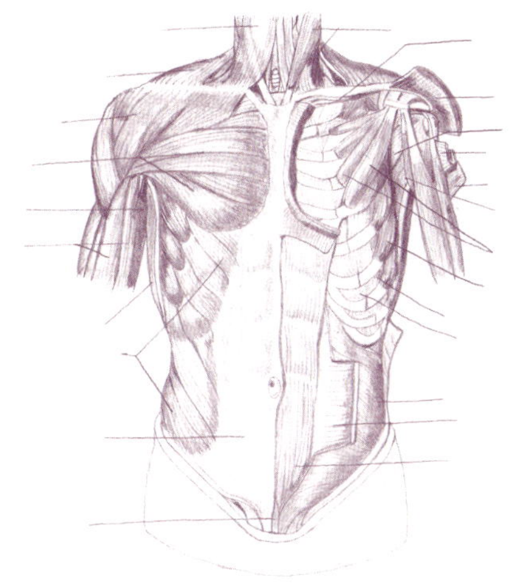

科学和野兽？

生理学研究常退而求其次，以动物作为实验对象，但这很快也受到“反活体解剖”运动的抵制，该运动抨击对所有生命的任何暴力行为。克劳德·贝尔纳的妻子，玛丽·弗朗索瓦·芬妮·贝尔纳（原姓马丁）是首批保护动物者，所以，人们并不惊讶 1870 年她为了加入动物保护协会（1845 年成立）而离婚！

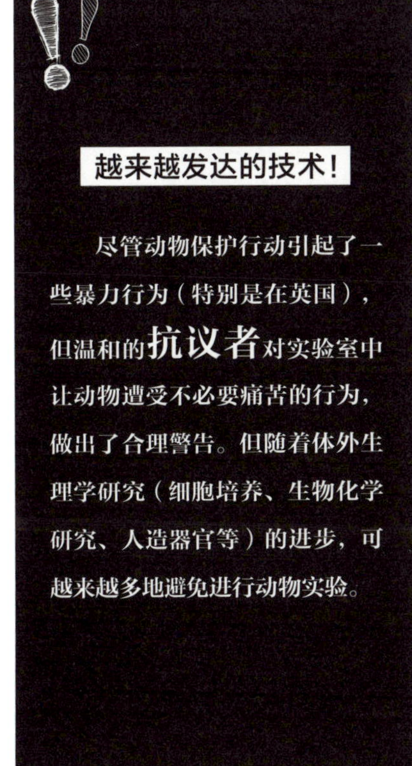

越来越发达的技术！

尽管动物保护行动引起了一些暴力行为（特别是在英国），但温和的抗议者对实验室中让动物遭受不必要痛苦的行为，做出了合理警告。但随着体外生理学研究（细胞培养、生物化学研究、人造器官等）的进步，可越来越多地避免进行动物实验。

外科医学，从理发店到手术台

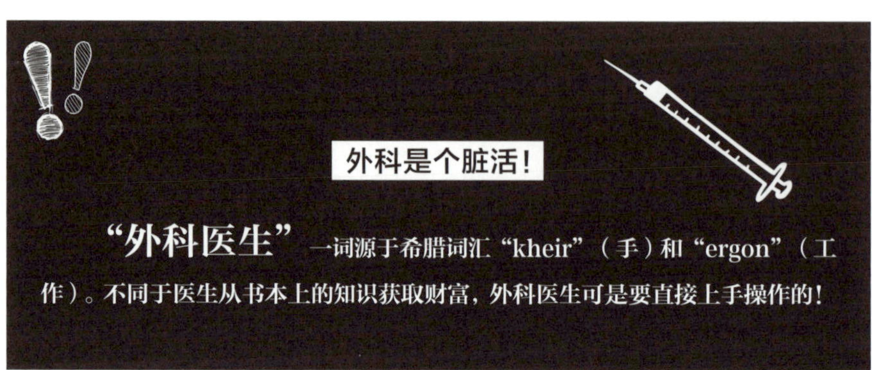

早期手术

早期的外科手术记录可追溯至史前时代：在公元前 1.2 万年的骨骼上发现了环钻术（用锋利的工具在头骨上开口）的印迹。而且颅骨上的缝合痕迹表明，有些“患者”在手术过后存活下来了！埃及有文本资料记录了一些更为复杂的手术，即《埃德温 · 史密斯外科纸草书》（1862 年被该收藏家购买，1930 年被翻译成英文），始于公元前 1600 年，但显然这复制于更古老的文本。该书中，描述了正骨和不同伤口的缝合。

该颅骨源于史前时代，证明了环钻术。

外科王子

16 世纪时，安布鲁瓦兹 · 巴累为外科手术赢得声誉和威望。他本是法国第三任国王的医生，1559 年亨利二世在比赛中受伤后让其侍奉床前。尽管他耗尽一身医术，亨利二世最终还是去世了。

简单的手术！

自古以来，外科就和医学紧密联系，但在中世纪时期被排除在外。1163 年，图尔会议上宣布“教会对血液深恶痛疾”，因此解剖和手术被认为是亵渎神灵的。手术由理发师外科医生执行，因为他们的职业都需要使用锋利的工具。但在吸收古代医学的阿拉伯医学的影响下，在学院不开设医学教学的情况下，外科手术实践也得到发展。自 12 世纪起，外科学校数量在整个欧洲有所增长。

安布鲁瓦兹 · 巴累在病人床前治疗。

19 世纪，约瑟夫 · 李斯特设计出苯酚喷雾。根据巴斯德的想法，英国开发出一种苯酚浸泡过的绷带。

战争的考验

外科的整体决定性进展绝大部分归功于**军事**上的手术。在战场上，条件十分恶劣且手术必须快速，因此需要军医有高超的技巧。在拿破仑战争期间，手术技术得到发展，尤其是在截肢方面。之后，第一次世界大战爆发，这对于那些外科医生而言是个挑战，他们面对的都是惨不忍睹的伤势（毁容和因爆炸肢解）。

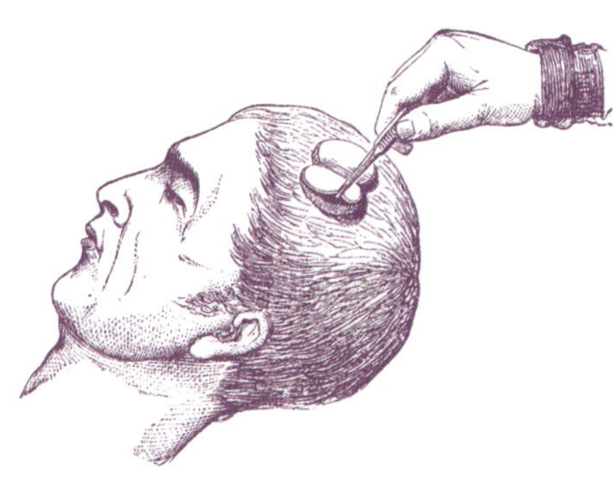

洗干净手再做手术

无菌操作是一系列为了减少手术期间感染的风险而遵守的卫生实践和规则，经过很长时间才得以确立。在维也纳（19 世纪时），产科医生伊格纳茨 · 菲利普 · 塞麦尔维斯倡导医生在接生前要洗手，以减少母亲罹患产褥热的风险。但他却遭到同事的奚落，并且拒绝采纳他的建议。几年之后，巴斯德提出对工具和床单用热水消毒。

无痛手术

麻醉是现代医学的决定性进步。1799 年，英国化学家汉弗莱 · 戴维发现了一氧化二氮的作用：不仅能使人兴奋（故又称“笑气”），还具有麻醉作用。1818 年，戴维的支持者迈克尔 · 法拉第称，吸入乙醚烟雾会产生同样的效果。1846 年，对这些物质的使用被称为“麻醉”，迅速在外科实践中得到推广。

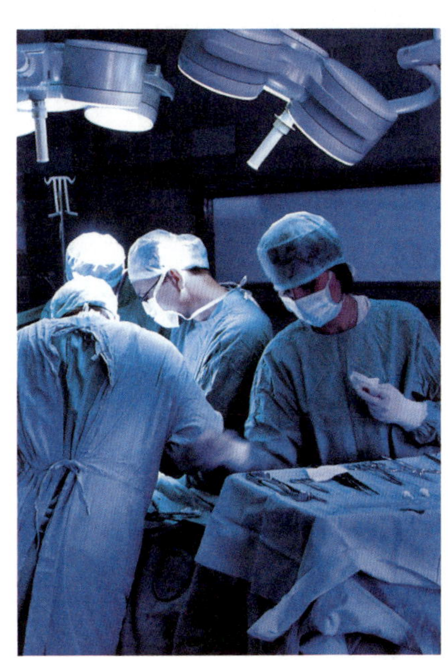

向远程手术迈进！

当今的外科**手术**应用了最先进的知识和最尖端的技术。2001 年 9 月，雅克 · 马洛斯卡领导的医疗小组完成了第一次远程胆囊切除手术，名为“林白手术”。女病人躺在法国斯特拉斯堡的手术台上，医疗小组在远隔 7 000 km 之外的纽约，远程遥控宙斯机器人完成手术。

巴斯德：向微生物发起进攻！

基因序列的识别开辟了治疗研究的新途径。

化学的早期探索

1822年，路易斯·巴斯德出生于法国汝拉省多勒市的一个制革工人家庭。他是巴黎高等师范学校的高才生，攻读化学专业。在职业生涯伊始，他指出某些成分的旋光本领中的“同分异构现象”：两个分子具有相同的分子式（由原子组成）而结构（原子在空间中的位置）不同，会让二者形成旋光方向相反的偏振光。

“发酵的”思想

巴斯德研究了广泛应用于多种行业的发酵现象，指出微生物在其中的作用。另外，该研究也是应里尔一家甜菜酒精制造厂希望改善产品的需求。因此，巴斯德致力于研究这个当时仍是未解之谜的现象。

巴斯德使用的显微镜。

巴斯德的实验

1859年，巴斯德针对费利克斯·普歇的“自然发生说”提出反对意见。为了证明微生物不是产生于物质，他设法展示了存在于煎剂中的微生物。他把培养基煮沸，密封保存，以使培养基保持无菌。之后，他主动在煎剂中加入细菌，培养基如同暴露在空气中一样，很快变得浑浊。最后，他将煮过的培养基放在长颈瓶中，同样敞口置放于空气中：虽然是敞口，但由于开口极小，进入的空气几乎没有任何杂质。如今，人们还可在巴斯德研究所中观察到这一液体，依然十分清澈且没有任何生物体形成。

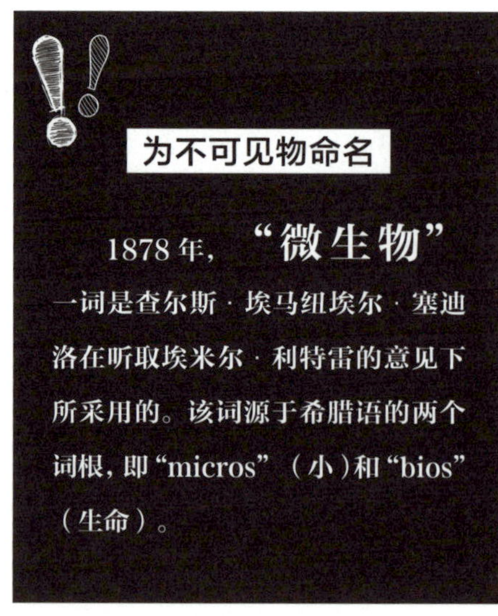

为不可见物命名

1878年，“微生物”一词是查尔斯·埃马纽埃尔·塞迪洛在听取埃米尔·利特雷的意见下所采用的。该词源于希腊语的两个词根，即“micros”（小）和“bios”（生命）。

巴斯德的实验显示发酵过程。

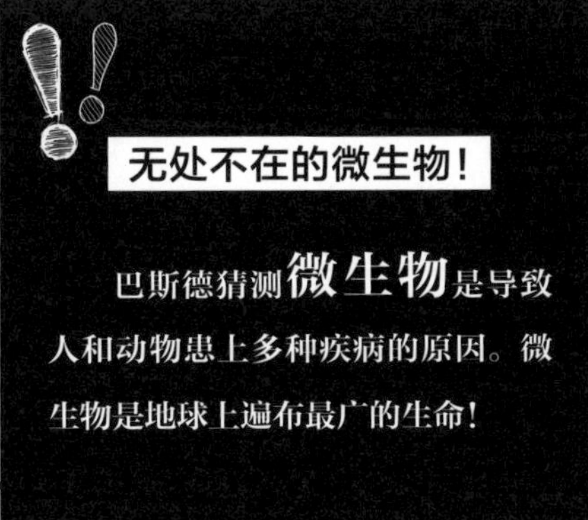

以毒攻毒

巴斯德用**疫苗**的方法来治疗鸡霍乱。在此之前，已有一些国家实践了疫苗接种法，比如在18世纪末，英国人爱德华·詹纳发明牛痘接种法以预防天花。巴斯德对实验过程进行了优化，并偶然发现减弱病免疫法原理（改进了减轻病原微生物毒力的方法）：暴露在空气中的微生物培养液毒性减弱，却并未因此丧失其免疫能力。相较于前人爱德华·詹纳，巴斯德更为谨慎，他从动物身上开始疫苗接种实验。1881年，他在默伦附近的一个农场里开展大型免疫动物公开实验，构建了一个真正的交流平台：他在给牛注射过疫苗后，又给60只绵羊注射炭疽疫苗：免疫动物存活下来，其余死亡。

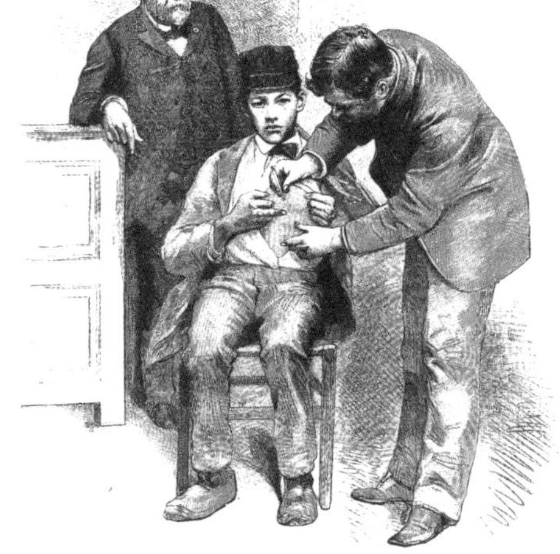
1885年，给患者注射狂犬病疫苗。

无处不在的微生物!

巴斯德收集巴黎空气中悬浮的**灰尘**，以证明空气当中充满了微生物！他很快成为收集、分离和培养微生物的大师。这些技术让他能够在很多领域进行实践，比如深受红酒和啤酒“生病”问题困扰的葡萄种植业和酿酒厂，巴斯德指出其中是微生物在作祟；在养蚕业，他揭露出蚕病的几种传染源。

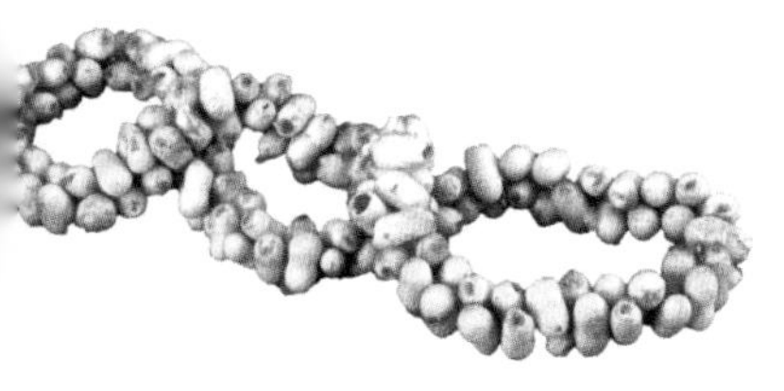
提供给巴斯德的茧。

巴斯德研究所

巴斯德被誉为科学界的英雄，他于1888年创建了一座致力于对抗狂犬病的研究所。今日已成为国际传染病研究、教育和治疗中心。随后，他还创立了其他的巴斯德研究所，在全世界形成一个网络。

征服狂犬病

狂犬病是一种经感染动物咬伤后传染的致命性疾病。**1885年**，巴斯德在人类身上试验了其新的疗法，即通过注射疫苗来治疗狂犬病。同年，巴斯德首次在人类身上接种疫苗。对象是一个名为约瑟夫·迈斯特的小男孩，被疯犬咬伤后，医生诊断其生存无望。

大脑的秘密

中枢神经系统

中枢神经系统由脑和脊髓组成。二者外都被保护膜（脑膜、脊髓膜）包裹着。脑在颅腔，脊髓在脊椎的脊椎管里。尽管脑占据整个颅腔，但由于脊柱增长比脊髓快，脊髓的后端位置止于肚脐处（骨盆中部）。

1 000 亿个神经元

神经元是中枢神经系统中的神经细胞。它有星形的胞体和长突起，即轴突。轴突可以延伸至其他细胞并通过电冲动与之进行沟通。人类大约拥有 860 亿至 1 000 亿个神经元，在生命的进程中，它们彼此相互影响和连接以形成或修改其网络。这种神经可塑性能让人学习和记忆，甚至还可促成人格的形成。

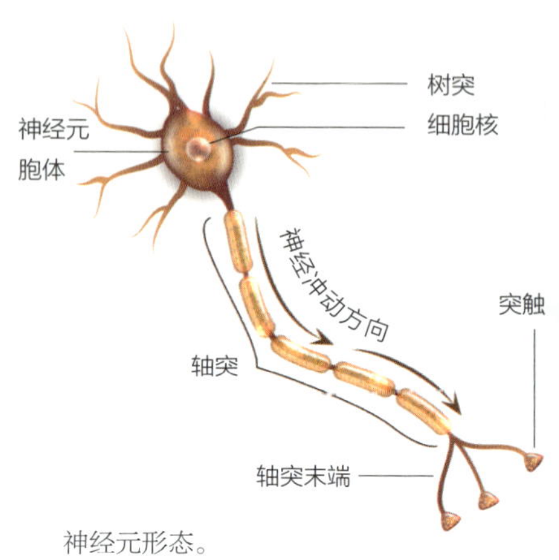

神经元形态。

解剖大脑

脑由左、右两个大脑半球组成，每个半球被分成四叶，与其相对的头骨名称一样（额叶、顶叶、枕叶、颞叶）。脑的中心是岛叶和边缘系统，是脑不可或缺的组成部分，二者共同发挥作用以形成情绪和长期记忆。脑下方是小脑和脑干，二者协调运动。因此，脑由以上一系列结构组成。

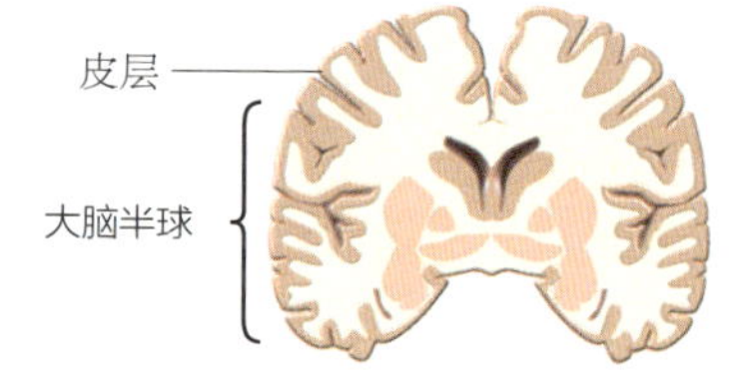

脑组织切片图。

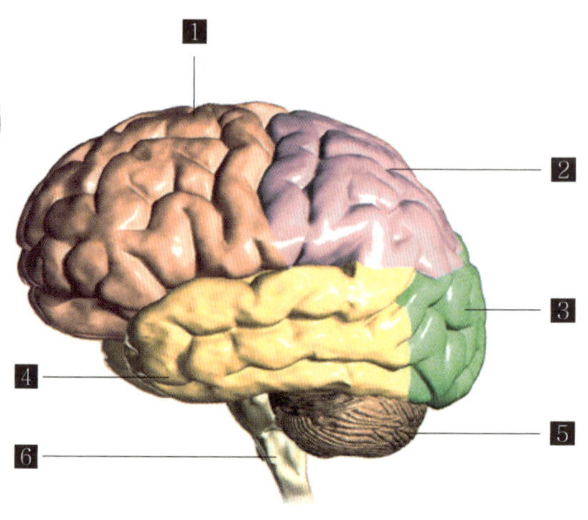

大脑分区
1. 额叶　2. 顶叶　3. 枕叶
4. 颞叶　5. 小脑　6. 脑干

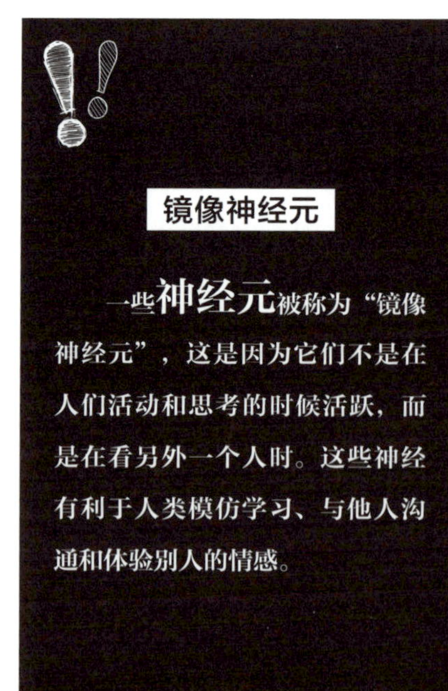

镜像神经元

一些神经元被称为“镜像神经元”，这是因为它们不是在人们活动和思考的时候活跃，而是在看另外一个人时。这些神经有利于人类模仿学习、与他人沟通和体验别人的情感。

从大脑看人体

顶叶的**表面积**与运动和感觉能力成正比，并大致遵循形态学组织分布。大脑皮层的面积对应身体面积，当人体某一部分拥有精妙、复杂和丰富的感觉和行动能力时，该人体部分在大脑皮层中的对应位置较大：手在大脑皮层中对应的区域要大于上身、双腿和双臂！

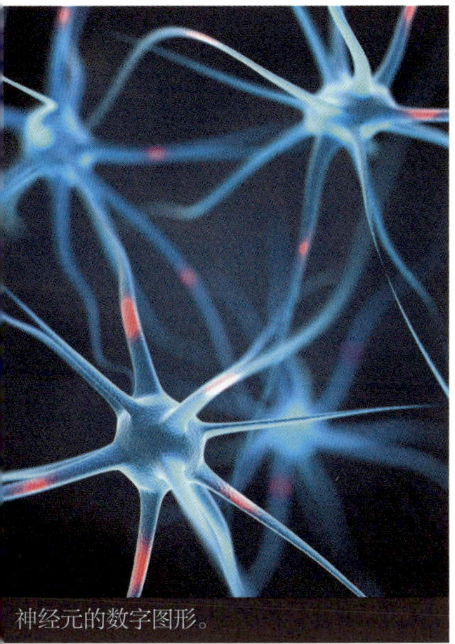

神经元的数字图形。

保护神经元

髓鞘可提高神经信息的传导速度，起着保护神经元**轴突**的作用。脊髓中的轴突由特殊的细胞形成，即绕轴突 40 圈的少突胶质细胞。多发性硬化症等髓鞘功能退化的疾病，会导致向肌肉传导信息的速度减慢，并最终失去对肌肉的控制。

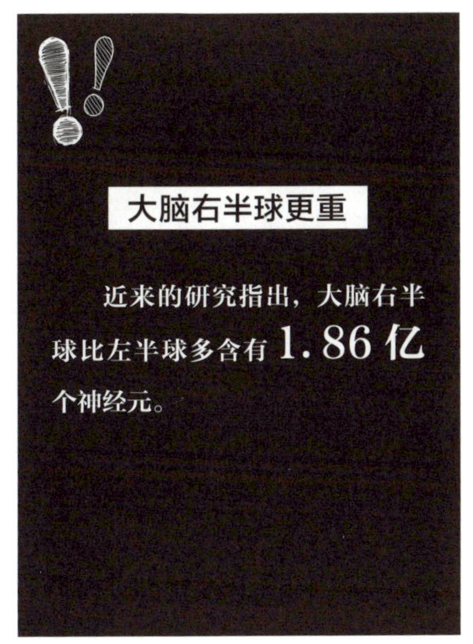

大脑右半球更重

近来的研究指出，大脑右半球比左半球多含有 1.86 亿个神经元。

大脑收藏家

最大型的人脑收藏包含 8 500 个完整或分割后的大脑。这些被福尔马林或石蜡保存的大脑，每个都对应着患者生前的医疗材料。这是由英国医生约翰 · 科塞里斯自 1950 年起用 40 年时间收集的。当然，以前的收集监管要比现在宽松得多。2016 年，比利时一家精神病医院接手了大部分藏品以备研究精神疾病所用。

运动撞击

脑震荡是一种脑与颅腔壁发生碰撞导致的轻度颅脑损伤，可引起意识丧失（拳击时直接击败在地）、恶心、头晕、精神错乱和记忆障碍。人在大脑遭受撞击过后可即刻或在几小时之后出现上述症状。如果在体育运动（橄榄球、曲棍球、拳击等）过程中反复撞击，80% 的运动者会患上反复性慢性疾病，可引起情绪障碍、记忆障碍，甚至引发痴呆。

精神病学：精神的胜利

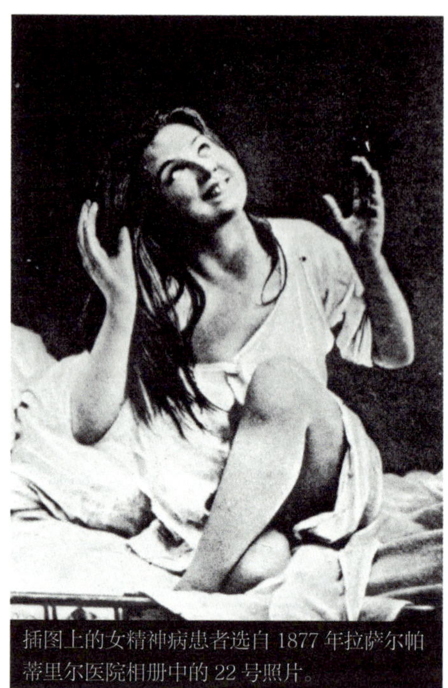
插图上的女精神病患者选自1877年拉萨尔帕蒂里尔医院相册中的22号照片。

精神分裂

1911年，瑞士精神病学家**保尔·厄根·布洛伊勒**提出“精神分裂症”这一名词。该词源于希腊语的“schizein”（拆分）和“phren”（智力或精神）。取代了早前使用的“早期心智丧失”的表达，指的是一种精神错乱和人格障碍的疾病。

双相精神障碍

精神疾病的表征和名称会经常变化。故在20世纪初期，埃米尔·克雷佩林（Emil Kraepelin）定义了一种周期性精神病，其特征是过度激动（狂躁）和抑郁交替出现。原名为“狂躁抑郁症”的病症，现名为“双相精神障碍”，需采用药物（抗躁狂药碳酸锂）治疗或物理治疗。

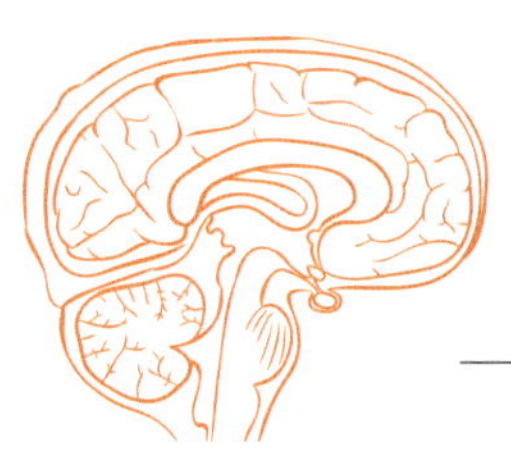

疯癫是脑部疾病吗？

科学家为了找到**疯癫**的“石头”（中世纪时）或“凸起”（19世纪时），曾做过多次徒劳的尝试。而脑成像可显示与具体神经障碍有关的神经系统异常，通过对精神分裂患者使用三维MRI（核磁共振），可发现患者的脑部发育异常（皮层折叠异常）。

神经症和精神病

神经症这一术语是对英文单词“neurosis”的翻译，1776年由苏格兰医生威廉·卡伦发明，指的是一种未发现明显损坏神经系统的疾病。而精神病这一术语由厄恩斯特·冯·福伊希特斯莱本于1845年创造，以指所有“精神疾病”。西格蒙德·弗洛伊德建立了二者的区别：神经症患者的“现实原则”未变，而精神病患者（偏执狂、精神分裂）会产生各种形式的幻想和妄想。

精神分析法的创始人西格蒙德·弗洛伊德。

887 年，法国神经学诊所创始人让 – 马丁 · 夏科在拉萨尔帕蒂里尔医院。

反精神病学

20 世纪 60 年代，反对软禁精神病人和反对精神病院的运动兴起。这一运动着重抨击一些幼稚的、激烈的治疗方式，如电休克疗法和胰岛素休克疗法。胰岛素休克疗法由曼弗雷德 · 塞克尔开发，通过大量注射胰岛素使患者昏迷，从而使病情得到短期改善。

用催眠治疗癔症

19 世纪 80 年代，拉萨尔帕蒂里尔医院神经科的让 – 马丁 · 夏科医生利用催眠治疗癔症，引起轰动。人们当时认为癔症只发生在女性身上并且病因源于器官（自古便将其归咎于子宫，希腊语为“ustera”），其特点是在没有任何物理损伤的情况下，精神和身体上产生强烈表现（抽搐、失明等）。夏科通过催眠，暂时消除病人的这些症状，证明了癔症的精神原因与某种创伤有关。他的临床课程对外开放，上课人数十分可观。年轻的弗洛伊德对夏科的示范讲解印象深刻，其创造治疗方法，即“精神分析法”也深受夏科的影响。

抑郁症与大脑有关吗？

一些疾病很可能与大脑的异常构造有关，如自闭症或难治性抑郁症。但脑损伤和精神疾病之间的关系十分复杂，因素多种多样，需要考虑患者病史（环境、教育等）。如今，在这些疾病的诊断和预防中，脑成像技术得以应用。

庞大的神经系统

运动的身体

中枢神经系统包括脑和脊髓中所有的神经，这些神经会带来感觉信息，经大脑分析后，发回行动信息。但存在一个特殊情况：因反射作用对速度要求极高，故而由脊髓负责处理信息。

“自主的大脑”

并非所有的身体运转都是受人们的主观意愿支配的，比如我们无须注意，身体就会自行消化和呼吸。这就是植物神经系统，也称“自主神经系统”。植物神经系统包括：负责动作准备和应激反应（心跳加速、释放储存的葡萄糖和减少消化活动等）的交感神经系统；副交感神经系统与前者相反，其作用是减缓心脏跳动速度、储存资源和促进消化。

脑及脑膜

脑位于颅腔内，是神经系统的主要器官。若无脑膜保护，大脑就会被坚硬的颅骨伤害。脑的平均重量为 1.4 kg，占到整个中枢神经系统总重量的 92%。

迷走神经

脑神经直接由脑发出，共 12 对，其任务是形成头部神经支配和功能控制：眼部运动、面部敏感度、吞咽等。第十对脑神经称为迷走神经，其特点是确保植物性功能的正常发挥。当该功能紊乱时，迷走神经会引起心跳变慢、手脚多汗、焦虑和迷走神经不适等症状。

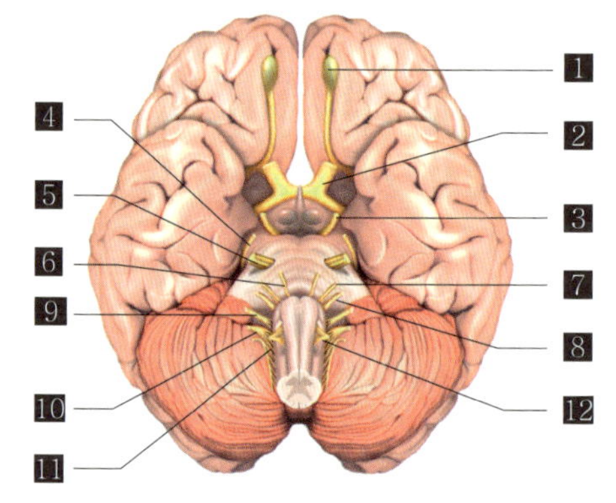

12 对脑神经。

第 1 对：嗅神经；
第 2 对：视神经；
第 3 对：动眼神经；
第 4 对：滑车神经；
第 5 对：三叉神经；
第 6 对：外展神经；
第 7 对：面神经；
第 8 对：前庭蜗神经（位听神经）；
第 9 对：舌咽神经；
第 10 对：迷走神经；
第 11 对：副神经；
第 12 对：舌下神经。

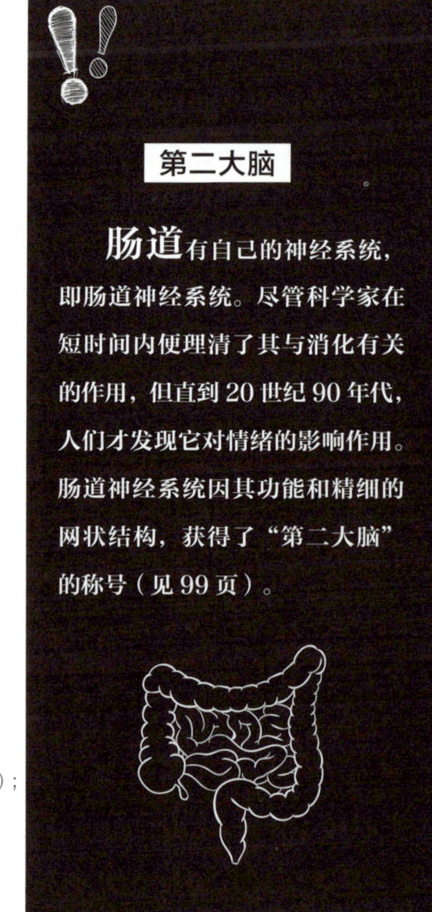

第二大脑

肠道有自己的神经系统，即肠道神经系统。尽管科学家在短时间内便理清了其与消化有关的作用，但直到 20 世纪 90 年代，人们才发现它对情绪的影响作用。肠道神经系统因其功能和精细的网状结构，获得了“第二大脑”的称号（见 99 页）。

当神经受到压迫时

与大脑和脊髓不同，末梢神经外部没有保护膜，很容易受到压迫。如果神经通路中出现阻碍，神经会收缩，并向大脑传达如电击和针刺一样的痛苦信号。根据受损神经种类以及受压迫程度不同，会产生蚁走感和敏感度降低：如果阻碍发生在大腿的坐骨神经上，会出现麻痹、肢体失去知觉等症状；如果发生在手腕处的神经上，则会出现腕管综合征。

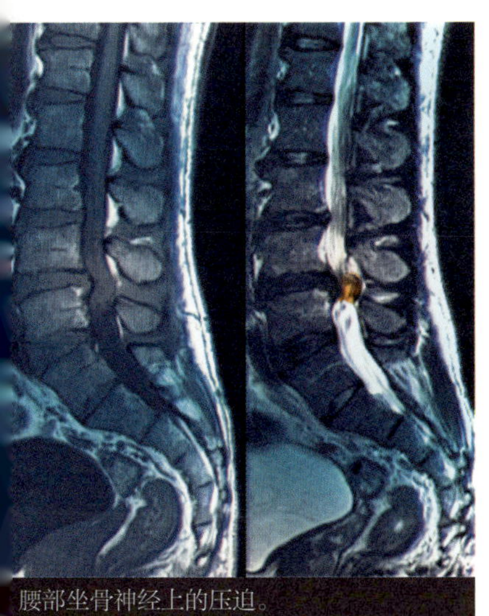

腰部坐骨神经上的压迫。

当神经遇到糖分

糖原成为大脑主要的碳氢化合物来源，当血液中含糖量过高时，可导致神经系统疾病。这种病变会发生在I型糖尿病人的神经末梢或自主神经（分布在心脏、膀胱等处）上，导致肢体失去知觉甚至丧失运动机能。足部一旦失去知觉，很快会出现坏疽，病人则将面临截肢（法国每年大约有8 000例）。

微创手术协助治疗

通过**微创手术**可以修复受损的神经或动脉，主要应用于手部和面部病变。手术旨在重新连接被截断的神经部位，有些情况可以直接接合，有些情况则需要通过嫁接补充空缺。术后神经连接处会自行愈合，并重新产生髓磷脂。

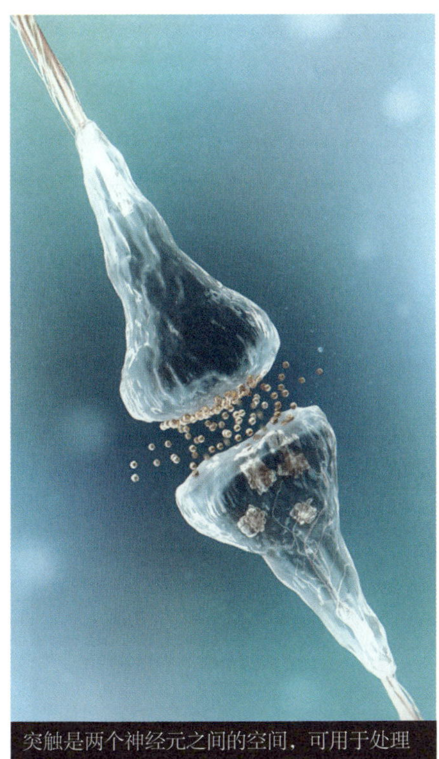

突触是两个神经元之间的空间，可用于处理神经信息。

亲和力

各神经元之间可用电信号互相传递信息。由于电流的传递不能从一个细胞调到另一个，这些信息会暂时转化为化学物质通过突触进行传导。毒品和药物通过干扰突触接收化学信号从而对人体产生影响。

疫苗战胜病魔？

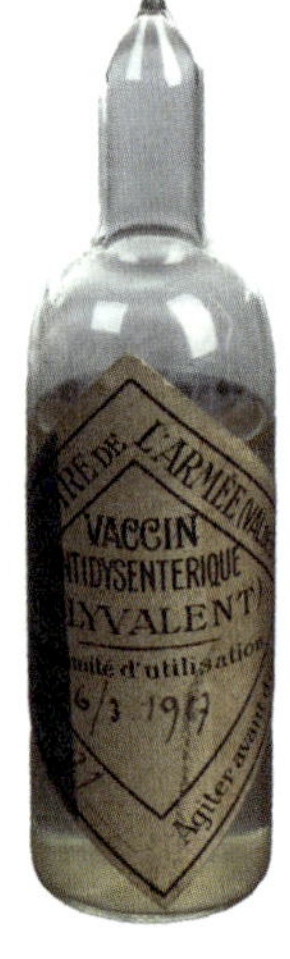

疫苗的由来

患者在感染过某种病毒后，体内会产生针对该病毒的长期抗体，这样某些疾病便不会复发，这就是**疫苗**的原理。因此为了对某种疾病免疫，只需创造出上述的联系即可。接种天花就是利用这个原理，向未受感染的健康人体内注射病原体，人体就会产生对抗天花的抗体。早在 16 世纪甚至更早，中国就开始大力推广天花接种。但天花病毒进入人体之后毒性不好控制，对于接种者有致命的风险，尽管如此，我们仍不能否认天花疫苗的疗效。甚至在 18 世纪初欧洲战争时，这种疗法还流传至土耳其。

细胞的记忆

首例疫苗实验的成功离不开巴斯德和詹纳的伟大发现：**免疫记忆**。正是免疫记忆确保了疫苗的可行性，但在此之前人们对其一无所知。免疫记忆指的是机体可以记住抗原刺激的能力。

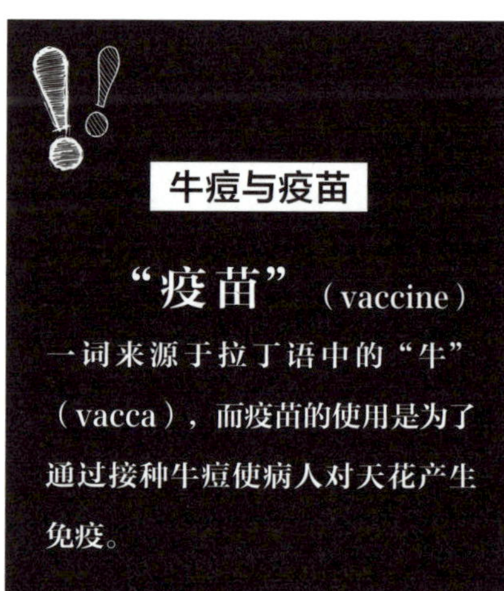
牛痘与疫苗

“疫苗”（vaccine）一词来源于拉丁语中的“牛”（vacca），而疫苗的使用是为了通过接种牛痘使病人对天花产生免疫。

卡介苗

1882 年，德国医生罗伯特 · 科赫在他的竞争对手巴斯德掀起的微生物研究风潮中，发现了**结核病**的罪魁祸首——结核杆菌。为了纪念它的发现者，结核杆菌也称为“科赫菌”。但科赫否认疫苗的可行性，所以并没找出结核病的有效疗法。20 世纪，医生阿尔伯特 · 卡默德和兽医卡米尔 · 介兰联合发明了“卡氏 - 介氏疫苗”，简称“卡介苗”。1921 年，被科赫医生抛弃的疫苗疗法终于试验成功。

从牛痘到疫苗

准确地说，疫苗的发明者应当是**爱德华 · 詹纳**，而不是我们认为的巴斯德。詹纳医生与他的很多同仁一样，发现一位接种了牛痘疫苗的轻度患者体内产生的牛痘抗体，足以抵抗轻微甚至更严重的天花。1796 年，詹纳医生的牛痘疫苗实验接连成功。他通过从一位被感染的佃户手上提取牛痘病原体，给一个健康的 8 岁小男孩接种。三个月后再次给男孩接种天花病毒，小男孩存活了下来。虽然这种疗法被伦理委员会所禁止，但首例疫苗成功的事件还是传遍了整个欧洲。

爱德华 · 詹纳正在给儿童注射疫苗。

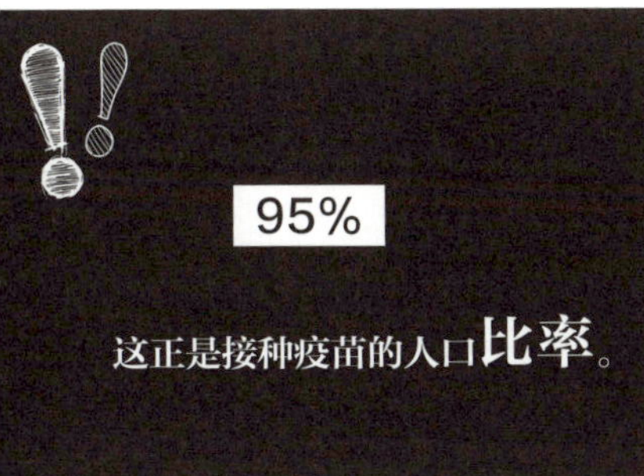

95%

这正是接种疫苗的人口**比率**。

激起民愤的话题

时至今日，疫苗仍是公共卫生政策的**重要议题**，也是一个备受争议的话题。人们反对疫苗是因为疫苗中的添加剂会带来不良效果，公众已经对医疗产业丧失了信心。而卫生部门更是激化了这种不信任，甚至否决自疫苗出现起就指导实践的疫苗原理。

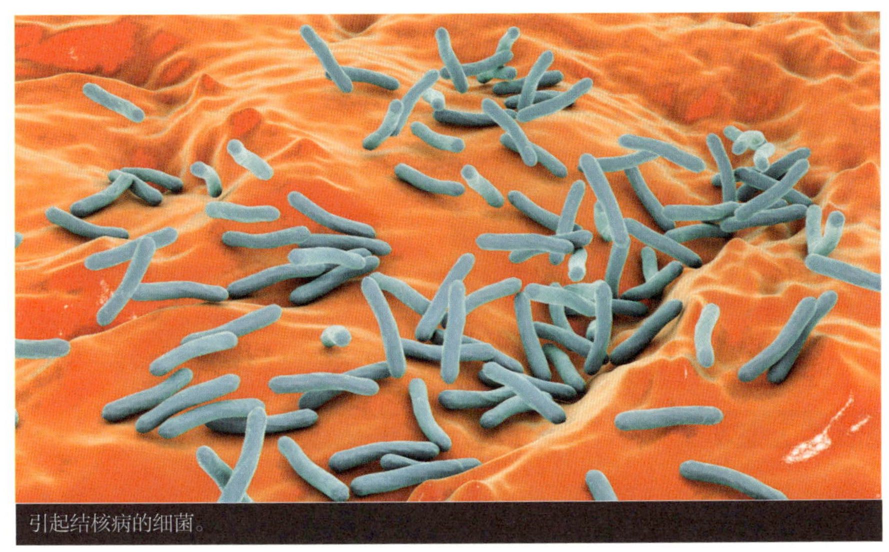

引起结核病的细菌。

包治百病的疫苗?

为什么不存在一种**包治百病**的疫苗呢？这是由于微生物和病毒会经常变异，为了适应这种变异，疫苗也要做出相应调整。人类免疫缺陷病毒（HIV，即艾滋病病毒）就是一种不断变异的病毒，虽然实验证明有些疫苗可以对抗这种病毒，但效果都是暂时的或有限的。流感病毒也是如此，所以每年疫苗都要更新换代。癌症疫苗更是处于进退维谷的境地：它要同时对抗来自外界的刺激以及患者自体细胞癌变后的疯狂扩张。

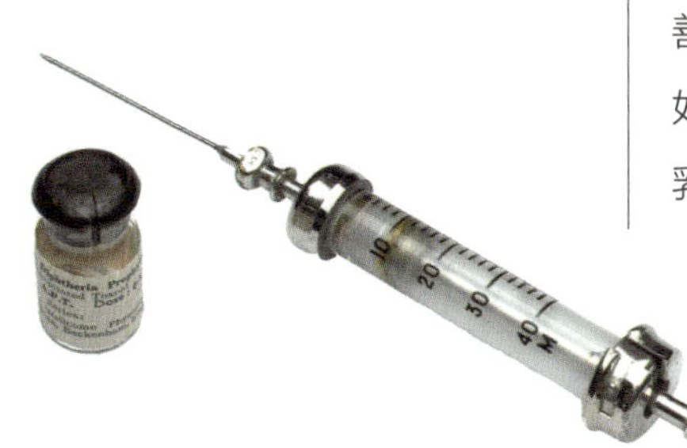

改进疫苗

疫苗中**添加剂**的作用是改善机体的免疫反应，它的种类很多，如氢氧化铝凝胶、细菌悬液以及各种乳剂。

全民疫苗

现在**强制性接种**的疫苗在法国有三种：白喉疫苗、破伤风疫苗以及脊髓灰质炎疫苗。在中国，国家强制性的接种疫苗有：卡介苗、脊髓灰质炎三价糖丸疫苗、百白破混合制剂、麻疹疫苗、乙肝疫苗、流行性乙型脑炎和流行性脑脊髓膜炎疫苗。

记忆和遗忘的道路

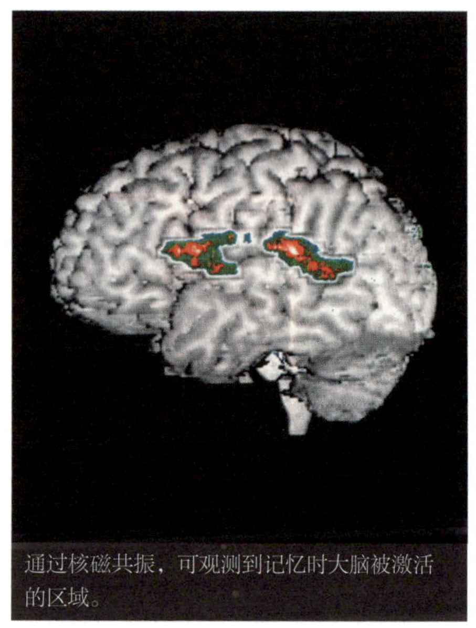

通过核磁共振，可观测到记忆时大脑被激活的区域。

长期记忆：知识和回忆

长期记忆是从瞬时记忆中的有用信息转化而来的。

长期记忆有以下几种：

- 有程序性的、有顺序的知识（骑车、扣扣子、折纸）；
- 有意义的知识（词语、地理、通识）；
- 与个人记忆或周围环境有关的插曲；
- 与五种知觉有关的感受。

根据个人意识的参与程度，有些较为明晰，有些较为模糊。

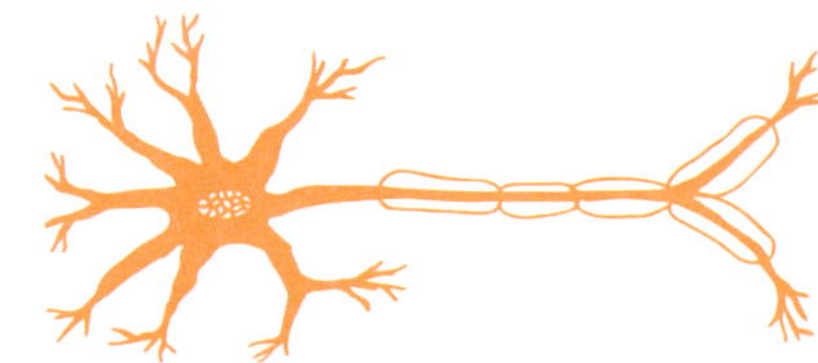

记忆与遗忘

遗忘也是记忆的一部分，因为所有记忆不管有用与否，都要占据大脑空间。大脑会自行选择需要遗忘的记忆，并保留有用的记忆。两岁以前的记忆会在七岁左右开始遗忘，这就是著名的“非意愿记忆”。同样，为了更快调动之前的记忆，大脑还会通过只记忆重要内容来压缩空间。

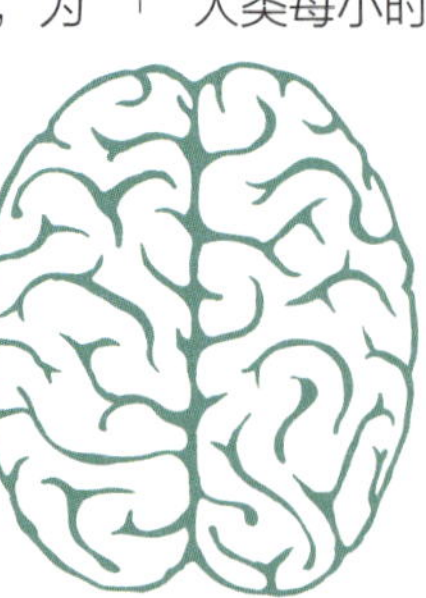

记忆训练

记忆过程分为编码、储存以及重建三个阶段。通过改变神经元之间的联系，大脑会产生新的信息，这个过程体现了神经可塑性。所以每个人的记忆能力都不相同。通过训练，人类每小时可记忆 2 000 组数据。

剖析记忆

大脑中其实没有确切的记忆**中心**，前额皮层、颞叶皮层和边缘系统都参与记忆。边缘系统位于大脑的中心，由各种机构组成，比如海马、杏仁核和乳头体，它们掌管着情绪和记忆。

超忆症的负担

奥雷利安·海曼是世界上患超忆症的6个成年人之一。从小到大，每一天的生活都深深印在他的脑海里，甚至是最细微的细节。因而，他也不能忘记不好的记忆。患有超忆症的人都有痛苦的经历，多发于退伍战士和纳粹集中营幸存者身上，故这种病也被称为“塔高夫纳综合征”，可导致患者不断幻想、做噩梦甚至失眠。

阿尔茨海默病

法国大约有 90 万阿尔茨海默病患者，随着人口老龄化程度加深与寿命的延长，2020 年这个数字可能会突破 120 万；而中国约有 1 000 多万阿尔茨海默病患者。这种疾病多发于 65 岁以上人群，初期症状是健忘。这是因为淀粉样蛋白的生成（神经元之间纤维状蛋白堆积导致），患者逐渐会丧失记忆程序，最后造成神经原纤维混乱。

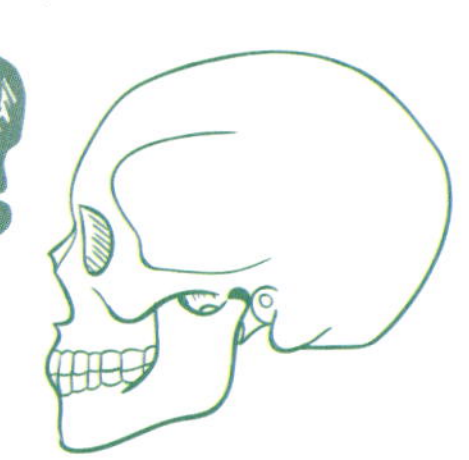

当遗忘变成疾病

记忆的首要麻烦是记不住新东西或回忆不起信息。如果程度轻微，可能是疲劳所致，可采用药物调节。严重的情况可能由创伤、肿瘤、脑血管意外引起，从而有可能产生神经性病变（如帕金森病、亨廷顿病、阿尔茨海默病等）。

睡后再考虑

睡眠对于记忆的作用非常关键，当我们睡觉的时候，我们的大脑会筛选信息，将重要的信息留下并纳入记忆系统中，并做好规划。

记忆缺失症

科萨科夫综合征与硫胺素（维生素 B1）的缺失有关，是长期酗酒或营养不良的结果。缺乏维生素会对脑部产生影响并引起记忆问题。当患者感觉记忆混乱时，便自己创造记忆来填补空缺。

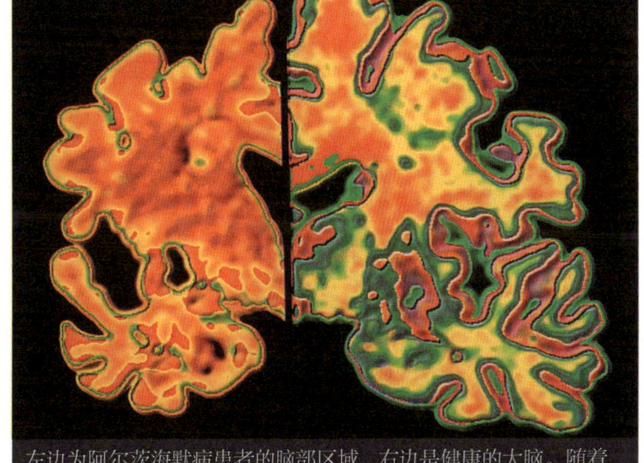

左边为阿尔茨海默病患者的脑部区域，右边是健康的大脑。随着疾病的恶化，病人的记忆区和语言区减少。

现代弗兰肯斯坦：器官移植的发展

被修复的人

尽管古时**移植手术**的可行性和真实性遭到质疑，但人类第一次器官移植的记录出现在公元 3 世纪。外科医生圣 · 科姆与圣 · 达米安为一名腿部患癌的天主教副祭进行了移植手术，为其换上了刚刚离世的埃塞俄比亚人的健康的腿。雅克 · 德 · 沃拉吉纳将这则轶事记录在了《黄金传说》（1275 年）中，而弗拉 · 安杰利科则将其画成了壁画。

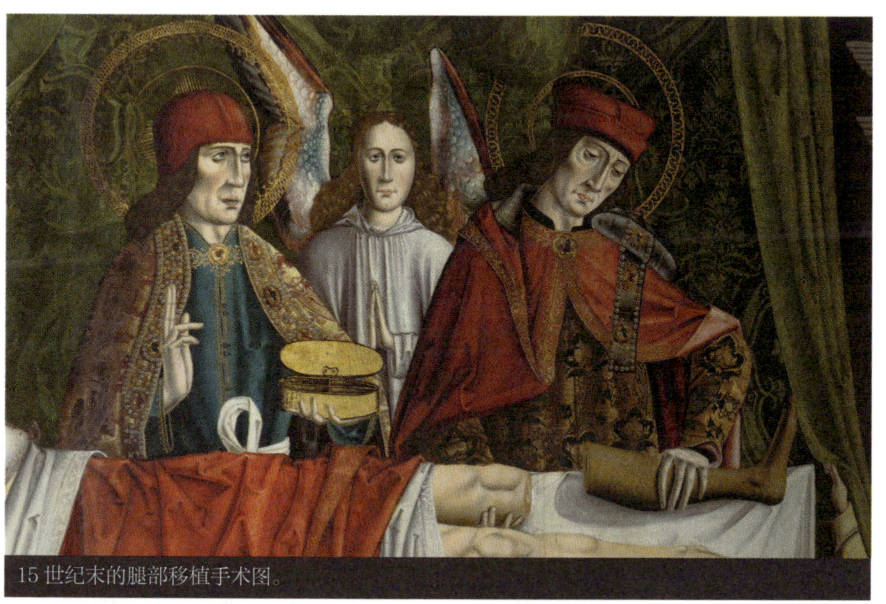
15 世纪末的腿部移植手术图。

在失败中学习

同种异体移植（同种不同基因型个体之间的移植）和异种移植（一个物种的组织移植到另一个物种体内）的初次尝试大多以失败告终，移植排斥反应造成了受捐者的死亡。19 世纪，移植先驱马蒂厄 · 雅布莱进行了多次肾脏移植试验，他将动物（猪、羊）的肾脏取出植入肾衰竭的患者体内，结果导致病患全部死亡，无一幸存。

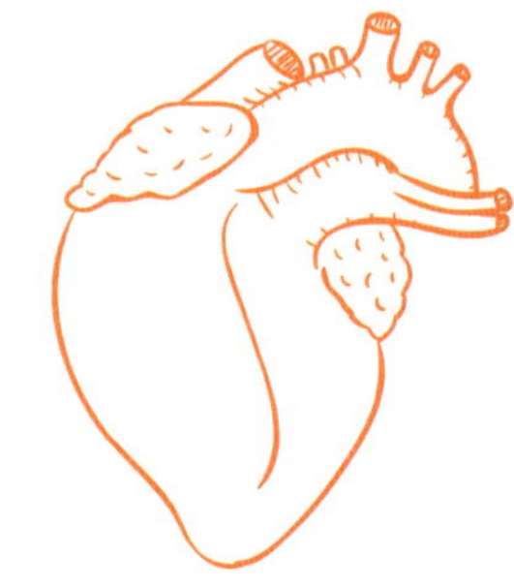

自体移植

首批合理可信的**移植手术**应追溯至 16 世纪的欧洲。但可能早在公元前 800 年印度就已有相同案例。自体移植是指直接从病患自己身上提取移植组织（皮肤或肌肉）。

排异反应

随着人类在**免疫学**领域的不断进步，移植出现的排异问题逐渐得到控制。自 20 世纪 40 年代起，彼得 · 梅达瓦开始致力于人体排异和耐受性问题的研究，并于 1960 年荣获诺贝尔生理学或医学奖。1952 年，让 · 多塞发现了适用于任何血型人群组织和器官的人类白细胞抗原系统。然而这些“组织群”更为复杂，找到与受捐者情况匹配的捐献者的概率微乎其微。目前共有两种方法来解决这一问题：一是选择近亲作为捐献者，其中最理想的情况是与患者拥有相同基因的双胞胎；二是受捐者服用免疫抑制剂，遏制排异反应。1958 年，多塞携手让 · 贝尔纳共同发表了关于人类白细胞抗原系统和主要组织相容性复合体的研究成果，并指出二者在排异现象中的作用。

从不带血管移植到带血管周围神经移植

20 世纪初，**亚历克西斯 · 卡雷尔**作为马蒂厄 · 雅布莱手下的实习医生，研发出了血管缝合和吻合技术，成为人体器官移植中不可或缺的步骤。不带血管移植与带血管周围神经移植的区别在于，后者在移植时需要将新器官的血管与患者自身的血管网相连接。卡雷尔也因此荣获了 1912 年的诺贝尔生理学或医学奖。

首次成功

1905 年 12 月 7 日，奥地利医生爱德华 · 齐尔姆成功完成了人类首例角膜移植手术。1954 年，美国医生约瑟夫 · 默里成功实现了同卵双胞胎之间的肾脏移植；1959 年，法国医生让 · 汉伯格对异卵双胞胎实施了相同的手术，并获得成功。受捐者在术前会通过放射线照射的方式提前接受免疫抑制治疗。

全新的征程

1967 年，南非心脏外科医生克里斯蒂安 · 巴纳德完成了世界首例**心脏移植**手术，然而受捐者在手术 18 天后死于免疫抑制治疗引发的肺炎。

移植的成就

近年来，外科与医学**技术**的发展促使手部和面部等移植区域出现了许多惊人的壮举和成果。2005 年，法国医生贝尔纳 · 德沃谢勒在法国亚眠成功完成了世界首例面部局部移植手术。2008 年，德国医生在慕尼黑进行了世界首例完整双臂移植手术。2015 年，纽约医疗团队实现了史上最完整的面部移植，受捐者是一位在救火行动中不幸被大火毁容的消防队员。

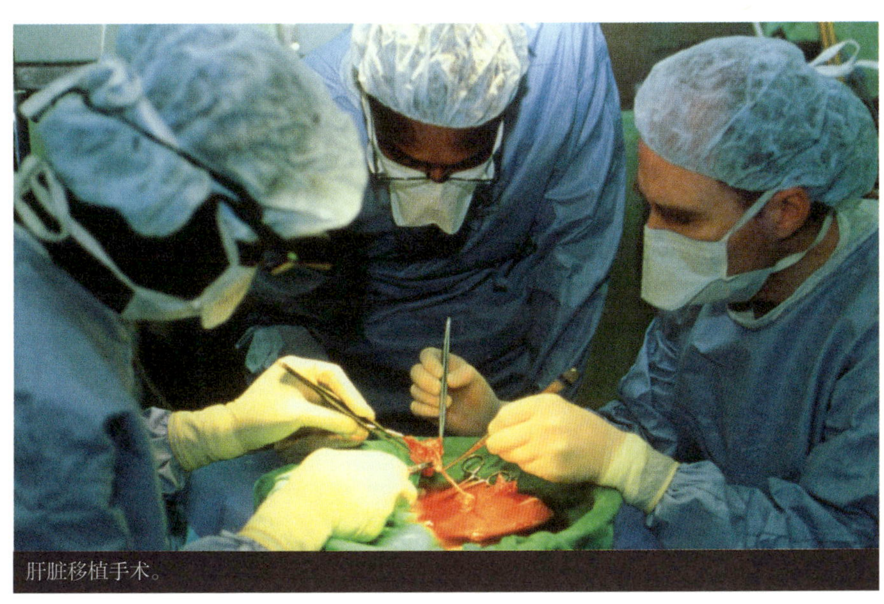

肝脏移植手术。

血液、生命与死亡

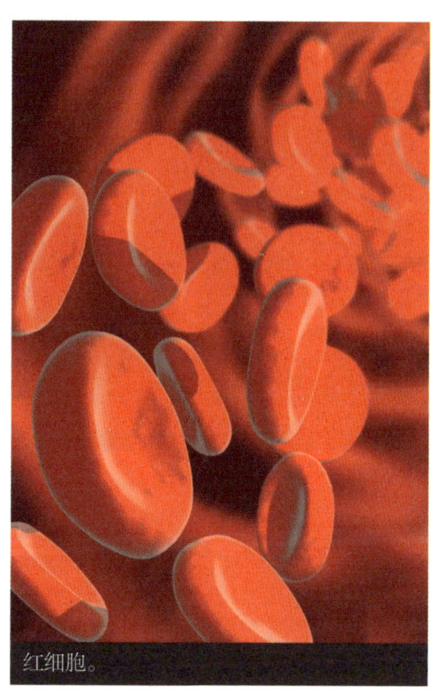

红细胞。

血液

血液由许多成分构成，每个成分都具有明确具体的**功能**，主要用于向人体各个器官输送氧气。红细胞曾称为红血球，顾名思义，它是血液呈红色的根源。红细胞无细胞核，富含负责运载氧的血红蛋白。白细胞（白血球）主要在免疫系统中起防卫作用。至于血小板，其主要起凝血作用。以上三种细胞均存在于血浆中，即血的液体部分。

血液即生命

血液总是被神圣的光环所包裹，被人们视为“生命的液体”。17 世纪以前，人们认为血液具有很多能力，例如传递遗传性状。在许多宗教典礼和仪式以及天主教圣体圣事上，血液扮演着重要角色。

止血

凝血似乎是最寻常的现象之一，人们都知道血液暴露在空气中会干涸。然而，血液凝固实际上是一个十分复杂的过程，至少有 13 种名为“凝血因子”的蛋白质参与其中。当各个因子被激活后，人体会止血并遏制血块的形成。

新的血液！

英国妇产科医生**詹姆斯 · 布伦德尔**发现产妇经常死于大出血。1818 年，他提出输血是解决这一棘手问题的良招。1829 年，在一系列动物实验之后，詹姆斯进行了首次人体输血。尽管输血成功的次数居多，但在当时，接受输血者有时仍会因许多不明原因死亡。

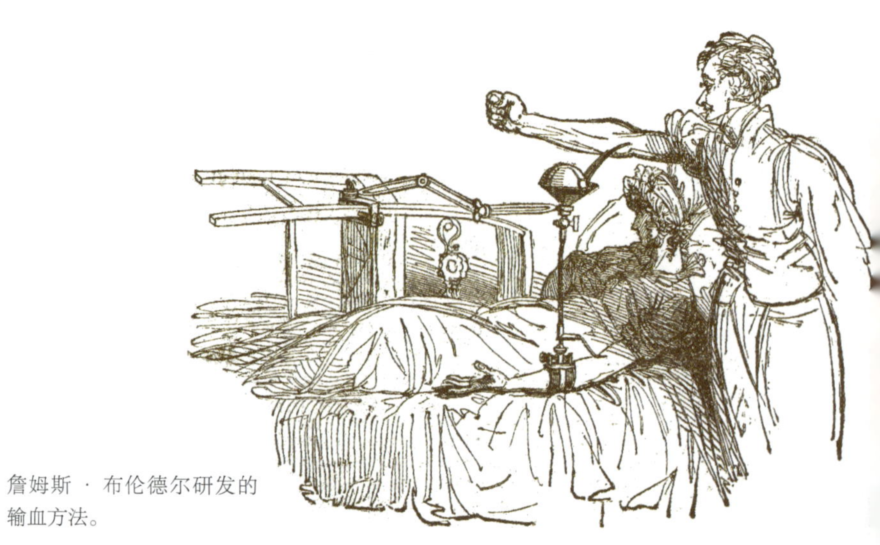

詹姆斯 · 布伦德尔研发的输血方法。

多种血型

1900 年，奥地利生物学家卡尔 · 兰德斯坦纳发现了 A、B、O 三种血型。抗原（机体组织中诱发免疫反应的特殊物质）A 和抗原 B 均为红细胞表面抗原，都产生抗体，用于对抗各自血液中缺乏的抗原。这些抗原通过溶血反应识别、“攻击”和摧毁持有相配抗原的红细胞。这一发现解释了输血时突发的意外情况，并对输血者和受血者的血液相容性做出了定义。AB 型血是万能受血型，O 型血是万能输血型。1940 年，兰德斯坦纳与亚历山大 · 所罗门 · 维也纳共同发现了 Rh 血型，这一发现进一步增强了输血的安全性。

保存新鲜血液

1914 年，艾伯特 · 哈斯汀研究发现，向血液中注入柠檬酸盐可阻止血液凝固，这个发现解决了输血操作中的一大障碍。因此，可提前贮存稀有血型献血者的血液，以备受血者的不时之需。

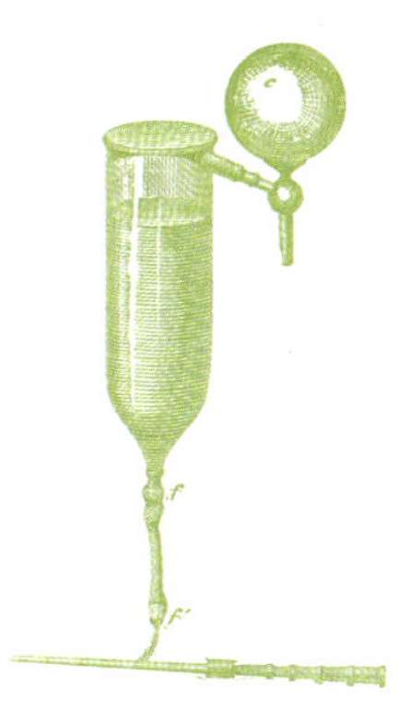

早期的输血工具。

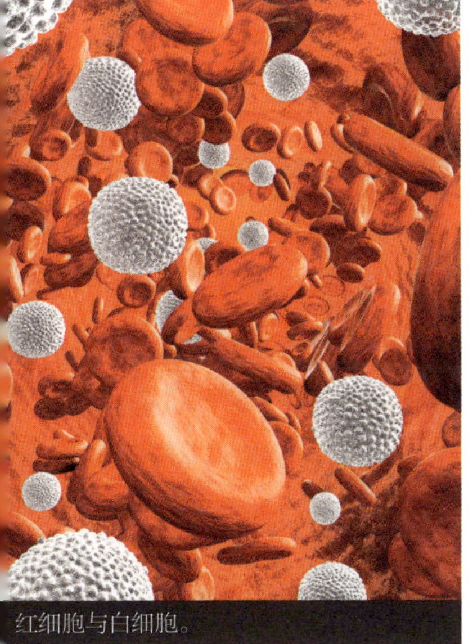

红细胞与白细胞。

传染病恐慌

通过血液传播的疾病是输血面临的一大棘手问题。20 世纪 80 年代，艾滋病的出现更是加剧了这种恐慌。20 世纪 90 年代初，法国爆发了对血液传染的议论和公愤，激发了民众对不规范输血引发危险的意识。1984 年至 1985 年，法国国家血液中心将被人类免疫缺陷病毒和肝炎病毒感染的血液分输给了血友病患者群体，导致大量受血者死亡，其他国家也存在相似的问题。该事件的曝光加强了国家对献血的监管和对血液制品来源的追踪。

肠道系统的奥秘

肠道蠕动

消化管内壁上的肌肉可让其不随意运动。通过消化管蠕动，能让在胃部形成的食糜通过消化管下移，然后进入小肠。这些肌肉的好处是能让消化脱离重力作用。因此，肌肉力量能让宇航员（在太空中）进行食物消化。相反，当肠道蠕动紊乱时，会引起疼痛，甚至会让情绪低落。

肠道中惊喜无处不在！

细菌只是肠道微生物的一部分。微生物群还包括酵母菌、真菌、可感染细菌并提高其质量和作用的病毒。目前对这些成分的研究十分贫乏，是由于关于肠道的发现才刚起步……

肠道菌群

肠道菌群的重量达数千克，并且集中了约 160 种细菌。自出生起，人体就通过吸收细菌形成肠道菌群。最初是出生经过母亲生殖道时吸收其中的细菌，后来细菌在母乳喂养期间大大丰富，在肠道中不断发展（主要是在结肠中），后组成个体特有的菌群。因此，甚至通过分析粪便中的细菌即可辨别出一个人！

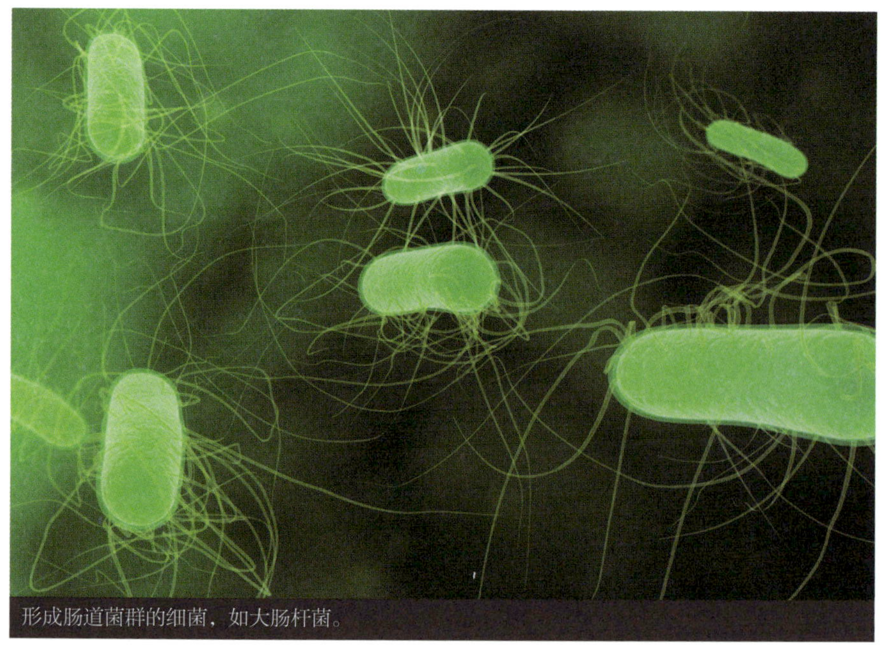

形成肠道菌群的细菌，如大肠杆菌。

和网球场一样大

当肠壁上的肌肉放松时，小肠的长度为 6 m 至 7 m，但这种测量只适用于尸体。活体方面，肌肉收缩可使肠道巧妙地折叠在一起，其长度只有 2 m 至 3 m，（展开后）总面积达 200 m^2。

肠道——第二个大脑

肠道研究一直被科学家所忽视，但最近数个科学研究表明，肠道起到了**第二个大脑**的作用。虽然有点夸大其词，但这个称号是建立在肠道与神经的紧密关系上：神经系统支配着肠道。神经系统中有2亿个神经元（相当于一只猫全身的神经元数量），会分泌出可调节情绪的神经递质5-羟（基）色胺。这种神经递质有一部分会到达大脑。这就是为什么移除肠道微生物后的小白鼠举止怪异，并且很容易发生危险。如果给小白鼠注射肠道微生物，小白鼠会变得谨慎许多。由此可见，肠道微生物对其行为举止的影响不可小觑。

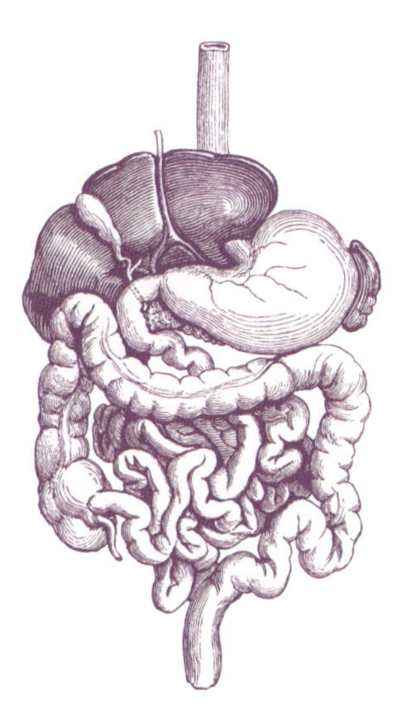

小白鼠样本

2016年末，再生医学领域的**研究者**成功使用人类的干细胞复制出几种哺乳动物的肠道和神经系统。缩小的复制肠道可以成功植入小白鼠体内（大小约3 cm），这也使在活体内研究人类消化机制和肠道疾病成为可能。

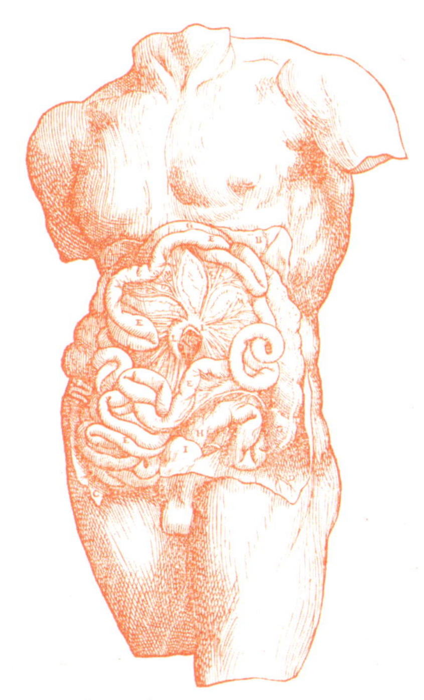

古代的腹腔示意图。

微生物的错

有关微生物的研究证实微生物的成分与多因素**疾病**有关，肥胖人群的肠道微生物很不平衡。然而，当微生物减少的时候，肥胖更易产生并发症。2型糖尿病的形成原因与微生物也有关。病患体内的微生物会合成一种酸性物质，会使人体对胰岛素产生抗性。肠道细菌过多可能导致胃癌、结肠癌，另外研究发现一些神经心理学疾病（抑郁、孤独症、精神分裂症）、帕金森病以及阿尔茨海默病都与肠道微生物有一定因果关系。一旦肠道微生物发生问题要及时进行治疗，可通过调配饮食、补充蛋白质（有益于肠道细菌的增加），甚至移植的方法平衡肠道微生物。

激素的错?

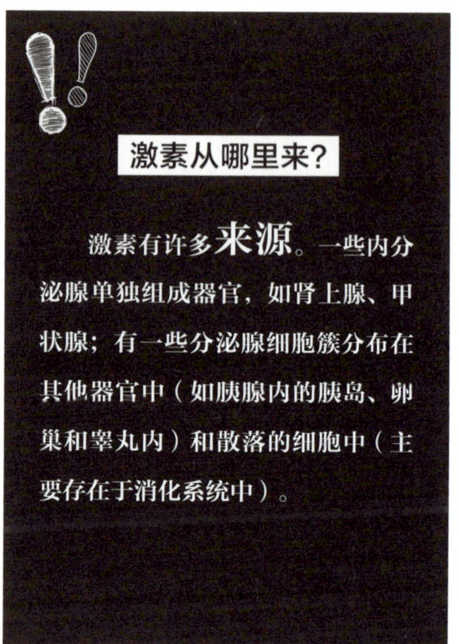

激素从哪里来?

激素有许多**来源**。一些内分泌腺单独组成器官，如肾上腺、甲状腺；有一些分泌腺细胞簇分布在其他器官中（如胰腺内的胰岛、卵巢和睾丸内）和散落的细胞中（主要存在于消化系统中）。

调节作用

激素是机体分泌的化学**物质**，主要起调节作用。有一些保持不变，有一些会随着环境和身体状况产生变化。

- 肾上腺素产生压力；
- 促黑素细胞激素刺激皮肤变黑；
- 褪黑激素调节睡眠；
- 催产素在分娩和哺乳时促进子宫收缩及乳腺排乳；
- 抗利尿激素促进水分重吸收，减少尿液。

秩序井然

激素产生的地方和发生作用的地方相隔很远，所以内分泌腺需要“**反馈**”。如果腺体得到的反馈是正向的，它会继续分泌激素，甚至会加快分泌的速度；如果得到了负向的反馈，那么它会减少或停止激素的分泌。

婴儿激素

在**妊娠**期间，胚胎会提前分泌激素从而在子宫中保持稳定。

男性和女性体内的内分泌腺：下丘脑、垂体、胰腺、胸腺、卵巢或睾丸、松果体、甲状腺、甲状旁腺和肾上腺。

作弊工具

兴奋剂与激素**息息相关**，这类物质实则是合成代谢类固醇。它从睾酮中提取而成，而科学家已经开发出睾酮促进蛋白质合成的特性，以促进肌肉生长，提升身体机能。但过度使用固醇类药物会对健康产生影响，有可能造成痤疮、胆固醇代谢紊乱、不孕不育，还有可能引起心脏收缩从而导致死亡。

饥饿是激素造成的?

在酶的作用下，人类在进食过程中咀嚼食物，食物进入肠道将营养物质输送到血液中。营养物质被分配到以脂肪细胞为主的细胞内储存起来。当脂肪细胞储存了足量的甘油三酯，就会通过激素向大脑输送信号，产生瘦蛋白，饥饿的感觉就会消失了。

激素紊乱

无论是天然的还是合成的内分泌干扰素，都会渗入空气、水以及各种消费品和卫生用品中。这些物质是化学结构类似于人体天然激素的分子，可与人体相互作用。内分泌干扰素可以完全替代阻止其作用的激素。已知的内分泌干扰素包括，以前常用于预防孕妇流产的己烯雌酚，塑料中含有的邻苯二甲酸酯和双酚 A，用作化妆品防腐剂的对羟基苯甲酸酯，以及大豆中含有的异黄酮……

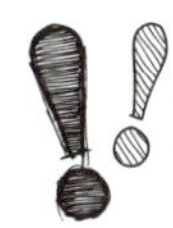

胆固醇不是敌人

说到激素，就不得不提胆固醇。实际上，胆固醇是合成类固醇激素的重要原料。在此类物质中，性激素（雌性激素、黄体酮、雄性激素）掌管骨骼生长、性别分化、第二性征的出现以及维持女性妊娠期间的稳定。

激素与女性

女性体内的激素水平会随着月经周期而变化，因此人们发明了激素避孕法。利用雄性激素和雌性激素分泌的细微变化，可抑制女性排卵，阻止精子着床，并降低精子活力。三管齐下，起到了避孕的作用。据统计，使用这种办法避孕的成功率高达 99%。

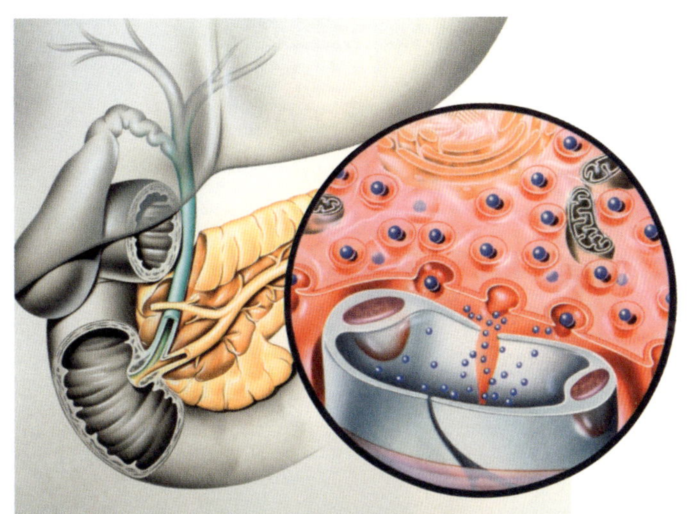

图示为胰岛素（蓝色）在胰腺（黄色）内毛细血管中胰腺细胞（红色）内部的产生过程。胰岛素负责调节血液中的血糖。

大脑也骗人……

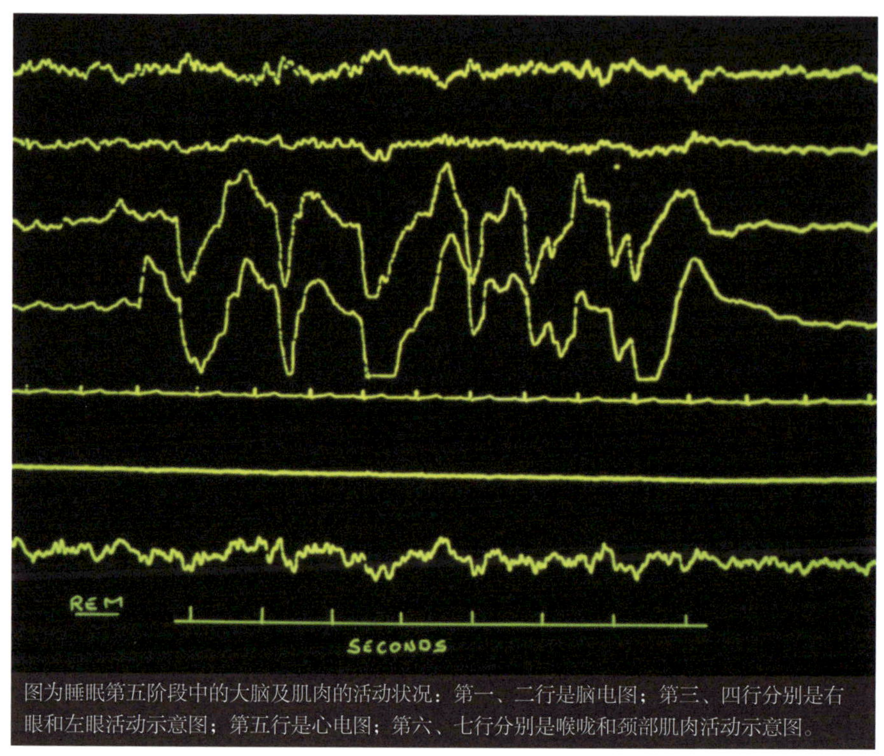

图为睡眠第五阶段中的大脑及肌肉的活动状况：第一、二行是脑电图；第三、四行分别是右眼和左眼活动示意图；第五行是心电图；第六、七行分别是喉咙和颈部肌肉活动示意图。

美梦从何而来？

快波睡眠是五个睡眠周期中的最后一个，梦境通常在这个周期产生。在这个周期中，人体活动减慢，但大脑活动增强。实际上，一些神经元使身体无法动弹，感觉器官失去作用，但负责协调和监督的大脑前额叶仍在工作。有时，身体的抽动会影响快波睡眠。快速动眼（REM）睡眠行为障碍表现为生动梦境中出现特征性暴力行为发作，多出现在50岁人群中，它的病理对研究帕金森氏症很有帮助。

梦境知多少？

现在人们知道了脑桥区域对于记忆梦境的重要性，还有部分神经递质参与其中。儿童在睡眠过程中通过在神经元之间建立联系来形成记忆。那些宣称自己从不做梦的人，实际上是因为他们的梦境记忆没有被“编码”。但人类还不能诠释梦境，弗洛伊德对于梦的解读也受到了一些科学家的质疑。

体内的幽灵

超过60%的被截肢患者会感到断肢的疼痛，这种疼痛被称为“幻肢痛”。实际上，在截肢手术之后的很长时间内，大脑仍认为被切掉的肢体还在原来的位置。所以大脑接收到的疼痛信号甚至比截肢之前还要强烈。相反，大脑病变可能使我们“忘记”半边身体的存在，患者将出现不能准确定位、吃食物只吃一半、画画只画一半等症状。

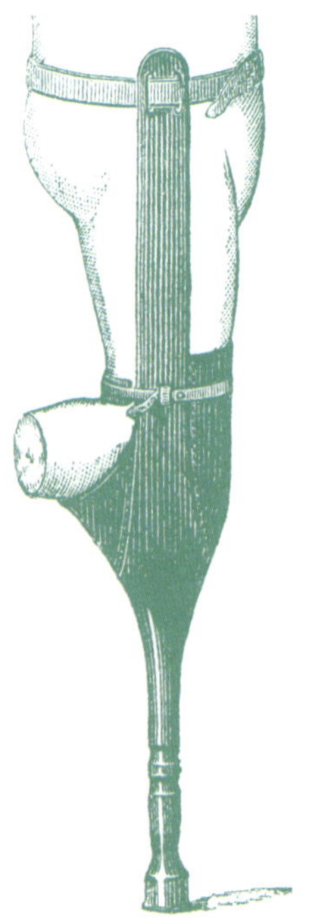

我只是在幻想！

20 世纪 60 年代，垮掉的一代使得“幻想”一词家喻户晓，这种症状是由致幻剂蘑菇和 D-麦角酸二乙胺引起的。而罪魁祸首就是赛洛西宾，这种物质可直接作用于人脑，会抑制人脑潜意识中对于正常世界的认知区域。人的感觉区域变得不受控制，并会歪曲现实。这种现象类似于“联觉”，会使我们产生不同于以往的特殊感觉（例如，感觉声音或数字有颜色）。患有这类疾病的人群看到的画面通常很扭曲且颜色鲜艳，并且对于积极的事件记忆更加深刻；后一种症状受到心理专家的重视，可以为治疗抑郁症提供帮助。

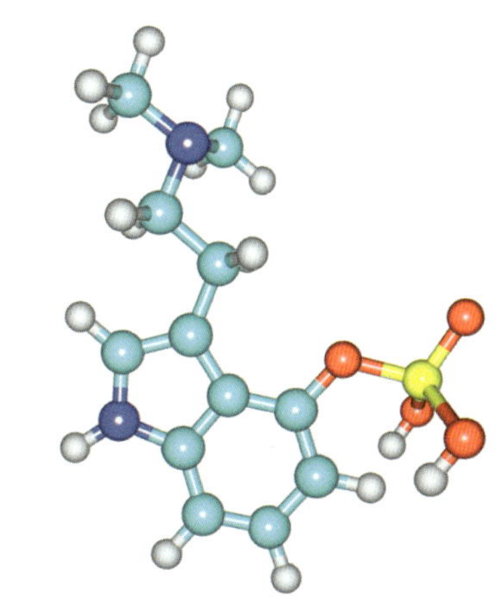

裸盖菇素分子团，可使人产生幻觉。

脑内寒冷？

如果吃到一块薄荷糖，我们可能会追问自己这个问题。实际上，薄荷脑带动了口中的寒冷感受器产生作用；感受器会向大脑发出错误信息，让大脑误以为现在很冷。

似曾相识！

有时觉得某个场景似曾相识，这也许是“既视感”在作祟。这一现象经常出现在年轻人之中，压力和疲劳会加重这一现象，长此以往会有得癫痫病的危险。通常的解释是大脑错误地将此时的景象当作长期记忆保存了下来，才会产生这种失衡的现象。然而 2016 年的最新研究表明，产生“既视感”的时候，长期记忆并不参与其中。相反，在此过程中，负责决定问题的前额叶异常活跃。研究人员做出了如下推断：大脑实际上是在试图证明现在的经历与过去的记忆是不同的。

沉睡的大脑（一）

一次睡眠中会出现多种现象。大脑中负责集中的区域尤其活跃，负责自我认知和思维流畅性的区域却没那么活跃，这种交替使得大脑得到休息。于是人就沉浸在一种不断变化的意识状态中，这有助于打开思维，换个角度看问题。催眠疗法对于缓解痛苦、压力、焦虑以及其他疾病十分有效，有些人由于对麻醉药物敏感，不能使用药物麻醉，这时可以考虑用催眠来止痛。

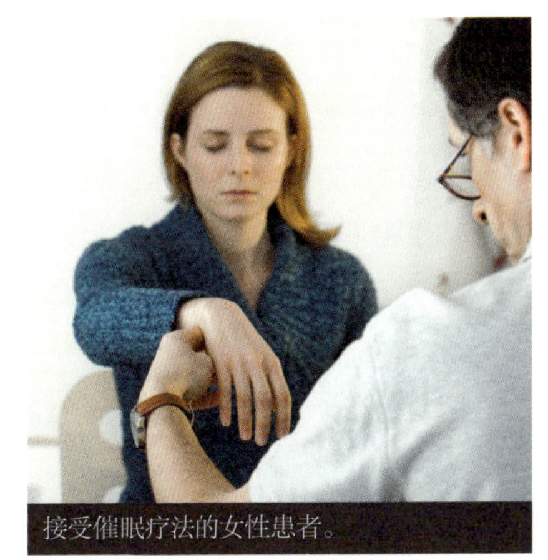

接受催眠疗法的女性患者。

克隆与干细胞：狂想与现实

克隆是什么？

克隆是产生至少一个与原个体有完全相同基因的个体。

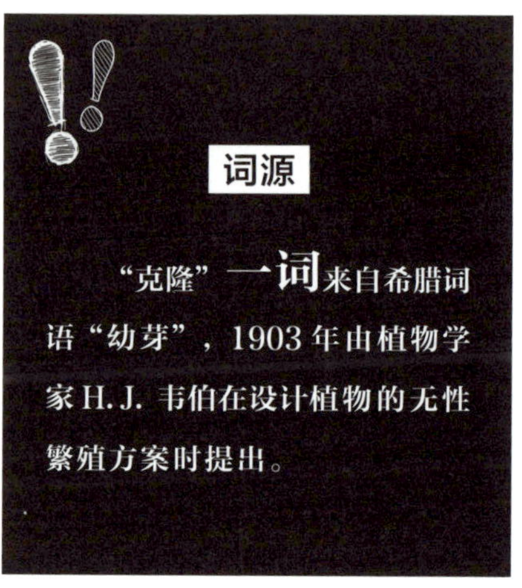

词源

“克隆”一词来自希腊词语“幼芽”，1903 年由植物学家 H. J. 韦伯在设计植物的无性繁殖方案时提出。

克隆羊多利与伊恩·威尔穆特，摄于 1996 年。

多利你好！

1996 年，两个苏格兰研究员伊恩·威尔穆特和基思·坎贝尔宣布了克隆羊多利的诞生，这是世界上第一只通过将体细胞注射到去核卵子内培育出的哺乳动物。这种技术于 1952 被细菌学家率先发明。

克隆大讨论

克隆羊多利的报道让人们看到了克隆人类的可能性，引起了公众的热烈讨论。一些科学家，如亨利·阿特朗（1931 年出生）缓和了这场论战。确切来讲，多利并不是克隆体，它只是通过核移植产生的，它的线粒体脱氧核糖核酸与被克隆山羊不同。但是，克隆体诞生之后的身份却出现了问题。克隆体不过是原体的双胞胎，只不过有年龄差异。虽然双胞胎没有身份问题，但双胞胎所扮演的角色和“后生缺陷”问题都应该纳入考虑范畴。

克隆的种类

克隆分为人工克隆和自然克隆。细胞分裂导致的繁殖称为自然克隆，是原核生物（最简单的生命体，没有细胞核）、单细胞真核生物、部分多核生物和植物的繁殖方式。

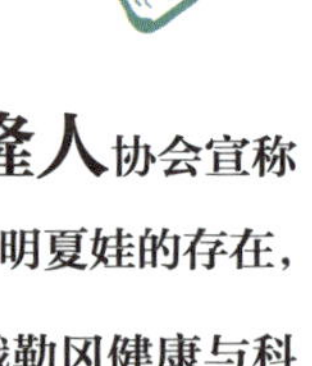

再造人？

2002 年，与国际邪教组织“雷尔运动”有紧密关联的**克隆人**协会宣称制造出了第一个克隆人，是一个名叫“夏娃”的女性。但没有证据表明夏娃的存在，引起了国际社会的高度关注和普遍质疑。直到 2013 年，美国俄勒冈健康与科学大学的舒克拉特·米塔利波夫（Shoukhrat Mitalipov）小组首次完成了人体克隆，但克隆的并不是整个人，而是胚胎干细胞。

人工分化的细胞。

干细胞的作用

克隆疗法可以治愈多种疾病，但也带来了不少问题。也因此，由于技术原因，研究人员倾向于通过其他途径获取干细胞。有一些干细胞，比如胚胎细胞，属于多功能干细胞，可以分化成各种器官组织。其他细胞被称为“体细胞”，是正在分化中的细胞，在一定程度内可以转化为有特殊作用的细胞。

诱导性多能干细胞的未来

2006 年，在对从胚胎中提取出的干细胞进行初步研究之后，诞生了一项新技术。这项技术是由京都大学的山中伸弥（1962 年生人）团队发现的，并为他赢得了 2012 年的诺贝尔生理学或医学奖。这项技术通过推迟细胞分化对体细胞进行“再激活”，从而得到“诱导性多能干细胞”，这种细胞可以分化成任何细胞。

修复人体

克隆的出现为人们提供了幻想空间，但克隆疗法是一门值得深入研究的学问。它要克隆的不是人体，而是胚胎细胞（可以分化成各种器官组织）。胚胎细胞是组织的“储备库”，因为基因构成相同，所以很容易移植。

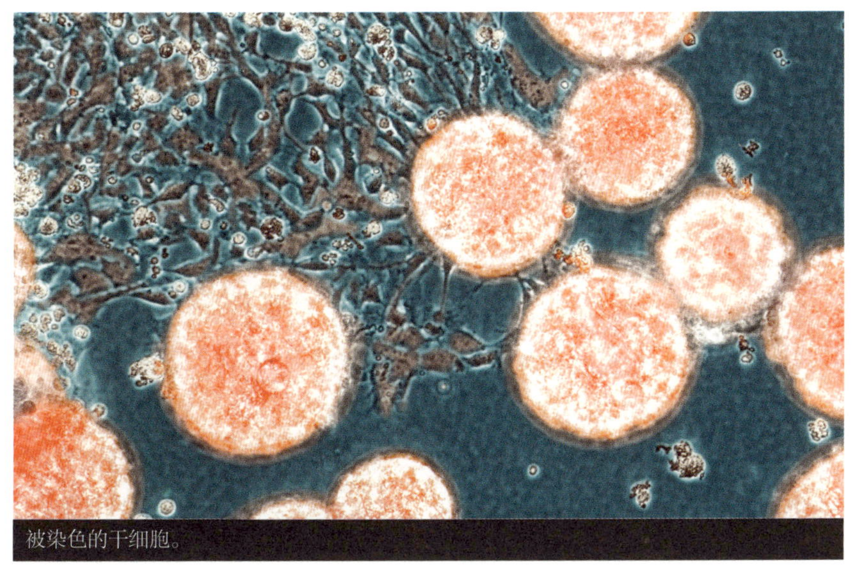
被染色的干细胞。

艾滋病：医学难题

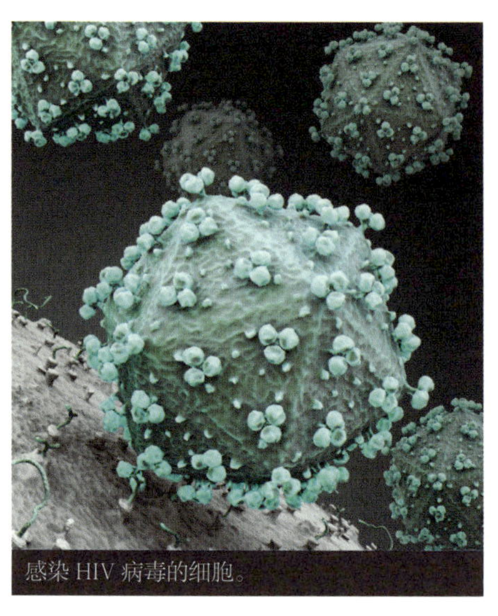
感染 HIV 病毒的细胞。

病毒感染

“HIV”是“人类免疫缺陷病毒”的简称，这种病毒的首例感染者发现于 1981 年的美国。这种病毒可以通过性（接触精子、精液或阴道分泌物）传播和血液（同用注射器、输血）传播，或在母婴之间（妊娠、分娩）传播。这种病毒的携带者，也就是感染者的艾滋病血清检验呈现阳性。

艾滋病现状

法国每年发现大约 6 000 个 HIV 病毒携带者。其中三分之一的携带者是在感染后 3 年以上才被发现的，被发现时确诊了艾滋病，也就意味着有 5 万人以上的“隐性携带者”，通常检查不出有任何“风险”。

而据联合国驻华机构公布的数据，目前中国艾滋病病毒感染者约 84 万人，加上已经染病死亡的 24 万人，总数应该在 100 万人左右。

病毒的发现：从何而来

1985 年，HIV 病毒被发现后不久，法国的巴斯德和美国的加洛就病毒的来历问题产生了激烈讨论。1994 年，这个问题终于得以解决。2008 年，德国科学家哈拉尔德 · 楚尔 · 豪森及两名法国科学家弗朗索瓦丝 · 巴尔 – 西诺西和巴斯德研究院的吕克 · 蒙塔尼共同获得诺贝尔医学奖，奖励他们分别发现了人乳头瘤病毒（宫颈癌的罪魁祸首）和 HIV 病毒。

治疗方法

现在 HIV 病毒的治疗方法主要由三种药物协同作用，又称“鸡尾酒疗法”。这种疗法可以维持体内淋巴细胞数量从而减少体内的病毒数量。但这种疗法会产生一些副作用，需要服用其他药物防止此类疾病发生。

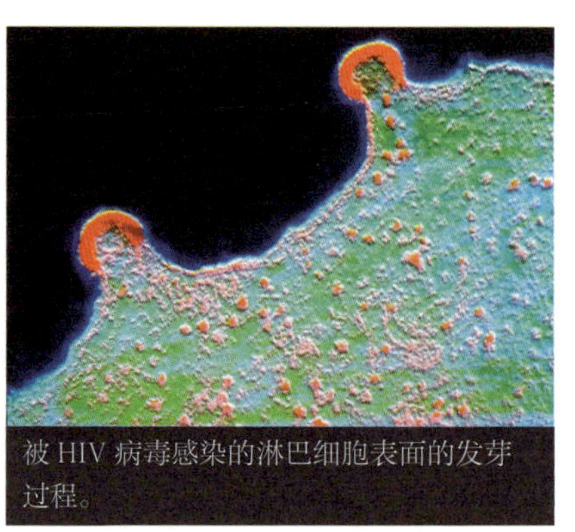
被 HIV 病毒感染的淋巴细胞表面的发芽过程。

与免疫细胞作对的 HIV

HIV 可以破坏人体的免疫系统。它主要寄生在 CD4 细胞和 T4 细胞（白细胞）内，这些细胞主要负责人体防卫。细胞一旦感染，其他免疫细胞会把它们当成致病原并消灭它。人体的免疫能力因此下降。这时一旦机体被感染，就会有致命的风险，因为免疫应答已经被扰乱或削弱。

症状初现

艾滋病又名“获得性免疫缺陷综合征”，是 HIV 病毒感染的后期症状。感染初期的症状类似于流感（病毒传播中），伴随一段潜伏期（免疫应答发现病毒入侵），可长达几年。随着免疫应答的削弱，感染进一步扩散。被感染者都是通过所谓的“机会性感染”而患上艾滋病的。

说说安全套！

安全套由来已久，8000 年前的埃及雕像已经说明了它的历史。安全套的材质历经变化，有麻、皮革、羊膀胱、动物肠道、丝、橡胶、乳胶、聚异戊二烯。它的叫法也千奇百怪，有男士、女士之分。虽然它的历史悠久，但是它是唯一能够有效阻止 HIV 病毒传播的方法。

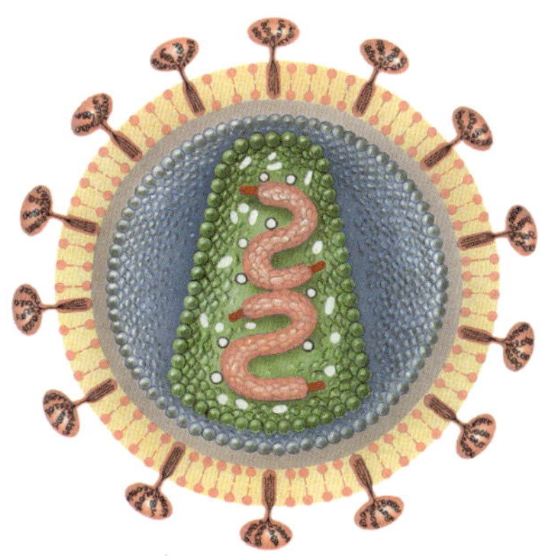

被感染的细胞。

流行病的演变

现如今，流行病的死亡率正在逐步降低，母婴传播的概率也有所下降，但有些流行病仍在肆虐。联合国展开了控制流行病的计划，这个计划从 2016 年左右开始到 2030 年结束。

世界上的艾滋病

截至 2015 年，全球已有 1 700 多万艾滋患者得到了有效治疗，但占比不到患者总数的一半。

寻找最佳疗法

1987 年开始，齐多夫定的药物试验从未间断。至今，这项研究的基本目的是更好地了解艾滋病毒，从而找到研究的新方向，尝试研制新疫苗，通过减少患上“病毒蓄水池”类疾病的概率降低艾滋病的感染概率。

和谐的人体

平衡最重要

内环境稳定性是测量体内是否平衡的好办法。这项技术于1865年由克劳德·贝尔纳首次发现，他认为人体需要保持体内参数的稳定性才能使身体与内外部条件相适应。为了保持进出平衡以及满足身体的基本需求，人体的参数时刻在发生变化。

组织中的糖

血糖变化很快，通常保持在0.8 g/L到1 g/L之间，因为糖是细胞的主要能量来源，尤其是神经细胞和肌肉细胞。在糖类被消耗或含量降低的时候，血液中的葡萄糖含量也会下降。身体会启动两种机制来维持机体平衡：发射饥饿信号补充糖，或是分泌胰高血糖素以消耗组织中储存的糖。

酸碱平衡

如何控制身体中的氢离子从而调节体内的**酸性**，这是非常棘手的问题。胃部的pH值很低，其他消化道则较高；尿液中pH值维持在7.4左右。保持人体各器官pH值稳定非常重要，pH值的变化可能引起蛋白质的变化，从而影响它们的活动。稍有紊乱，神经细胞和心脏细胞就有可能变得兴奋。一旦体内的调节机制失控，肺和肾脏会将pH值拉回正常水平。相反，肾脏和肺部的病变有可能导致体内pH值失衡。

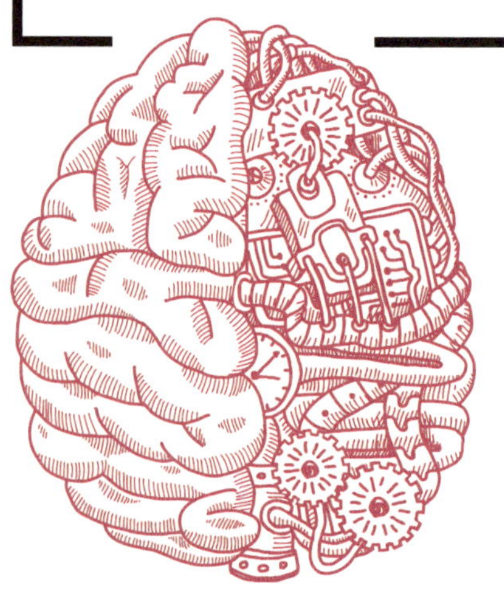

人体指挥部

下丘脑的位置位于**大脑**和心脏中间，与人眼高度平齐。这个区域只有杏仁大小，却是人体最重要的“指挥部”。这里是神经信息中心和内分泌调节中心。它的作用不仅是对抗压力、调节人体温度、控制免疫系统，还掌管渴、恐惧、昼夜节律和一些人类行为。另外，人体内的内分泌腺统统由这里负责。

2 000 亿红细胞

人体每天会产生 1 000 亿 ~2 000 亿个红细胞来替换死亡的红细胞（红细胞的存活周期是 120 天）。红细胞的产生过程被称为“红细胞生成”，时间长达 4 天至 7 天，期间红细胞数量成倍增长。

平衡中心

肾脏的功能是对流经肾脏的血液进行过滤。在一天之内，180 L 血液会流经肾脏，最终形成 2 L 尿液。肾脏还能根据需求代谢药物成分和糖。利用维生素 D，可以固定骨质中的钙离子并分泌两种激素：调节血管压力的肾素和刺激红细胞生成的促红细胞生成素。

焕然新生

为了机体能够正常运转，细胞需要再生。皮肤细胞每 4~5 周重换一次，肠道细胞每 5 天更换一次。我们的细胞的平均年龄为不到十年！寿命最长的是脑细胞，有些神经元可以伴随我们一生。

运动平衡

红细胞含有负责搬运氧分子的**血红蛋白**，血红蛋白增加，确保了氧合作用的良好运行。血红蛋白有助于缓解由于攀登速度过快导致的急性高山症，也被用于运动员的热身过程中，以提升他们的耐力和表现。

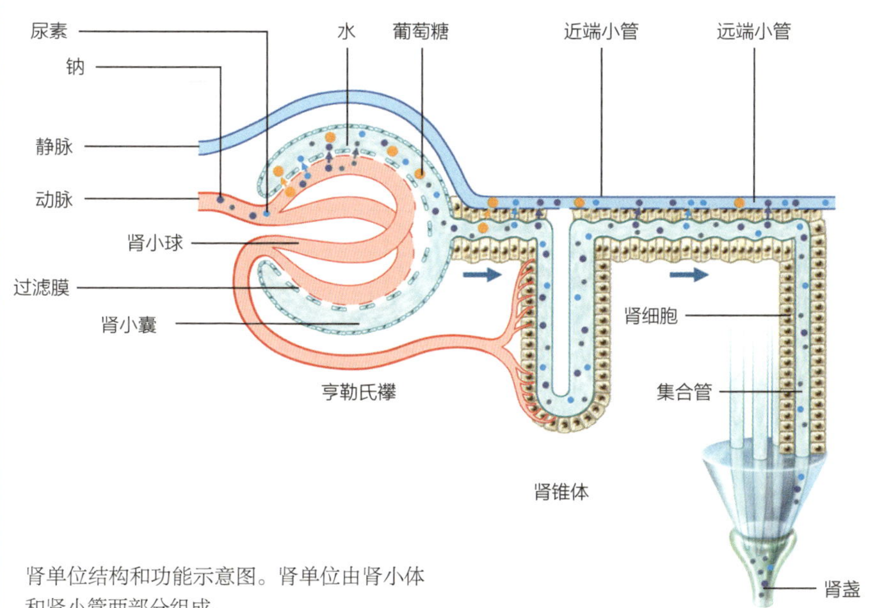

肾单位结构和功能示意图。肾单位由肾小体和肾小管两部分组成。

大脑是智力的核心吗？

面面俱到

神经科学领域对于活动中大脑的研究得益于影像技术的发展，通过这项技术，我们可以知道大脑的哪些区域被调动。例如，人们观察到当吃饭、祈祷、听音乐会、发生性关系时，脑电路会进行奖励补偿，从而促使人体兴奋、情绪高涨；当我们参加与个人信仰相左的政治讨论时，大脑中的一些区域会产生害怕、威胁等情感，记忆功能会被充分调动。

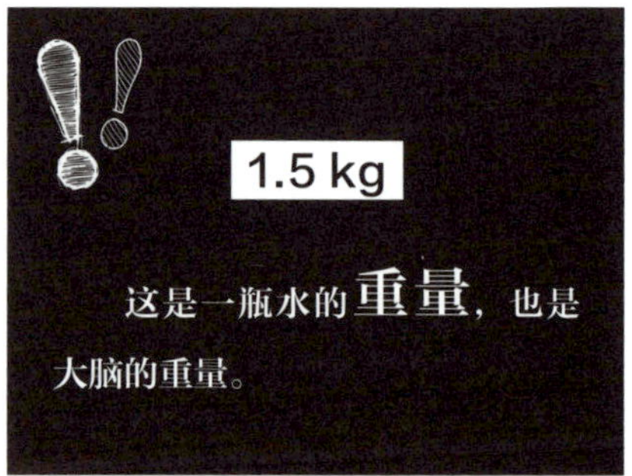

1.5 kg

这是一瓶水的重量，也是大脑的重量。

金星与火星

男性和女性的大脑相同吗？我们的固有意识认为男女的大脑从体积、多任务管理能力、感觉区域、直觉区域和定位区域的发展方面都有差别，但现在谣言已被揭穿。最近的研究显示，如果两性之间大脑有差异，是因为青少年时期大脑的利用方式不同：男性倾向于利用大脑单侧或横向思考，女性倾向于用大脑叶之间的区域思考。这项发现很难得出结论，还需要进一步研究可能导致差别的生理原因、环境因素以及文化因素等。

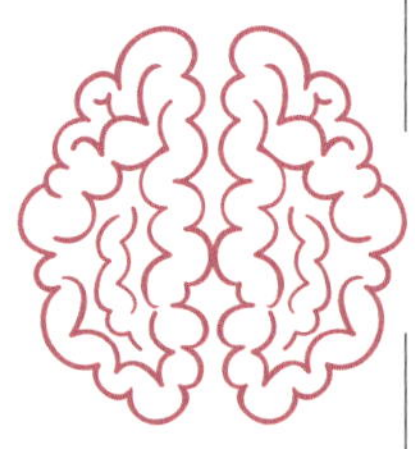

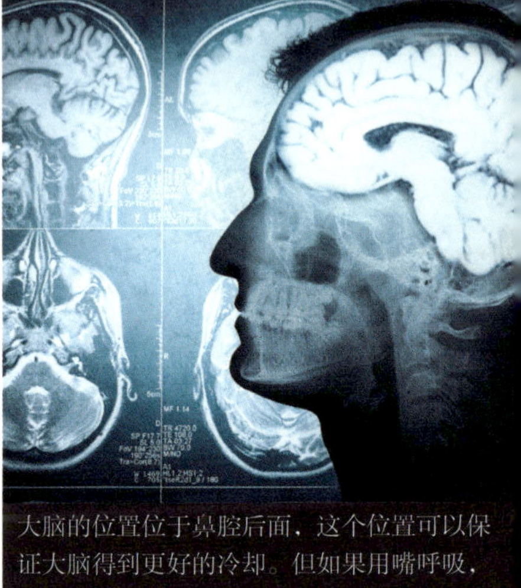

大脑的位置位于鼻腔后面，这个位置可以保证大脑得到更好的冷却。但如果用嘴呼吸，冷却效果则会减弱。

沉睡的大脑（二）

大脑不工作的情况也被称为残余意识，是在睡眠、催眠、麻醉时出现的一种状态，在此情况下，人陷入无意识的昏迷状态，大脑会“关机”。孤独症、精神分裂症以及抑郁症患者身上也会出现残余意识。在此类疾病中，观察患者残余意识的变化是有效改善治疗效果的途径之一。

只开发了 10% 的大脑？

我们的大脑只开发利用了 10% 的潜力，这种说法在下述情况中是成立的：在大脑完成一项任务的过程中，只有需要被调动的区域在工作。因此，每个大脑区域都能在需要的时候被调动，调动比率接近 10%。实际上，为了充分调动大脑工作，大脑消耗了太多的身体能源（在儿童中占 60%）。大脑尚未被开发的能力占不到 90%，而且这些能力都与心灵感应有关。医学影像的进步揭示了大脑中的每个区域都可被完全刺激到。

匹诺曹的大脑

位于大脑中心的**杏仁核**负责掌控情绪，最近研究表明它也参与“撒谎”。当第一个谎言出口，它就开始发挥作用，引起撒谎者的不适。但如果撒的谎对人有益，杏仁核的作用会逐渐降低，制造出一个又一个谎言，而不会感到有何不妥。以上原理同样可以解释部分人身上出现的“谎言旋涡”。

妈妈的大脑有别于常人？

2016 年，**孕妇**的大脑调查揭示出孕妇大脑的特别之处：当孕妇怀头胎的时候，她们的大脑灰质会出现变化，会改变她们的社交能力以及对别人的看法。这种改变会持续两年时间，目的是使母亲更好地了解孩子的需求，防范潜在的危险，建立母子之间的联系。

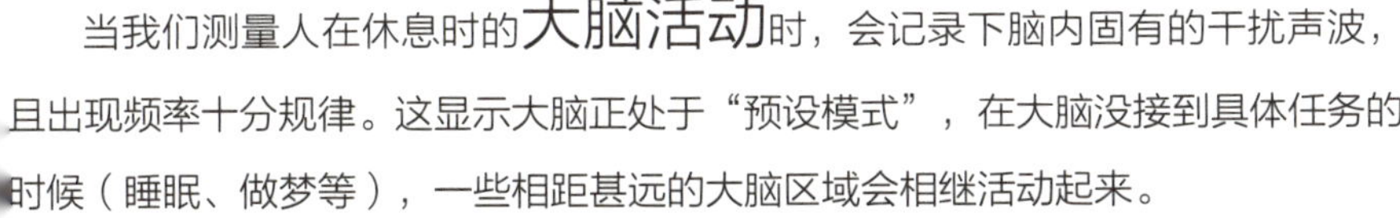

自作主张的思想

当我们测量人在休息时的**大脑活动**时，会记录下脑内固有的干扰声波，且出现频率十分规律。这显示大脑正处于“预设模式”，在大脑没接到具体任务的时候（睡眠、做梦等），一些相距甚远的大脑区域会相继活动起来。

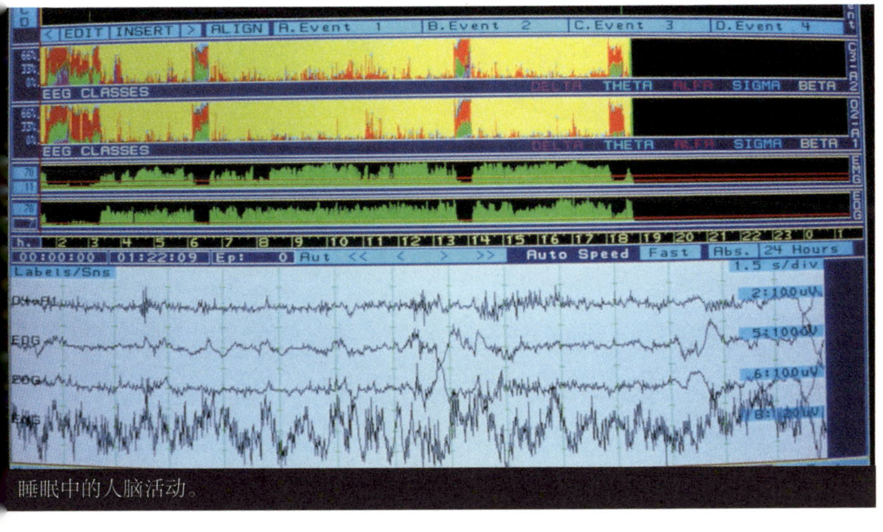

睡眠中的人脑活动。

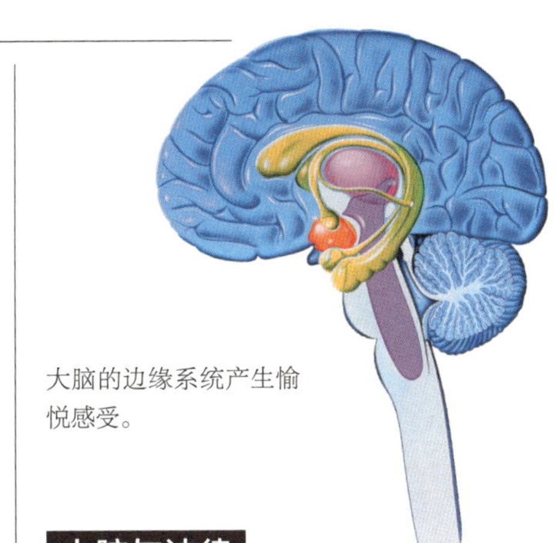

大脑的边缘系统产生愉悦感受。

大脑与法律

有关**神经科学**应用于法庭之利弊的讨论总会不时开展。虽然分析人脑活动的测谎仪还不足以在法庭上大显身手，但美国已经开始尝试对犯人进行脑部测试，来评定他们的反抗进攻性或行为后果，以此作为参考为犯人减刑。

免疫系统与癌症：身体失衡了！

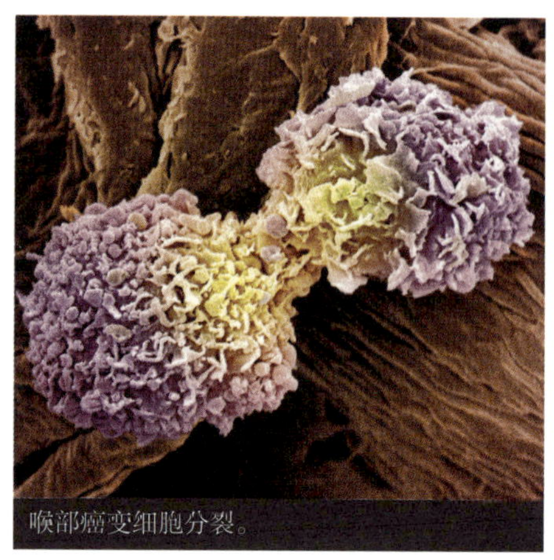
喉部癌变细胞分裂。

细胞的自我意识

我们的体内细胞具有自我意识。这种意识使得免疫细胞可以将外来细胞和变异细胞区分开，并与其对抗。比如，对于血细胞来说，它的自体意识是通过血型表现出来的。如果输血时血型不匹配，输入人体的细胞会被杀死。

肿瘤是如何发展的？

细胞通过不断分裂创造新细胞，但如果分裂过程中出了差错，就会形成肿瘤。这种突变可能是阴差阳错造成的，也可能是致癌剂造成的，如烟草中的苯。有些基因可以修复这些错误，或命令细胞自我毁灭。但如果这些基因也发生突变，细胞则拒绝接受死亡的指令。它只会加速繁殖，并很快脱离控制。

最容易患癌的器官

癌症在男性身上更多见。乳腺和前列腺是最容易患癌的部位，其次是肺、结肠和直肠。在世界范围内，16% 的癌症是由于病毒感染造成的（如宫颈癌、肝癌、肺癌等）。科学家们也在抓紧研究可以预防癌症的疫苗。

过敏与自我免疫疾病

过敏和自我免疫疾病一样，都是免疫系统的强烈反应造成的。它主要针对的是外部物质（花生、花粉、鸡蛋等），而非身体内部。

反抗的免疫性

当我们的免疫系统不能正确区分“敌我”的时候，它就会开始攻击自体细胞。这就是自身免疫疾病的由来，世界上每 20 人中至少会有 1 人患上这种疾病。现在的治疗方法主要是针对降低机体的免疫反应从而缓解症状，但这种疾病尚不能被完全治愈。

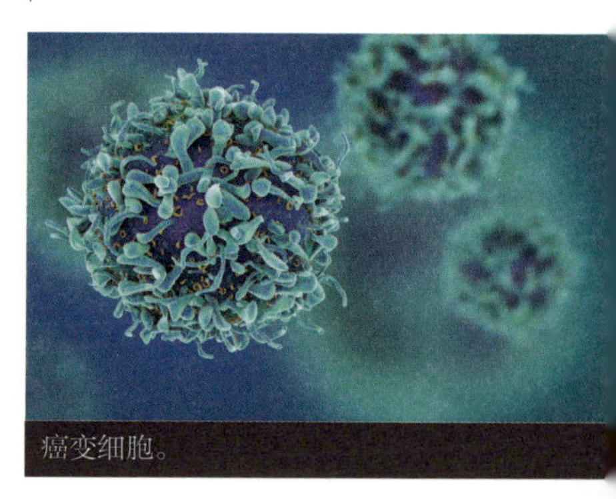
癌变细胞。

医学诊断的哨兵

与血液循环同理，**淋巴系统**会将多余的体液排出体外。遍布淋巴系统的淋巴结是机体免疫性的“哨兵”。一旦被感染，淋巴结会迅速肿大，变得肉眼可见，主要分布在下巴、腹股沟、腋窝等处。在患癌的情况下，淋巴结会变成癌细胞的扩散中心，对于一些癌症，尤其是在胸部产生病变的癌症，病变位置附近的淋巴结被称为“前哨淋巴结”，通过分析这种淋巴结，可得知病情的发展状况。

治疗癌症?

放射疗法指通过直接作用于肿瘤处的射线摧毁癌细胞的 DNA。为了清理残留细胞，防止转移，需要配合化学疗法。化学疗法主要用于抑制那些可迅速再生的癌细胞，但它在杀死癌细胞的同时也杀死普通细胞，这也解释了化学疗法副作用的来源。

改革疗法

癌症的**治疗**方法在不断变化，近几年，免疫疗法和靶向疗法成为研究重点。免疫疗法利用免疫系统的自身能力杀死癌细胞；靶向疗法通过分析肿瘤 DNA，针对其特点对症施治。不管病变组织位于什么位置，靶向疗法都能直达病灶。许多研究者都在研究这两种疗法，以便改善治疗效果，减少副作用。对于有些肿瘤而言，尤其是肾脏病变，手术并不可行，此时可采用冷冻疗法。冷冻疗法通过释放零下40 ℃的气体将病变处冷冻，将肿瘤冻结，随后对肿瘤进行加热，从而使肿瘤自行爆炸。

转移的源头

不是所有的**肿瘤**都产生癌变，但癌变肿瘤扩散很快，并会自己制造血管为肿瘤提供营养。癌变细胞是非正常细胞，因为它没有“自我意识”。它还会阻隔细胞周围的免疫反应并占领周围组织以及血液，从而开辟阵地产生第二个肿瘤，这就是“癌症转移”。

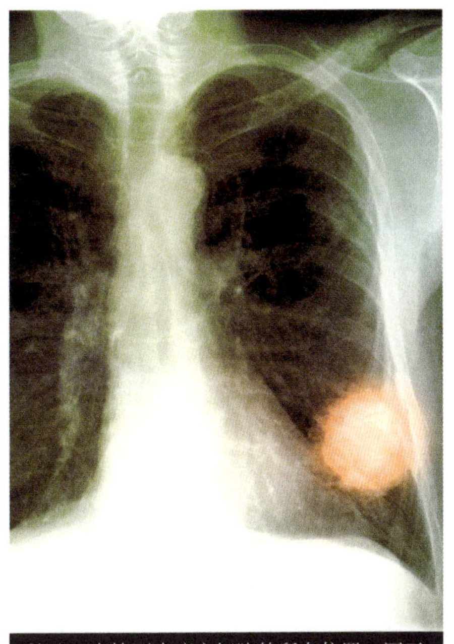

利用 X 光检测出癌变细胞的所在位置。图示区域为肺部。

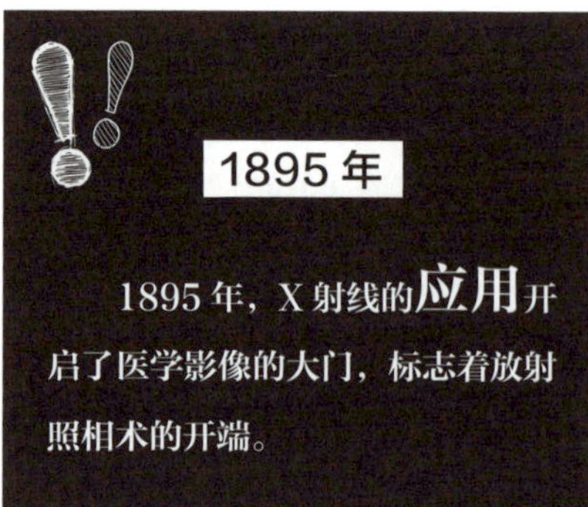

1895 年

1895 年，X 射线的**应用**开启了医学影像的大门，标志着放射照相术的开端。

吞服微型摄像机胶囊

人体小肠因长度长、迂回和被括约肌环绕的特点成为医学研究的难点。即便使用**内窥镜**，研究人员还是难以对其进行全面透彻的观察。如今，一种内含微型摄像机的胶囊解决了这一问题。患者用水服下该胶囊，胶囊摄像机在人体消化吸收的 7 小时内，每秒向固定在患者腰带上的相机机身传输至少 4 张肠道照片。一旦使命完成，摄像机会从体内自然地排出并被销毁。

追踪与造影

所有种类的医学影像均可通过**造影剂**来提高观测精确度，其有助于对关节内部、静脉网等人体结构进行观察。造影剂在核医学领域的应用尤为广泛，能用于目标的定位和追踪，它可直接跟随目标物移动，并最终确定其停留位置。

闪光灯下

如今，**摄像机**广泛应用于医学领域。自 20 世纪 80 年代医学器材的微型化发展以来，人们可通过小切口将一种名为内窥镜的微型摄像机塞进人体内，从而避免了以往大疤痕的问题。通过应用这种巧妙的方式，还可对人体的消化液、尿液以及生殖液进行观察。

核磁共振

人们总是不自觉地会将**核磁共振仪器**联想成一个巨大、嘈杂的棺。然而不同的是，这个庞然大物会带我们去见荷鲁斯（古埃及神话法老的守护神），而是用于疾病的诊断在核磁共振检查的几十分钟内，巨的磁针环绕患者旋转，仪器将人体于特殊的磁场中，引起人体内氢原的共振，从而获得图像。正是通过种磁场成像的方法，核磁共振技术以精确无误并对人体毫无危害！

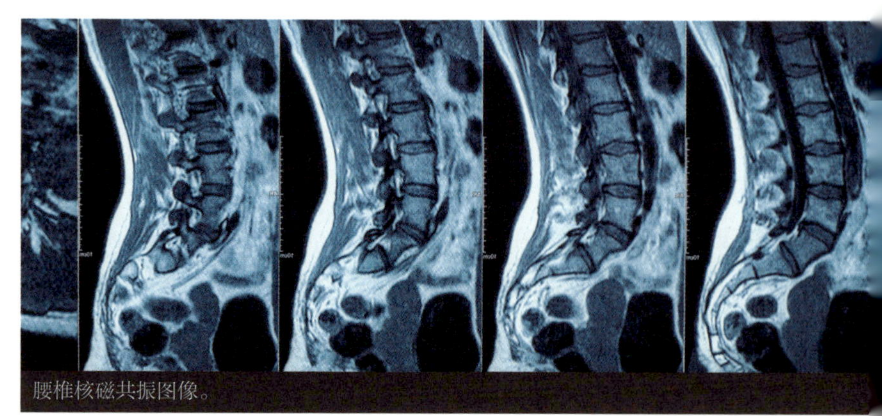

腰椎核磁共振图像。

指纹，痕迹鉴定

指纹图案具有普遍性和特殊性，易被描绘和辨认。指纹一般分为四个部分：中部、底部、边缘及末端。若要描绘一个指纹，首先需要观察的部分是指纹的三角地带，即中部、底部和边缘的交汇处。

7 大不同之处

扫描仪与核磁共振均可绘制三维图像，那么二者之间有何不同呢？扫描仪主要运用 X 射线，成像速度快，可用于外科手术；分辨率单位小于毫米，可详细观察人体骨骼和组织异常（肿瘤）。在核磁共振图像中，不同组织间的差别更为明显，尤其是软组织。因此，该技术主要运用于关节腔、水肿、脑部等涉及多种组织的疾病治疗。

B 超的原理

试问，谁的身边没有怀孕时总是要拿出第一次产检的 B 超照片炫耀一番的好朋友呢？所谓的 B 超检查，利用的是人耳无法捕捉的**超声波**。探测器向固体目标发射超声波，后者碰到目标物体后反弹回起点。超声检查可计算超声波往返于目标物体所需的时间，并实时绘制超声图像。在图像显示中，液体呈灰色或黑色，坚固的组织结构则呈白色。

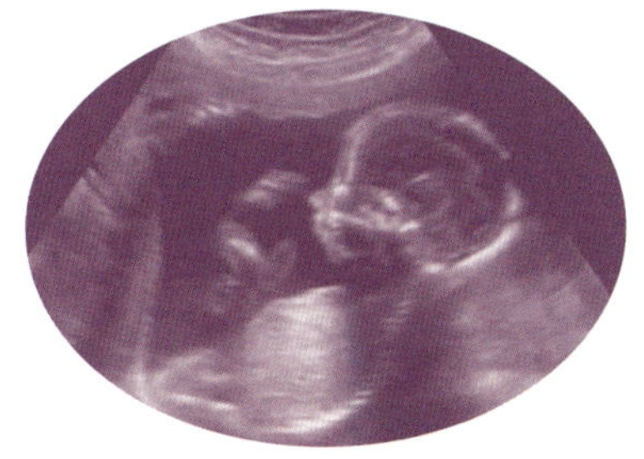

四个月大的胎儿的超声图像。

脑部观测新技术？

法国保健和医学研究所以及法国国家科学研究中心的研究员们研发出一种观测人体**脑部活动**的新技术，其感光性高于实用核磁共振成像技术。该技术成像速度快，运用超声波，每秒可完成数千次脑部血液流速的计算（此前每秒仅能计算几十次）。该技术出色的时间和空间分辨率为观察人体脑部活动提供了可能，研究员们凭借新技术拍摄记录了小白鼠癫痫发作时脑部的活动情况，这是先前的技术无法实现的。

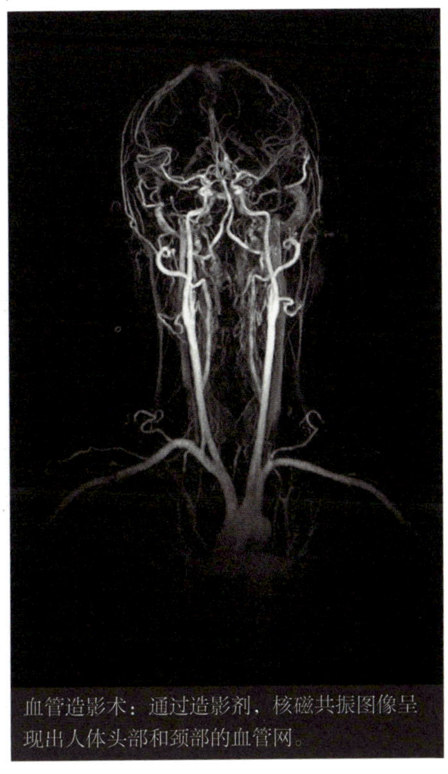

血管造影术：通过造影剂，核磁共振图像呈现出人体头部和颈部的血管网。

肝脏过滤器

肝是人体主要器官之一，对药物的功效起着决定性作用，一个成人的肝脏约重 1.5 kg。肝具有解毒的功能，新鲜且富含营养物质的血液进入肝脏，被过滤吸收，从而减少了人体内的有害物质。与此同时，一些药物的主要成分也会被肝脏视为有害物质排出体外。这就是为什么在药物上市前，须对其流经肝脏后的药效进行评估。

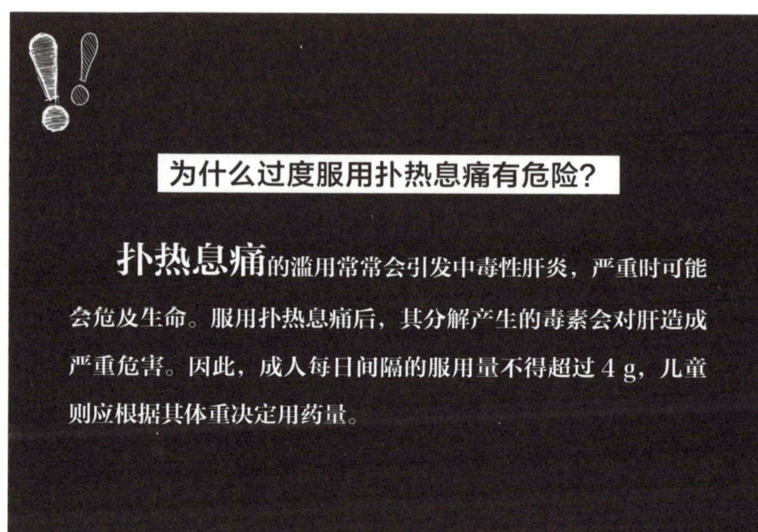

为什么过度服用扑热息痛有危险?

扑热息痛的滥用常常会引发中毒性肝炎，严重时可能会危及生命。服用扑热息痛后，其分解产生的毒素会对肝造成严重危害。因此，成人每日间隔的服用量不得超过 4 g，儿童则应根据其体重决定用药量。

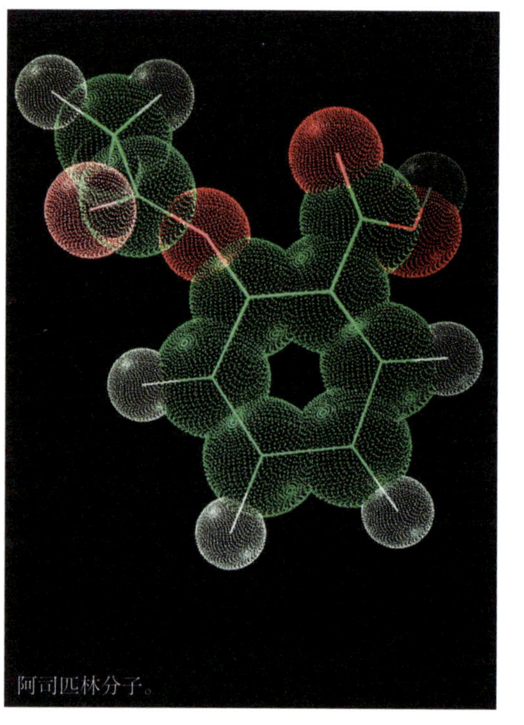

阿司匹林分子。

阿司匹林的出现

随着化学领域的进步和发展，1897 年，阿司匹林（乙酰水杨酸）应运而生。该药物来源于柳树皮的提取物。早在 4000 多年前，人类就已发现柳树类植物的药用功能，然而因其刺激并损害人体肠胃而未被大量使用，现在该刺激作用有所减弱。如今，阿司匹林已成为全球最畅销的药物之一（每年 40 000 t），它的新功效仍在进一步探索当中。

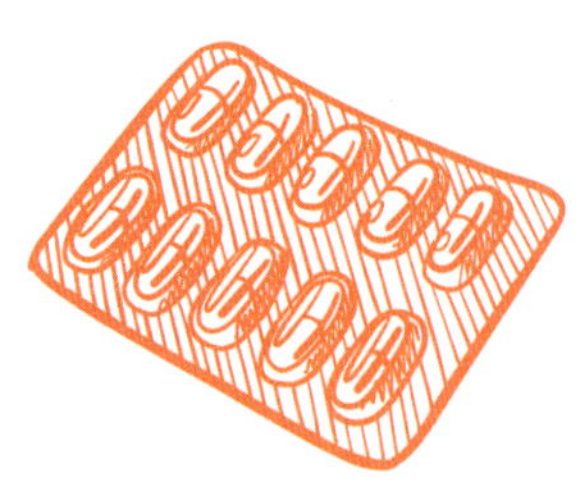

医用酊

这与你的头发无关！在草药店，人们将一种或多种药草浸泡在酒精里，以提取其主要成分。过滤之后，植物疗法和顺势疗法的专家们将其用于制作药物。

回归基本

自1977年以来，世界卫生组织发布了用于治疗优先病种的基本药物标准清单。为了解决医药产品泛滥的问题，入选的药品均按照药效标准、无害性以及价格经过严格的筛选。目前，该清单仍在不断地更新，包含丙型肝炎的最新治疗方案。

5 000种药品

目前，法国市面上销售的药品共计5 000多种，超过15 000种形式。法国某医学组织表示，200种药品就足以治疗95%的人群。

治病的细菌

我们都了解关于抗生素的口号……抗生素用于治疗细菌引发的疾病，这些细菌很多是人体的肠道、尿液以及生殖器所需菌群的组成部分。过度使用抗生素，不合理的饮食或是一些传染病都会破坏菌群的平衡。因此，我们需要重塑这种平衡。酸奶中的益生菌可提供正常细菌，促进菌群的再平衡。

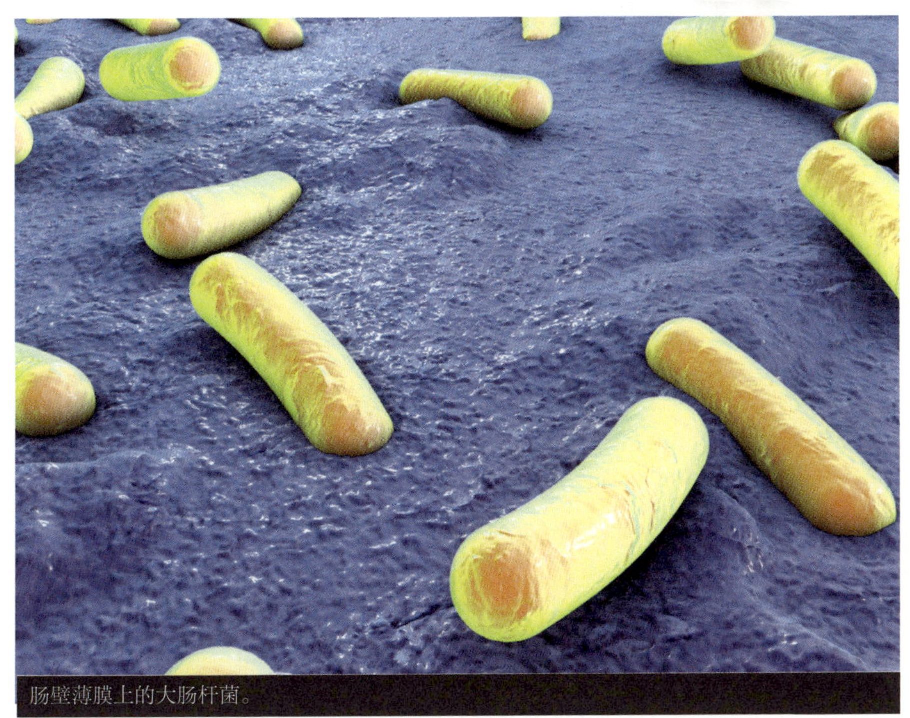

肠壁薄膜上的大肠杆菌。

对地球的研究

全球调研

关于地球构造的探究以化石研究为代表，带领我们进入对地球起源和对生命的广博探索。在此过程中，最大的挑战在于地球的巨大体积，因为其直径竟长达12 700 km！如今，最先进的钻洞技术挖掘的深度能够达到12 km以上，但这样的深度还不足以穿透地球构造中最薄的一层——地壳。无意冒犯，但直至地心的探索深达百万米，似乎没有儒勒·凡尔纳笔下描绘的那样简单。甚至在开始尝试深入研究一个又一个“课题”之前，人类就已经能够利用迂回的途径（观察、测量、计算……）解决生活中的疑问，而后再根据科学的进步对上述结论进行深入研究使其发展。

如今，我们已经能够计算地球的体积；估算它的质量和形状，了解地球并不是一个规整的球体；也能够制作地球模型；反复分析地球上风带与洋流的形成。此外，我们也了解了如何推断地球的构造，直至今日，还时不时地会有相关的全新发现。例如，一个近期提出的理论表明，地球上的碳元素（众所周知的生命所需的主要化学元素）是44亿年前由于行星碰撞而产生的，当时的地球还只是一个处于雏形状态的原始行星。再举一个例子，2016年末，卫星对地磁场的分析数据显示出一个重磅信息：地核中存在一个速度高达每年40 km的铁水射流。该发现也许可以为岩石中的磁场偏移、甚至磁极反转提供合理的解释。尽管这些理论和发现要想成为被众人理解和接受的真理的话，还有待科学家做出进一步的查证和试验，但是至少能够证明与地球相关的研究一直在不停地发挥应有的作用。

至今仍无法解释的现象

对地球及其大气的研究关系到人类生活条件的改善。地球的图片上显示出纹理分明的测量标志线，借助地震检波器

卫星画面中的地表层次。

绘制深度变化，使其呈现出心电图状的波纹；同时配备一系列的测量工具来探测气压、气流和温度等因素的细微变化。

人类现在居住在一个较为安全的环境里，因为我们对地球上气象及海洋现象的预测愈发精准全面，从而避免了很多危险的发生。但是，地球还是会偶尔带来一些令人措手不及的灾难，例如地震、火山喷发、岩溶漏斗等。岩溶漏斗是石灰岩山脉地区经腐蚀形成的塌陷坑洞，其宽度和深度都高达数十米。在美国，岩溶漏斗十分常见，其塌陷过程往往极其迅速，没有任何预兆。另外，还有一些无法解释的自然现象发生，例如在特定地区突然下起的“动物雨”，天空中下落小鱼、青蛙、虾、鸟，甚至还下落过上千只蜘蛛。如今，人们已经不再用迷信的眼光去看待这类事件，但目前还没有任何的科学假说能够为其提供确凿的解释。

保护地球

通过探索和研究，人们有时会认为地球是一笔宝贵的财富，所以除了通过无节制地砍伐树木、开发土地、开采矿石而将其肆意挥霍外，还可以用另一种方式对待我们的家园，那就是尊重它、赞美它。如今，联合国教科文组织（UNESCO）列出了 669 个生物圈保护区；世界人类遗产包括 1 052 个自然与文化条目，其中 55 个都处于濒危状态。与人类一样，地球也是有生命的，它在创造，同时也在毁灭；人类没有停止对地球资源的开采使用，同时也无法了解地球上的所有现象。

位于冰岛辛格维利尔（Thingvellir）景区的板块裂缝。

地心之旅

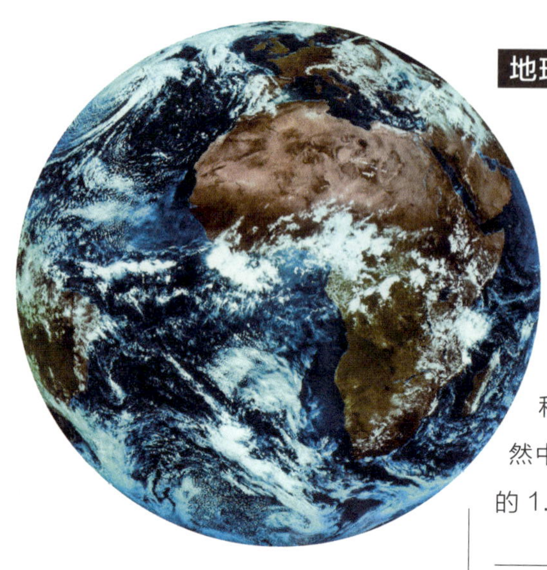

同步气象卫星拍摄的地球画面。

地球的成分

地球组成成分中 90% 仅由 8 种化学元素构成，分别为铁（32.1%）、氧（30.1%）、硅（15.1%）、镁（13.9%）、硫（2.9%）、镍（1.8%）、钙（1.5%）和铝（1.4%）。另外的 84 种自然中存在的化学元素仅占地球成分的 1.5%。

地球女士的三围

我们的“蓝色星球”拥有一条半径为 6 378 km 的赤道，质量为 5.97 × 10^{24} kg。

地球从何而来？

与所有行星一样，我们赖以生存的地球也是太阳周围的物质因万有引力积聚而成，因星球爆炸而被推散的灰尘和气体构成云状物，成为积聚的物质。原始地球因物质的碰撞与凝聚不断生热，温度高达 4 700 ℃，但这些组成地球的混沌物质逐渐冷却，其中最重的组成物质积聚在中心形成地核，而其中最轻的部分则浮出形成地表。

6 000 ℃

地核位于地球的中心，主要成分为铁元素和镍元素。地核中央是固态的内地核，内地核外层则包裹着液态的外地核。地球其他部分对内地核的巨大压力才得以使内地核保持固体状态，因为其所在的环境酷热难耐，高达 6 000 ℃，相当于太阳表面的温度……

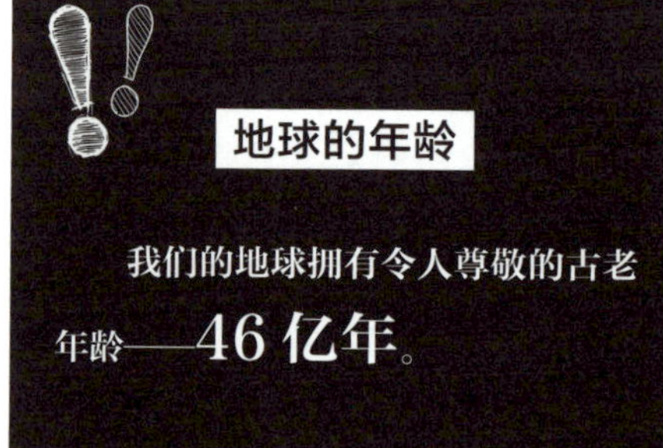

地球的年龄

我们的地球拥有令人尊敬的古老年龄——46 亿年。

沸腾的内心

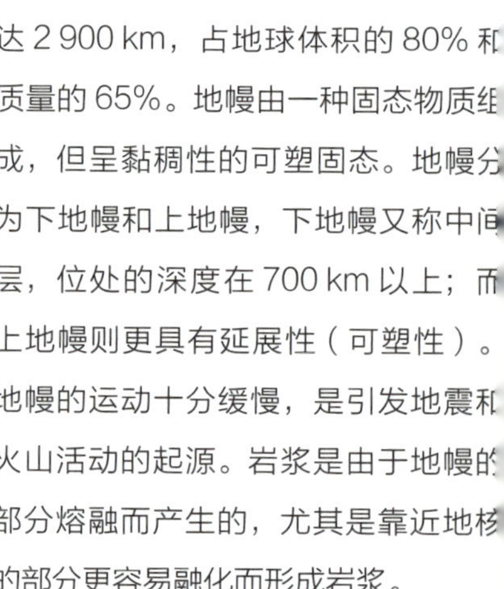

地核与地壳中间是地幔，厚度达 2 900 km，占地球体积的 80% 和质量的 65%。地幔由一种固态物质组成，但呈黏稠性的可塑固态。地幔分为下地幔和上地幔，下地幔又称中间层，位处的深度在 700 km 以上；而上地幔则更具有延展性（可塑性）。地幔的运动十分缓慢，是引发地震和火山活动的起源。岩浆是由于地幔的部分熔融而产生的，尤其是靠近地核的部分更容易融化而形成岩浆。

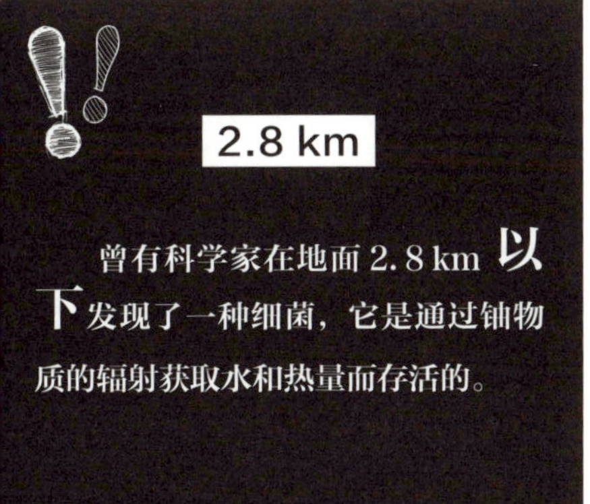

2.8 km

曾有科学家在地面 2.8 km 以下发现了一种细菌，它是通过铀物质的辐射获取水和热量而存活的。

它会滑向地表！

地壳是上地幔中较薄的一部分（距地表百余千米），构成岩石圈，分为不同的地质构造板块。地壳呈固态但容易断裂，会向更有可塑性的上地幔软流圈滑动（软流圈的希腊语为“asthenos”，是“无力”之意），从而造成大陆漂移。

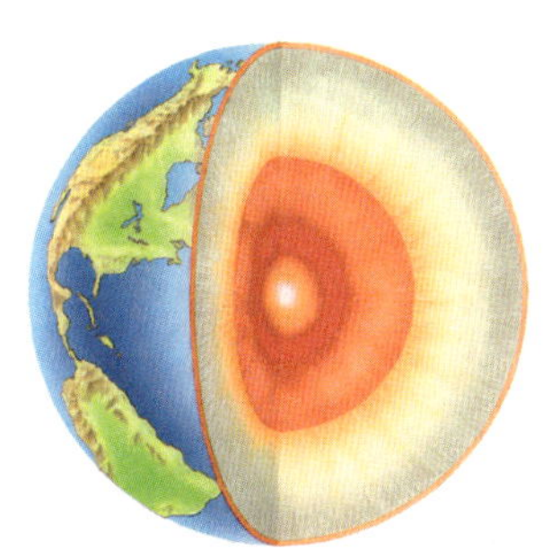

整个地球的内部结构，包括地核，以及包裹地核的地幔和地壳。

地球是圆的吗？

早在古希腊古罗马时期，人们就推翻了“天圆地方”的观点，地球其实也不是一个规则的球体。艾萨克 · 牛顿在其 1687 年发表的论文《自然定律》（*Principia mathematica*）中，提出了地球的形状因自转产生的离心力而导致两极稍扁，随后天文学家克里斯蒂安 · 惠更斯也在 1690 年对此假说表示赞成。如今，对地球尺寸的演算数据、随之发展的卫星观测资料都印证了这两位科学家对地球形状的推测。

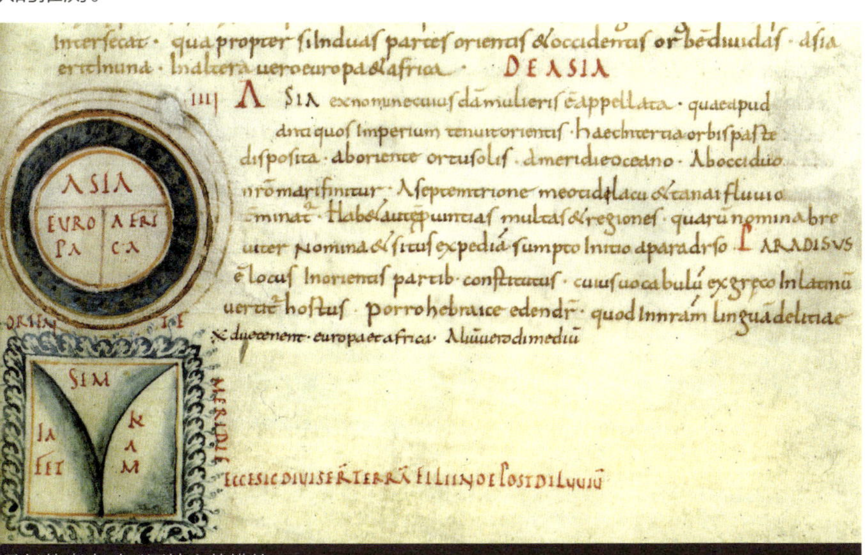

圣经故事中对天圆地方的描绘。

来自深处的回波

我们能够到地心去旅行吗？与儒勒 · 凡尔纳在其 1864 年写下的小说中想象的情节相反，现实中在地壳中挖掘的最深洞穴只能达到十几千米！如果不能到达地心，那我们如何才能了解地球的最深处呢？答案是可以通过研究地震波的传播途径，像剥洋葱一样，一步一步地剥开地球的结构。因为地震波在遇到不同密度、不同材质的物质时，会以不同的速度通过。1909 年，安德烈 · 莫霍洛维奇首次发现了地壳与地幔之间地震波的中断，因此，该分界面被命名为“莫霍洛维奇不连续面”，简称“莫霍面”。1914 年，本诺 · 古登堡发现了地幔与地核间的分界面，随后，他又在 1936 年提出了区分岩石圈与软流圈的界线。最后，丹麦地震学家英奇 · 雷曼发现了地核外核与地核内核间的分界面，位于地表下 5 100 km 处。

土地：被埋藏的历史？

中生代菊石石灰岩化石，由处于不同生长阶段的菊石沉积形成。

岩石家族

岩石圈（地球最薄的一层）由三大类**岩石**组成：第一种为岩浆岩，是由于岩浆接触到地表后冷却结晶而形成；第二种为沉积岩，是冲刷累积的产物，一般会在河底沉淀累积；最后是变质岩，是已经成型的矿物质由于经受板块运动（参见 130 页）和火山活动引发的高温、高压，进而发生变质形成的。

地层学

沉积岩逐层累积的特性能够让后人轻易追溯不同地质沉积层的时期。研究沉积岩的原则十分简单，沉积层越深，年代就越久远，这是古波斯学者阿维森纳（Avicenne）在 11 世纪提出的规律，他当时注意到山谷中不同位置发现的沉积岩都显示出同样的分层年代特点。

鱼类化石。

化石从何而来？

中世纪时，**化石**被看作是自然界和人类开的小玩笑，人们认为这是普通矿物质形成的石头，只是容易让人联想起贝壳或其他动物的形状。到了 13 世纪，阿尔波特大帝开始意识到化石与曾经在海洋中存在过、而如今却销声匿迹的动物有关。当时有人认为是《圣经》中诺亚时代的大洪水将海洋里的动物带到陆地上，而列奥纳多·达·芬奇驳斥了这一解释。但直到 18 世纪，伏尔泰仍断言道，阿尔卑斯山中发现的贝壳化石只有去圣地归来的朝圣者能带到那里！

35 亿年

在澳大利亚曾挖掘出世界上最**古老**的细菌化石，距今 35 亿年，这些细菌化石甚至在地球上的氧和大气还未产生时就已经存在了。

水成论与火成论

自 18 世纪以来，关于地表形成就有两大**理论**相对存在。一个是以亚伯拉罕·戈特洛布·维尔纳为主要代表的“水成论”（Neptunisme），主张地球上存在的所有地形起伏都源于大海；与之相对的是詹姆斯·赫顿主张的“火成论”（Plutonisme），认为产生地表的动力来自地心的巨大热量。这两个“水火不容”的理论都有一定的道理，因为地层是在海下地质沉积和岩浆冷却两种现象的相互作用中形成的。

实验地质学

为了印证与各种岩石形成有关的理论假说，科学家们开始在地质学分析中加入化学的原理。1700 年，法国化学家尼古拉·雷姆利在公众前展示了自己手工制作的微型火山，该模型采用铁屑和硫黄碎屑制成，令众人惊奇不已。19 世纪初，詹姆斯·霍尔证明了大理石可以通过加热石灰岩制成。到了 20 世纪 50 年代，科学家将沉积岩置于 800 ℃的高温和 200 MPa 的高压下，得到了沉积岩的变质液体，成分与变质岩相同，由此证明不同类型岩石起源的一致性。

山脉由何而来?

当两个**地质板块**碰撞，大陆板块上的岩石会发生挤压作用和褶皱作用，从而形成大型山脉。例如板块俯冲作用，是指一个板块碰撞后俯冲到另一个板块之下，安第斯山脉就是南太平洋板块俯冲到南美洲板块之下而形成的。但是，两个大陆板块的碰撞也会导致地形的起伏，例如印度洋板块与亚欧板块碰撞、挤压形成了青藏高原。大陆板块不能俯冲至地幔之下，所以两个板块碰撞后，俯冲的板块被地幔阻隔，岩石会发生断裂现象，例如喜马拉雅山的形成。

于岩石的沉积作用而形成的火山与山脉。

一切都可以变得精确！

测量地球

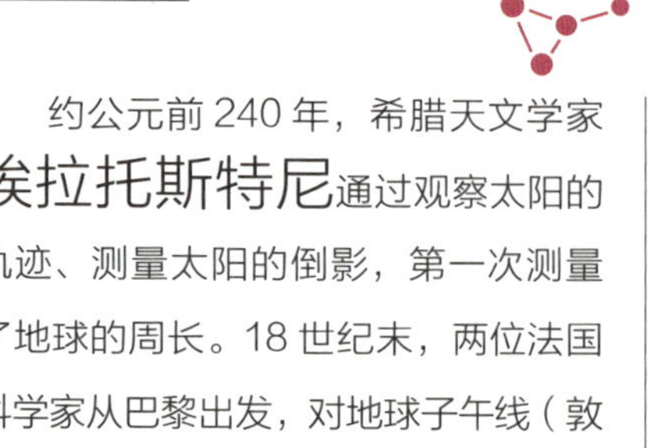

约公元前 240 年，希腊天文学家**埃拉托斯特尼**通过观察太阳的轨迹、测量太阳的倒影，第一次测量了地球的周长。18 世纪末，两位法国科学家从巴黎出发，对地球子午线（敦刻尔克到卡尼古峰）的长度进行了实地测量。同时，科学家们发现赤道地区与两极地区纬度之间的距离有一定差异，因此地球并不是一个规则的球体！

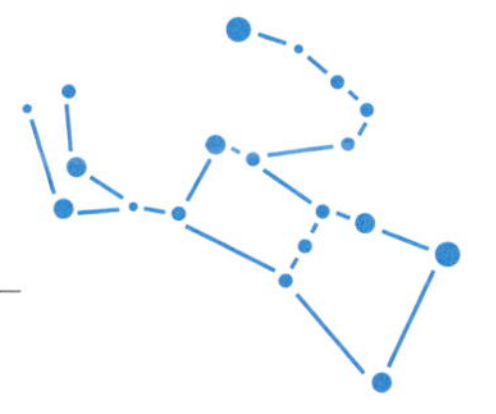

被分割的地球

三角测量法应用于测量地球及绘制地图。利用能够轻易辨识到地标或人工设置的基准点，整个地面被分解成很多三角形的小块，其距离与面积都可以通过三角函数轻松计算出来。由此一来，法国被分割成了 80 000 个三角形，共设有 450 000 个基准点。

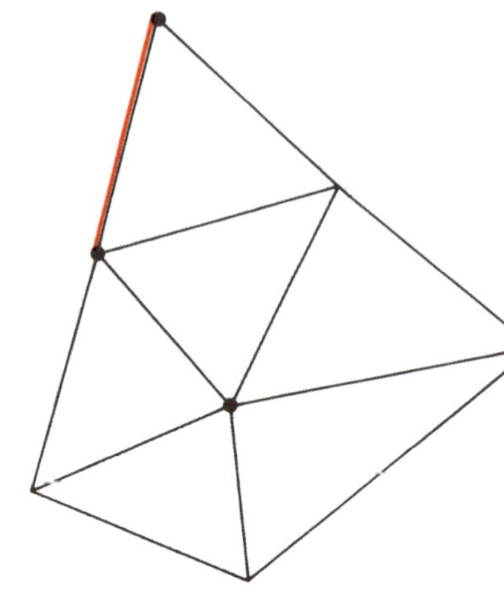

三角测量法在绘图中的应用。图中红色的这条边被称作“基线”，是开始绘制三角测量图形的初始线。

统一米制

法国原本存在很多不同的测量方式和单位，测量单位不**统一**是阻碍法国测量准确度的重大因素。终于在 1790 年，法国大革命刚刚结束之后，法国开始使用统一标准的米制。最初对一米的长度定义为从赤道到极点的经线长度的千万分之一。标准制定后，统一的米制很快就在整个法国得到普及。如今，我们对米的定义与光速有关，全球统一的官方长度单位米制也得到了广泛使用。

夜晚，星空依然明晰

北半球有一颗指向北极的**星星**：北极星，我们可以通过围绕它的大熊座（组成勺子形状的北斗七星）和仙后座（组成字母“W”形状的五颗星星）十分轻松地找到北极星。而在南半球我们可以看到五颗星星组成的南十字座，很多国家的国旗中都应用了类似的图案，比如巴西、萨摩亚、澳大利亚……南十字座的竖边指向的下方就是南极点的方向，南极点与南十字座的距离为这条竖边的 4.5 倍。

卡西尼地图

1669 年，在路易十四的要求下，第一幅详尽精确的法国**地图**开始绘制。该地图于 1789 年绘制完成，历经卡西尼地图绘制世家中四代绘制师之手。这幅地图包括 180 页，比例尺为 1 ∶ 86 400，极尽精确，因此沿用了整整一个世纪。

在海上

航海的不同方式与海岸边界是否可见有关，在海面上，土地出现的周围会有一些定位标志，有些是自然形成（例如岩石和山顶），也有些是人为设置（例如灯塔、钟楼）。在卫星出现之前，人们在海面上航行时只能通过估算来测量航向、速度和时间。但这种方式带来的结果往往不够准确，借助六分仪实施的天文测量数据可以修正其中的一些错误。

用于测量纬度的英国六分仪。

航海的障碍

在大航海时代，纬度的测量与计算十分困难。在当时，估算结果中的错误导致众多船只沉没海底。直到1773年，航海天文钟的发明才带来了精确的结果，让此前的情况大为改观。

2016年入轨的伽利略卫星。

平面上的世界

由于实际运用中的需要，人们开始研究绘制地球平面球形图的方式。虽然当时存在很多种不同方式绘制的地图，但其中应用范围最广泛的是16世纪源于欧洲的墨卡托投影。该绘图方式借助圆柱投影，很大程度还原了不同纬度地区的情况，但是，墨卡托投影绘制的地图存在严重变形，越是靠近两极的高纬度地区，变形越严重。例如，图上的非洲面积是俄罗斯面积的2倍，阿拉斯加州则是印度面积的一半，而格陵兰岛的面积竟然仅为巴西的四分之一。

全球定位系统（GPS）还是伽利略卫星导航系统（Galileo）？

卫星定位再次采用了三角测量法，借助24颗在轨卫星形成的众多三角形进行定位，能够保证该平面上的每个点都持续可见，也能够进一步更为精确地定位（根据需求定位，甚至能够精确到毫米）。第一个运用卫星定位的系统就是美国国防部开发的全球定位系统。欧盟也在2016年研发和建立了伽利略卫星导航系统，另外还有中国北斗卫星导航系统（Beidou）、日本的准天顶卫星系统（QZSS）、印度区域导航卫星系统（IRNSS）和俄罗斯的格洛纳斯卫星导航系统（GLONASS）。

晶体：按照规律排列的原子？

雪花晶体。

晶体是什么？

晶体由于原子的规律排列而形成，其原子或分子的排列呈三维空间的周期性。也就是说，晶体中的一种原子或分子排列会以完全相同的方式、以一定的距离重复很多次。

晶体的科学

晶体学，又称结晶学，是研究晶体及相关内容的一门科学，于 18 世纪末正式形成。阿博特 · 勒内 · 茹斯特 · 阿羽依是这门新兴学科的杰出科学家代表之一。早在有实验验证之前，他就提出了晶体具有重复规律分子或原子排列方式的假说。

晶体的组成

熔融的物质（例如岩浆）重新凝固后就会形成晶体；另外，液体溶液（例如盐水）在一定的温度和压力条件下，以足够慢的速度蒸发后，也会形成晶体。

晶体名称的起源

希腊地理学家、地质学家斯特拉波首次用单词“Krystallos”指代石英，意为“玻璃”。

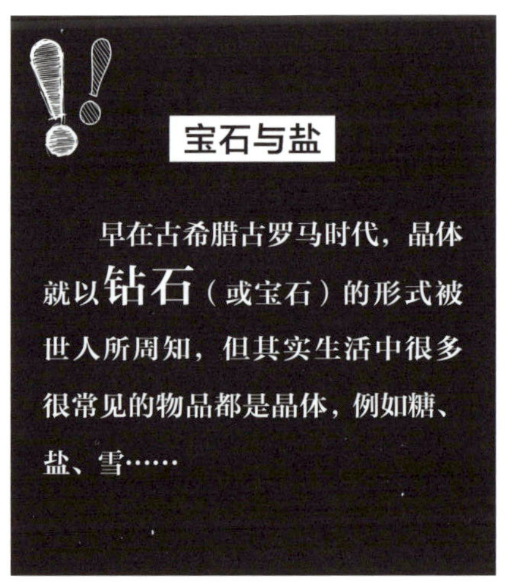

有关晶体的惊人发现

1880 年，皮埃尔 · 居里和他的哥哥雅克共同发现了一些晶体中共同存在的现象：当石英、电气石或黄晶石受到外力高压时，内部会产生电流。隔年，德国物理学家威廉 · 戈特利布 · 汉克将该现象命名为“压电效应”（piézoélectricité，希腊语为 pièzein，意为“按压”）。发生压电效应的晶体也会在电场效应的变化下发生相应的形变，这种情况下则指的是逆压电效应。

晶体与光线

1808 年，艾蒂安 - 路易 · 马吕斯发现了光的偏振现象：一块石英石反射出的光线会因角度的不同而导致强弱的差异。1812 年，他的同行兼好友让 - 巴蒂斯特 · 毕奥证明经由某种特定方式打磨而成的晶体可以使偏振现象发生偏移，形成稳定的状态。1822 年，英国天文学家威廉 · 赫歇尔之子约翰 · 赫歇尔将这种光学现象和晶体的不均等结构联系起来。上述发现在光学领域引发了巨大的反响，同时也影响了化学，甚至是生物化学领域的发展。

墨西哥奈卡水晶洞中的晶体。

55 t

地球上发现的最大晶体重55 t，在墨西哥奈卡水晶洞之下。

未来的晶体

只包含一个纳米原子层的单晶被称作纳米晶体，例如石墨烯就是由单原子层石墨组成的。石墨烯是碳纳米管（圆柱体）和碳纳米球（球体）的基本原料。

晶体的“签名”

X射线在通过晶体结构时会发生衍射现象，这一发现成为近年来该领域的显著进展。当我们将晶体暴露在一种波长与晶体内原子间距离几乎相等的光线下的时候（比如X射线），该光线就会发生衍射现象。在这种情况下，我们得到的晶体图像中会失去三维结构的痕迹，从而形成属于它自己的二维“晶体身份证”。这种方法也成为阐明结晶的脱氧核糖核酸（DNA）分子结构的方式。

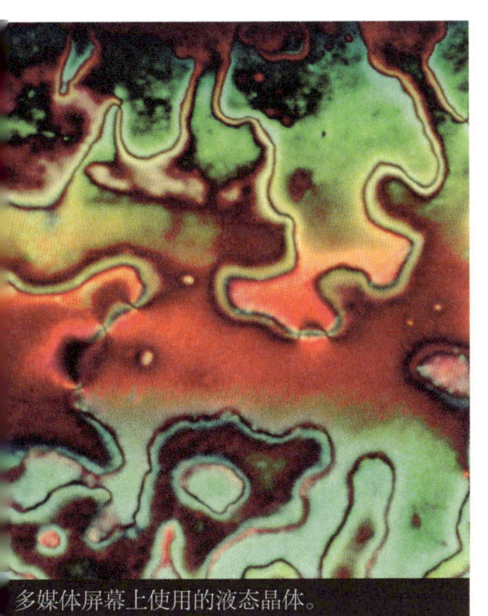
多媒体屏幕上使用的液态晶体。

屏幕中使用的晶体

液态晶体，简称液晶，称得上是我们日常生活中最常见的屏幕材料了。但对于液态晶体的使用似乎有些矛盾：怎样在液态的情况下，得到足够的硬度，保持需要的坚固程度呢？在液态晶体中，所有的原子都会向同一个方向流动，并且原子与原子间也不是相对静止的状态。我们了解的生活中最常见的液晶制品都来自电子领域（例如液晶显示器），但自然状态下其实也存在液态晶体，例如脂质双分子层活细胞，在一定的温度条件下会成为液态晶体。

升温

温度计的前身

空气会有热胀冷缩的**变化**，对其周围的液体也会产生相应的影响，首次想到利用这种影响来记录温度差异的，是拜占庭的物理学家菲隆（Philon）。他在公元前 3 世纪发明的世界上第一个验温器，是温度计的前身。验温器包括一个完全密封的铅制球形容器，通过细管将其与另一端装满水的玻璃瓶相连。加热后玻璃瓶中的水会沸腾冒泡，温度回冷之后，水会通过吸管被吸入球形容器中。

希罗的实验

在公元 100 年，亚历山大里亚的希罗首次进行了一次更为复杂的实验，他将一个容器盛满水，然后将其用竖直的细管与另一个只装了一部分水的容器连接到一起。

随后，他利用第二根 U 形细管，连接一个漏斗状的容器。当上方球形容器中的空气受热膨胀时，就会将水驱赶到 U 形管中，再流入与之相连的漏斗形容器里。当上方的球形容器回冷，冷缩的空气会导致竖直细管中水的高度上升。

罗伯特 · 玻意耳绘制的验温器。

验温器的重生

在众多的研究课题中，**伽利略**也对测量温度十分感兴趣。他在之前希罗理念的基础上，设计了一个新的验温器，包括一个装满水的球形容器，上方连接着一根长管。当加热球形容器时，容器中的空气受热膨胀，水就会因此形成水柱在长管中上升，水柱的高度与加热的温度构成一定的比例。伽利略对该现象的解释十分超前：他认为此现象与原子物理理论有关，是加热后导致的分子运动。

为什么要将水加热?

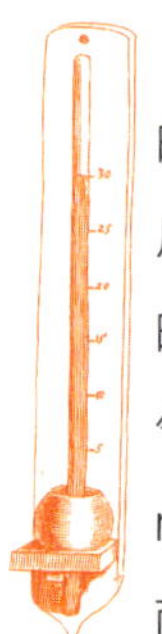

无一例外，不同**气压**下，物体的熔点、沸点等临界点都会产生相应的变化。众所周知，将水加热到 100 ℃就会沸腾，但其实只有在正常的气压和零海拔高度的情况下，这个现象才会成立。当我们使用高压锅为水加热时，水的温度能够达到 115 ℃，这是因为高压锅内的气压可以维持在外界气压的两倍左右。因此，气压越高，水的沸点就越高。相反地，在勃朗峰（le mont Blanc）山顶上，水的沸点只有 85 ℃，也是因为山顶的气压比海平面的气压更低。

合二为一

这项与气温气压有关的发现被称作**“玻意耳－马里奥特”**定律，简称“玻马定律”。玻意耳和马里奥特同时发现气体的体积不仅与气温相关，也与压强紧密相连。

从验温器到气压计

伽利略的学生埃万杰利斯塔·托里拆利延续了他的老师关于温度计、水柱和真空问题的研究。1643年，他做了“托里拆利真空”的实验，与维维安尼合作制成了世界上第一个气压计：使用一个封闭的玻璃管，在其中注满水银并紧紧地将一端的开口封闭，然后将其翻转放入一个盛满水银的水槽中。玻璃管中水银柱的高度会根据大气压的变化而改变。

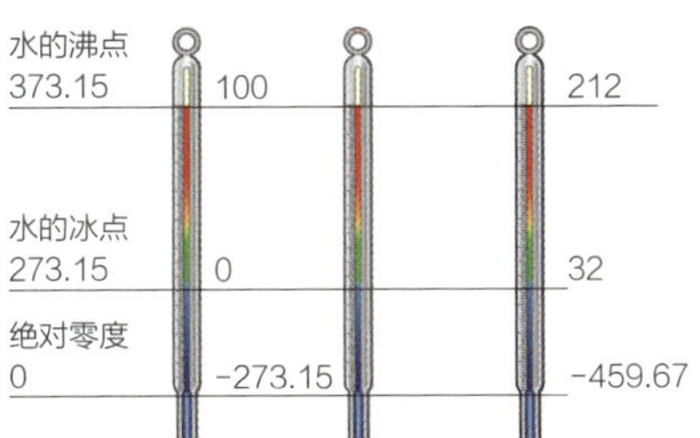

托里拆利首次研制出了气压计。

绝对零度

1848年，威廉·汤姆森·开尔文男爵提出了气体温度与其粒子动能之间的联系（理想气体状态方程），引入了绝对零度的概念。绝对零度是热力学的最低温度，是物体的粒子处于“休息”状态时的温度。这一下限值温度相当于零下273.15℃，由此建立了与摄氏度能够互相转换的新温标单位，为开尔文（K，0℃=273.15 K、100℃=373.15 K）。

从验温器到温度计

首个温度计出现时带有对温度的量化功能，而不管是早在古希腊古罗马时代就存在的验温器，还是文艺复兴时期改造过的验温器都仅能指示相对的温度（更热或更冷）。奥勒·罗默（Ole Rømer）首次提出使用酒精作为指示液体，并利用水的沸点和冰点作为参考，在温度计上标注刻度。如果说水银温度计因精度高而在后来大受欢迎的话，那酒精温度计则价格更为亲民、也更安全（水银是一种剧毒物质），仍然是温度计中的常备选择。

便利的温度单位

1742年，瑞典天文学家安德斯·摄尔修斯创立了温标，将水在海平面高度时的沸点定为0℃，冰点定为100℃，再进行100等分（气压不同时水的沸点和冰点会有相应的变化），形成温度单位。他还用自己的名字为这个温度单位命名，称之为“摄氏度（℃）”。但后来，他的同伴林奈将其倒转过来，将水的冰点定为0℃，而沸点则为100℃。另外，科学家们也提出过其他的温度单位：热内－安东尼·费舍尔·德·列奥米尔曾在1731年提出列氏温标，而后逐渐淡出人们的视野；而1724年德国科学家丹尼尔·华伦海特提出的华氏温标直到现在美国还在使用。

移动的地球

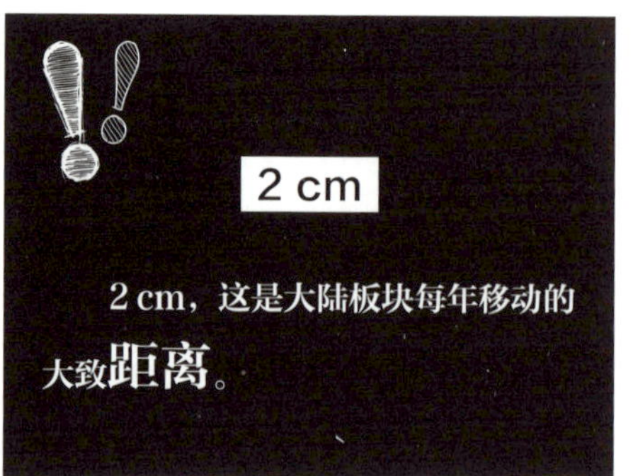

2 cm

2 cm，这是大陆板块每年移动的大致**距离**。

累积的痕迹

奥地利地质学家**爱德华·修斯**在两个相距甚远的大陆板块中发现了同样的化石：在印度和澳大利亚挖掘出了二叠纪（距今约 2.6 亿年）化石蕨，而在南非和巴西也都挖掘出了同样的中龙化石。由此可以得出结论，不同的大陆板块曾经是有所连接的，板块间的断裂带后来逐渐被海洋填满。

欧洲和北美洲间的部分边界，位于冰岛所在的大西洋中脊上。

地球拼图

英国掌玺大臣、散文家、哲学家**弗朗西斯·培根**是实验科学的创始人，他也是最早发现非洲板块西部与南美洲板块东部边界轮廓互补的科学家之一，两个板块能够拼合在一起。

板块构造学说

20 世纪 60 年代，以**海底扩张**学说和俯冲作用为基础，科学家们提出了板块构造学说，该学说可以解释大陆漂移现象。

漂移的大陆

1912 年，德国地质学家**阿尔弗雷德·魏格纳**提出大陆漂移说，大陆板块并不是一直处于它们如今所在的位置，而是会随着时间的流逝逐渐漂移。虽然 1910 年，美国地质学家弗兰克·泰勒就曾提出大陆漂移的切实依据（格陵兰岛的地理坐标变化），但这个大胆的“大陆漂移理论”当时被学界忽视。

地球的运动

如何解释地球上的各个大陆都在漂移，但地球**整体**还能一直保持其原有的形状呢？1924 年，魏格纳将大陆漂移学说分为三种不同的运动方式：首先是离散，在板块间断裂开了一块空间，由海水填满；然后是汇聚作用，形成拱起的山脉；最后是转换作用，一个板块会滑向另一个板块，与其连接。尽管有一些科学家或其他假说支持魏格纳的理论，但他还是没能说服整个学界。50 岁时，魏格纳因感冒离开人世，当时他正远征格陵兰岛，寻找能够支撑其主张的依据。

位于冰岛辛格维利尔景区的板块裂缝。

是什么推动了板块运动？

大陆漂移学说忽略了一个重大的问题：导致如此巨大的陆地板块移动的**动力**从何而来？这个疑问一直到 20 世纪 60 年代才得到解答，科学家发现了海底扩张现象能为板块移动提供动力。岩浆来自地幔深处，迸发到海脊的高度，而海脊是地壳最薄的部分。岩浆在大量水的作用下回冷、压缩，导致其不能竖直喷发，于是迂回从侧面推动海洋板块中的大块岩石，从而将海脊的两边各自分开。

板块漂移何时停止？

因为补偿**海底扩张**运动的作用，保存地壳表面的整体原貌，岩石圈板块有可能发生碰撞导致山脉的隆起，也可能发生俯冲作用，板块间各层互相穿插。玄武岩质地的海洋板块更加坚硬，俯冲至花岗岩质地的大陆板块之下，熔融后与上地幔相连。而板块之间的碰撞会导致断裂带地区长期的地震运动。海洋板块会将它包含的所有海水都释放出来，促进与地幔接触的岩浆融化。岩浆往往来自喷发的火山，例如环太平洋火山带。

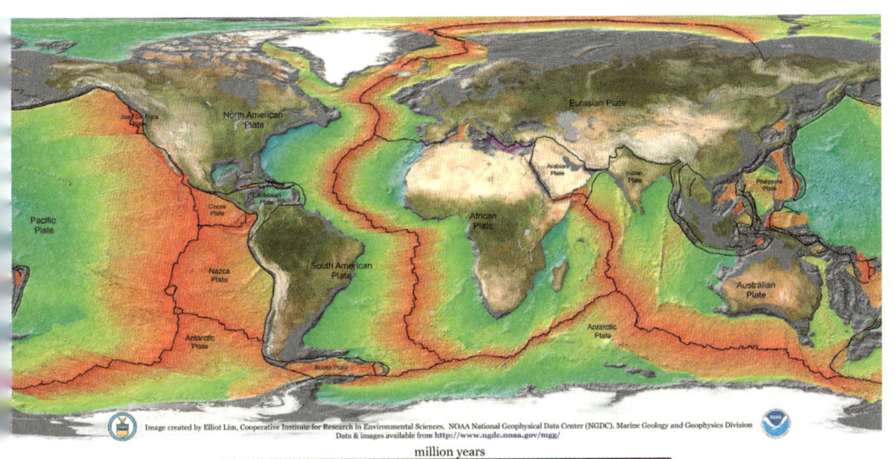

板块构造分布，板块边缘用黑色线标出。
各个区域用不同的颜色标出了海洋岩石圈存在的年限。

地球为何独一无二？

地球是太阳系中唯一一个由不同的地质板块组成的行星。正是因为这些不同的板块，地球上的碳才得以消耗、循环，才能维持现有的温度而不会过热。

地球七巧板

世界上第一幅**板块构造地图**是由法国地质学家萨维尔·勒·皮雄于 1968 年绘制而成的，他将世界分成了六大主要板块。2016 年发布的一项研究利用数字模拟技术重新进行划分，将世界分为七大板块（非洲板块、北美板块、南美板块、亚欧板块、印度洋板块、太平洋板块、南极洲板块），其中共包含 53 个小板块，涵盖了全球面积的 94%。

地球上看不到的力

一块有吸力的石头

泰勒斯在公元前 6 世纪首次发现了**磁性**的存在，他发现希腊色萨利大区的麦格尼西亚州（Magnésia）有一种石头拥有能够吸附铁制品的奇异能力。实际上他发现的是一种铁矿石，后来人们称之为“磁铁”。

磁铁的妙用

1600 年，英国的一位医生**威廉·吉尔伯特**发表了第一部现代磁学名著《论磁》（*De l'aimant*）系统地总结和阐述了他对磁的研究成果。其中描述了他完成的多个实验，例如吉尔伯特制作了一个球形磁石，称之为“小地球”，而后发现球形磁石上的磁子午线与地磁场的次子午线基本相同。由此证明了“地球本身就是一个巨大磁场”的假说，是北极点的磁性影响了罗盘上指针的方向。

磁场理论

英国物理学家**迈克尔·法拉第**详细阐释了磁力场的概念，成为电磁学理论发展的重要基础之一，例如，磁场线是以磁铁为出发点和圆心的同心圆形线条。磁场理论证明了磁力对周围环境的影响，以及不同的距离和位置下磁力线的疏密会有所变化。对于法拉第而言，尽管磁场看不见摸不着，但它仍然是切实存在的物质。

迈克尔·法拉第，磁场的“发现者”。

中国人知道如何寻找方向！

6 世纪时，**中国**的科学家首次发现了一种会自动转向北方或南方的磁石。很快，我们的先人就改造、利用这种物质制作航海指南针，帮助航行的人寻找方向。这项技术主要用于航海，在 12 世纪末时开始传入欧洲。

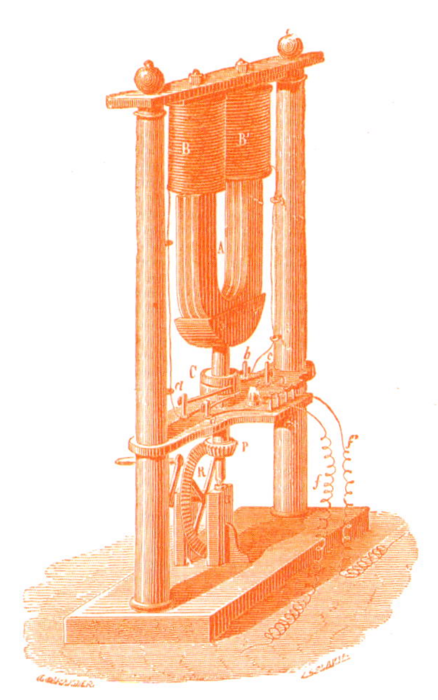

19 世纪发明的世界第一台感应发电机。

一石二鸟

$$E = \frac{Q}{4\pi\varepsilon r^3} r$$

1820 年，丹麦物理学家**汉斯·克里斯蒂安·奥斯特**偶然发现电流会使磁针改变方向。电和磁是各自不同却紧密相连的两个领域和学科，该现象则同时是电磁两个领域的发现。

发电机的发明

在奥斯特和安培发现了电磁场中电与磁相互作用的同时，法拉第也发现了**电磁感应**现象，也就是利用磁场产生电流的现象。电磁感应现象的发现不仅仅在理论层面是一个巨大的进步，也能够应用于众多实践领域。因此我们可以在磁铁上套上线圈，再转动线圈，由此产生电流。1869 年，来自比利时的齐纳布·格拉姆根据上述理论方法发明了直流发电机。而这样的方法在后来也被广泛使用于各类电站，不管电站的能量是电热、核电还是自然能源，磁动力都会用于维持发动机运转。

与电磁波有关的危险

随着**通信手段**的发展，尤其是手机和无线网络的普及，我们其实无时无刻不处在电磁波笼罩的世界中。尽管还没有实验证明用于传递手机和无线网络信号的电磁波对人体有害，但在使用过程中，还是须尽量注意尽可能少地暴露在它们的电磁波之下。2015 年 2 月 9 日，法国公布的法律界定了使用电磁波的条件为，“在使用电磁波时，要遵循节制、透明、协商一致、提前告知的原则”。

$$Q = CV$$

光是电磁波！

1864 年，英国物理学家詹姆斯·克拉克·麦克斯韦提出了麦克斯韦方程组，成为电磁学的基本定律。他后来还证实了麦克斯韦方程能够用来解释**光学现象**，证实了此前法拉第和菲涅耳的观点：光本身就是一种电磁波。

1885 年，德国物理学家海因里希·赫兹用实验证明“赫兹波”的存在，并总结了它的一些特性。

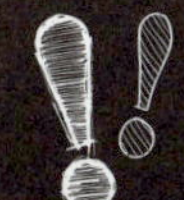

一个保护性磁场

几百年来，我们就知道**磁场**不仅仅是用于制作罗盘或指南针的基础，它还可以拯救生命！地磁场事实上还在保护地球上的生命免受星际光线的辐射。

海面下的世界

海龟。

海水下的初步探索

在 17 世纪，**海洋学**才开始真正成为一门独立的学科。1662 年，英国皇家学会（Royal Society）委托数学家劳伦斯 · 鲁克收集整理航海者带回的数据。1663 年，来自荷兰的伊赛克 · 沃休斯绘制了第一幅展示北大西洋洋流的地图。到了 1725 年，意大利学者路奇 · 费迪南多 · 马西里发表了《海洋的历史》（*Histoire Physique de la mer*），其中他主要研究了黑海与地中海之间洋流的互通，并且利用理想化模型，提出了黑海和地中海表面洋流和深层洋流方向相反的假说。

海底电缆带来的信息

在海底深处铺设的**电缆**为我们带来了意想不到的海底生物群信息。1860 年，人们在距海平面 2 180 m 的深处成功放置了一条电缆，后来因需要修理将其深度略有减低。令人意外的是，在海底电缆铺设后，软体动物和珊瑚会将其包围，人们根本想象不到在如此深的海底还有生命的存在。1814 年，自然科学家爱德华 · 福布斯曾表示：海面 550 m 以下就没有任何形态的生命存在了。但是，在 1818 年，约翰 · 罗斯追溯到在海面下 1 500 m 处生存的深海动物，而罗斯的侄子詹姆斯也在 1839 年至 1843 年到南极科考期间，于海面下 800 m 处发现了银莲花和贝类动物。

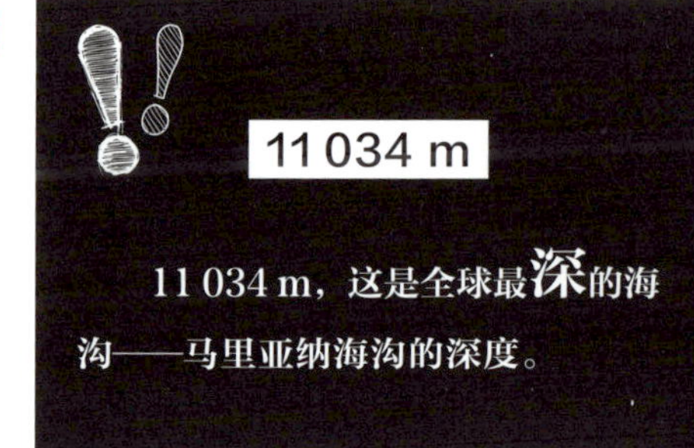
11 034 m

11 034 m，这是全球最**深**的海沟——马里亚纳海沟的深度。

对广阔自然的探索

1872 年至 1876 年的“挑战者号”实现的航行**考察**是人类历史上首次大型海洋科学考察。考察船由英国皇家海军军舰改装组成，在爱尔兰自然科学家查尔斯 · 维尔 · 汤姆森领导下，最终历时 1 290 天，完成航线长达 13 万 km，途经全球的各个大洋。在考察图中收集的众多标本中，有相当一部分深海生物生存的深度都达到了海平面下 5 000 m。

2 000

每年在海里发现的新海洋**物种**都有 2 000 种。

从天空中看到的海洋

观测**卫星**带回的信息能够让我们对海底的地形起伏和水圈的特点有更直观准确的了解。2001 年至 2016 年发射的 3 颗贾森卫星（Jason）提供了测量海浪高度的可能性，结果甚至可以精确到厘米！

海洋中的动植物，选自 1898 年绘制的插图。

聆听海底的声音

声呐和海底地震探测器的发明为海洋学的研究开拓了新的可能性，尤其是对绘制海底地形图提供了很大帮助。以往，想要了解一个地点深度的唯一方法就是借助铅锤手工测量，但过程往往繁重复杂，结果还会有较大误差。

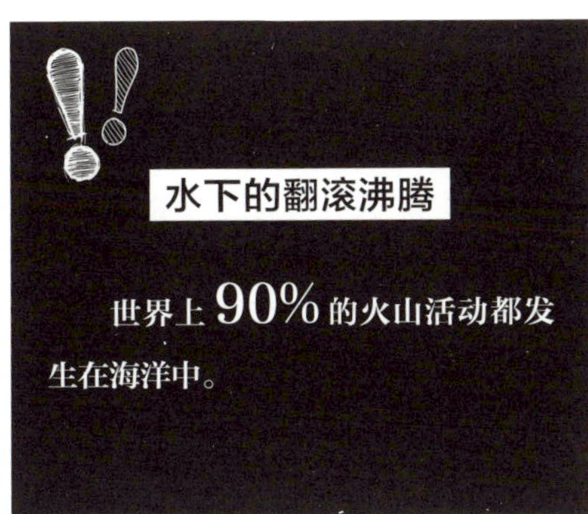

水下的翻滚沸腾

世界上 **90%** 的火山活动都发生在海洋中。

海底的山脉

大洋中脊的发现是证明地质板块构造学说的决定性一环。这些绵长的海底山脉中，有的高出大洋盆地以上 3 000 m，实际上这些海底火山山脉是洋底扩张的中心和新地壳产生的地带。海洋地壳是由断层中心的岩浆回冷后累积形成的，各部分之间会发生挤压和碰撞。1927 年，科学家们发现了将欧洲板块和美洲板块分开的大洋中脊，并于 1953 年为其绘制了地图。

斑马条带

在研究海洋地壳岩石的过程中，科学家发现岩石呈现**“斑马条带”**。岩浆在凝聚后冷却的过程中，保留了对当时磁场的“记忆”。正反磁化方向交替的洋壳条带会因地磁场周期性转向而不断向外推移，从而形成磁异常条带——斑马条带。这项发现证明了海底扩张现象的存在，此现象也间接导致了大陆板块的漂移。

风中的科学

计算与预测

在 20 世纪初，挪威地质物理学家**威廉 · 皮叶克尼斯**提出了大气流动的观点，主张大气是在不停流动的，并引入力学规律解释大气环流的现象。如此一来，预测天气就成为一个数学问题。在皮叶克尼斯一生的研究中，最著名的就是他根据气压、气温的变化提出了大气环流模型，运用该模型会延长预测天气的时间，正是这项成就让皮叶克尼斯成为现代气象学的奠基人之一。

海上的风

自古以来，风向玫瑰图被用于帮助航海者确定特定区域内的风向动态。如今，风向玫瑰图也可以帮助我们找到放置风力发电机的最佳位置和朝向。风向玫瑰图使用 1805 年拟定的蒲福风级进行标注，便于根据不同海面的特点估算风速；有的绘图也会标注天气状况与气压，用于帮助航海者了解海面的状况。

云的三种类别

云是由液态的小水滴或细小的冰晶组成的，根据存在的高度不同而分为三大类，分别为：卷云、积云和层云。卷云存在的高度较高，由高空中的细小冰晶组成，形状与团簇的头发相似；积云就是常常出现在孩子卡通画中毛茸茸的棉絮状，位于中部云层；层云所处的海拔最低，多半呈灰白色，笼罩大地，常常形成薄雾。

狂风大作！

热带**气旋**是一种以 20 km/h 的速度低速位移的低压涡旋现象，通常起源于海水温度较高的热带海域。热带气旋的中心是一个直径为 30 km 至 150 km 的静止区域，四周则由 300 km/h 的狂风围绕。大风卷起数米高的水墙，形成的巨浪蔓延至百万米之外。气旋一般发生在热带，根据起源地的不同，会有不同的名字：飓风、台风、碧瑶风、威利风……

龙卷风也是一种气旋，但往往是在陆地上产生，并且伴有强烈的暴风雨。虽然龙卷风持续的时间较短、波及范围也较小，但由于是在陆地上，所以它的破坏力比台风更强，有时两者还会同时出现。

2009 年，墨西哥边境出现的希梅纳台风。

气象与航空

每个**机场**都会以小时为单位更新发布气象通报，称之为航空例行天气报告（METAR）。对于外行人来说，例行天气报告上只是30多个数字和字母的奇怪组合。它会写明发布通报的机场、日期、时间和所有起飞及降落时需要了解的大气条件。

气压变化

在一个特定区域内（或者空气柱中），**气压**的升高和降低会分别导致反气旋和气旋，通常伴有多云和降水。根据所处半球的不同，大量的空气会通过特定的方向涌向气旋的低压中心，从而形成大风，不同的压力差会造成不同强度的台风，能够提前预测。

海啸中的巨浪

一般的**海浪**是由于风吹动海面而产生的，不同的风速、时间和风浪区（风吹动的距离会影响海浪的动力）都会对形成的风浪大小造成影响，而海浪的形状则是由海底的形状决定的。海啸的形成有不同的机制：地震、突如其来的板块运动、冰山翻转等。这些现象都会导致海上的巨浪，有时甚至会波及上百万米的范围，海浪高达数十米。

天气预报的工具

尽管雷达、飞艇、航天站和众多的船载车载工具都经常用于气象**预测**，但20世纪60年代以来，卫星数据在天气预报过程中扮演了越来越重要的角色。

用于预测天气和研究气候现象的气象卫星。

蝴蝶效应

天气预报是不是总是错的？其实不然，但可以肯定的是，我们不能预测一个月以后的天气。为什么呢？因为美国气象学家爱德华·罗伦兹（Edward Lorenz）提出的蝴蝶效应——“一个蝴蝶在巴西轻拍翅膀，可以导致一个月后得克萨斯州的一场龙卷风”。原本大气中的微小变化在历经数日之后，都会带来与之相去甚远的结果，这正是力求精准的天气预报产生误差的原因。

海底大发现

在深海生活的珊瑚群和鱼群。

海洋星球

海洋的面积达到 3.607 亿 km^2，覆盖面积超过地球的 70%，因此我们不禁要问为什么我们的星球一直叫作“地球”！事实上地球不仅仅大部分都覆盖着海水，而且海洋的平均深度高达 3 800 m，海下形成了一个比地上更加广袤的世界，人类能了解到的只是它的冰山一角。

新鲜空气

潜水钟源自古希腊古罗马时期，由竖直放置的封闭容器组成，容器中可以注入新鲜空气。在公元前 4 世纪，亚历山大大帝曾经尝试乘坐名为“柯兰法”的潜水钟入海，它是世界上第一批潜水钟之一，带领亚历山大大帝潜入海下十余米。

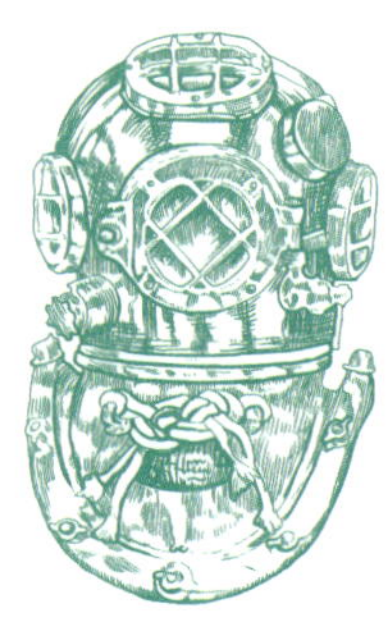

在水下呼吸

世界上第一个面具式潜水服是法国贵族皮埃尔-雷米·德·博夫于 1715 年发明的。潜水员在海下依靠风箱带来的新鲜空气呼吸，风箱用一根细管与面罩相连。

蛙人

1943 年，工程师爱米尔·加尼安和法国海军军官雅克-伊夫·库斯托共同发明了一种能够独立使用的自主潜水服及水肺，让潜水员能够单独下潜到一定深度，不需要与船只相连。潜水员在海下借助一个装有调节阀的气瓶进行呼吸，调节阀能够根据需求进行张缩，吸气时，调节阀会根据下潜时不同深度的压力变化为潜水员输送所需气体，减轻肺部的压力。由于在深水下吸入纯氧会对人体器官造成损伤，所以气瓶中装的并不是纯氧，而是含有氧气的压缩空气。

屏住呼吸

为了探索水下的世界，最早时人们采用的方法是**屏住呼吸**潜入水中。有一部分人，尤其是来自波利尼西亚群岛（Polynésie）的居民们，十分擅长屏息技巧。2016 年，来自新西兰的威廉·特鲁布里奇以屏息自由深潜 124 m 的成绩打破了世界纪录。

雅克·伊夫·库斯托，海底探索的先驱人物。

探索海洋深处

世界上第一批潜水艇是18世纪末建造的军用潜艇。1948年，来自瑞士的奥居斯特·皮卡德曾乘潜水艇进行了一次深海探测。1960年，他的儿子雅克·皮卡德与瑞士科学家唐纳德·沃尔什一起登上“特里亚斯特号”进入马里亚纳海沟，创下10 916 m的世界最深下潜纪录。2012年，加拿大导演詹姆斯·卡梅隆独自一人乘深海挑战者号（Deep Sea Challenger）创下了下潜10 898 m的世界纪录。

海底的景象

自主潜水服的发明为海洋学带来了飞跃式的进展：库斯托引领“卡里普索号”进行了一次全世界范围的航海探索。他还就探索海底的主题拍摄了好几部影片，展现了海底的奇妙世界，让人类了解到自然的脆弱性和危害海底生态的种种危险。

无法解释的世界

海洋中的生物高达100万种，其中的三分之二还有待进一步的统计与了解。

深益求深

单人带氧气瓶潜水的世界纪录保持者是艾哈迈德·贾迈勒·贾布尔，他在2014年创造了332.35 m的深度纪录。而在1988年，潜水家陶·马夫罗斯托莫斯曾穿硬质潜水服（抗压潜水服）下潜至海下534 m。此外，在1992年，他还曾经在氢氧氮混合高压气仓中成功模拟了一次深度为701 m的潜水。

抹香鲸可以直达海下3 000 m。

潜水冠军

尽管海下的哺乳动物与我们人类一样需要呼吸空气中的氧气，但它们往往能够下潜到令人惊讶的深度。抹香鲸能够直达海下3 km，而且能屏住呼吸长达2 h！

盖亚假说：地球有生命吗？

地球是不是一个生命体？

盖亚假说

（Hypothèse Gaïa）也被称作“生物地球化学假说”，该假说认为地球是具有自我调节能力的生命有机体。近年来，随着生态问题（全球变暖、生物多样性破坏、资源枯竭等）愈发严重，诞生于 20 世纪 70 年代的盖亚假说重新得到了人们的重视。

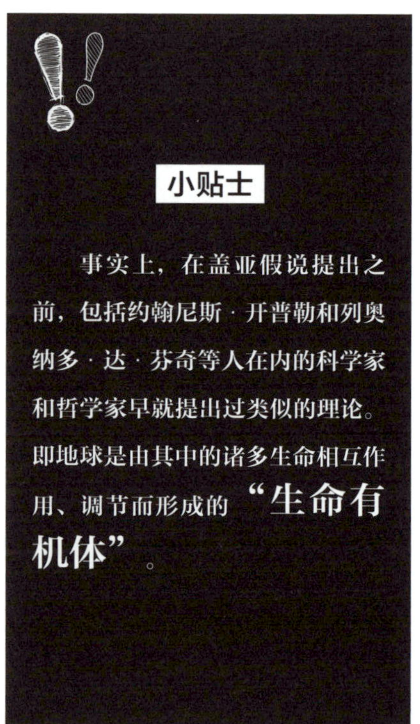

小贴士

事实上，在盖亚假说提出之前，包括约翰尼斯·开普勒和列奥纳多·达·芬奇等人在内的科学家和哲学家早就提出过类似的理论。即地球是由其中的诸多生命相互作用、调节而形成的“**生命有机体**”。

地球像个洋葱圈

我们生活的星球由多个**地球圈层**组成。在岩石圈外是由所有生命体构成的生物圈，最外层则是大气圈（又称大气层），而大气圈又可以分为多个不同的层级。我们这里主要讨论“技术圈”，也就是与人类活动有关的圈层。

盖亚的智能？

在 20 世纪 20 年代，矿物学家弗拉基米尔·维尔纳茨基，古生物学家德日进（Pierre Teilhard de Chardin）以及哲学家爱德华·勒·罗伊分别以各自的方式阐释了智能圈的概念：智能圈泛指所有人类意识所能影响到的圈层。一部分盖亚假说的支持者认为技术圈就如同地球的神经系统，而人类则是其中的基础组成部分。

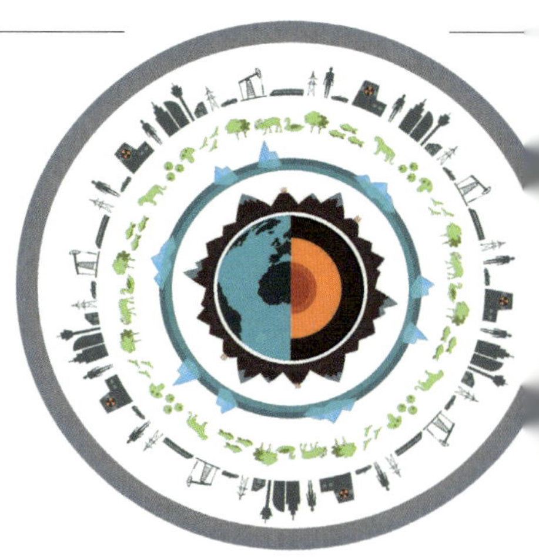

在大气圈下，地球包括多个同心的圈层：岩石圈、地幔、地壳、水圈、生物圈和人类圈（geosphere 和 lithosphere 基本没有差别）

众神之母

在希腊神话中，盖亚是大地之神、众神之母。以众神之母命名这一假说，洛夫洛克正是受其作家朋友威廉 · 戈尔丁的启发，戈尔丁在 1954 年出版的第一部小说《蝇王》让他声名鹊起，并于 1983 年获得了诺贝尔文学奖。

也球，活的?

对地球的拟人化描述很容易让、们误解盖亚假说的理论和本意，同寸也容易产生出一些奇怪的解释。洛失洛克反复强调这种拟人化只是一种多辞手法，以描述自我调节和相互作月在协调地球不同结构层级中的作用。旦人们总是希望相信“盖亚”拥有自己勺主观意识，这也能更好地解释我们如今面临的生态威胁。全球变暖、资源过度开采导致的危机也被形象地称为“盖亚之怒”。

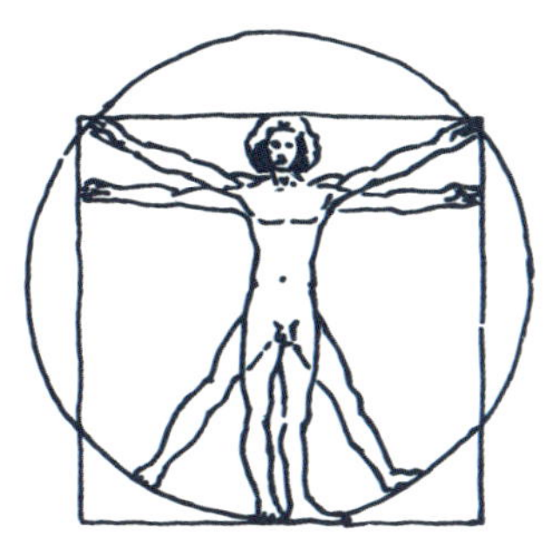

盖亚假说的先驱

在 20 世纪 70 年代初，环境学家詹姆斯 · 洛夫洛克和微生物学家利恩 · 马古利斯一同提出了地球是一个“活跃的生理系统”的概念。在 1974 年，两人共同撰写了该理论的第一篇文章，论述生命体对大气层的调节作用。

引领未来的理论?

神秘莫测的“新纪元运动”（New Age Movement）也是盖亚假说的支持者，但是该运动偏离假说原本的科学框架，反而限制了盖亚理论的传播。

除此以外，盖亚假说遭到了部分新达尔文主义支持者的强烈反对。以理查德 · 道金斯和史蒂芬 · 杰伊 · 古尔德为代表的科学家认为盖亚假说用环境与生物体之间的相互作用代替了基因选择的重要作用。然而，盖亚假说在科学界也有其支持者，如社会生物学的奠基人爱德华 · 威尔逊；在学术界中也有其拥护者。著名的哲学家、社会学家布鲁诺 · 拉图尔就为盖亚假说重新回归公众视线做出了巨大贡献，他认为从该理论出发可以得出全新的政治、道德、经济甚至神学理论和思考。

从国际空间站拍摄的地球大气层。

开发地球资源

资源循环

地球是在与外界完全隔绝的状态下运行的：陨石或其他地外天体与地球相撞后所带来的新资源的数量屈指可数。人类向大气之外发射的宇宙探测器、人造卫星或者空间站也只能带走很少的地球资源。在历史的长河中，我们先是发现地球蕴藏着巨大的财富，随后便对其进行开发利用：我们让金属和石头拥有价值；通过将有机物质转换成碳氢燃料，有机物质也有了使用价值。我们从各种资源中提取能源，但有可能忽略了每种物质都是有限的这一事实。资源的循环更新使整个资源系统能保持平衡和持久。

如同循环转动的沙粒

我们用沙来解释这一句话的含义。沙是继水和氧气之后，人类使用最多的资源：全球每年开采的沙超过 400 亿 t，用于修造建筑，生产玻璃、洗涤剂、纸张、电子芯片等。为了修建足够的建筑来安置人口，人们对沙的需求不断上升沙的开采正处在蓬勃发展的阶段。但是，并不是所有的沙都能够用于修建房屋，比如沙漠里的沙就很难聚合，因此需使用别的种类的沙。采沙场和河底的沙已经快开采到可供开采的极限，而沙丘、海滩和海底的沙仍在被人类不断地开采。

埃塞俄比亚的达罗尔（Dallol）火山。2016 年，人们在这里发现了众多微生物。当地极端的环境可能与 35 亿年前地球刚出现生命时的环境相似。

沙不仅是保护土壤的天然屏障，可防御洪水或风暴的侵袭；它也是食物链底端生物的栖息之地。近些年来，不少海滩向内陆后退了数米；一些水域由于缺少鱼类，而无法进行渔业捕捞……

跟其他的“原材料”一样，沙的利用促进了交通、科技和工业的发展。但我们也开始意识到每一种资源的过度开采都会给自然环境、生物多样性及动植物的健康带来消极影响，而且这种后果变得越来越不可忽视。越来越多的国家注意到这个问题，并寻找应对措施。然而，资助费用高昂的科研工作对于发展中国家来说非常困难。

正在被透支的地球

逐步扩张的城镇区域正一点一点蚕食着农耕土地。令人担忧的是，目前有超过 80 亿的人口居住在地球上，他们对粮食、肉类的需求越来越大。预计到 21 世纪末全球总人数将达到 110 亿。一部分人坚信科学的发展能够实现产量最大化，尤其是利用转基因技术；另一部分人认为未来生产和消费模式将会发生改变。但是，为什么不把生产基地建在城镇等区域呢？为什么不去恢复土壤的质量呢？不管气候变暖怀疑论者怎么想，如今冰川正在融化、全球气温不断上升、极端气候现象频繁爆发，地球的现状促使我们寻找应对措施。“地球生态超载日”是指地球在这一天用完了本年度可再生的自然资源总量，从此以后地球就处于超额透支的状态。自 1970 年开始，这个日期不断提前；2016 年的超载日为 8 月 8 日。要想满足现阶段人类的需求，需要一个比地球大 60% 的新地球才行。但如果不想耗尽我们现在的星球，那么还得发展新能源，并提高循环利用的效率……

碳化物

19 世纪的煤矿。

煤矿开采

在几千年前，人类就开始用煤来生产能源。进入工业时代之后，煤的开采量激增。在这个时期，人类开采了大量煤矿。目前，中国是全球煤炭生产量最大的国家，从全国范围来看，40% 的热能都是煤炭提供的。

冶金工业的发展

木炭是木材经过不完全燃烧、炭化形成的物质。它的用处很多，如制造火药、过滤水、密封、生产药物、增强土壤肥力。当然，它还能够用作燃料。早在史前时期，人类就已经开始使用木炭。木炭能够让铁从矿石中分离，因此促进了冶金工业的发展。18 世纪初期，人类为了发展工业（尤其是军工），对木炭的需求越来越大，大量的森林遭到砍伐，木材资源变得匮乏，最后导致金属的价格暴涨。

产量的提高

1709 年，亚伯拉罕 · 达比找到了一种解决木炭不足的办法：把焦炭（一种由煤制成的燃料）放进高炉。通过这种方式，最后的产量比使用木炭得到的要多得多。这样就能熔铸大量的生铁，实现铁路的建设！目前，全世界每年生产的焦炭近 7 亿 t。

煤。

煤气，城市的燃气

在煤转化成焦炭的过程中，会排放出一种“人工”气体（不同于疏松矿石和地下蓄水池释放出的天然气）。19 世纪 80 年代，煤气开始用于公共照明。随后，它的这一位置被电所取代。煤气的使用一直在不断扩展，从公共场所到乡间小屋（取暖、照明、食物烧煮等），都能见着煤气的影子。因此，煤气又被称为城市燃气。

炼油厂。

石油：使用了千年的碳氢燃料

石油跟煤、天然气一样，也是化石燃料，由有机物缓慢分解形成。水下物体的残骸（岩石、浮游生物等）在沉积层的高压、温度及细菌的影响下发生液化，从而形成拥有大量氢原子和碳原子的石油（“碳氢化合物”的名称由此而来）。石油在岩石的孔隙中流动，在向表面上升过程中，石油经常集中在某个区域，形成油矿。

世界经济支柱

石化工业是随着石油加工提炼技术的发展而兴起的。提炼石油之后，根据质量的不同，可以分为燃气（丙烷、丁烷等）、燃油（如汽油、柴油、煤油）、沥青等。全球每天能够生产 9 300 万桶（159 L）石油。

从照明到碳氢燃料

早在**公元前 6000 年前**，石油已经被人类用于照明。但直到 1857 年，石油开采才开始产业化（布加勒斯特的公共照明）。罗马尼亚和紧随其后的美国是世界上两个最早的石油开采国（美国今天依旧是石油生产大国）。20 世纪初，在电力诞生之后，煤油灯逐步退出历史舞台，但汽车产业发展十分迅猛，该产业需要大量液体燃料来保证其繁荣发展。

核武器军备竞赛

1953 年末，时任美国总统的艾森豪威尔发起“原子能为和平服务”（Atoms for Peace）计划。这是一个推动**核能**向和平方向发展的国际合作计划。目前，全世界的核电站数量增加到 437 座，提供全球 11%的电力资源。美国是拥有核反应堆最多（99 座）的国家，发电量占其总发电量的 20%。法国有 58 座核电站，核能发电占总发电量的 77%。

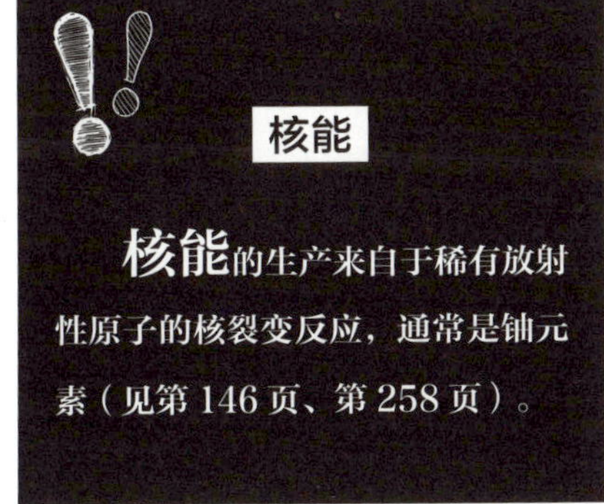

核能

核能的生产来自于稀有放射性原子的核裂变反应，通常是铀元素（见第 146 页、第 258 页）。

X 射线：物质内部的能量

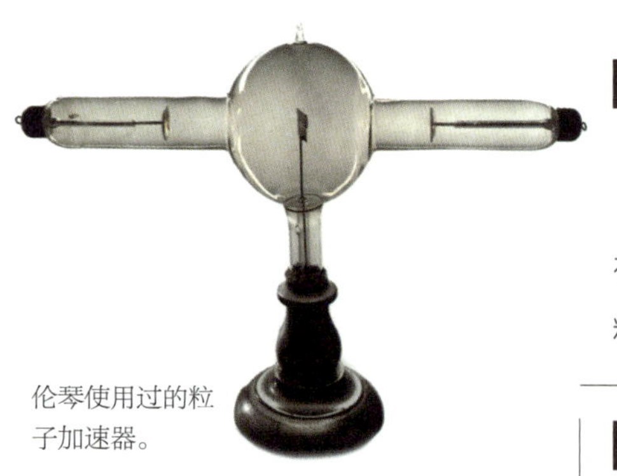

伦琴使用过的粒子加速器。

物质内部的运动

放射性指元素从不稳定的原子核衰变形成稳定元素的过程。在这个过程中，一部分原子核自发地转化为别的原子核（原子分裂），同时释放出粒子（电子、氦核、中子等）和能量（光子和动能）。

炼金术士的梦想

居里夫妇发现金属元素的放射性强度会随着时间有规律地降低，这启发他们测定这些元素的半衰期。1903 年，卢瑟福和索迪指出：在发生放射现象时，原子会自发地改变性质！就这样，原子物理学实现了炼金术士的梦想——嬗变。

神秘的射线

1895 年，德国的物理学家**威廉·伦琴**发现阴极射线管（两个电极由真空隔开）照亮了一块涂有荧光物质的屏幕。移动荧光屏之后，他再次观察到同样的现象。他认为这种未知的射线具有穿透某些物体的特性，同时还发现这种射线能使照相底片感光。他在射线的路径上放置了一些障碍物，随后观察到这种射线能够穿透纸张，但无法穿透金属。当将自己夫人的手放在射线下时，他惊讶地发现她的骨骼（还有结婚戒指）出现在照相底片上。这是因为只有骨头能够阻挡这些神秘的射线。之后，伦琴将这种射线取名为 X 射线。随着 X 光照片的诞生，对放射性的研究也拉开序幕！

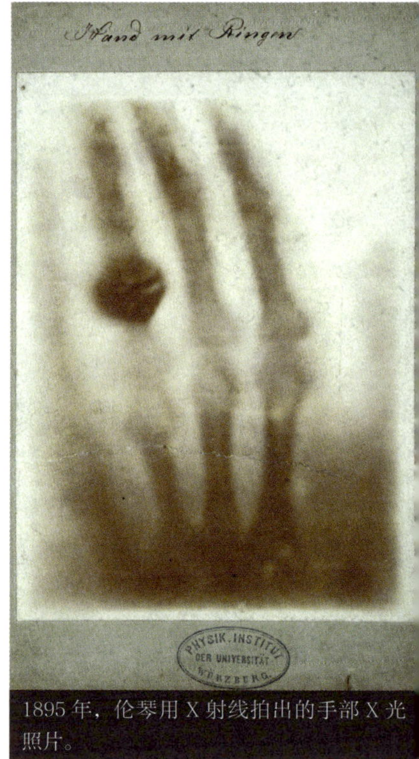

1895 年，伦琴用 X 射线拍出的手部 X 光照片。

原子的光芒

在数学物理学家亨利·庞加莱的建议下，**亨利·贝克勒尔**开始研究 X 射线与荧光之间是否存在联系。多次试验之后，贝克勒尔发现，将铀盐用黑纸包好放在太阳底下，也能够使照相底片感光。他意识到太阳光跟放射现象无关。这是铀元素自身发出的一种能够穿透纸张的射线，比如 X 射线。他将这种现象称为超磷光现象（hyperphosphorescence）。

耀眼夺目的夫妻

物理学家**皮埃尔·居里**因其压电研究让他被人熟知。贝克勒尔提出的铀的超磷光现象引起了他的兴趣。于是，他鼓励妻子玛丽将其作为博士论文的选题。后来，夫妻二人将这个现象命名为放射性。

放射物的发现

玛丽·居里指出，**铀**原子自身能够发出射线，无论其组成什么样的化合物。她还发现了另一种放射性元素——钍。之后，居里夫妇从放射性很强的金属中分离出钋和镭。

杂乱无章的射线

通过分析放射性辐射，欧内斯特·**卢瑟福**在1899年发现了两种射线：带正电的是 α 射线，跟氦原子核一样，拥有2个质子和2个中子；带负电的是 β 射线，由电子组成。法国科学家保罗·维拉尔在1900年发现 γ 射线，这是一种由高能光子组成，波长与X射线相似的原子核射线。以上三种射线都能够电离气体，也就是说它们可以制造出阴阳两种离子（一种带电的微粒）。

当原子遇到原子

放射性是指某些原子核**自发**放出射线的性质，科学家利用这一性质能够研究原子的结构。1910年，卢瑟福在汉斯·威廉·盖革和欧内斯特·马士登的协助下，一齐做了用射线击打金箔的实验。大部分射线都能够穿透金箔，但部分射线发生极大角度的偏折。于是他们得出结论：发生偏折的射线集中在原子质量最大的部分，即原子核。

传承的原子研究事业

玛丽·居里的助手**弗雷德里克·约里奥**与居里的女儿伊雷娜结婚，成为居里家的女婿。为了纪念居里这一伟大的姓氏，夫妻二人采取了夫妻双姓合一的方式——“约里奥－居里”。后来，他们两人证明了人工放射性物质的存在。凭借这一发现成果，他们获得了1935年的诺贝尔化学奖。这一成果开辟了核能开发的道路。

弗雷德里克·约里奥和伊雷娜·居里。

核武器：科学与罪恶

雪球效应

核反应堆和原子弹的工作原理是一样的，即链式反应。可裂变的元素，如铀 235 是放射性同位素，在中子的轰击下能够发生原子裂变。这一过程被称为核裂变，在 1939 年由弗雷德里克 · 约里奥用实验证明。裂变后的原子核会放出中子，这些中子随后与其他原子发生碰撞，又产生其他裂变反应。这一过程会释放出大量能量。当裂变材料积累到临界质量，这种“雪球效应”就会引发链式裂变反应。在核反应堆里，这一反应受到慢化剂（石墨或重水）的影响，中子的飞行速度有所降低。若没有这种预防措施，那么将会发生巨大的爆炸。

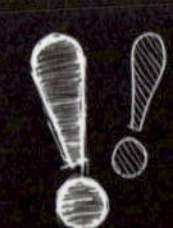

有分量的签名

利奥 · 西拉德为了让美国总统罗斯福支持其科研工作，便向爱因斯坦求助。爱因斯坦拟定了一项计划，并在最后版本上签上自己的名字，于 1939 年 8 月 2 日寄往美国白宫。

曼哈顿计划

为了在核武器竞赛中超越纳粹德国，美国制定了一项宏大的科学－军事计划，即**曼哈顿计划**。许多闻名世界的物理学家都参与了这项计划，其中不少是从纳粹德国的压迫下逃离的科学家，如：奥本海默、费米、玻尔、西拉德、费曼等。爱因斯坦最后没有参与这个传奇般的计划，内心充满和平信念的他选择离开这个团队。

从反应堆到原子弹

1942 年，逃亡到美国的意大利物理学家**恩利克 · 费米**（Enrico Fermi）在芝加哥制造并运转了世界上第一台核反应堆，命名为“芝加哥一号堆”（Chicago Pile-1）。这台最早的反应堆是由石墨块（其名字来源）和铀堆叠而成。同年 12 月 2 日，“芝加哥一号堆”达到了临界质量，从而引发了链式反应。

恩利克 · 费米，世界上第一个核反应堆的制造者。

终极武器装备竞赛

核裂变反应释放的**破坏性**潜在能量和在军事上的应用很快便纳入计划范围。第二次世界大战使得核武器军备竞赛愈演愈烈。1939 年，出生于匈牙利的物理学家利奥 · 西拉德决定向美国总统富兰克林 · 德拉诺 · 罗斯福（Franklin Delano Roosevelt）告知利用核裂变来制造威力巨大的新型炸弹的可能性。

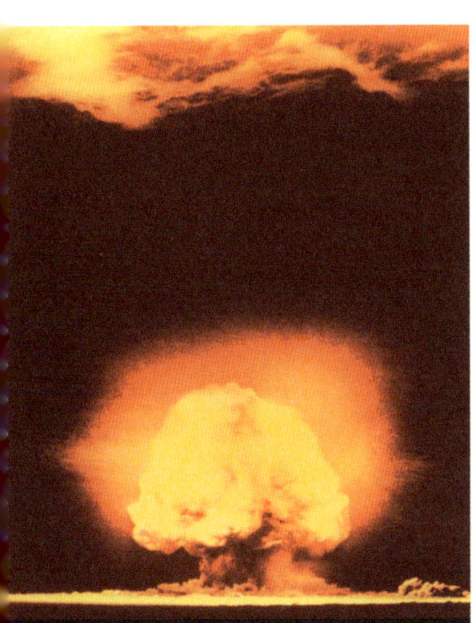

1945年7月16日，世界上第一颗原子弹在美国新墨西哥州爆炸。

首次试验

原子弹的研发过程中遇到了不少困难，例如天然铀235的含量很少，但它的临界质量又很高。因此，要么增加铀的数量，通过所谓的“提纯”，也就是从铀中分离出铀235；要么用其他元素代替，比如钚。在科学家尤利乌斯·罗伯特·奥本海默的带领下，美国洛斯阿拉莫斯国家实验室（Los Alamos）成功制造出世界上第一颗原子弹。第一颗试验成功的原子弹由钚制成，于1945年7月16日在阿拉莫戈多沙漠上空引爆。

不要再有无辜的人

最早（也是最后！）对平民使用的两颗原子弹不仅是人类历史上无法挽回的悲剧，同时也是科学史上永远抹不掉的污点。参加“曼哈顿计划”的大部分物理学家都受到剧烈的精神创伤，心里带着深深的罪恶感。冷战期间疯狂地追求核武力，最终以“恐怖平衡”的建立而告终。如今的发展目标是核裁军，至少是阻止核武器的扩散。

从地图上划去的两座城市

1945年8月6日的早晨，一颗铀原子弹在日本广岛投下并爆炸。三天之后，长崎遭到了威力更大的钚原子弹（相当于两万t的TNT炸药的威力）的轰炸。若不算后来因辐射而患上癌症去世的人，原子弹造成的死亡人数约有25万人。日本于1945年9月2日投降，第二次世界大战由此结束，世界从此不同以往。

被1945年8月6日投下的原子弹袭击之后的广岛。

聚合物：万能物质

塑料大家族

塑料是一种聚合物，即由众多分子组成的长链化合物。它们可以用植物纤维素、牛奶蛋白、橡胶等天然的物质来合成。如今，塑料通常是用石油制成。塑料的使用十分普遍，这是因为塑料结合了多种看上去似乎不兼容的特性，如透明和坚固。一些塑料可以通过加热来改变性质（从而再循环）。我们由此获得各种材质来生产不同的东西，如保险杠、挤压瓶、磁带、信用卡、地毯等。而其他的塑料在制造过程中变得不溶不熔，因而难以回收。

塑料纺织品

第一个合成纤维尼龙诞生于20世纪30年代。它最先被用于制作女性长袜，一出现便震撼了时尚界。同时，人们接连发现其他材料，如黏胶纤维、氨纶、腈纶，它们具有全新的特性：抗皱、柔软、干燥快、吸湿……另外还有一个优点：这些材料都是来自石化，其生产并不像天然纤维那样受土地、气候、生产能力等多方限制。

生产具有抗菌能力的合成纤维。

向着连通方向发展

如今，科研者的目的是将纺织纤维与科技结合起来，得到智能纤维：形状记忆、保湿、抗菌、耐冲击、可改变颜色，可与设备连接（WiFi、蓝牙）……

石油提炼产品

原油需要经过精炼才能被进一步利用。经过加工，我们能够得到燃料油、各类型的燃料（柴油、煤油等）、液态或气态的石脑油。石脑油能够用于制造塑料，加入一些化学成分后能够发生聚合作用，添加剂会给塑料带来不同的特性：强度、颜色、润滑……

从橡胶树中提取的天然胶乳。

轻松飞翔

在航空方面，由于使用轻便又易成型的复合材料，飞机装置的**重量**问题（及油耗问题）已经得到很好的解决。这些复合材料是用合成树脂生产的，后者由玻璃纤维、碳、芳香族聚酰胺等材料混合而成。这种混合材料能够把各组成成分的特性结合在一起（抗拉抗压、电导率等），纤维的特定排列使其能比金属更加坚硬。但这种复合材料对冲击依旧很敏感，比如飞鸟撞击机身的时候就会产生问题。

解决石油问题

人们逐渐意识到塑料垃圾的处理会带来巨大的**环境**问题，因此开始寻求生态塑料的研发。生态塑料是来源于淀粉、纤维素和 60% 的石化产品的衍生物，通过技术转化为聚合物的材料——生态塑料。目前，生态塑料被用于包装、塑料瓶或一次性餐具。但生产过程中，仍然需要石油和水，并且生产成本还很高。此外，它们不像理论说的那样具有很好的降解性。如今，一些人正努力研究，以便解决这些不足；而一些人认为，比起制造新的废物（哪怕是可降解的材料），更应该改变消费和再循环模式……

胶乳的诞生

天然**胶乳**是某些植物或树木身上一种黏稠汁液，或多或少有些毒性。橡胶的胶乳具有弹性和柔韧性，很早之前就被用来生产天然橡胶。轮胎的组成成分之一就是天然橡胶，它还被用于生产一次性手套、泡沫床垫、奶嘴的奶头等。橡胶也可以通过石化工业技术人工合成：在橡胶成分中加入黏合剂、油漆……

地球在升温

地球的气温

温室效应是地球地表到大气的温度上升的原因。在太阳系中，有 3 颗行星有温室效应：金星、火星及地球。最开始，这种效应是完全有益的。太阳光线在透过大气的时候，一部分会被大气吸收。接着，地表会释放红外线。温室效应不仅为地球带来了生命，还维持着生命的延续。如果没有温室效应，当下的地球平均温度不是 15 ℃，而是零下 18 ℃！

在太阳系里，只有金星、地球和火星有温室效应。

当心解冻的病毒！

冰川融化会将曾经冻住的病毒和细菌解冻。如果说寒冷和长期冰冻能够杀死这些被冻住的细菌病毒，但这并没有阻止俄罗斯炭疽疫情的发生。2016 年，这个细菌在冰冻 70 多年后苏醒过来，引发了俄罗斯的炭疽疫情。冻住的病毒的毒性能够维持超过 30 000 年，但目前我们还不能估算细菌的毒性，虽然在加拿大的冰川中已经发现一些超过 50 万年的细菌。因此，全球变暖可能会将冰川中沉睡的病毒唤醒，带来传染病威胁。

变化莫测的气候

气候变暖会对天气带来多种影响：极端天气现象增加、降雨减少、气温升高、干旱……

这是人类的错误吗？

一直以来，地球上的温室气体含量处在上下波动的自然状态，但人类活动加剧了温室气体的排放：使用化石能源排放出大量二氧化碳，畜牧增加了甲烷含量，公路交通制造了许多臭氧，含氮化肥的播撒带来了大量笑气（即氧化亚氮）。这些气体不断增加形成一个不可渗透的屏障，阻止热量排放到宇宙当中。因此，全球气温上升，导致水蒸气的凝结，加剧了变暖现象。

各国正在行动

《巴黎协定》是历史上第一份签署国家最多的协定。除美国拒绝之外，全世界几乎所有国家都签署了《巴黎协定》。该协定的目标是通过逐步减少温室气体的排放，将全球气温升高幅度控制在 2 ℃之内。另外，它还要求到 2020 年每年向发展中国家提供 9 500 万欧元资金，以帮助其生态工业的发展。

“珊瑚杀手”二氧化碳

海洋能够吸收二氧化碳和其余 25% 的温室气体。由于温室气体在大气中的含量不断上升，海洋吸收的数量也随之递增，这就导致了海洋的酸化。澳大利亚大堡礁（La Grande Barrière de corail）面积达 34.8 万 km^2，其对于水温升高和海水酸化非常敏感，大堡礁的生态系统已因此遭到破坏：栖息于此的 1 500 种鱼和 4 000 种甲壳动物的生命岌岌可危。

全球变暖使南极地区的冰川融化。

一个世纪里上升的海水

半个世纪以来，海平面上升了 10 cm。到 21 世纪末，海平面将有可能升高约 1 m。全球变暖和海底气温上升加快了冰盖的融化速度，北极、格陵兰岛、阿拉斯加、南极的冰川都受到了影响。岛屿的面积正在不断缩小（Hetaheta 岛的面积已经缩小为原来的三分之一）。一部分岛屿面临严重威胁，而另一部分则已经消失得无影无踪。英国海岸边的一些悬崖受海水的侵蚀，每年以 2 m 的速度削减。多年以后，一些城市，例如迈阿密（美国）、东京（日本）或阿姆斯特丹（荷兰），将会被海水淹没……

由于海水酸化而死亡的珊瑚。

青黄不接

挑选良种

这有点像是鸡与鸡蛋的故事……一粒**种子**具有多种农艺性状（株高、抗病性、早熟性）或商业品质（易剥皮、颜色、新奇点等）。人们挑选出良种之后，便对植物进行多代间自花受精。为了得到纯正品种，需要在每一代挑选出最符合种植目标的嫩苗。虽然这些种子性状稳定，但通常更加脆弱，花粉产量也更少。

转基因生物

转基因是一种高级的作物筛选。某些基因被提取出来，直接转入另一生物的体内，使该生物体表达出新的性状。目前，转基因技术已经被用于制药领域，生产蛋白质（胰岛素）；它也用于生产动物饲料。在欧洲，根据有关转基因作物的种植和消费的规定，食物必须具有可追溯性：若一个产品中的转基因成分超过0.9%，那么就必须在标签上写明情况。

F1代

属于同一种的两个**纯正**种子可进行杂交：用一个作物的花粉使另一个受精。两个作物的优点会结合在下一代的作物里面（F1代）。在成长阶段，效果最令人满意的杂交品种会被保留下来进行商业化种植。杂交技术不仅用于农业，也用于园艺。现在，玫瑰或兰花的观赏品质越来越多地是通过使用杂交技术进行提升。但许多生态学家对逐渐扩大的杂交技术的使用感到担忧，他们担心这会破坏生物多样性和食物的营养价值。

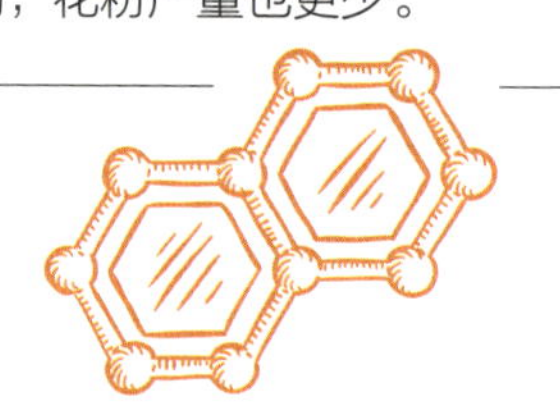

杂交作物的局限性

杂交作物具有一定的局限性。种植的时候人们不一定能够预测到种出来的东西。因此，为了保证收成稳定，需要对多代进行研究，直到所有的性状都能稳定下来。另外，最终结果也有可能不尽如人意，因为作物的品质会逐代衰减，例如玉米、苜蓿、大葱或胡萝卜。所以如果农民的资金充裕、计划明确，他们每年都选用杂交子一代（F1）进行种植。

黄金大米。

克隆作物?

获取**纯种**植物涉及遗传机制。其目的是为了得到纯合子，即拥有与它们的染色体对相同的基因。如果这些植物的基因遗传足够稳定，那么我们就可以用统计学的方法来预测杂交结果，接着便能人工实现植物的“近亲繁殖”。但是，如果挑选和杂交的效果好，在不增加种植面积的情况下，也能使收成翻倍。为了加快收获速度，人们对脱氧核糖核酸（DNA）进行测序。目前，挑选良种和杂交技术的研究仍在继续，其中一个原因是：到 2050 年，粮食的生产必须提高近 70% 才能解决全球 90 亿人（预期）的粮食问题。

黄金大米

30 年以来，**黄金大米**一直都存在争议！这种转基因大米富含人体所需的蛋白质，并且能够促进维生素 A 的吸收。目前，全世界有 2.5 亿人缺乏维生素 A，严重时会导致失明，甚至是死亡。因此，制造商主张将黄金大米为人所用。但反转基因人士认为，对于这种未证实其有效性的作物，增加生产只是一种出于情感的行为。在他们看来，更应该改善营养不良群体的生活条件。

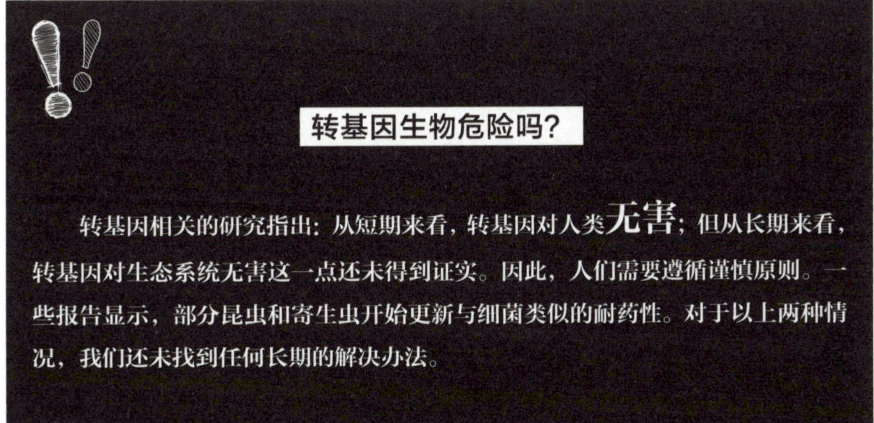

转基因生物危险吗?

转基因相关的研究指出：从短期来看，转基因对人类**无害**；但从长期来看，转基因对生态系统无害这一点还未得到证实。因此，人们需要遵循谨慎原则。一些报告显示，部分昆虫和寄生虫开始更新与细菌类似的耐药性。对于以上两种情况，我们还未找到任何长期的解决办法。

实验室里栽培的转基因玉米。

城市规划与空间优化

低能耗建筑

从设计到建造过程中，可以采取一些条件来修建低能耗建筑（BBC规范）。例如，起居室最好朝南，这样可以获得更好的采光来降低照明和取暖的需求；卧室最好朝北以保持室内凉爽，利于睡眠。还应挑选隔热效果好的建筑材料，避免冬天热量损失并保持夏天室内凉爽。另外，空气湿润和植物遮光也能够隔热降温。

澳大利亚的悉尼市，一些种有绿植的屋顶。

绿色屋顶

从史前时代开始，人们都有在屋顶种植绿色植物的习惯。绿色屋顶有利
房屋的保温和防水，夏天时缓解城市和郊区的热岛效应，同时还能够用作储水区
调节雨水的排放。另外，城市里的这些屋顶在过去都是空无一物的，但现在种有绿植的屋顶越来越多，成为昆虫和鸟类的栖息地及食物储藏所，生物多样性也因此得到部分恢复。

日本福冈市的一个植物墙。

生长在墙上的植物

外部植物墙除了拥有不可否
的美化作用外，它在城市地区中还
缓冲作用：夏天，这些植物吸收太
光线；冬天，它们去除潮湿。人们
以种植可食用植物（芳香植物）。
用特殊的基土进行栽培的植物有助
空气过滤、污染治理。另外，还能
收一些城市噪声。

徒步出行……或者骑自行车吧！

第二次世界大战结束后，随着城市人口的不断增长，城市逐渐扩大。而同时，城市有保障居民出行的义务。如今，对于城市来说，减少机动车的路程时长不仅是一项生态措施，也能改善居民的生活质量。因此，市政当局应大力发展和维护公共交通（增加交通工具的班次、设置专用道等）、修建商住混合区（住宅、商业中心、写字楼）、减少道路交通并重新利用废弃的停车场、修建自行车安全车道、即时落客区和人行道。

布雷斯特的城市缆车于 2016 年落成。

城上城

由于城市的扩张不可能继续以减少农业用地为代价，因此现在的规划将目光聚焦在城市的垂直发展之上。增加更多的楼层或者在一些房顶上再建房屋成为减少开支的办法，但老旧房屋的翻新和外墙隔热仍然需要一笔费用。

越来越高！

位于阿联酋的吉达塔（Jeddah Tower）从 2013 年开始修建。一旦完工，它将成为高 1 000 m 的世界第一高楼。这些摩天大楼的优点是：只用相对较小的面积就能够容纳大量的人。但是在修建吉达塔的过程中也遇到了众多技术挑战：吊车的适配、对风和俯仰结构的控制、承重地基的深度……如果这样的高楼越来越多，就必须得考虑到建设楼与楼之间天桥的问题，因为出于乘客的安全和健康问题考虑，电梯的速度有所限制，从高处下来再走到另外一栋楼也需要浪费大量时间……

缆车出行！

2015 年，法国对空域管理条例进行了调整，城市索道计划得以诞生。如今，城市索道已经可以建造在建筑物的上方，只需与建筑物保持 10 m 的高度即可。在 2016 年年末，布雷斯特修建了法国第一条城市索道。该索道包括两个缆车车厢，每个车厢最多能够容纳 60 人，并且能够悄无声息地穿过彭菲尔河。它的成本和人均二氧化碳排放量都远远低于汽车。

分子真奇怪!

镜子的另一边

若两个分子的**构成**完全一致且拥有相同的物理性状，但结构互为镜像对映体，我们称这种特性为手性。这两个分子就像一双鞋，我们不能把它们叠放起来，但它们可拥有不同的作用。比如柠檬烯的两个变体中一个有柠檬的气味，而另一个有橘子的气味。

合金

在**冶金**领域，合金是指两种金属经过加热后形成的、具有两种金属特性的“混合物”。如果金属的原子大小相似，它们便能相互替换；如果大小不一，那么小原子便会附着到大原子的网状结构中。比如铁元素中之所以能够加入碳元素，是因为后者的原子比铁小得多。铁碳合金的碳含量低于 2% 时为钢，超过 2% 为生铁。加入别的金属元素（镍、铬、锰等）能够得到淬火钢、镀锌钢、不锈钢等。

沸腾：一切都有联系!

熔化温度与周围的压力有关。在珠穆朗玛峰顶端，大气压强很低，水的沸点只有 70 ℃。由于海底压强非常高，尽管海底热泉的水温已经超过 300 ℃，但它依旧保持液体状态。

熔化不容易!

在室温下，黄油是固体，油是液体这是因为它们的熔点不同，即由固态转变为液态的**温度**不同。脂肪是由脂肪酸组成的，脂肪酸是由分子链组成的，分为饱和脂肪酸和不饱和脂肪酸。不饱和脂肪酸的分子链很“柔软”因为它有一些不饱和键，只需要很少的能量便保持液体状态（如植物油、鳕鱼肝油等）。饱和酸的分子链很稳定不会形成新的化学键，因此则需要更多的能量，比如加热，才能变为液态（如黄油、猪油等）。其他熔点不同的物质还有：铝在室温下是固体，但汞是液体……

玫瑰色的绣球花。

遇酸变化的“变色龙”

熟练的园丁能够通过调整土地的酸度将**绣球花**的颜色从玫瑰色变为蓝色：种植在中性土壤（碱性）中的绣球花的颜色是玫瑰色的，而在酸性土壤（灌木叶腐蚀土）中是蓝色的。同理，用醋调制（酸性介质）的红卷心菜是鲜红色的，而加水烹饪（碱性介质）的话就会变成蓝色。这是因为在酸性介质中，大量的阳离子（氢与决定植物颜色的分子发生反应，改变了分子结构，吸收不同量的光线，导致颜色发生改变。

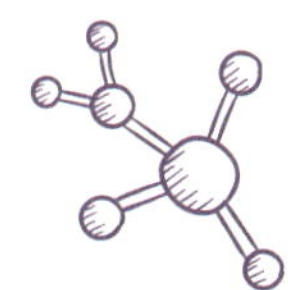

与火共舞！

烟火制造技术（炸药的科学）的实现是基于对化学反应的控制。这种反应要求迅速、完全反应，而且只能生成气体。烟火的构成需经过精确计算以给予发射足够的动力，使其到达预定高度后再引发爆炸。不同的金属盐在爆炸中燃烧会呈现出不同的焰色。镁能呈现白色、钙呈现橘色、锂呈现玫瑰色、钠呈现黄色、铜呈现蓝色……

焰火之所以呈现不同的颜色，是因为焰火中含有不同种类的金属盐。

一些电池（如手机电池）中含有锂。

多面锂

锂（Li）是一种非常轻的金属，它的用处很多。现在的电池（电脑或手机电池）里面就含有锂离子，这种离子能够让小体积的电池储存大量电力。锂盐（和另一种离子相结合，比如碳酸锂）治疗是一种精神病学领域的治疗方法，用于调节狂躁症患者的心情。除此之外，玻璃陶瓷材质的烘烤盘中含有锂，能够降低烘焙所需的温度，烤瓷牙中的锂能够增加抗腐蚀性。

细菌的反抗：数量太多了！

医学革命

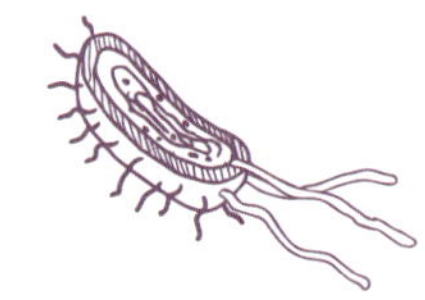

1928 年，苏格兰人**亚历山大·弗莱明**发现了世界上第一种抗生素。他将金黄色葡萄球菌（Staphylococcus aureus）放在实验室培育，随后便休假去了。度假回来的他发现在细菌中间长出了一团霉菌，这种霉菌将周围的细菌都击退了。结论不请自来：盘尼西林（Penicillium）能够分泌出一种抗菌的物质。后来这种物质被人们叫作青霉素，弗莱明也因为这个发现荣获诺贝尔医学奖。

弗莱明拉响警钟

抗生素**研究**的黄金时代一直持续到 20 世纪 60 年代，在此期间相关的研究成果丰富繁多。的确，医学领域发生了重大革新：过去致命的疾病如今都能用简单的方式进行治疗。然而很快弗莱明就向科学界发出了警告，因为他在实验室里观察到没有被抗生素完全消除的细菌的抗药性会提升。

青霉素的“发现者”亚历山大·弗莱明。

攻击计划

抗生素通过多种途径来**消灭**细菌：它们可以影响细胞膜功能，抑制核糖核酸（RNA）、脱氧核糖核酸（DNA）和蛋白质的合成机制。以上机制与人类自身的杀菌机制不同，抗生素只对细菌有效，但面对人类细胞中的病毒时就束手无措了。

治疗的特效性

根据**抗生素**所能抑制的细菌数量，我们将其分为广谱抗生素和窄谱抗生素。治疗药物的抗菌谱越小，抑制的细菌就更具有针对性。相反，抗菌谱大的药物能够抵抗大部分细菌，但它在特效性方面就打了折扣，并且患者的部分肠道、皮肤、泌尿或生殖系统的菌群会遭到破坏。不管怎样，幸存的细菌会大肆繁殖。如果这些是有毒的细菌，则会引发新的感染。

会遗传的耐药性

滥用抗生素终将导致细菌产生一定的耐药性。使用抗生素时，细菌也会改变其基因，其中就有产生耐药性的基因。

拯救数以百万的生命

青霉素生产技术的发展让第二次世界大战中受伤的士兵得到了治疗。1942 年，美国生产了 4 亿剂量的青霉素。到二战后，每个月能够生产 400 万亿剂量的青霉素。1947 年则出现了第一个对青霉素产生抗体的人体案例，正如同弗莱明所预测的那样。

新疗法：噬菌体疗法、益生菌疗法

不使用抗生素来应对病菌传染的方法有很多：接种疫苗、直接用传染病菌的抗体治疗的免疫疗法，使用噬菌体病毒的噬菌体治疗，利用动植物身上的抗菌肽、提供“好”菌种来改善人体内部菌群的益生菌疗法。一些医院安装了黄铜门把手和栏杆来测试该金属的抗菌特性，发现黄铜有消灭细菌的作用。

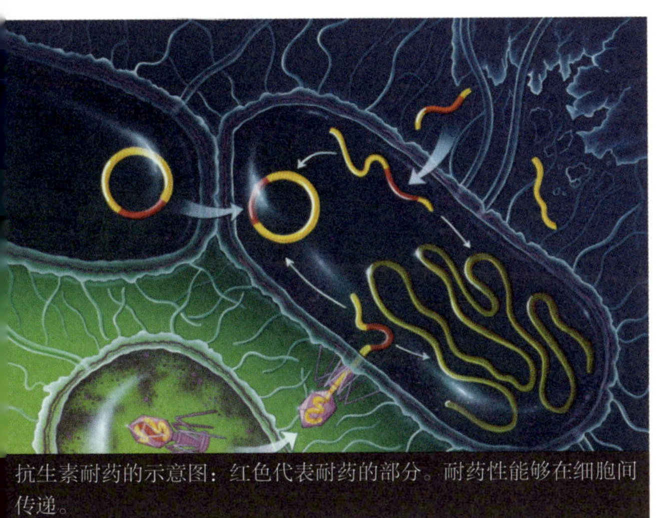

抗生素耐药的示意图：红色代表耐药的部分。耐药性能够在细胞间传递。

医学界所面临的威胁

耐药性细菌增多及缺乏有效的治疗方法增加了医院内部感染，给医院带来了很多困扰。医院需要无菌环境，但这里也是一个聚集大量伤病人员的地方，可能需要根据患者的情况进行侵入性操作或外科手术。因此，医院的环境会促使病菌进入人体并增加耐药性细菌的数量，从而影响治疗效果。

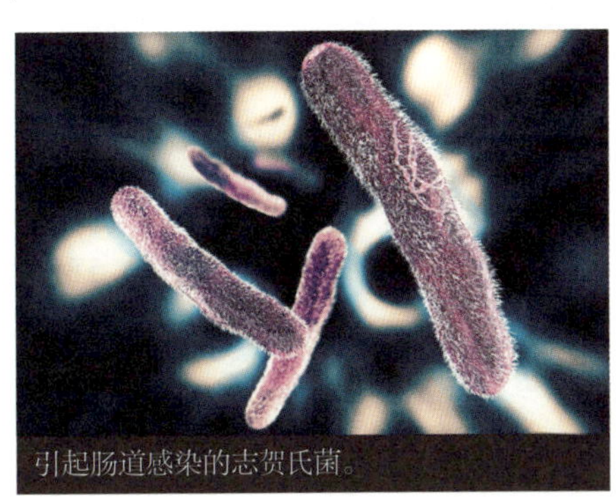

引起肠道感染的志贺氏菌。

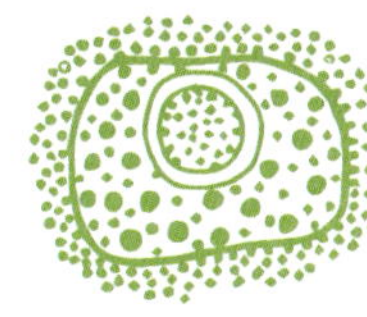

警报已经拉响！

2014 年，世界卫生组织（OMS）发布首份全球抗生素耐药报告。这份报告指出抗生素耐药对全球构成严重威胁，光在欧洲和美国每年就有超过 5 万人因为 7 种抗生素治疗无效而死亡。如果到 2050 年还不采取相应行动，未来每年的死亡人数预计将达到 1 000 万。

地球周围堆积的太空垃圾（2013 年）。

宇宙生态学

地球周围聚集的 15 000 个太空垃圾引起了欧洲相关人士的注意。于是，他们提出了“航天器自我移除技术”（TeSeR）计划，这一计划共提供 280 万欧元的资金支持，以期在 2018 年前找到解决措施的办法。要么将废弃卫星推到“停车场轨道”（parking orbital），要么让它们返回地球时在大气中燃烧破坏。

环绕着地球的垃圾桶

在停止工作后，人造地球卫星还会在轨道上待上很长时间。退役的卫星越来越多，在轨运行的卫星与它们相撞的概率也就越来越高。近几年来，发射的卫星会用最后几千克燃料将其推到更远的轨道，也就是“垃圾轨道”。

施用堆肥促进生长

制作堆肥是一种古老的农耕习惯：让有机废弃物（如皮壳、吃剩的食物、灰烬、纸张等）在湿润的环境下自然腐烂。这些废弃物腐烂之后能提供大量肥力。现在，堆肥的使用在花园和城市里占据着重要位置。使用堆肥的人能够节省购买肥料的支出，堆肥本身也能够回收 30% 我们所丢弃的废弃物。

海洋底部的塑料垃圾。

第七大陆

在洋流和风的作用下，海洋里的垃圾逐渐聚集在某些区域，一个一个首尾相连。这些区域的面积加起来差不多是法国面积的 6 倍。在这些垃圾当中，有大量厚度小于 5 mm 的塑料碎片，甚至在水深 30 m 的地方都还漂浮着它们的身影。这个海洋生物无法生存的地方被叫作“第七大陆”。

消耗不如修理

垃圾分类回收中心收集即将被丢弃的物品，一部分物品经过修理之后价值提高，另一部分物品则被回收。回收中心可以与垃圾分类放置处合作，共同商讨垃圾管理的解决办法。另外，物品的再出售能够增加直接就业机会，这也是公众环境教育的任务之一。

有趣的垃圾分拣

你也许知道 CANIBAL 这台机器吧？它的目的是加强公众对垃圾回收利用的意识。该计划通过众筹的方式募集到 170 万欧元后，CANIBAL 机器便出现在法国各个地方。尽管它的外观与饮料自动贩卖机非常相似，但它的运行原理完全不同：将塑料杯或塑料瓶放入机器，机器便会进行回收。同时，我们也能得到一些回报：一张打折券或者向某个协会提供一小笔捐赠。

分拣机

为了提高速度和效率，垃圾分拣自动化技术诞生后，垃圾分拣机的数量和作用也在不断增加。首先需要经过一台分离器，分拣出扁平的垃圾（餐巾纸、保鲜膜等）；随后，带磁力的分拣机吸走钢和铁；接着，用涡电流分选机分离出残留的金属，例如铝。剩下的垃圾一般都是塑料包装，机器会根据其大小、重量和组成成分进行筛选。虽然自动化分拣的效果不错，但是由于成本很高，所以目前主要还是人工分拣。因此，还是从我们自己做起吧，在家里就对垃圾进行分拣。这样能够减少分拣机的数量，从而降低垃圾回收的成本。

让废弃物重获价值

“增值”的意思是把废弃物当作原材料，开发其新的用途。例如，废弃的轮胎就能够用于制作儿童游乐场地面或体育场人造草皮的缓冲面。有人认为垃圾焚烧也可以被看作是一种垃圾的增值，因为在焚烧过程中能够产生大量能量，但这是一种不太生态的垃圾处理方式！

位于美国弗吉尼亚州里士满市的金属铝回收中心。

“有机”的秘密

农业技术专家正在检查小麦种植质量。

有机农业还是生物力学农业?

有机农业和生物力学农业属于环境友好型生产方式。一般来说，生物力学农业的应用历史更为悠久，但是它可以被看作是有机农业的一个分支。越来越多的葡萄种植者对生物力学农业产生了兴趣，因为这种农业为他们提供了给料（肥料、催化剂等）的代替品。概念上的差异将有机农业和生物力学农业区分开来。生物力学农业旨在激发土壤和动植物的活力，它采用由发酵植物制作的材料，并需要考虑行星和月亮的运行速度。虽然许多严谨的研究用这种非典型的方法取得了跟传统农耕方式相似的结果，但是由于缺乏科学依据，生物力学农业被看作是一种伪科学。

什么是“有机”？

在法国商店里的货架上，我们可以看到两种官方标签：法国有机农业标签（le label d’agriculture biologique français，缩写 AB）和欧洲有机农业标签（标志为绿色背景和 12 颗星星组成的树叶）。从 2009 年开始，法国有机农业标签出现在商品的产品规格部分。跟欧洲的标签相比，法国标签并不需要强制认证。如果天然产品带有这个标签，那么它必须是 100% 通过有机农业种植的；如果是加工产品，那么就需要保证 95% 的原料是由有机农业生产的。产品规格会写出允许的处理方式（无杀虫剂、抗生素的使用限度等）及有效的农艺技巧。跟传统食物一样，有机产品里使用的转基因成分不得超过 0.9%。一些独立机构每年会颁发有机证书，它们也要对商品的产品规格进行核实，监督其是否破坏了环境和动物的利益。

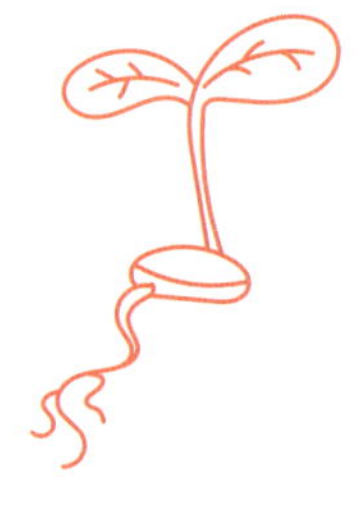

追求标签

如果产品只单独粘贴“有机一致性”（bio cohérence）这样的新标签，那么它是不能够被称为有机产品的：还需贴上“有机认证”标签。

有机产品很好吗？

科研人员将有机产品和传统产品的营养品质进行了对比，得到的结果却大相径庭。这是因为研究方法和背后的利益冲突会对结果产生影响。2014 年，一些研究者对 343 份研究报告的结果进行了综合分析，得出的结论是：有机产品具有更多有利于健康的成分（食品防腐剂只有传统产品的 60%，还有更多的维生素、ω-3 脂肪酸等）。除此之外，有机产品里面含有的对人体有害的成分更少，如重金属和杀虫剂。

属于有机的时代

2016 年，法国有超过 3.2 万名生产者转型从事有机农业。为了得到“有机”这个称号，绵羊、母鸡或者奶牛需要在规定的条件下进行 6 个月的养殖，肉牛需要 12 个月的养殖，作物（水果、葡萄等）则须达到 3 年的种植期。

提高要求

一些组织机构批评欧洲和法国的标签颁发不够严格。在它们的标准当中，有的坚决不允许转基因成分或棕榈油的存在，有的则禁止混合种植（同一片土地上种植有机和非有机两种作物）或温室种植。产品规范还涉及生产条件：禁止使用童工、农场动物饲料生产、距离污染源（如高速公路）的距离、减少使用包装、对生产者的“保证价格”、小型农耕土地……

从小商店到大超市

起初，有机产品只在专门商店进行销售，而如今它们越来越多地出现在超市里。由于销售点的增加及成本的降低，普通百姓也能购买到有机产品。小生产者往往更易受到道德观的鼓舞：选择短周期产品而不是进口高碳足迹的产品，避免使用 AB 标准之外的添加剂，遵守季节时间和提供合理的工作环境等。但是，产业化生产并不是随时都能遵守这些要求的。

未来的能源？

能源结构

一个国家所使用的各种能源构成了这个国家的能源结构。当下的经济形势和生态现状促使人类将目光投向可再生能源，这种能源易于获取使用，而且它排放的二氧化碳非常少。使用可再生能源的可能性取决于目前资源的开发情况：资源利用需要遵守环境周期，来避免资源的枯竭，也就是开发速度要慢于自然的生长或形成速度。

废料用作能源

生物质能指自然界中有生命的有机物（动物或植物）提供的能量，属再生资源。它可以从大自然中获取，也可以从厨房垃圾、工农业废料中提取。使用生物质能可以减少废料的数量，降低温室气体的排放，促使国家的能源独立。

新型碳氢燃料

旨在减少使用化石燃料（14%的温室气体是化石燃料带来的）的研究促进了生物燃料的发展。第一代生物燃料来自于种子（油菜籽、大豆、棕榈油等），第二代生物燃料来自于非食用的农业残余物（稻草、秸秆、甘蔗渣等），第三代则来自于微生物。第一代生物燃料面临的问题是作物的种植面积：需要大量农业用地，这样会对全球粮食生产造成很多不利影响。但第二代和第三代生物燃料则符合可持续发展的理念。

西班牙的光伏太阳能板。

回收太阳能

与地球上所有资源相比，太阳能是一种取之不尽用之不竭的能源。太阳能热发电厂是基于阳光聚合的原理来利用太阳能的：使用一组反射镜来增加太阳光子的流量，从而提高可储存使用的流体的温度，然后从流体中获取能量。而光伏技术则是将吸收的光子转换为电能。另外，也有集热器（如热水器、太阳能地板等）能直接收集太阳的热能来进行储存和再利用。

正能量绿洲

阿联酋**马斯达尔市**（Masdar）的建设预计将于2030年完工。这座城市建在沙漠之中，总面积为6 km²，今后将有5.2万居民生活于此。马斯达尔市是世界上第一座零碳城市（生产的能源比消耗的多），这里还会开设一所专门研究可再生能源的大学。

撒哈拉沙漠里的能量宝藏

一些像Desertec和Transgreen这样的项目计划在北非**沙漠**地区修建太阳能发电厂。虽然这些项目费用高昂（有的甚至达到几亿欧元），但是最终它们能够为所在国家提供属于该国自己的“清洁”能源，并且能够维持海水淡化厂的运行，以满足旱灾受害者的需要。

地缘战略和储存问题

人类对于能源的**需求**不断增长，地缘政治与经济形势的不确定性导致化石能源供应不稳定，因此当下的首要任务就是要找到储存替代能源的方法。目前面临的困难是如何储存不同的能源（风能、波浪能等）以避免供应短缺。虽然生物质能和生物燃料是可储存的，但是怎样保存热能和电能就成了21世纪面临的挑战之一。

减少浪费，增加收益

热电联供是指利用能源生产过程中产生的机械能和热能来达到减少浪费并增加收益的目的。工厂里排放的废热便可以收集起来用于发电，信息技术中心产生的余热可用于楼房供暖，这样就能够节约通常用于冷却机器的能量。

美国一家专门进行热电联供的工厂。

最小的原子中蕴藏着巨大的能量

氢气在燃烧过程中会释放出大量能量，但它不会造成碳排放。除化石燃料以外，如何获取氢气也是研究的一项重点。燃料电池如果使用氢气，就能降低生产成本。但是氢气是一种高度易燃气体，需要找到安全实用的运输和存储方式。

探索浩瀚宇宙

思想的旅程

从古至今——这个约定俗成的表达出现在这里，让人感到特别高兴！——人类将视线投向天穹，在那里寻找着打开命运的钥匙。后来，他们抛开这种玄幻的做法，开始在繁星点点的浩瀚宇宙中确定自己的位置，试图弄懂天体的运行规律和性质。曾经，观察天象还是人类必做的事情，对于航海或者测定时节而言也是必不可少的活动，而现在更多是出于对知识的探索和追求。天文学及其相关学科——天体物理学、射电望远镜、光谱学——也许比其他任何研究领域更能说明科学的现象阐述能力。无论是遥远的星系还是恒星的中心，没有任何东西能逃得过天文学那敏锐的目光。即便是无法观测到的天体，天文学也能提出假说来进行解释。例如，多元宇宙是一种与我们的宇宙相似的“拼缝物”，但彼此之间没有信息传递。而许多宇宙学理论暗示着多元宇宙的存在，这些理论就可以证明天文学解释万物的能力。

从月球到火星

随着对宇宙的了解逐渐加深，人类越来越像是居住在宇宙的郊区！在得知地球和太阳并不是宇宙中心，而是位于银河系的一只旋臂上后，人类认为我们所处的宇宙只是一个“样本”，可能还存在着众多甚至是无数跟我们相似的宇宙。

太阳系外行星。

从月球上观看到的太阳系（艺术合成图）。

我们目前面临着一个矛盾：越是了解宇宙，就越觉得它遥远。更何况，人类目前踏上最远的地方也只是月球。登陆月球是一项非凡的科技成就，但与浩瀚的宇宙相比，登陆月球的远足实在是微不足道。当许多人将目光转向宇宙航行下一个阵地——火星时，已经有探测器和人造卫星前去宇宙侦察，朝着无尽的太空进发……宇宙远没有布莱兹·帕斯卡所想象得那么安静！通过捕捉测定从宇宙最深处传来的辐射波，我们就能够了解宇宙，了解它的历史。

不可思议的奥秘

从大爆炸开始追忆宇宙的诞生和演变，尽管已经实现，但仍需承认，这对于天文学家来说是个巨大的挑战。虽然用“普朗克”探测器收集到的数据可以快速生成一张清晰的表格，但还是存在不少问题：大爆炸过后的几秒钟发生了什么？为什么宇宙会突然加速膨胀？如果大爆炸之前还存在着东西，那么它们是什么呢？

但不仅仅只有关于过去的疑问。人们或许觉得宇宙在科学家眼里不存在秘密，但事实并非如此！天体物理学家甚至发现我们目前只了解了其中微不足道的一部分，例如可见的或者至少能探测到的辐射物质，但它们也只是宇宙总质能中很小的一部分。我们所见所知的只是整个宇宙的冰山一角！即便我们退一步，将目光放到离我们最近的物体，比如银河系的中心，仍然是天文学家未知的领域之一。虽然我们知道此处有一个质量庞大的人马座 A 黑洞（太阳质量的 430 万倍），但我们还未观测到它的外形。

人们终将明白，无论是计划到未知宇宙里实地旅行还是满足于发射探测卫星进行的间接探险，时空开拓者仍然有许多需要勘探的奥秘……

大爆炸：爆炸创造宇宙！

《圣经》与科学

在所有试图解释宇宙起源的神话传说中，《圣经·旧约》的《创世纪》（*la Genèse*）里所记载的故事在基督教世界里占据着最重要的地位。牛顿力学的提出意味着古典科学达到巅峰，但它与宇宙起源论的观点并不相符。如果说上帝是伟大的宇宙“钟表匠”，那么这个宇宙巨钟是否已经上好发条了呢？如果是，是什么时候呢？怎样启动的呢？

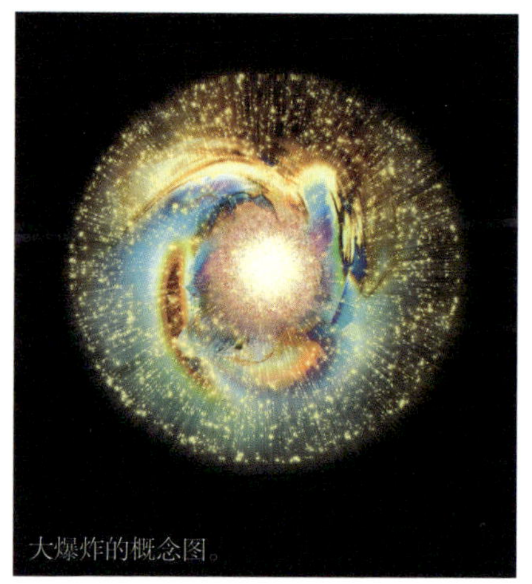
大爆炸的概念图。

一部科学的《创世纪》

20世纪，比利时教士、物理学家乔治·勒梅特（George Lemaître）动摇了宇宙是静止的理论，他所得出的爱因斯坦广义相对论场方程式的解指出宇宙是膨胀的。另外，勒梅特认为，跟着这个解倒流时光，时间和空间起源于一个零点。1927年，他发表了这个理论。

观测证据

1929年，美国天文学家爱德文·哈勃用实例证明了宇宙在膨胀。借助威尔逊山天文台强大的望远镜观察遥远星系时，哈勃注意到它们的谱线整体向红光的方向移动，他用多普勒效应对这个现象进行了解释。多普勒效应是奥地利物理学家克里斯琴·多普勒（Christian Doppler）于19世纪提出的理论：运动物体所发出的波，如声波、光波等，其频率与波源的频率明显不一致。哈勃得出的结论为：这些星系正离我们远去。因为本身就离我们非常遥远，所以离开的速度也就更快。宇宙不仅在膨胀，其膨胀速度也在不断加快。

滑稽的命名！

在**大爆炸宇宙论**发表的时候，无论是勒梅特还是爱因斯坦，或是其他物理学家，大家都没有使用“大爆炸”这个术语。这一命名来自于勒梅特理论的强烈反对者——英国天文学家弗雷德·霍伊尔（Fred Hoyle）。1949年，他在广播节目中用Big Bang（即“大爆炸”）来嘲笑勒梅特的理论。这一表达形象地模拟出爆炸时产生的噪声……随后被广泛采纳，并沿用至今。

美国威尔逊山天文台的胡克望远镜（主反射镜直径为2.54 m）。

维护稳定性

1916 年，当爱因斯坦提出广义相对论时，他仍然相信宇宙是稳定、不变的。但是，他的方程式得出来的解却显示宇宙是运动的。爱因斯坦尝试往方程式里引入一个宇宙常数，让“他的”宇宙回归平衡，重获和谐。爱因斯坦方程式说明：宇宙正在膨胀。1922 年，俄国数学家、物理学家亚历山大·弗里德曼成为世界上第一个得出爱因斯坦方程式的解的人。

地球

大爆炸还是“要有光”？

1951 年，时任教皇庇护十二世在其题为《当今自然科学启示之下的上帝存在的证据》的讲话中对大爆炸宇宙论表示赞同。他认为勒梅特的论文揭示了造物主至高无上的权力，最初的爆炸跟《创世纪》里“要有光”（Fiat Lux）的说法如出一辙。虽然勒梅特也是一名神职人员，但他并不认同庇护十二世的解读。

“皈依的”爱因斯坦！

在 1927 年的一个物理学家大会上，当勒梅特向爱因斯坦问起自己的理论时，相对论之父的反应显得有些刻薄：“虽然你的计算是正确的，但是你的物理学得非常糟糕！”但是后来他改变了观点。1933 年，爱因斯坦赞扬了勒梅特详细的理论：“这是我听过的最美妙、最令人满意的解释。”

宇宙的年龄

根据目前人类对宇宙起源和形成所掌握的知识，宇宙大概诞生于 **138 亿年前**。

爆炸留下的残影

宇宙背景辐射的发现有力地支持了大爆炸宇宙论。1948 年，乔治·伽莫夫预言了宇宙微波背景辐射的存在，这种辐射是最初大爆炸释放的能量所留下的痕迹。理论上，宇宙中的真空应该是不存在温度的，也就是说 0 K（即绝对零度：-273.15℃）。但美国贝尔实验室的两名研究人员阿尔诺·彭齐亚斯和罗伯特·威尔逊将无线电天线对准天空的时候，捕捉到一个微波信号，并且在各个方向都是一致的。这种背景噪声的温度有 2.728 K——虽然很低，但并不是没有温度的。从大爆炸发生以来，宇宙到现在还未完全冷却。

大爆炸还是大反弹？

大爆炸宇宙论的背后

大爆炸宇宙论是如今最被人广泛接受的、用于解释宇宙起源的模型。但在乔治·勒梅特于 20 世纪 20 年代发表宇宙大爆炸假说之后，这个理论模型得到大量补充、修正及讨论。

太阳系示意图。

大爆炸还是大反弹？

大爆炸宇宙论的成立并不否认**循环过程**的观点，但不等同于从零开始的绝对开端观点。一种可行的模型指出膨胀过程中发生了突变，使得引力引起再冷凝现象。时空聚集导致的结果可能与大爆炸相反——“大挤压”（Big Crunch）。世界的历史或许就是一种不断重复的周期循环：大爆炸、膨胀、收缩、大坍缩。我们将这个循环过程称为“大反弹”。1933 年，乔治·勒梅特用长生鸟（传说中一种在灰烬中不断再生的鸟）的形象已经预料了这个过程。

你是说大爆炸？

通常，我们在介绍大爆炸宇宙论的时候，都会把它形容成一个壮观的、规模巨大的**爆炸**。这种缩略版解释不仅删减遗漏了很多东西，而且还是错误的！根据大爆炸模型，宇宙最初聚集在一个狭小的空间，密度极大且温度极高，膨胀的过程非常快。但这并不意味着宇宙之前什么也没有，或者说时间开始之后才出现东西的。至于爆炸这个说法，它只是用来形容快速又突然的膨胀的比喻罢了。

古老的模棱两可

在大爆炸宇宙论提出之时，就有对该理论是科学版本的上帝创世说的过度**解读**。虽然理论提出者乔治·勒梅特本身是一名耶稣会神父，但是他对这种混杂说法表示强烈的反对。他强调自己的“原始原子”假说所描述的不是一种创造，而只是一种“开始”。

“多元宇宙”理论示意图。该理论假设存在无限个宇宙。

多个世界的撞击

一种从**弦理论**扩充而来的宇宙学模型认为，宇宙是多个宇宙的集合或“多元膜宇宙”。这些膜是由弦在各个维度铺开而形成的，我们能够观测的宇宙就是位于其中的一张“膜宇宙”上。但是，多元宇宙还包括许多其他的东西。两张膜发生碰撞会导致“大碰撞”，释放出的能量和微粒使得每张膜的结构发生完全重组并膨胀……这跟大爆炸惊人地相似。另外，在碰撞之后，这些膜会发生反弹，接着再次相互靠近，就这样一直进行着创造宇宙的循环。

泡泡宇宙

在大爆炸理论提出之后不久出现的宇宙暴胀理论引出了**“泡泡宇宙”**假说。暴胀场在宇宙中均匀地分布，但暴胀的“推力”随处都有可能发生，制造出与我们宇宙相似的其他宇宙。根据这个观点，可观测宇宙仅是众多宇宙中的一个，甚至还有其他数不尽的宇宙。但这个观点也只是“多重宇宙”的一种说法。

暴胀宇宙

宇宙膨胀总是令我们感到惊讶。天文物理学家通过对我们宇宙的演变进行仔细研究，认为宇宙在大爆炸之后并不是有规律地伸展，而是在早期经历了一段快速膨胀的过程。为解释这种暴胀，人们推测出一个完全基于假设的微粒产生了反引力！1979年开始，阿兰·古斯发展了这个“宇宙暴胀理论”。

“大挤压”示意图。

托勒密，绘制星图的人

忘恩负义的后来人

当哥白尼和伽利略的发现变成主流，托勒密的地心说被盖上科学史上一顶滑稽的驴耳纸帽[1]。但在过去，他的地心说曾是最辉煌的科学成就之一。

希腊人的宇宙

托勒密研究宇宙学的基础与亚里士多德留下的宇宙学理论相符合。行星沿着其终年不变的轨道运行，这些同心球都是以地球为中心，并且地球也是固定不动的。月球、太阳、5个“流浪”恒星的位置分别对应金星、水星、火星、土星及“固定”恒星。

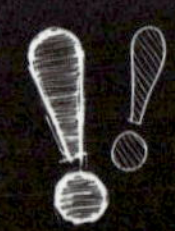

天穹目录

希腊天文学家克罗狄斯·**托勒密**长期生活在亚历山大城（Alexandrie）。在文艺复兴以前，他的主要著作《天文学大成》一直是天文学的参考指南。全书共有13卷，记录了48个星座中的1 022颗恒星。

托勒密的宇宙系统：地球、天球与十二星座。

圆周运动

亚里士多德认为天体永远围绕地球这一宇宙中心作匀速圆周运动，但观测结果驳斥了这种理想模型。托勒密虽然不赞同行星是镶嵌在固定不动的地球之外的同心圆的观点，但是他认为天体都绕着一个较小的圆周上运动。这种概念比亚里士多德的圆周运动更加灵活。因此，托勒密能够想象出理想圆周运动和真实轨道运动的中间状态。

1. 法国学校过去惩罚笨小学生的帽子。——译者注

圆中圆

本轮－均轮模型将圆轨道观测到的异常现象进行了调和。佩加的阿波罗尼奥斯和尼西亚的喜帕斯在托勒密之前就已经提出了这个概念。这一模型包括两个圆周运动，地球为中心的大圆叫“均轮”，另一个以大圆上的点为中心运动的小圆“本轮”。该中心不是天体的中心，是循着均轮（相当于轨）转动的本轮中心。

用于测定天体位置的星盘。

托勒密的工具

托勒密用什么仪器来进行计算呢？最简单的便是早已被埃及人使用的日晷，实际上就是立在地上或石头上的一根棍子。他也用过类似浑天仪的星盘，这种仪器由多个可移动的圆圈组成，表示天体在天球中的坐标方位（赤道坐标、黄道经度、地平坐标等），能够测定天体的位置。另外，托勒密还用过视差仪，这是一种由拼成等腰三角形的三把尺子组成的仪器，其中两把尺子可以移动。以上三种仪器都是用木头制成的。

从一个世界到另一个世界

642 年，穆斯林夺取亚历山大城之后，阿拉伯世界的学者重振了希腊的遗产。他们翻译了一些古代重要的论著，尤其是托勒密的《天文学大成》，他们将其重新命名，并根据自己所观测到的现象对托勒密的模型表示批评。1453 年奥斯曼土耳其帝国攻占了君士坦丁堡后，西方国家通过托勒密著作的阿拉伯译本重新了解托勒密。

光辉与衰落

托勒密居住工作的亚历山大城是埃及的一座港口城市，公元 2 世纪之前一是希腊文化的中心。另一位托勒密——托勒密一世是埃及国王和亚历山大大帝的继者，他搜集了当时最伟大学者的著作并将其放在城市博物馆和亚历山大图书馆里。是一个富有传奇色彩的图书馆：它汇集了来自希腊世界和马其顿帝国（其领土一直伸到印度）成千上万的手稿，后来被罗马人破坏，它的摧毁也意味着古代文化的结和科学思想的衰落。

哥白尼，第一位现代天文学家

尼古拉·哥白尼。

引起轰动的人

1473 年，**尼古拉·哥白尼**出生于波兰托伦市（Thorn）。他就读于克拉科夫大学，随后在博洛尼亚大学继续学习，他也是质疑托勒密权威的天文学家多梅尼科·玛丽·诺瓦拉的助手及协作者。在与玛丽·诺瓦拉一起工作的过程中，哥白尼完成了他早期的天体观测，尤其是观测到月亮遮掩毕宿五的偏蚀现象。哥白尼学过数学、天文学，还有医学、法律和希腊语。他崇尚文艺复兴的人文主义精神，同时他也是一名教会人员：1497 年，他就任修士一职。

世界的中心

文艺复兴初期，人们依旧相信托勒密的宇宙观：地球是宇宙的中心，所有的天体绕轨运行。

下定决心

理性使哥白尼放弃了史学家争论不休的地心说。他通过引入偏心匀速点（地球相对轨道中心的偏差）的概念，认为托勒密的模型破坏了匀速圆周运动的和谐。

困难重重的发表之路

哥白尼的**主要著作**《天体运行论》完成于 1530 年，但是在他临终前夕的 1543 年才发表。1540 年，在他弟子约阿希姆·雷蒂库斯发表的文章中，雷蒂库斯公布了哥白尼的理论。他说服哥白尼公开发表他的论文，但哥白尼一直迟迟不愿发表。

动荡不安的世界

哥白尼向我们介绍的**宇宙**不止对一个普遍承认的原理提出了质疑，而是对两个原理产生怀疑：他认为地球不仅绕着太阳公转，而且也会自转！在他之前其实也已经有人提出地球自转的观点，但直到 1851 年，莱昂·傅科（Léon Foucault）才用单摆实验证实了地球的自转。

不完美的模型

人们错误地相信，哥白尼是证明了地球围绕太阳转的人。他的日心说确实上天文学向前迈出了巨大一步，但是他的理论系统并不完美。因为他所使用的观测数据基本不精确，而且一直坚持匀速圆周运动的理想观点。他没有意识到行星的轨道其实更加复杂，直到开普勒的出现才揭开了行星轨道的性质。

决定性的突破

无疑，《天体运行论》标志着一个全新时期的开始，一些人甚至认为即将迎来一场科学革命。除了获得这项发现所用的正确方法外，推理的过程更上这一发现变成人类思想上具有决定性的一步：在哥白尼之后，人们不断地意识到世界不是以人为中心转动的！

哥白尼的世界体系。

网格之间

为什么哥白尼的著作发表之后没有立刻遭到教会的批判呢？有一种解释是《天体运行论》的编者奥西安德在序言中把哥白尼的观点改成一种计算假说，将其影响最小化。不管怎样，在 1616 年的第一次“伽利略案”中，《天体运行论》被列为禁书。

迟来的科普

哥白尼的日心说在早期几乎没有拥护者，普及这一学说的是莱茵霍尔德。虽然他本人并不是一名坚定的哥白尼拥护者，并且还认为日心说是一种有关算术的把戏。但是莱茵霍尔德于 1551 年发表的《普鲁士星表》正是在哥白尼模型的基础上编写的，能够预测众多天文现象（天体的位置、蚀等）。

布鲁诺和文艺复兴时期的天才

学者主教

尼古拉斯·克雷布斯出生于德国莱茵兰摩泽尔河的河岸地区，以其家乡名字来称呼则是尼古拉斯·库萨。克雷布斯是一名天主教枢机主教及哲学家，并且比其他任何人都更能代表中世纪到文艺复兴的转变时期。克雷布斯的主攻方向为哲学，但他曾以多重身份呼吁：科学革命即将来临。他将宇宙称为“世界机器”，认为宇宙是无尽的，不存在宇宙的中心及地球的不断移动。他也对几何学充满了兴趣，并从数学家和神学家的角度来思考无穷的意义。

列奥纳多·达·芬奇的手稿中出现了直升机的雏形。

叛逆者的生平

1548 年，**菲利普·布鲁诺**出生于那不勒斯。后来，为了向他的数学老师表示敬意，布鲁诺将姓氏改为乔尔丹诺。15 岁时，他被授予多明我会修士的身份。1576 年，他被指控为异教徒（阅读禁书）并被逐出了教会，随后逃亡至新教城市日内瓦。由于和新教统治集团意见相左，1578 年布鲁诺被革除教籍。1588 年，他再一次遭到了驱逐，而这一次是路德教教会。之后，他又跟英国圣公会产生了尖锐的矛盾。人们认为布鲁诺与教会权威及教义之间的确存在着问题。

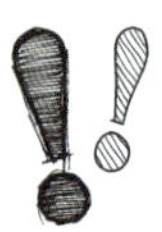

全方位的天才

列奥纳多·达·芬奇是一位伟大的艺术家。创作出家喻户晓的《蒙娜丽莎》和《维特鲁威人》的他，也是一位才华横溢的工程师。这位意大利的伟大天才有着广泛且强烈的好奇心，促使他用科学思想去钻研各种各样的现象，他对解剖学、地质学、流体动力学和力学都充满了浓厚的兴趣。虽然并不是所有研究最后都得到了重大的发现，但是达·芬奇还给后世留下了大量艺术和科学研究的手稿，它们证明了达·芬奇确实是一位学识渊博的人。

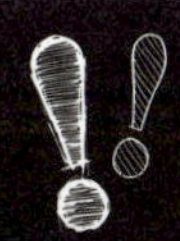

有条不紊的头脑

布鲁诺拥有非同常人的**记忆力**，他从雷蒙·卢尔所提出的“逻辑机器”的想法中得到启发，发展了记忆方法。凭借这个才能，他得到了法兰西国王亨利三世的保护：布鲁诺的记忆力给国王留下深刻印象，从1578年到1583年，布鲁诺受三世邀请，在皇宫中居住。

向无尽前进！

乔尔丹诺·布鲁诺不只是赞同哥白尼的**日心说**——《天体运行论》在那时还未被教会列为禁书。继尼古拉斯·库萨之后，布鲁诺也认为宇宙是无尽的且不存在宇宙中心。他声称恒星跟太阳一样，被居住着理性生物的行星围绕。

航船实验

虽然布鲁诺大部分著作是来自他的观察和思考，但**实验**也对他的思想产生一定的影响。他让人站在一艘航行中的船只的桅杆上，从顶端松开一个东西，而他则从岸边观察该物品的运动轨迹。人们凭直觉都猜测它会垂直落下，在甲板上也是如此。但是如果从一个定点（比如河岸）观察，那么看到的运动轨迹则是一条曲线（抛物线）。物体因船的运动而拥有了水平方向的初速度，且在下落过程中保持水平方向的速度。这个曲线就是初速度和地球引力合力的结果。

从起源到力学

布鲁诺通过简单绝妙的航船实验，证明了现实中存在着让·布里丹所假设的动量。他带来了惯性、引力、参照物及运动相对性的概念，铺平了通向**现代力学**的道路。伽利略和后来的爱因斯坦也都会想起他的贡献。

科学丑闻

布鲁诺的**理论**都是基于他自己的思考得出。他将他的理论融入泛神论神学（把神和他的创世视为同一的理论）和对重生的信仰之中，但却因此遭到了罗马教廷的严惩。1592年，布鲁诺在威尼斯被捕入狱，最后被宗教裁判所判为“异端”分子，于1600年被烧死在罗马鲜花广场。

乔尔丹诺·布鲁诺将思想与分布在同心圆上的轨迹联系在一起。当同心圆旋转时，既创造了思想的融合，也反映了图像与思维的演变关系。

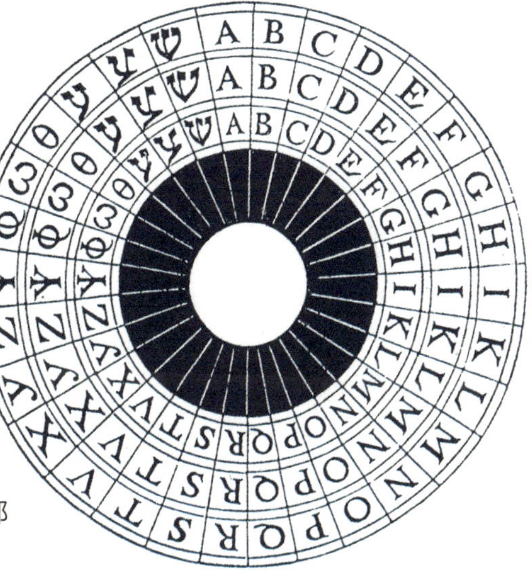

真空真的存在吗?

“真空”与“以太”

从古代开始，就存在两个针锋相对的**观点**。一种是原子物理学家的观点，他们认为世界是由运动在真空中的原子构成的，而真空是原子自由运动所必不可少的条件。斯多葛主义者也承认存在真空，但它位于物质世界之外。另一种是亚里士多德所坚持的观点。与前者不同，亚里士多德认为“自然厌恶真空”（la nature a horreur du vide）；除了构成物质的 4 种元素之外，所有的宇宙都包裹在名叫第五元素的“以太”之中。

可怜的真空

弗洛林·比里埃发现**大气压强**会随着海拔的升高而降低，于是他让自己的内弟布莱兹·帕斯卡来证明真空的存在。笛卡尔则不赞同这个观点，他相信整个宇宙都被物质所填满。然而最后，真空的的确确印刻在每个人的脑海之中。

厌恶真空的教会

对**“自然厌恶真空”**（L’ Horror Vacui）观点的质疑相当于对天主教的宣战。然而基督教比亚里士多德的哲学更支持真空说：基督教教义中描述的创世前的虚无与真空的概念相似，而古希腊哲学家则认为宇宙中存在的万物都是永久的。巴黎的主教艾蒂安·唐皮耶甚至将亚里士多德关于“自然厌恶真空”的论文划为禁书。在他看来，真空限制了上帝至高无上的权力：上帝能够创造设计一切，包括真空。1325 年，这一法令被撤销。直到 17 世纪，“自然厌恶真空”的论断一直占据主流地位。

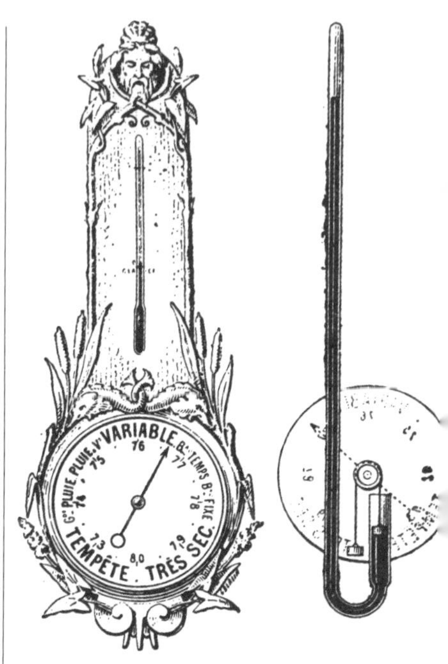

第一个气压计。

真空与压强

1643 年，托里拆利发明了**气压计**。这一发明重新激起人们对于真空是否存在这个问题的思考（见第 129 页图）。根据气压的大小，玻璃管里的水银降到相应的位置。但水银柱上面的空间是什么呢？在托里拆利看来，这就是真空，因为水银在降低之前是充满整个玻璃管的。

真空的力量

1654年，时任马德堡市市长的工程师**奥托·冯·格里克**完成了一个轰动一时的实验，证明了真空的真实性。他将两个空心铜制半球紧密地合在一起，拼成一个大球。用气泵抽出球内的空气之后，就无法将两个半球分开。即使在球的两边分别让8匹马同时拉，但球依旧纹丝不动。

奥托·冯·格里克用来证明真空存在的实验。

真空还是以太?

光波理论和万有引力定律分别表示存在着带光波的介质和重力。1873年，当麦克斯韦在介绍电磁和光学理论时，他重申了假设一个光以太的必要性。

真空的胜利

阿尔伯特·爱因斯坦的狭义相对论让人们不再相信载有各种电磁波的光以太的存在。1887年，迈克尔逊和莫雷希望通过实验证明有“以太风”的存在，他们设想“以太风”或许是地球相对静止时以太运动产生的。基于迈克尔逊-莫雷实验，爱因斯坦得出电磁波能在真空中传播的结论。

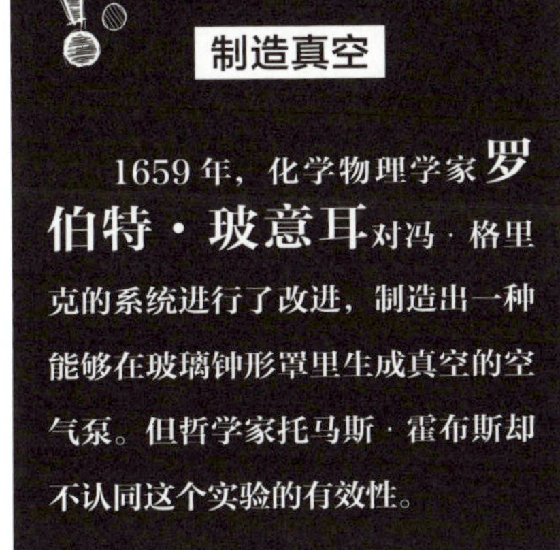

制造真空

1659年，化学物理学家**罗伯特·玻意耳**对冯·格里克的系统进行了改进，制造出一种能够在玻璃钟形罩里生成真空的空气泵。但哲学家托马斯·霍布斯却不认同这个实验的有效性。

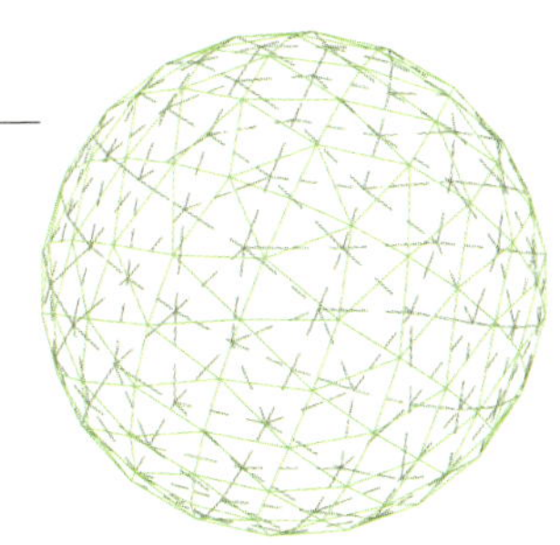

真空真多!

原子结构方面的**物理学**发展显示，原子并不是早期微粒说所设想的实心球体。事实上，原子的内部几乎都是……真空!

伽利略：看，星球在运动！

星球的音乐

伽利略是一名数学家、物理学家、工程师及天文学家。1564 年，他出生在意大利比萨。他的音乐家父亲教他弹奏诗琴，音乐和科学的距离并不如我们所想的那样遥远：从毕达哥拉斯开始，声乐学习在研究自然的过程中十分重要，弦振动也是众多学者一直思考的问题。据说伽利略为了测定实验的时长，除了用他自己的脉搏计时之外，甚至根据音乐的速度来计时！

天文望远镜的发明

1609 年，伽利略在帕多瓦大学教授数学期间，收到了一封他曾经一名学生的来信。在信中，学生向他介绍了荷兰人发明的望远镜。通过将远处的物体放大，使人们能够看到更远的东西。伽利略不仅自己做出了一台望远镜，且将放大倍数增至 30 倍（之前的透镜放大倍数为 4 倍）。他的想法简单却非凡：站在迷人的星空之下，将望远镜对准天空……一个全新的宇宙便出现在眼前！这是人类历史上第一台天文望远镜。

现代物理学之父

伽利略被看作是现代物理学的奠基人，他相信宇宙这本“巨书”是“用数学的语言写成的”。为了弄清落体运动的规律，他让一个球从斜面上滚下，或观察蝴蝶在船舱中的变化过程。他推断出的相关原理是后来几个世纪的物理学基础。他观察到物体在做自由落体运动时下落的速度会加快，于是推测存在着一个不断作用于物体的力——之后被我们称作“重力”。

兴趣广泛的学者

伽利略对许多物理学问题都充满兴趣，例如光速和水力。1612 年，他撰写了一本有关浮体的对话集《水中浮体对话集》。他在书中称，因为冰的密度小于水，所以冰能够浮在水面上。

哥白尼的日心说

多年以来，伽利略一直教授托勒密主张的天文学理论，因为他认为日心说没有足够的证据来支撑。但是经过观察和思考，他最终还是选择相信哥白尼的日心说理论，即包括地球在内的所有行星都绕着太阳旋转。而伽利略也以该观点捍卫者的身份在历史上留下痕迹。

伽利略制作的最早的两台天文望远镜。

宇宙奇观

自从用望远镜来观测漫天星斗，伽利略就不停地惊叹于这壮丽的星空：他看到月球表面坑坑洼洼的陨石坑和环形山，注意到金星跟月球一样有位相变化，发现银河实际上是一个巨型的星团。除此之外，他还发现绕着木星运行的四颗卫星（现称伽里略卫星），并意识到宇宙中的万物并不是都围着地球旋转的……1610 年，伽利略把他的天文“独家新闻”写进了他的《星际信使》中，使其在全球学者界里树立了声望。

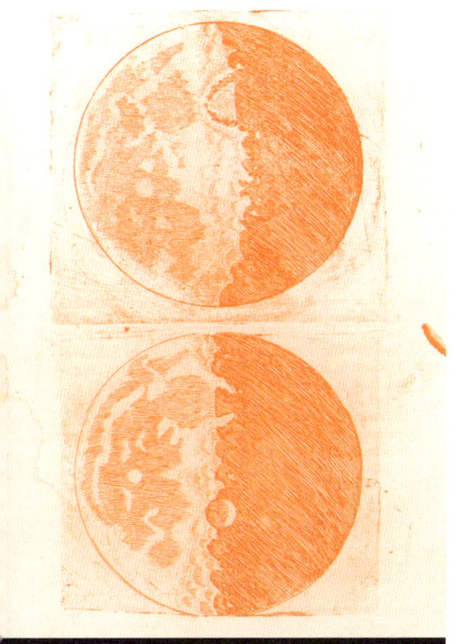

1610 年，用望远镜观测到的月球。

扰乱秩序的真相

1632 年，伽利略改变了之前的态度，转而支持日心说。然而教会官方强烈反对日心说，并在 1616 年将其裁定为异端邪说。很多人劝说他小心行事，但他自认为与教皇乌尔班八世的友谊能够为自己保驾护航。伽利略出书时未使用拉丁语这个属于学者、有学之士及神职人员的语言，而是大众都能理解的通俗语——意大利语（让所有人都能阅读），这使得他的处境再一次恶化。1633 年，他被教会审判定罪，要求跪在罗马圣职部的会议厅前公开宣布自己以前的言论无效。随后，他说出了一句著名的语录（真实性有待考察）：“但是它仍转动！（Eppur si muove！）”很显然，这里的“它”就是指的地球。伽利略虽然未遭到火刑，但直到 1642 年去世前，他一直被软禁在家。1638 年，他发表了最后一部物理学著作——《关于两门新科学的对话》。

沉浸在星空里

18 世纪约翰 · 弗兰斯蒂德编号中的大熊座。

宇宙的另一边

阿拉伯人认为组成**大熊座**的北斗七星表现的是三个哭丧妇和一口棺材，而在罗马人看来则是 7 只在天空中耕耘的牛。这就是大熊座过去名字“七牛星”的来历。北斗七星能够指出北极星，并绕着这颗星转动（有观点认为大熊座是一种“拱极”星座）。

繁星为所有人而闪耀

在许多文化的天球图里都有一些用图案来呈现的**星座**，这些易于识别的图案称为“星群”。由于各个文化拥有不同的神话与背景素材，因此在不同的文化背景下，对星座的解释也就不同。例如，仙后座中构成 W 形状的五颗星在阿拉伯人看来是一只骆驼，斯堪的纳维亚人则认为是五位女王。而对于生活在大洋洲马绍尔群岛上的人来说，这五颗星是海豚的尾巴。

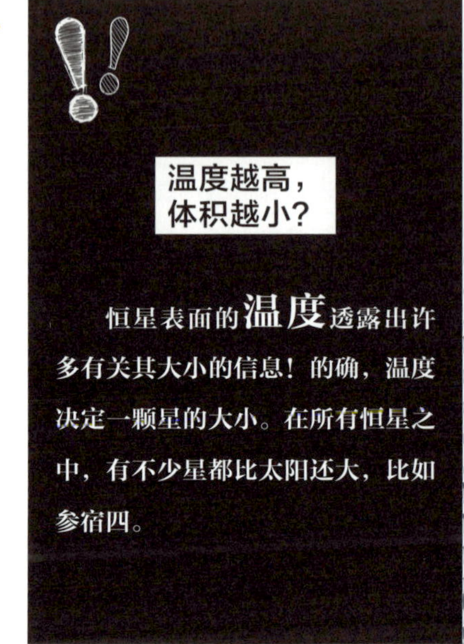

温度越高，体积越小？

恒星表面的**温度**透露出许多有关其大小的信息！的确，温度决定一颗星的大小。在所有恒星之中，有不少星都比太阳还大，比如参宿四。

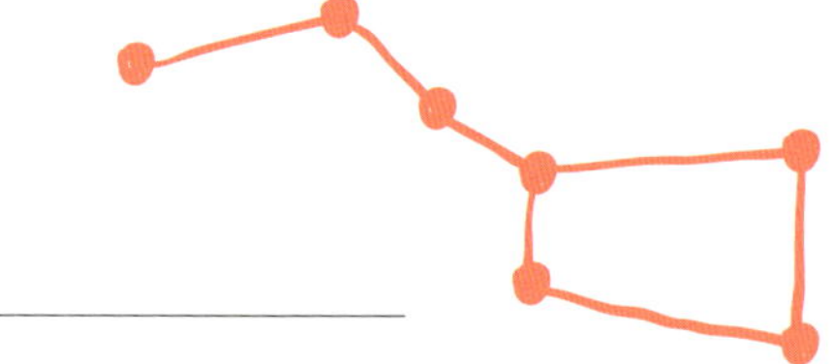

大熊座的变形

大熊座的形状像一只带柄的**平底锅**，它是北半球天空中最容易认出来的星座。从前有一位名叫卡力斯托的少女，宙斯爱上了她，赫拉出于嫉妒将她变成了一只熊，这就是希腊神话中有关大熊座的故事。我们非常惊讶地发现，在一些相隔遥远的文化中，关于北斗七星的故事都大同小异：美洲印第安人眼中这是一只被三个猎手追捕的灰熊，在巴斯克、蒙古及希伯来的文化中都有类似的桥段。一些天文学家认为，这场发生在天空中的追捕戏来自于亚洲的狩猎者。早在 14 000 年前，他们通过白令海峡将狩猎文化带到了北美，使得狩猎采集的故事成为人类史上最古老的传说之一。

从流浪天体到行星

太阳系**八大行星**中，有 6 个很早便被希腊人获知。我们所熟知的行星名字借鉴于罗马众神，但在过去，它们并没使用现在的名字：金星是 Phosphoros、Hespéros（意思分别是早晨和夜晚），水星是 Stilbon，火星是 Pyroeis，木星是 Phaéton，土星是 Phainôn。古人无法将它们与恒星区分开来，称其为“流浪天体”，因为它们在天空中不断地移动，构成了“静止”天空中的星座，而其他更远的星看起来像是固定不动的。

流星。

牛奶与黑夜

如今，我们知道银河是我们所在的螺旋星系，人类站在它其中一只“手臂”上观察它。银河之所以这么有名，是因为一则希腊神话故事：宙斯为了让自己的儿子赫拉克勒斯得到永生，就让赫拉克勒斯去吸吮他夫人赫拉的乳汁。赫拉反应过来后立刻将这个半人半神的婴儿推了出去，喷溅出的乳汁撒到空中就变成了银河。“Galaxie”这个词也是从这个故事里衍生出来的，因为它最初的希腊语是“galaxias kyklos”，意思是“乳之路”。

切割天空

如今，整个天空中有88个星座，其中有48个已经在《天文学大成》中由托勒密确定。1930年，国际天文学联合会将这些星座确定下来。星座是用于绘制宇宙的参考点，并不是存在的实体，因为在我们看来很近的几颗星实际上相距十万八千里，甚至是几千光年！

十亿颗恒星

2016年，欧洲航天局发布了一张非常精确的银河系图。这张图基于“盖亚”卫星的观测结果，标识出超过十亿颗恒星的精确位置和亮度。

流星雨

每年的某一段时期，通常是夏季，流星雨纷至沓来，划破夜空。人们认为流星能够实现梦想。但是它们从哪里来的呢？彗星在宇宙中运行时会产生众多小碎片，这些碎片在接近地球时会在大气里燃烧殆尽，在夜空中表现为一道光迹，这就叫流星。

银河系，我们星系的中心。

天文学家的工具箱

仔细观察

17 世纪初期，眼镜商**汉斯 · 利伯希**造出了一架望远镜，或者说是透镜管。这个透镜管含有两片能够放大观察对象的透镜。当时的技术所生产出的浅色玻璃、含有夹杂物（气泡、杂质），所以在观测时就会导致色差（出现彩虹）。伽利略对透镜进行改进后，不仅能够看到月球上的陨石坑，还有金星的位相和木星的卫星，这使得他对地心说产生了质疑。望远镜的发明在当时真可谓是一场革命！

月球与其表面的陨石坑。

提高放大率

1611 年，**约翰尼斯 · 开普勒**发明了凸透镜望远镜，调节它的长度（焦距）可以改变放大率、拓展视角、收集更多的光：人们用这个望远镜辨认出新的天体，并发现银河是由众多星星组成的！追求更大放大率的竞赛由此开始。光学仪器越来越大，焦距越来越长（直至 46 m），再加上望远镜基座的支撑，人类可以更好地固定和使用望远镜。

于 18 世纪发现的天王星

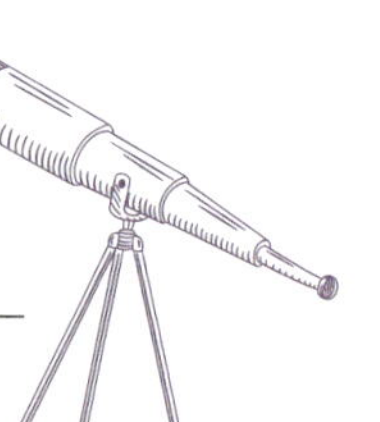

不断变大的镜子！

1668 年，**艾萨克 · 牛顿**发明了牛顿望远镜。该望远镜用一副反射镜来搜集光线，消除了色差的问题，并且它的体积比普通望远镜（相同放大率）更小。虽然古铜色的镜子反射能力差，光线非常暗淡，但这并不妨碍它为反射式望远镜的发展铺平了道路。现在，我们正在建造一些直径长达几米的望远镜：大麦哲伦望远镜（预计 2020 年完工）拥有多个直径达 8 m 的反射镜；欧洲极大望远镜（预计 2025 年完工）的所有小镜片拼接而成的主镜的直径达 39.3 m。

宇宙在扩大！

出生在德国的**威廉 · 赫歇尔**是一名热爱天文的管风琴演奏家。他最重要的成就无疑就是发现了天王星，尽管这个行星很小，亮度也很低。再后来，自古以来就相对隐蔽的天王星被纳入太阳系行星。

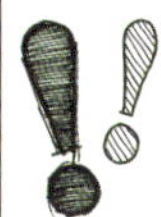

天文望远镜是怎么运作的？

天文望远镜的轴心要对准天空中或明或暗的天体。第一个镜片捕捉并聚焦它的光线，随后反射到第二个镜片，后者再将其传递到目镜上。最后，目镜生成所观测的天体的图像。以前人们是直接用肉眼观测天体，而现在天体的图像经捕捉器的分析后直接出现在屏幕上。

伊卡罗斯的梦想

裸眼观察太阳对眼睛的伤害很大，因为这能在几秒钟内对眼睛造成损伤，甚至不会引起明显的疼痛。因此观察天体需要采用间接观察的方式：投影。若要直接观察，那么聚酯薄膜片、焊接工的眼镜或是聚合物片则是必不可少的装备。1995 年，SOHO 人造卫星发射升空并以太阳为中心进行绕轨运行。SOHO 人造卫星用以研究太阳的结构、温度、太阳风及监控耀斑的情况。

解剖宇宙光线

在天文学上，对星星的光谱（电磁波）进行分析能够让我们了解到它们的化学构成、速度及温度。1930 年之前，射电望远镜（用于分析电磁波）开始投入使用。二战之后，修建了许多大型天线来捕捉电磁波。科学家依靠这些天线发现了类星体（遥远星系的核心）和脉冲星（高速旋转的高密度中子星）。2016 年末，世界上最大的射电望远镜 FAST（500 m 口径球面射电望远镜）在中国落成，用于研究脉冲星、地外信息及星系间相互作用。

摆脱干扰物

太空观测会受到众多因素的干扰：城市的光污染使观测活动变得困难，现代社会产生的各种波（电信通信、微波……）会造成干扰，大气吸收并改变一部分波长。因此，地球上的太空望远镜主要接收可见光谱和红外线，需修建在高海拔处，远离人口聚集区。另外，火箭会将探测卫星和太空望远镜送至太空中的轨道，以获取高质量的数据信息。

大型欧式望远镜模型。

丹麦天文学家第谷·布拉赫。

可笑的折中

布拉赫用天空静止的观点打破了亚里士多德的理论，但是他并不反对托勒密的地心说。他拒绝接受哥白尼的观点，试图把一个以地球为中心的世界与自己的最新观测结果结合起来，结果就与托勒密的体系产生了矛盾。因此布拉赫就提出一种介于地心说和日心说之间的宇宙结构体系模型：行星绕着太阳转动，太阳则绕着地球转动。这一理论成为所有日心说反对者的庇护所，但这个蹩脚的折中观点从未说服任何一个天文学家。

万星之主

1576 年，丹麦国王将汶岛（l'île de Ven）赐予布拉赫作为新天文台台址，布拉赫让人在此地修建了世界上第一座大型的现代天文台“观天堡”。他加大观测仪器的体积来提高精确度，增加自己与合作者之间的交流来提出更多的措施。这项工作并不比其他用肉眼进行的观测活动容易，因为在那个时候天文望远镜还没有发明出来！

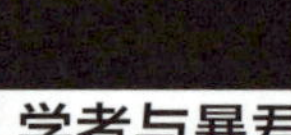

过时的亚里士多德

第谷·布拉赫（Tycho Brahe）是丹麦天文学家、占星学家，近代天文学的奠基人，出生在丹麦王国的一个贵族家庭。1572 年，布拉赫发现一颗新星，让他下定决心将毕生精力都投入天文学的研究中。后来，这颗新星被认为是一颗超新星，是恒星在演化接近末期时经历的一种剧烈爆发产生的。1573 年，布拉赫出版了《新星》一书。在书中他指出这颗新星不在月球轨道内，也不发生亚里士多德所说的变化，而是一颗固定的星星，在哲学观念看来是不变化移动的。在此之前，布拉赫已经编制好一张标有天体详细位置的星表。

学者与暴君！

第谷·布拉赫给人留下了一个独裁主的形象。在完成他宏大科学计划的过程中，他虐待领地里的农民，剥削自己的仆人，对待自己的合作者一点也不热情。在他去世后，接替了其位置的开普勒是他最杰出的学生，但是开普勒曾写过：“第谷是一个很难应付的人，和他相处根本不可能”！

文岛上的星堡天文台。

轨道的奥秘

布拉赫将自己的观测成果遗赠给自己的学生开普勒：这是一笔货真价实的宝藏，是他近三十年的心血，精确度在当时无人可比。在 1601 年，开普勒接任老师布拉赫的位置成为御用数学家，设法解开行星运动背后的数学难题。虽然，当时他相信包括地球在内的行星都绕太阳转动，但布拉赫和开普勒的观测数据都不符合古希腊天文学家提出的关于匀速圆周运动的理念。

留作遗产的天空

1600 年，由于针对新教徒的宗教迫害，时任格拉茨大学数学教授的约翰尼斯·开普勒不得不选择逃亡。他来到布拉格成为布拉赫的助手，布拉赫让他研究火星的运行轨迹：他花了超过 8 年的时间来解开这个颇费脑筋的难题！作为辛苦工作的回报，这颗红色的星球也向他透露了天体运行的秘密……

开普勒三大定律

经过多年的辛苦研究，开普勒提出支配行星围绕太阳运动的三大定律。第一定律叫作“轨道定律”，每一颗行星沿各自的椭圆轨道环绕太阳，而太阳处在椭圆的其中一个焦点上；第二定律叫作“等面积定律”，行星和太阳的连线在相等的时间内扫过的面积相等；第三定律叫作“周期定律”，行星轨道长半轴的立方与公转周期的平方成比例。

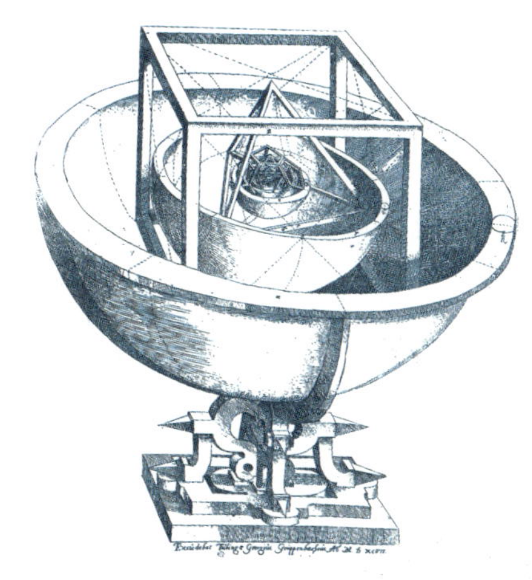
建立在五个正多面体中的开普勒的宇宙模型。

十大著名天文台

1. 伊拉克，巴格达天文台

829 年，巴格达建立了历史上第一座永久天文台，与智慧宫的图书馆相连。

2. 丹麦，观天堡天文台

这是现代第一座大型天文台。1576 年，第谷·布拉赫在丹麦国王赠予他的汶岛上建立了这座天文台。布拉赫被迫流放之后，岛上的居民摧毁了观天堡天文台。

位于智利的甚大望远镜是世界上进行天文观测的胜地之一。

3. 法兰西岛，默东天文台

1871 年，普鲁士人放火烧毁默东城堡之后，曾经在这个城堡安装过相关仪器的天文学家儒勒·让桑提出修整废墟的要求。1879 年，在得到批准后，让桑决定修建一座新的天文台。巨型穹顶工程于 1889 年开工，用来保护让桑想要的巨型望远镜。另外还配有两个物镜，其中一个的直径为 83 cm。默东天文台于 1896 年完工，它有欧洲最大的望远镜，在全世界排名第三。1927 年，默东天文台合并到巴黎天文台。

儒勒·让桑的巨型望远镜。

4. 英国，天文宫

1786 年，在现今的伯克郡斯劳市，威廉·赫歇尔和妹妹卡洛琳建立了天文宫（observatory house）。天文宫里安装有一台 40 ft（约 12 m）的望远镜，这在当时是世界上最大的望远镜。威廉的儿子约翰出生于 1792 年，他也是一名天文学家。但在后来，天文宫非常不幸地被摧毁了。

5. 智利，帕瑞纳山天文台

欧洲南方天文台选中了帕瑞纳山
这座山位于智利阿塔卡马沙漠，海拔
高度 2 635 m。这里是全世界气候最
干燥也是人口最少的地区，但是很受
天文学家的欢迎。甚大望远镜（Ver
Large Telescope）由 4 台 8.2 m 口
径的望远镜组成，可见污染排放很低，
使其成为天文观测的绝佳之地。

6. 美国夏威夷，冒纳凯阿天文台

冒纳凯阿天文台位于太平洋中部、海拔高度 4 200 m 的地方。该天文台有两台望远镜，里面装有直径 10 m 的镜子。

7. 美国亚利桑那州，格雷厄姆山国际天文台

格雷厄姆山国际天文台（Mount Graham International Observatory）于 993 年建成，安装有一台梵蒂冈设立的天文望远镜和一个大型双筒望远镜（Large Binocular Telescope）。大双筒望远镜安装在海拔 3 267 m 高的格雷厄姆山顶，由两个直径 8.4 m 的凹镜构成。

8. 法国，日中峰天文台

日中峰天文台位于法国上比利牛斯省比戈尔地区的长迪峰，海拔 2 876 m，于 19 世纪 70 年代开始建造，主体建筑于 1882 年落成。贝尔纳 · 李奥望远镜直径长 2 m，是目前法国本土最大的望远镜，于 1980 年安装在一座高 28 m 的高塔上，与其他设施相距一定的距离。2013 年，天文台所在地列入国际黑暗天空保护区（RICE），旨在保护该区域不受光污染：地处海拔超过 000 m、总黑暗面积为 612 km² 的心脏地区，四周环绕着超过 3 000 km² 的缓冲区，在这个范围里的各个乡镇采取各种办法限制照明。

9. 美国，哈勃空间望远镜

为了避免光污染和地球大气对观测结果造成影响，除了将天文望远镜安装在卫星上，再也没有其他更好的办法了！哈勃空间望远镜于 1990 年发射升空。在发现像差问题之后，哈勃望远镜进行了在轨维修。2016 年 6 月，美国航空航天局（NASA）宣布哈勃望远镜还将继续服役，直到 2021 年。

10. 美国加利福尼亚州，威尔逊山天文台

威尔逊山天文台修建于 1904 年，海拔 1 742 m。1908 年，安装了口径 1.52 m 的海耳望远镜（le Halle）；1917 年，安装了口径 2.54 m 的胡克望远镜（le Hooker）；1919 年，亚伯拉罕 · 迈克尔逊为这架望远镜装了第一架干涉仪。这座天文台见证了多次天文史上重要的时刻，尤其是迈克尔逊为测定光速而进行的实验和哈勃（Hubble）发现的遥远星系。

1997 年，维修过后的哈勃空间望远镜。

月球百态

宇航员托马斯·佩斯凯（Thomas Pesquet）2016年12月在国际空间站拍摄的满月。

月有阴晴圆缺

地球、太阳和月球的位置关系决定了月相的变化：当月球运行到太阳与地球之间的时候，此时的月相叫作新月，在夜晚里无法被看见。当太阳照亮月球的一面而另一面藏起来看不见，这时候就会出现满月。弦的变化与月球绕地球的公转位置一致。月球与太阳的引力的合力作用会对海洋产生影响，从而引发潮汐现象。

满月之日

我们为什么赋予了月亮和月相如此重要的意义？尤其当满月之时，月亮可能会引起一些奇异的效应。很长时间以来，总有一些人对月相变化特别敏感。这就是形容词 lunatique[1] 的来历。那月相的真实影响是什么呢？满月对生育或是暴力行为是否存在可能的影响，这一点还未得到统计数字上的确认，但是，一些研究人员已经测定了满月对睡眠的影响。满月之时，人的睡眠时间一般会更短。但是对这一现象尚未给出科学的解释。

月亮从哪儿来？

人们设想出许多场景来解释月球的形成：如果月球和地球不是同时诞生，那么它可能是由地球抛出去的物质组成的，也许是来自其他地方并被地球引力场捕获的行星。但是现在有着另一个更受认可的理论：年轻的地球与另一个名叫忒伊亚（Theia）的“原行星”碰撞后形成月球。这个夭折的行星留下的碎屑在我们的星球周围打旋，最后聚集在一起，形成了我们的天然卫星。这一灾难场景特别解释了地球和月球的化学组成物质不同的原因。

被降级的行星

从2006年以来，官方规定太阳系只有八大行星。冥王星（Pluton）被降级为矮行星，和谷神星（Cérès）一样都属于这个介于行星和小行星之间的种类。谷神星发现于1801年，是小行星带中已知最大的矮行星。

1. 意为“古怪的”，词根 luna-指月亮。——译者注

月相变化顺序为：（新月—）蛾眉月—上弦月—盈凸—满月—亏凸—下弦月—残月。

月球的颜色

月球是什么**颜色**的呢？这个问题比看起来更平淡无奇。人们通常认为月球是银白色的，但也有可能变成红色：这个现象与月光在大气里的传播有关，而月球颜色的变化经常被认为是不祥的征兆。实际上，月球表面是深灰色的，接近于黑色，这是因为它的反射率非常低，仅有 8%，而地球是 35%。所谓反射率，就是指某个物体反射的光量和它所接受的光量之比。地球发出的光比月光明亮许多，但这只有在太空中的宇航员才能看见。

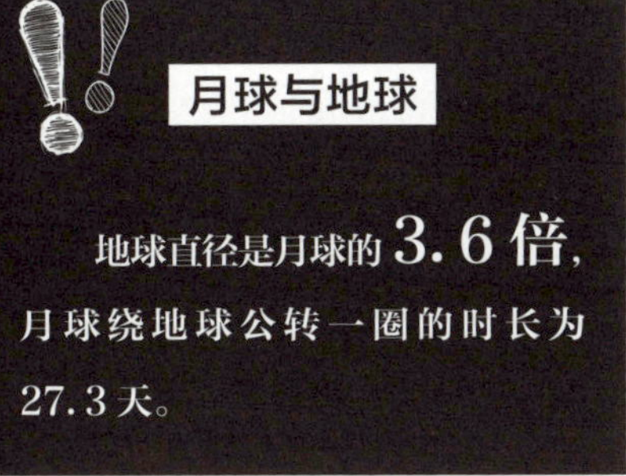

月球与地球

地球直径是月球的 **3.6 倍**，月球绕地球公转一圈的时长为 27.3 天。

宇宙中的交通堵塞

小行星带位于火星和木星轨道之间的区域，里面的天体多达上百万个。有两百多颗直径超过 100 km 的小行星及 100 万颗左右直径约 1 km 的小行星。19 世纪，有一些体积较大的小行星被错误地认为是行星：天文学家注意到在太阳系里已知轨道之间存在着“空白地区”，于是怀疑此处有尚未被发现的天体。

彗星的行程

彗星的移动速度很慢，它的运行轨道呈椭圆形，太阳是其焦点之一，这一点与其他行星相似；但是，它的轨道半径更大，在地球上能够观测到彗星。虽然彗星到来的时间间隔很长，但是它一次能够持续好几天。彗星有彗核和彗发：彗核由冰物质构成，外表带有光晕；彗发主要由气体和尘埃组成。

2004 年拍摄的一颗 NEAT 彗星。

我们是宇宙中唯一的生命吗？

系外行星 HD290458，又称欧西里斯（Osiris）。

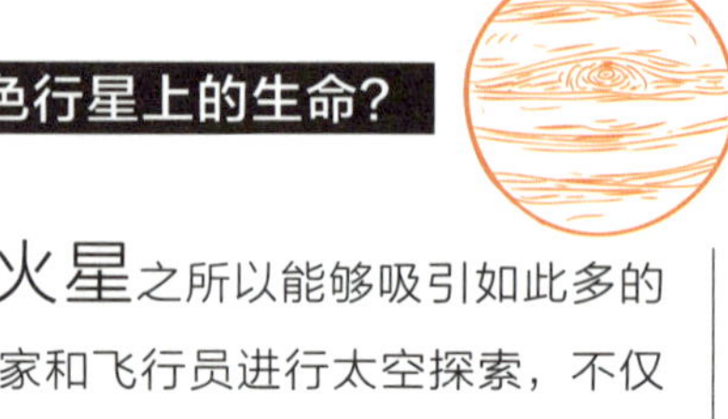

红色行星上的生命？

火星之所以能够吸引如此多的科学家和飞行员进行太空探索，不仅因为它是从地球出发最容易到达的星球，更是因为它是一个适合生命生存的候选家园。2015 年，美国国家航空航天局在火星表面找到了液态水存在的蛛丝马迹。自 2012 年以来，我们知道 40 亿年之前，我们的邻居曾拥有一片海洋。2013 年，史蒂夫 · 伯莱还提出过更为夸张的观点。他认为地球上的生命可能是通过陨石从火星“进口”过来的！

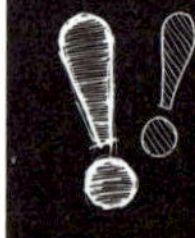

追寻外星人的踪迹

我们宇宙中的“邻居”是否曾访问过地球？自从 1947 年美国飞行员肯尼思 · 阿诺德首次报告不明飞行物以来，到现在已经有数千起目击报告。尽管大多数目击报告最后都被证明是假消息，但仍有一部分事件始终未有令人信服的解释。

喂？是地球吗？

随着射电望远镜技术的发展，人们能够捕捉来自遥远宇宙中的信号。这样的技术发展也引起了人们对于收到来自外星智慧生物的信息的愿望。现在已经收到了许多令人不安的信号，比如大耳朵射电望远镜（Big Ear）于 1977 年收到的“哇！”的信号。这台望远镜属于 20 世纪 60 年代提出的搜寻地外文明计划（SETI，Search for Extra-Terrestrial Intelligence）的框架中。该信号的窄频和频率说明这不是大自然产生的，但是之后未被再次接收。2015 年，俄罗斯的研究者宣布他们捕捉到一个人造信号，来自于一个系外行星的星系。然而，进行 SETI 计划的科学家却认为这一信号来自于一颗军事卫星，而不是外星人。

地外生物学

地外生物学是研究有关生命发展条件以及生命在地球之外的宇宙中可能存在的形式的学科。这门学科不像科幻小说那样东拉西扯，而是一门基于生物化学、天体物理学、比较解剖学以及机械学等的严谨的科学学科。

费米悖论

1950 年，1938 年诺贝尔物理学奖获得者**恩利克·费米**在洛斯阿拉莫斯与他同事的交谈中提到一个著名的悖论：假设宇宙是无限的，或是无穷大的，那么在宇宙中应该存在多种形式的生命，而这其中一定有一些已经拥有了足够先进的科学技术来进行空间穿行。然而，他们现在都在哪儿呢？“费米悖论”后来成为许多讨论、解读及批评的对象。

是否还有其他存有生命的星球？

20 年以来，我们已经发现 **3 500 多个**系外行星。随着探测工具的进一步发展，这一数字在将来很有可能会进一步增长！如今，有一个始终困扰着研究者以及人们的问题：在距地球非常遥远的宇宙中是否会有或者已经存在生命。2018 年，美国国家航空航天局的詹姆斯 · 韦伯太空望远镜将会利用其出色的性能来探测系外行星的大气发出的红外光谱，以便研究适合生命诞生的条件。

2015 年，在火星上拍摄到的水的痕迹。

与第三种类型的相遇

不明飞行物研究小组（GEPAN，groupe d'étude des phènomènes aérospatiaux non identifiès）成立于 1977 年。这个小型组织在经历两次更名之后，最终于 2005 年定名为不明飞行物信息与研究小组（GEIPAN，新增的“I”意为“信息”）。它的主要任务是收集法国境内不明飞行物（即我们上文提到的 OVNI）的目击证明，并尽可能采用最严谨的调查方式进行分析。尽管收集的目击证明都是可靠严肃的，但根据组织提供的信息，大约 15% 的案例仍然无法解释，存在谜团。在这些案例中，有一个关于农民的事件。1965 年，一个农民声称他与外星人面对面近距离相遇，同时还看见一个奇怪的椭圆形机器停在自家的薰衣草田里。地面上留下的痕迹，还有农民所受的伤害都成为此次事件的证据！

十大天文发现

1. 月球陨石坑

月球可能是人类最熟悉的天体。然而，当伽利略将他的天文望远镜对准月球时，人们对于月球的那些旧有的看法便荡然无存了。与亚里士多德所认为的理想化球体不同，月球这个地球的天然卫星，它的表面布满了陨石坑和凹凸不平的土丘。宇宙中其他天体并不比地球更“完美”，这与希腊哲学家们所说的“月亮之下，万物皆变；月亮之上，万物静止”的观点相违背。

2. 银河

伽利略颠覆了人们关于银河的认知：他指出银河是由众多星星组成的。直到 20 世纪，人们才认识到银河是我们所处的星系。

3. 土星光环

尽管在 1610 年，伽利略就已经观察到土星周围存在着一圈奇怪的附属物，但一直等到 1655 年，才由克里斯蒂安 · 惠更斯将这个现象解释清楚：那些看起来像“把手”一样、随后又消失不见的东西实际上是环绕土星的扁平环带，当它变成薄片形态时就无法被观测到。

4. 哈雷彗星

1682 年，爱德蒙 · 哈雷观察到一颗彗星，他猜测这颗彗星跟在 1531 年和 1607 年看到的是同一颗，并宣布它在 1758 年 12 月将再次光顾地球，而最终出现的时间与他的预测仅有几天的误差。这颗彗星在哈雷死后 16 年再次出现，但哈雷本人没能等到这颗彗星回归的那一天。人们用哈雷的名字来命名这颗彗星。哈雷彗星在 1835 年、1910 年以及 1986 年光顾过地球，它的下一次造访预计将会在 2061 年的 7 月。

1986 年 3 月 19 日拍摄的哈雷彗星，此时彗星距离地球表面 1.2 亿 km。

赫歇尔利用这个大型望远镜最终发现了天王星

5. 天王星

1781 年 3 月 13 日，威廉 · 赫歇尔爵士发现了天王星，这是自古希腊时期以来发现的首个新的天体。赫歇尔是一名出生在德国的音乐家，1757 年来到英国定居后便投身于他的另一个爱好：观察天空。出于对当时英国国王乔治三世（Georges III）的尊敬，他将这颗新天体命名为“Georgium Sidus”。而在之后，这个行星改名为“天王星”。

6. 海王星

19 世纪初，两位法国天文学家亚力克西·布瓦尔和弗朗索瓦·阿拉果注意到冥王星运行轨迹中存在异常情况。他们推测这种干扰来源于一颗未知的天体。在阿拉果的建议下，奥本·勒维耶开始计算这个幽灵天体的轨道。他的研究帮助他的德国同事约翰·伽勒在 1846 年成功定位这个天体——海王星(Neptune)。

7. 谷神星

1801 年 1 月 1 日，时任巴勒莫天文台（Observatoire de Palerme）台长的朱塞普·皮亚齐神父发现了第一个小行星，并将其命名为“谷神星”。我们起初将它看作一颗新的行星，因为在当时太阳系还存在着许多尚未探知的空间，人们认为其中充满了各种未知的天体。然而在经过一个多月的观测后，这颗新星突然从意大利天文学家的视线中消失了！后来，被誉为“数学王子”的天文学家卡尔·弗里德里希·高斯成功计算出谷神星的轨道，并帮助海因里希·奥伯斯找到了它。从此我们知道了几百万颗已被观测到的小行星是未能形成行星的天体的残骸。

8. 河外星系

1924 年，美国天文学家爱德文·哈勃宣布太空中一些“模糊不清的东西”实际上是距离我们很远的星系。其中，著名的河外星系有：仙女星系、大麦哲伦星云、小麦哲伦星云、猎犬座河外星系等。

1995 年发现的飞马座 51。

9. 系外行星

第一颗太阳系外行星是由米歇尔·马约尔和迪迪埃·奎洛兹于 1995 年在飞马座 51 附近发现的。从此之后，有 3 500 多颗系外行星被陆续发现。

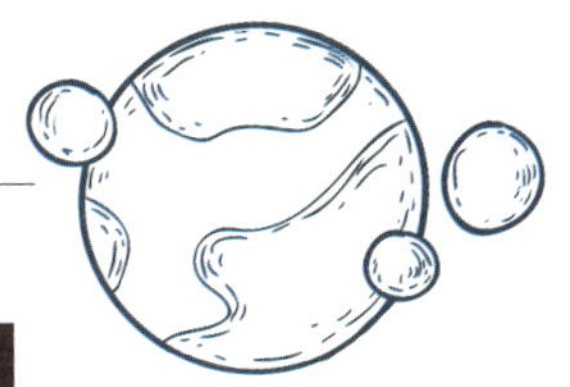

10. 冥王星

1930 年，冥王星被美国天文学家克莱德·汤博发现。长期以来，它被当作太阳系第九颗行星，然而在 2006 年时被降级为“矮行星”（一种在轨道上运行的天体）。

黑洞，宇宙的谜团

追踪黑洞

就算使用最先进的设备，我们也不能直观地**看到**黑洞，但我们可以寻找证明黑洞存在的蛛丝马迹。重力井就证明了黑洞的存在！我们所处的银河系的中心或许就有一个超级黑洞（质量是太阳的 300 万倍）！

星球的死亡

黑洞是天体死亡后坍缩形成的产物，坍缩后的物质会被压缩到一个有限的空间中。好比将太阳压缩成一个直径 3 km 的球，或者是将地球压缩成一个直径只有 1 cm 的弹珠！

质量惊人却无法看见

我们不能说我们看见了**黑洞**，因为根据定义，黑洞是无法被直接观测到的：没有什么东西能够从黑洞中逃脱，哪怕是光子！黑洞巨大的质量可以吸住质量最小的粒子。

一个非常奇特的物体

如果说**物理学理论**可以描述黑洞内的物质的话，那么这迷人的天体可谓是对数学的真正挑战了。它们构成了我们所谓的奇点。这意味着在某个界限之外，我们称之为黑洞的事件视界，物理规律不再适用，数学法则也“坍缩”了。另外，黑洞不仅只吸引物质，而且还会扭曲时间：离黑洞越近，时间变得越慢，在事件视界处（即黑洞的“表面”）时间便会停止。

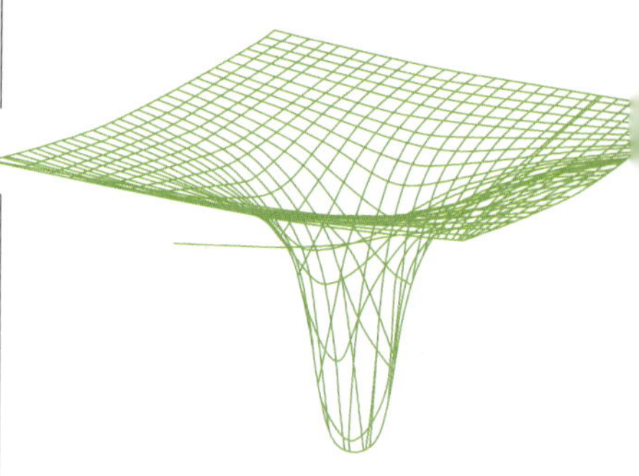

如果是声音呢？

从纯理论上讲，霍金的**假设**或许是一个具有实验性意义的证明。2016 年 8 月，杰夫 · 斯坦豪尔成功地在以色列理工学院（Techion）的实验室中制造出一个“类黑洞”。这个“类黑洞”既不捕获物质，也不捕获光线，而只捕获声音。我们观察到有一些“声子”逃逸出来，这或许可以证明霍金的理论。当然，这个实验室中的“假黑洞”与真的黑洞究竟有多大的可比性，这还需要进一步验证。

实验室中的黑洞

既然**造访**黑洞几乎是不可能的事情，而且任何探测器也不能给我们传回有价值的信息，那么我们为什么不造一个黑洞呢？多年以来，这样的想法都为人取笑。但是得益于欧洲核子研究组织（CERN）在日内瓦设置的大型强子对撞机，这一想法似乎变得可行。虽然这个强子对撞机也只能制造“迷你黑洞”（比如通过两个光子对撞），但还是能够提供不少重要的信息，某些信息甚至对于物理学具有革命性意义。但是，目前还未制造出一个“迷你黑洞”。

欧洲核子研究组织超环面仪器模拟的黑洞。

黑洞的逃逸物

1974 年，英国天文物理学家斯蒂芬 · 霍金（生于 1942 年）指出，不一定任何物质都无法从黑洞逃逸，有时候会有一些物质逃逸出来。但是“霍金辐射”这一理论从未得到证实，因而显得有些无力。

世界末日？

创造一个黑洞，哪怕是一个迷你黑洞的想法向来都是伴随着诸多担忧的。因为黑洞质量巨大，会吸引周围一切物质。那怎么才能保证人造黑洞，即便只是个“黑洞宝宝”，不会吞噬我们的地球以满足它的口腹之欲呢？这些担忧实际上是站不住脚的，因为对于这些量子黑洞，它们还没开始吞噬之前，自己就已经消失了。

星际之门

既然什么都**无法**帮助我们了解黑洞内发生的事情，那么就做一些前沿的假设吧。最有意思的假设是将黑洞看作时空穿越的通道，而非引力的牢狱。这种时空穿越的现象称之为“虫洞效应”。这虽然只是纯理论的东西，但是仍令所有人浮想联翩，不仅仅是物理学家。如果说黑洞启发了不少科幻作家，那么它给人们丰富想象力带来的挑战还有很多。

太阳为什么会发光?

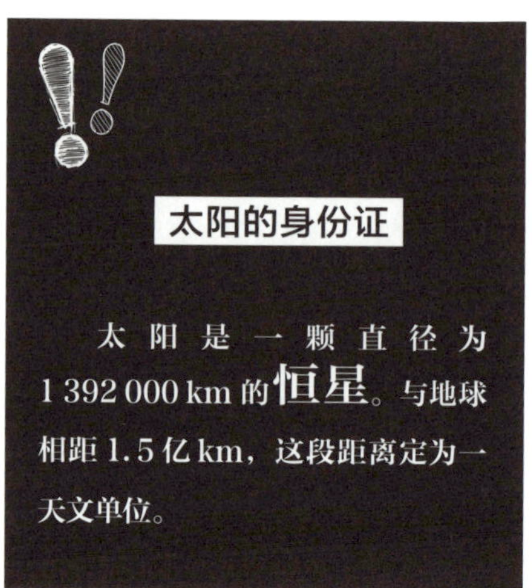

太阳的身份证

太阳是一颗直径为1 392 000 km的**恒星**。与地球相距1.5亿km，这段距离定为一天文单位。

等离子体

等离子是太阳内部组成物质的名字：原子中的电子不再受原子核的束缚而进行自由运动。

充满耐心的光子

光子是太阳**核心**的产物，它们为我们带来了光明与热量，但它们的行程远未结束：光子需要20万年才能从太阳的核心来到表面，依次穿过辐射区、对流区，最后抵达我们所能看见的光球层。

太阳在运动!

1613年，伽利略发表了关于太阳黑子问题的通信稿。他并不是第一个注意到太阳黑子现象与太阳表面的磁场变化有关的人，德国人约翰内斯·法布里奇乌斯在1611年就已经观测到太阳黑子。伽利略指出这些斑点不是挡在太阳与地球之间的天体：它们是出现在太阳表面的。根据黑子的移动情况，我们能够测出太阳自转的周期。

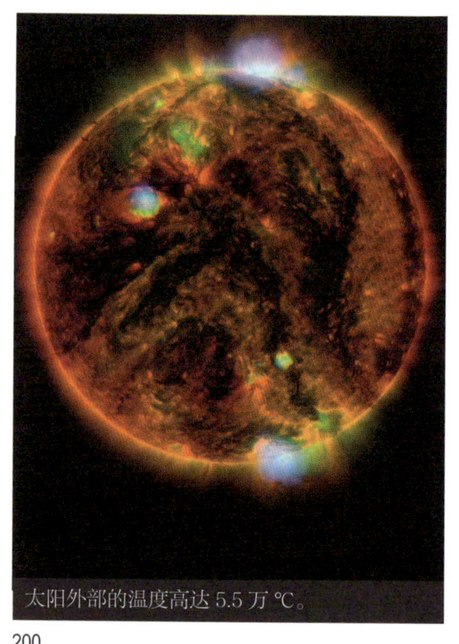

太阳外部的温度高达5.5万℃。

长时间的消耗

我们的太阳是如何在**40多亿年**的时间里源源不断地产生光子而没有耗尽它的氢储备呢？因为太阳的氢含量非常多：整个天体质量（1.99×10^{30} kg）的74%都是由氢组成的。

能源供应者

太阳是一个**巨型热核电站**：它通过核聚变将氢转为氦，这也是发生在威力最大的核武器——氢弹里的反应。核裂变是将原子核“打碎”，而核聚变是将多个原子核聚合成一个。核聚变过程中会释放出光子和中微子，这个过程发生在太阳中心或太阳核心，反应区半径长25万km，此处温度高达1 500万℃。另外，太阳每秒钟会“燃烧”至少400万t氢！

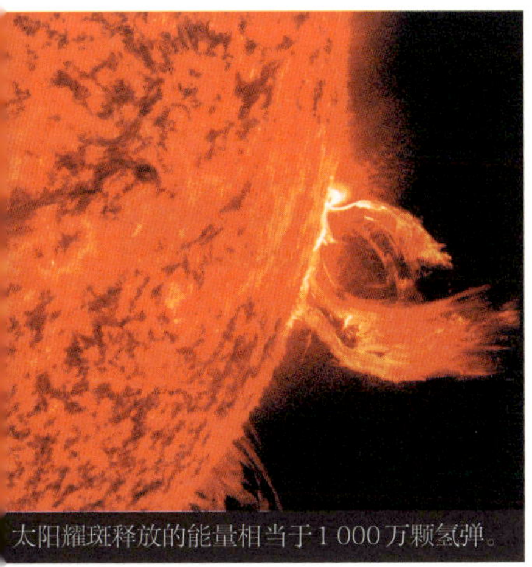
太阳耀斑释放的能量相当于 1 000 万颗氢弹。

太阳生气了

太阳耀斑的发生具有周期性。太阳磁性活动释放出大量电离物质，放出的能量相当于 1 000 万颗氢弹的威力。太阳耀斑有时候会将物质射到 10 万 km 之外的太空中。

太阳的鬼魂

我们什么时候能够在北极地区看到**北极光**（或者在南半球看到南极光）？当太阳耀斑射出的大量粒子进入地球大气时会发生极光。太阳射出的粒子与环绕地球的磁场发生相互作用，随后便出现这些绚丽多彩，形态变化不定，宛如鬼魂一般的光晕。磁场线汇集在地球两极，太阳耀斑的粒子在此处与磁场相遇，高层大气的分子受到电离，从而产生了极地天空中五彩斑斓的极光。

冰岛的北极光。

日月之约

当月球移动到地球与太阳之间，就会发生**日食**。此时太阳和月球在地球的同一侧，月球距离地球更近并遮住了太阳。当太阳完全被月球遮住的时候会是怎样的景象呢？这是一种需要碰运气才能见到的天文奇观！不仅是因为月球的直径只有太阳的四百分之一，它距地球的距离也只有太阳的四百分之一。

如果太阳去世了呢？

当太阳**耗尽**其所有的燃料——氢，它就会变成红巨星。这是内部产生的氦发生核聚变的结果，并且该反应比氢的核聚变更剧烈。太阳先是膨胀到现在大小的 3 倍，毁灭掉我们的星球后变成白矮星，随后开始降温，最后成为已死亡的黑矮星。但是请大家放心：这场灾难还要 45.5 亿年才会发生！

从征服太空到探索太空

地缘政治的驱动

1947 年，**冷战**拉开了序幕。与此同时，一场征服太空的竞赛也鸣枪开跑：最开始跑在前面的是苏联，但 1969 年美国首次将人送上月球，使其跃居苏联之前。后来国与国之间的合作成为主流，我们称之为太空探索。

轨道上的科学

在轨人造**卫星**的作用繁多：电信通信、定位、天气预报、观测地球、科研……目前有超过 1 000 颗人造卫星绕地运行，包括哈勃空间望远镜和国际载人空间站。哈勃空间望远镜能够拍出以前从未见过的太空景色。国际空间站于 2000 年发射升空，作为失重环境的科研实验室以及准备未来的太空旅行。

奔向无尽……超越无尽！

1977 年发射的两颗**旅行者**号探测器是最早离开太阳系的探测器。它们与先驱者号探测器一样，都携带了一张内含人类代表性的声像资料的唱片，发送给可能存在的地外文明。

国际地球物理年

国际科学联合会理事会（Conseil International Des Unions Scientifiques）将 **1957 年至 1958 年**称为国际地球物理年。67 个国家携手共建更好的全球共识：进行天文观测，提高核与通信技术、术语国际化，修建科研基地（主要在南极）……首颗发射到太空的人造卫星“斯普特尼克”一号（Spoutnik 1）由苏联研制。

国际空间站。

罗塞塔号：天体地质学

罗塞塔号（Rosetta）的冒险之旅开始于 2004 年，它的任务是让“菲莱”（Philae）着陆器登陆彗星以展开对彗星的研究，这段旅程于 2016 年 10 月结束。2016 年 9 月 OSIRIS-Rex 发射升空，2023 年它将带着小行星贝努（Benou）的样本返回地球。研究这些形成于几十亿年以前且从未被人碰过的石头，能够帮助我们解决有关宇宙形成的问题。

向太阳系的行星进发……

2016 年，ExoMars 任务开始：向火星发射一颗环绕卫星。10 月的时候，负责火星着陆任务的 Schiaparelli 探测器坠毁，但火星探测计划继续进行。朱诺号探测器成功进入木星轨道，为我们提供关于木星这个神秘气态行星的独家数据。

欧洲的成就

阿丽亚娜 5 型火箭是使用最频繁的运载火箭，它已经进行了[illegible]0 次任务。下一型号能够对起飞时分离的火箭进行回收，并且通过减少所需燃料的重量以增加负载大小。

2011 年 7 月拍摄的阿丽亚娜 5 型火箭。

小行星向我们走来

美国国家航空航天局计划用 3D 打印技术来打印小行星飞船模型，其原理就是：使用在小行星上获取的金属资源来制造小行星机械化和航行到地球所必需的组成部分。负责制造的飞船在各个小行星之间穿梭，最后把材料运到我们手中。要完成这一计划，或需 20 年的时间来研究石头的成分以及从中提取稀有矿物的方法。

朱诺号探测器于 2016 年 8 月拍摄的木星。

探索天空是一场永无止境的研究

在太阳系里，水星是我们了解最少的行星。到 2018 年，贝比科隆博（BepiColombo）水星探测计划已向水星发射 2 颗探测器。詹姆斯 · 韦伯太空望远镜争取拍摄到银河系最早的恒星；太阳轨道器将对太阳进行研究；CHEOPS 太空望远镜用于分析太阳系之外最近的行星；凌日系外行星勘测卫星（TESS）将寻找新的系外行星。

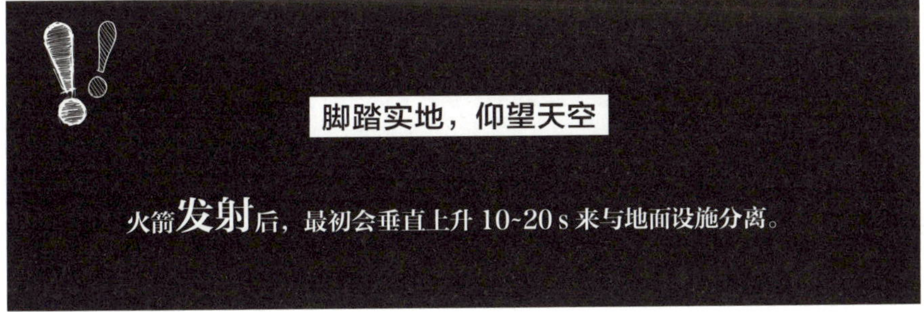

脚踏实地，仰望天空

火箭**发射**后，最初会垂直上升 10~20 s 来与地面设施分离。

暗物质与暗能量

黑夜

为什么晚上的天空是黑的？德国天文学家威廉·奥伯斯于 1823 年提出这个看似很平凡的问题。既然宇宙中到处都是星星，那么应该将整个天空照得通明才对，而且从某个方向望去，应该亮于太阳。这就是让人们花了一个世纪才做出回答的、著名的“奥伯斯佯谬”：1929 年被埃德温·哈勃发现的宇宙扩张，解释了为什么黑暗，黑暗是星际间的空隙。天体及银河的位置变动产生了红移，那么到达我们眼睛中的可见光就没那么强烈了。换句话说，如果宇宙是稳定的，那么夜晚应该跟白天一样明亮。

被遗忘的物质

我们知道爱因斯坦和他那著名的质能方程 $E=mc^2$，这个方程说明能量和质量是可以相互转化的。如果我们抛开宇宙中占绝大多数的暗能量不谈，那么物质只占到宇宙的 32%。根据最新的调查统计，我们能观测看到的天体大概有 10^{24} 个，但它们只占到整个宇宙的 1.5%！

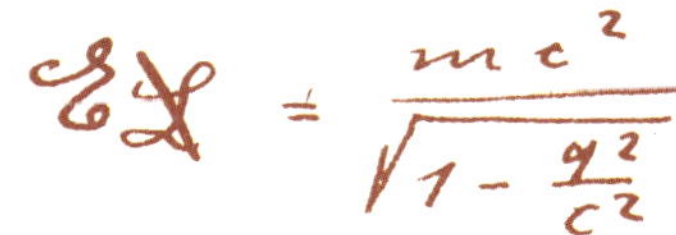

宇宙之谜

暗能量和暗物质具有共同的特点：不可见、充满未知且在宇宙中占绝大多数比重。

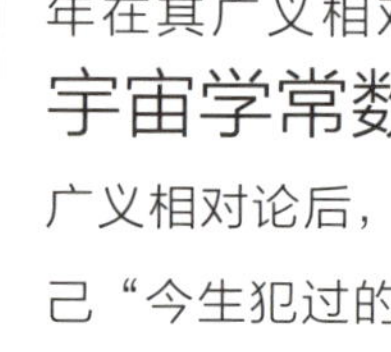

爱因斯坦反悔了

暗能量是否符合爱因斯坦于 1915 年在其广义相对论的框架下提出的宇宙学常数呢？将宇宙常数引入广义相对论后，爱因斯坦认为这是自己“今生犯过的最大错误”，但这却有可能更符合一个真实的宇宙。尽管爱因斯坦发现在广义相对论方程式中数值有偏差，但是他仍相信宇宙是稳定的，有一种神秘物质的斥力在抵消引力，这也就加速了宇宙的膨胀。

普朗克卫星的发现

2009 年发射的普朗克卫星是一个货真价实的空间观测站。它的任务是测量宇宙微波背景辐射变化，同时探索宇宙的起源和结构。普朗克卫星收集的数据可供人们进一步探究宇宙中物质的密度分布和暗物质所占的比例。

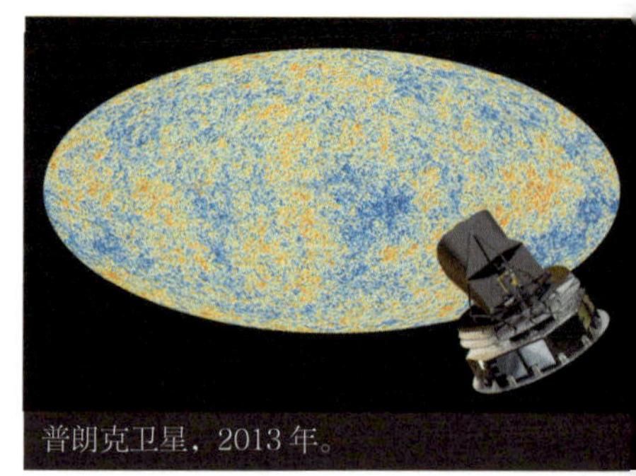

普朗克卫星，2013 年。

幽灵能量

1998 年，三个美国人发现宇宙正在加速**膨胀**并且这种加速状态已经持续了 40 亿年至 80 亿年！为了解释这一现象，他们认为是有一种未知能量的存在。该能量会产生负压，就像反重力。这种暗能量至少占据了整个宇宙质能总量的 68%！

所见的只是冰山一角

可见的物质在整个宇宙的质能总量中只占 0.5%，而整个宇宙中 4.5% 是“普通”暗物质，这些物质的构成粒子目前已经相对明了；另外有 27% 是“特殊”暗物质，这些物质的构成至今还是一个谜。黑洞及中微子都已经从暗物质范畴排除，因为它们的质量相对于整个暗物质来说是微不足道的。

宇宙中的暗物质（蓝色）、热气体（绿色）及星系。

物质和反物质

大爆炸产生了物质与反物质。当物质与反物质发生碰撞时，它们会互相湮灭。那为什么是物质战胜了反物质，而后组成我们现在所熟悉的宇宙呢？对于这个问题，物理学家如今依旧争论不休。对于一些人而言，物质与反物质并不是完全对称的，而另一部分人认为反物质一直存在，只是在我们视野之外罢了。

有生之年，移民火星？

火星计划

火星与地球的平均距离为 7 600 万 km，它是在金星之后离地球最近的行星。由于金星离太阳太近，我们无法抵达。1969 年阿波罗计划征服了月球之后，这颗“红色行星”成为人类下一道需要翻越的“界线”。但是要想实现这个旅程，还存在许多困难……

往返的两个情景

为了将旅程**时长**降到最低，不仅需要选择最有利的时间出发，而且还要预测返程的情况！这件事并不容易。通过对比几个方案，我们发现互相之间的数据相差了好几年。我们预测了两个情景：一个预计总共需要 910 天，其中 550 天待在火星；另一个总时长更短（640 天），在火星停留 30 多天，返程时长为 430 天。

高风险着陆

在火星上**着陆**或许比在月球或地球上着陆更困难。困难在于火星大气层非常稀疏，下降过程中受到的摩擦比地球上少得多。另外，虽然火星的引力更低（地球引力的 37%），但是仍然会产生一个巨大的加速度。因此在火星上着陆需要减速板或者质量很好的降落伞。

捉迷藏的部分

为了能够在火星上“**降落**”，必须好好地计算受到的冲击，选择最好的着陆时间。地球和火星分别以不同的速度绕太阳运行，运行距离分别为 1 亿 4960 万 km 和 2 亿 2 794 万 km。在发生冲日的时期，两者相距的距离最短：最近的一次发生在 2016 年 5 月，距离“仅”有 7 530 万 km；2018 年的距离更近（5 760 万 km）。但在其他时期，火地距离甚至可达 4 亿 km！

火星上结冰了！

现在的火星表面并不舒适：它暴露在太阳强烈的紫外线辐射下，迎面接受太阳风带来的大量带电能量粒子，温度非常低。火星表面的温度太低以至于水无法保持液体形态！40 多亿年前，火星的环境条件比现在适宜生存得多，同时还受到磁场的保护。因此人们猜测这里曾经存在着生物……

带上武器与行李

开发火星最主要的困难之一与运到火星上的材料多少有关。所需材料必须满足在火星表面修建基地的需求，完成这样的远征需要发射至少三架火箭。最好的措施叫作“预先部署”，即先发射两架运输设备的货运飞船，进入火星轨道之后等着第三个载人飞船的到来。

公开还是私人

许多国家的空间局都曾研究过实现火星载人旅行的可能性。NASA提到将会在2035年之前推出旅游项目；火星协会（Mars Society）提出另一个费用更低的替代方案——“直达火星”；太空探索技术公司（Space X）创始人、亿万富翁埃隆·马斯克承诺最早于2024年将人类送往火星；火星殖民计划 Mars One 目前正在解决返程的问题，并计划2026年开始售卖去程票。

好奇号在火星上的自拍。这张照片拍摄于纳米布沙丘的边缘，夏普山的脚下，由2016年1月19日所拍摄的57张照片合成。这是首次在地球之外对沙丘进行实地研究。这些沙丘有2层楼房高，每地球年移动约1 m。

北极深谷，火星表面的巨大峡谷。

地球上的尝试

未来的飞行员要在身心上克服长时间飞行（往返一年）和在火星基地停留（最长的项目里计划火星停留期为2年）时遇到的困难。现在地球上也已经进行过多次实验，测量在极端环境下人们的生存能力。特别是火星500计划，包括法国民航飞行员西里尔·福尼尔在内的6个候选者需要从2010年6月到2011年10月在位于莫斯科的封闭隔绝环境下生存520天。该训练基地模拟了太空和火星基地的环境。

非几何学家免进！

喜爱数学

数学是科学地理解世界的关键，对于很多人而言是一个充满吸引力但却十分费解的领域。通常，数学给人的形象是枯燥乏味、书生气十足的，以至于很多人并不能发现它除了挑选精英之外的其他用途。事实上，数学在日常生活中的应用十分广泛，从简单的交叉相乘到让尖端机器得以运行的精确计算，都需要运用到数学。而且，从积极的方面去看，数学能有效地激发好奇心，使我们惊叹不已。

纯粹数学还是应用数学

在科学的世界里面，数学有着两张脸孔。首先，它是我们了解并预测自然现象不能绕过的一扇大门，这个观点并不是那么显而易见。虽然在毕达哥拉斯之后，柏拉图已经认为从简洁的几何演示中可以看到思想的表达，甚至比感觉上的现实更加“真实”。但最终，还是伽利略明确表明“大自然这本伟大的书”是“用数学语言写成的”。

这是一场伟大运动的结果。该运动由古希腊人发起，在中世纪时由阿拉伯学者得以延续。他们试图在对数字和图形的研究当中寻找《创世纪》中的“密码”。同时，这也标志着现代科学事业的开端，即数学上的非凡创见或者物质层面的诸多发现和实验。

数学不仅仅可以用来解释现象、进行预测以及掌握自然机制，它还是一个独特的世界。关于这个话题，存在着两个对立的学派：现实主义学派和务实主义学派，前者也是柏拉图的追随者，认为数学对象都是固有的，不依赖人的意志而存在；而务实主义学派却认为数学对象是人类创造的成果，是人类基于物理现实而建立的抽象概念。问题就在于定理、工具、数学论证到底是人类的发现还是发明。有时候我们会觉得数学没有什么历史，似乎所有相关的内容都已经被希腊人探索出来了。我们就会纳闷，到底还有什么没被发现，这个时代的数学家到底还能干什么呢？或许是因为大众越来越不容易接触到高等的数学？事实上，这个错误的印象掩盖了数学研究方面不断发生的重大发现。

千年难题

今天在我们看来不言而喻的数学结果和数学实体，例如积分、复数、非欧几里得几何等，经过长期的研究、无数探索和犯错的过程，都被一一攻克。但是，有待研究的领域依旧很多。20 世纪初，德国伟大的数学家戴维・希尔伯特（David Hilbert）列示了 23 个亟待解决的重大数学问题。2000 年，美国克雷数学研究所基金会（Clay）公布了 7 个“千禧年大奖难题”（prix du Millénaire），解决其中任何一个难题的人将获颁 100 万美元的奖金。有一些数学疑团也只是在最近才被破解，例如费马大定理和庞加莱猜想；而其他疑团还是当今和未来数学家们面临着的挑战，比如黎曼假设。黎曼假设提出于 1859 年，如果该假设被证明，将让我们更好地认识素数的级数情况。其他前景可观的研究领域，比如分形几何学等，也正在飞速发展当中，并已经在许多领域中得到应用。

泰勒斯和毕达哥拉斯：他们创造了什么？

伟大的泰勒斯定理真的是泰勒斯提出的吗？

米利都的泰勒斯是古希腊七贤之一，“希腊奇迹”的先驱之一。大约在公元前 585 年，他预言了一次日食，使同辈人惊叹不已。他可能是在埃及学习到了基本的数学知识；但我们对他的生平并不清楚，因为关于他的信息都是从后来人的著作中得到的。他的手写资料都没有保留下来。我们将带有他名字的定理及其他几个定理归功于他，但事实上没有任何证据可以证实泰勒斯发现或者证明了这些定理。

米利都的阿那克西曼德，生于公元前 610 年。

毕达哥拉斯（右）正在使用算盘，中间是算术女神（Dame Arithmétique）御座。

哲学之父

萨摩斯的毕达哥拉斯被认为是哲学第一人：他首次引入哲学一词，意思是“热爱智慧”，指通过逻辑和理性去寻找真理的思想活动。显然初中生对他更加了解，因为一条著名的定理：直角三角形中斜边的平方等于两条直角边的平方和。该定理肯定不是由毕达哥拉斯提出，也没有证据表明他证明了这个定理。他最突出的贡献在于引进了一个思想，即数学是了解世界的关键：对于他和他的门徒而言，“万物皆数”。

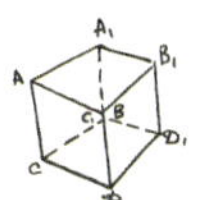

地球的腰围

埃拉托斯特尼首次对地球周长进行估算。他所使用的方法之巧妙和简易令人惊叹。夏至当天，太阳光映照在赛伊尼城（Syène）（今阿斯旺城）（Assouan）的一口井深处，此时太阳在天顶位置，太阳光线与地球半径在同一直线上。然后在知道赛伊尼城与亚历山大港两座城市之间距离的情况下，只需要测量同一天在亚历山大港一个日晷（一根棍子）的影子所形成的角度。根据两城之间子午线弧的长度，可以推导出地球的周长。埃拉托斯特尼计算得出的结果大致是 4 万 km。这个通过基本的方法计算出来的结果是很了不起的，因为当今对地球周长的测量结果约为 40 075 km！

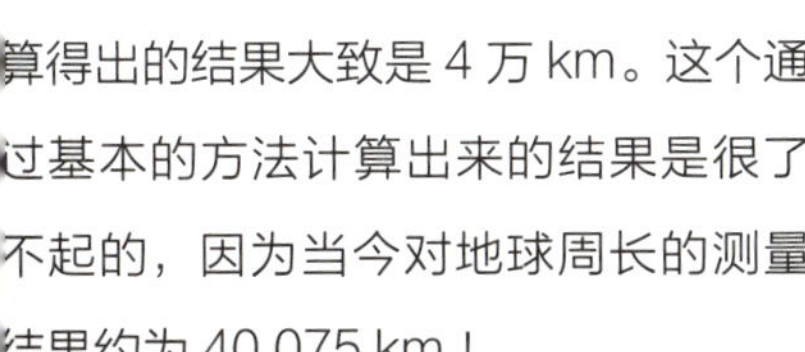

太阳来到了中心

早在哥白尼和伽利略之前，**阿利斯塔克**就提出宇宙的中心是太阳，而不是地球。但他的理论在 1544 年才被重新发现，该理论在阿基米德的一篇文章当中提及。哥白尼在这个发现的前一年就去世了，因而没能从中得到启发。

第一位进化论者

米利都的**阿那克西曼德**是泰勒斯的门徒，他提出动物首先在阳光的作用下出现在充满水的地球上，之后逐渐变化：一开始变成鱼类，后来变成哺乳动物，最终变成人类。因而我们可以认为，这位哲学家其实也是第一位进化论者！

我找到了！

毫无疑问，叙拉古（锡拉库萨）的阿基米德是最突出的思考者之一，也最接近现代科学精神。叙拉古的僭主希罗二世请求阿基米德检验自己的王冠是否由纯金制成。躺在浴缸当中的时候，阿基米德发现了只要将王冠浸入水中，就可以得知王冠的体积，其体积与溢出水的体积相同，从而可以计算出王冠的密度，再与纯金的密度对比，就可以知道结果了。他当时就大声喊“尤里卡”（“我找到了！”）。这是他最传奇、最具历史性的故事。通过这件事他还建立了一个定律，根据该定律，液体对浮在其中的物体有一个向上的力量或“浮力”作用，大小等于溢出的液体的质量。凹面镜也是他的发明，他在叙拉古被围攻的时候使用凹面镜把太阳光汇聚到罗马帝国的船只上，从而将船只烧毁。在机械方面，他研究出了杠杆原理，他著名的论述可以“撬起整个地球”……也正是基于该原理。

正在沐浴的阿基米德发现了一条让他名垂千古的定理：“浮力”原理。

亚里士多德，全能科学家

从科学院到高中

公元前384年，**亚里士多德**出生于马其顿的斯塔基拉（Stagire），因此得了个别名“斯塔基拉人”。他曾经是柏拉图的学生，在雅典学院学习。公元前343年，国王腓力二世任命其为儿子亚历山大的家庭教师。公元前335年，亚历山大登基后，亚里士多德回到雅典，并在此建立了自己的学校——吕克昂。这位哲学家和他的弟子们有一个习惯，就是一边走路一边谈论和思考，由此得名“逍遥学派”（即喜欢漫步的人）。在亚历山大大帝的庇护下，他在此教学12年。亚里士多德逝于公元前322年，即亚历山大大帝去世后一年。

逻辑学之父

柏拉图认为几何论证是知识的准则，而亚里士多德则更偏向**逻辑推理**。亚里士多德创立了逻辑学，该学科致力于确定正确思想的准则以及通过演绎法证明命题的真实性。

亚里士多德和柏拉图

柏拉图认为思想高于实际，而亚里士多德更重视存在于世上的现实。他预示了科学的研究方法。但与柏拉图相反，亚里士多德不认为世界由数学定律来支配，这促使他发展出了经验哲学。

现实与实现

柏拉图认为**数学**是绝对真理的表达，而亚里士多德则更多地从对事物的观察中得到启发，建立自己的哲学系统。他的思想里面有两个关键的概念——“现实”（energeia）与“实现”（entelechia）。对二者的区分可以通过生物体发展的过程来证明其合理性：胚胎或种子是“潜在性”，成熟树木或成人则是“现实性”。

逻辑定律

从已经经过证实的**前提**出发（大前提指一般情况，小前提指特殊情况），通过三段论推理规则，可以得到一个结论。举一个三段论推理的经典例子：“每个人都会死（大前提），苏格拉底（Socrate）是一个人（小前提），因而苏格拉底会死（结论）。”亚里士多德的逻辑理论一直在该学科当中占有重要地位，直到20世纪数理逻辑的出现。

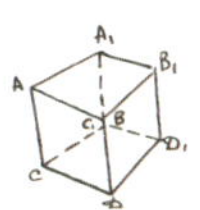

知识面

亚里士多德的**著作**几乎涉及自然科学的所有领域：生物学、自然历史、气象学、地质学、天文学……亚里士多德这位不知疲倦的编纂者，将前人传下来的知识和理论汇集起来，并且认为应该还有很多未编入的知识。尽管他的探索方法不是完全意义上的实验方法，但他通过努力建立了一个以直接观察为基础的知识系统。

有生命体的秩序

亚里士多德希望建立一个生物的**分类**方法，引入种和属的概念。他被很多人认为是生物学之父。他以令人惊叹的准确方法，对已知的逾400个物种进行分类，而这种分类方式直到17世纪自然科学出现之后，方才有所优化和精进。他根据动物是否有血而将其分为两类，第一类包含四组：四足胎生动物、四足卵生动物、鸟类和鱼类。与19世纪的某些自然学家相反，亚里士多德并没有犯将鲸类、海豹归入鱼类，将蝙蝠归入鸟类的错误，他认为这些都是四足动物。

有争议的参考作品！

中世纪末，亚里士多德是**经院哲学**思想、主导宗教哲学不可或缺的权威者，这在西方通过阿拉伯语的笔译者和注释者，尤其是伊本·鲁世德而被重新发现。

然而，这位马其顿哲学家与天主教教会的关系并不是那么好。1277年，巴黎主教艾蒂安·唐皮耶在索邦大学神学家们的建议下，禁止了200余篇曾启发过亚里士多德的作品。

大阿尔伯特和亚里士多德的弟子托马斯·阿奎那致力于协调亚里士多德的哲学与基督教神学之间的关系，亚里士多德能够成为科学改革之前无可置疑的参考对象，其弟子阿奎那做出了极大的贡献。

亚里士多德眼中的教会、政治和经济的缩影。

圆周率的漫漫长路

一个不寻常的数字

我们对这个数字既熟悉又陌生，用希腊字母 π（“perimetros”的第一个字母，“perimetros”为希腊语中的“周长”）表示，即圆形半径 r 与其周长（$2\pi r$）或面积（πr^2）的比值。然而对于一代代被迫学习这些公式的中学生，通常不会去想这个字母背后的故事……

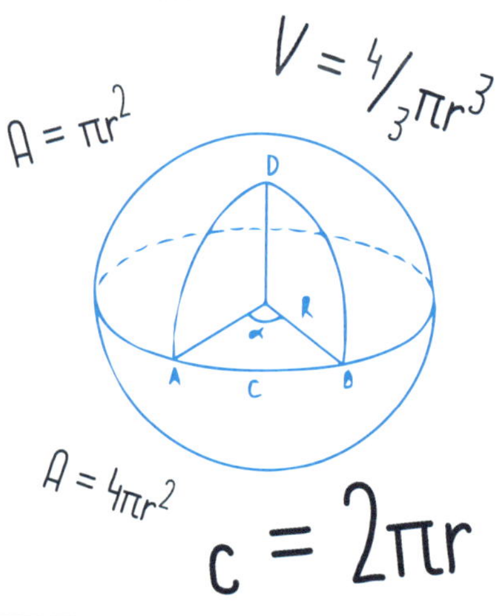

超越数、无理数

不属于完全平方数（如 1×1，2×2，3×3 等）的数的平方根都是无理数。无理数中有一个类别为超越数，超越数不是任何有理数系数多项式的方根。π 也属于这一个类别，因而它既是无理数也是超越数！

$$\sin\frac{A}{2} = \pm\sqrt{\frac{1-\cos A}{2}}$$

初步估算

在数学历史上，很早就提出了圆的周长与其直径有一个固定比率（该比率即 π 的说法。追溯至公元前 2000 年的古巴比伦时代，文书中可以发现通过几何方法对 π 的值做的初步估计。埃及人也曾努力计算过这一数值。《莱因德纸草书》里面表明 π 的数值等于 265/81，即大约 3.16 049。这本书大约在公元前 1650 年由一个名叫“阿梅斯”的誊写人写成，他断言这个结果是从一本两个多世纪以前的手稿里面誊抄出来的。

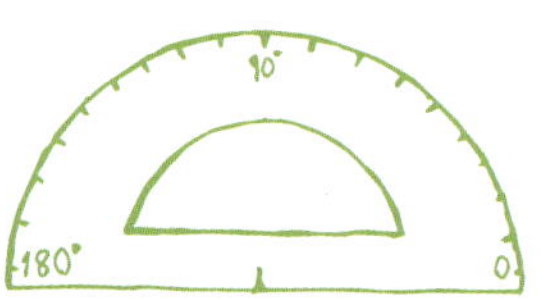

无穷无尽的小数

π 与所有无理数一样可以用一个小数来表示：我们在学校里面都学过，这个小数大约等于 3.14。但是一切尽在这个“大约”里面，我们可以更精确地计算 π 的值，继续在后面加上小数位……直到无穷无尽！前 16 位小数为 3. 1 415 926 535 897 932，但通过信息技术可以计算出 10^{12} 个小数位（即一兆个，或者一万亿个！）

不讲理的数字

π 属于无理数（不要与虚数混淆，虚数是 i 的乘积，而 i 的定义为 $i^2=-1$）、超越数这个封闭的俱乐部。这并不意味着 π 是背道理而驰的，只是它不能表达为一个由两个整数组成的分数（例如 1/2 和 -5/13 等）。用来表示比率（即分数，两个数之间的比率）的拉丁语是 ratio。

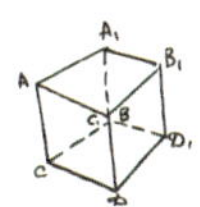

小数竞赛

几个世纪以来，更精确地计算 π 的值一直是大数学家们所追求的。古波斯天文学家、数学家阿尔卡西（1380—1429）计算出了 16 位小数，这个纪录保持了很久。1706 年，英国的梅钦运用了一条涉及三角学的公式，计算 π 值突破 100 位小数大关。算术天才约翰 · 达斯利用这条公式将 π 值计算到小数点后200 位……

阿基米德的方法

数学家、物理学家阿基米德在其著述《圆的度量》中写到一种π 值的计算方法，该方法以两个规则多边形的周长计算为基础，其中一个多边形内接于一个圆内，另一个则外切于这个圆外。随着多边形边数的增加，π 值的计算越来越精确，边数增加至 96 时，他计算所得 π 值在 3+10/71（=3. 140 845）与 3+1/7（=3. 142 857）之间。

π：迟来的洗礼

是谁想到要用希腊字母 π 来命名这个迷人的数字的呢？肯定是希腊人吗？并不是：这个名称直到 18 世纪才出现。此前，人们使用各种不同的表达来表示“圆的常量”。17 世纪一些数学家将其命名为 P/D，p 表示圆的周长，∂ 表示半径（圆的周长 P 等于 $2\pi R$，或者 πD，则 $\pi = P/D$）。1706 年，威尔士的数学家威廉 · 琼斯第一次在其著作中将该比率简称为 π。该名称于 1748 年被莱昂哈德 · 欧拉采用，之后开始快速地推广。

一个超级明星数字！

π 身上惊人而又神秘的特点给许多数学圈外的大人物带来了灵感。在科幻作家、天文学家卡尔 · 萨根 1985 年写成的小说《接触》中，π 这个数字中藏有神秘的信息。电影工作者达伦 · 阿罗诺夫斯基的第一部长片是关于这个数字的，标题十分简洁：π（1998 年）。长片中的男主角是一位数学家，在这个神秘数字的小数部分里面找到了一串“完美”的数字，引来了华尔街巨头们以及信奉哈西迪犹太教而希望寻找上帝名字的犹太人。

阿拉伯科学的瑰宝

巴格达，科学之都

公元 762 年，在占星家的建议下，阿拔斯王朝的建立者阿尔·曼苏尔（AL-MANSUR）在巴格达底格里斯河（Tigre）河岸为公元 750 年攻克下的新帝国建立了首都。公元 830 年（帝国哈里发马蒙的统治时期），智慧宫建立。这是一座奢华的图书馆，其辉煌可与亚历山大图书馆相媲美，汇聚了整个阿拔斯帝国的所有学者，收藏着古希腊、波斯、古印度以及拜占庭帝国等国的手写材料。

受到冲击的托勒密

天文学对于穆斯林宗教生活而言具有重要的意义，对确定斋月的时期尤其重要。阿拉伯的天文学家在推动天文学发展方面做出了巨大贡献，为 16 世纪哥白尼进行的革命奠定了基础。他们之中的大部分都拥护托勒密的地心说，但阿尔哈增发表了一篇题为《对托勒密的怀疑》（*Doutes sur Ptolémée*）的论文；阿布·赛义德·阿勒·艾兹也在向他人传播地球绕太阳公转的观点。

11 世纪的阿拉伯天球仪。上面的星星用点来表示，共分为 48 个星座。

公元 13 世纪手稿，某一阿拉伯教区学校合著作品。

代数学之父

花拉子米出生于公元 780 年，是中世纪时期穆斯林最伟大的数学家之一。他将自己向印度人学习的小数位和零引入阿拔斯王朝，数学界两个必不可少的词的发现都应归功于他：代数和算法。“代数”一词来源于他的著作《移项和合并同类项之计算的摘要》。这本著作中的“algèbre”（即代数）一词曾被西方译者进行修改。至于“算法”一词，则是抄错他的名字而造成的。他并没有发明代数也没有发明算法，代数在公元 3 世纪就已经存在了，但他留下了一本著作尤其在图解二次方程方面发挥了重要影响。

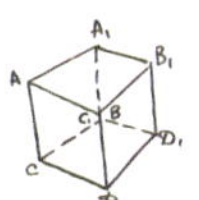

新亚里士多德

伊本·鲁世德是阿拉伯科学黄金时期的代表。他因哲学和神学作品而出名，曾试图让亚里士多德的教育学和穆斯林的宗教信仰相互适应。在天文学方面，他是安达卢西亚暴动的发起者，并反对托勒密的体系。

伊本·鲁世德和希腊哲学家波菲利。

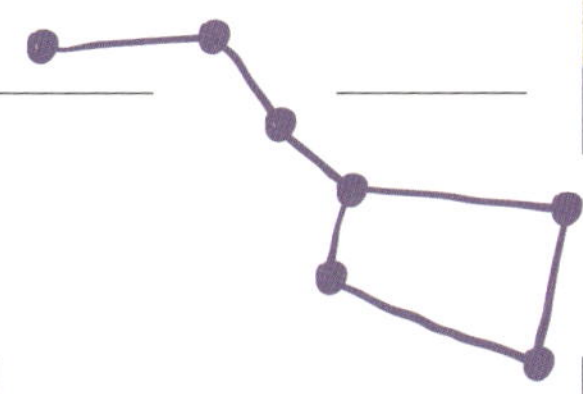

光学的规律

在哈里发哈基姆的号召下，阿尔哈增前往开罗从事科学研究。他研究的内容之一就是光学现象，从而为光学发展奠定了基础。他通过实验证实了亚里士多德提出的入射理论，即光线并不是像一些人以为的那样，从眼睛发射出来，而是进入眼睛里面。他对折射现象进行了研究，极力认为入射角与折射角之间存在关系，但是没有发现这种关系的关键不在于两个角，而是其正弦。

被照亮的医学

波斯人伊本·西拿，或称阿维森纳，在很多领域都享有盛名，但是他在医学领域留下的贡献最为突出。他在著作《医典》中综合了古代所有的医学知识，尤其是希波克拉底与盖伦的作品，汇集了精确的临床描述和独特的治疗处方。同时，他也是炼金术士和地层学的先驱。

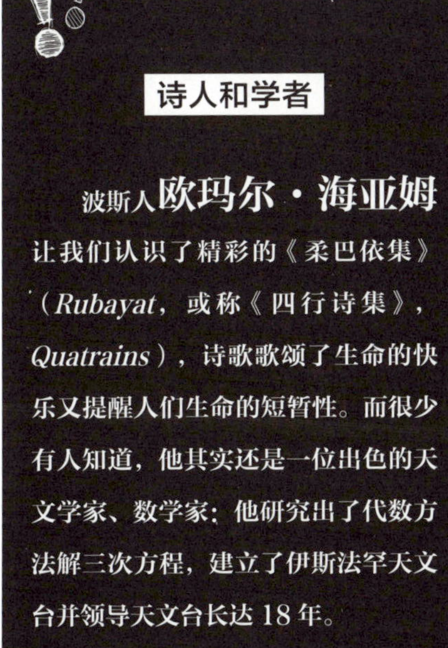

诗人和学者

波斯人**欧玛尔·海亚姆**让我们认识了精彩的《柔巴依集》（*Rubayat*，或称《四行诗集》，*Quatrains*），诗歌歌颂了生命的快乐又提醒人们生命的短暂性。而很少有人知道，他其实还是一位出色的天文学家、数学家；他研究出了代数方法解三次方程，建立了伊斯法罕天文台并领导天文台长达 18 年。

令人着迷的黄金分割比

数字的引进者

斐波纳契（Leonardo Fibonacci，博纳奇之子）的父亲是一名商人，一家人移居北非，定居布日伊，即现今阿尔及利亚的贝贾亚（Bougie）。因而，斐波纳契得以学习阿拉伯数字，尤其花拉子米有关代数的作品。斐波纳契游遍中东地区，学习了印度人发明、阿拉伯人采用的十进制记数系统。通过《算盘全书》，他将该记数系统介绍到欧洲。该作品问世于 1202 年，不同于其名字，这本书中并没有讲到算盘（只是作为挡箭牌），而是介绍了多个数学问题。

数字的起源

$$f_n = f_{n-1} + f_{n-2}$$

我们今天所使用的记数系统由印度数学家发明，是十进制、位值制的，也就是说一个自然数里面每个数码所在的位置决定这个数码代表的不同含义，例如个、十、百等。一开始，这个系统只包含 9 个数字，而不是 10 个。婆罗摩笈多（Brahmagupta，逝于公元 670 年）在一篇发表于《628》的论文中引入了数字 0，这个具有革命性质的数字代表虚无、乌有。斐波纳契将这种从阿拉伯人处习得的书写数字的方法带到欧洲，从此这些数字被称为“阿拉伯数字”。

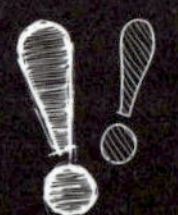

和谐的关键点？

黄金分割比透露着神秘的气息，一直吸引和启发着世界。众多音乐家，从德彪西、贝拉·巴托克到约翰·凯奇再到史蒂夫·科尔曼，都将其运用在自己的作曲当中。

$$\varphi = \frac{a+b}{a} = \frac{a}{b} = 1{,}618$$

鹦鹉螺属（Nautilus）的贝壳，从贝壳当中可以计算出黄金分割比。

大自然的秘密？

黄金分割比存在于很多自然现象中，例如鹦鹉螺属的贝壳，又或者向日葵雄蕊的分布位置。

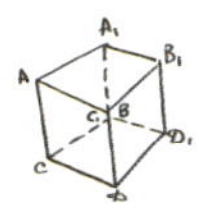

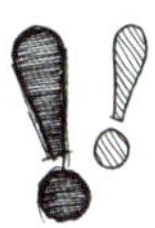

用来创作的数字?

文艺复兴时期的**艺术家**着迷于黄金分割比，认为这是一个完美的比例。卢卡·帕西奥利发明了会计中的复式记账法（有些人认为这是资本主义的开端！），他写了一本名为《神圣的比例》（*Da Divina Proportione*，1509年）的书，整本书都是在介绍黄金分割比，该书中的插图是由达·芬奇完成的。

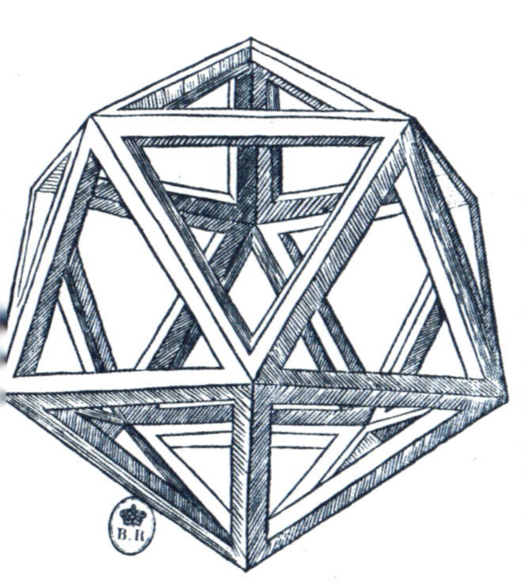

达·芬奇绘制的《神圣比例》插图。

斐波纳契数列

历史记住了以斐波纳契的名字命名的**数列**。1202年，在著作《算盘全书》当中，他以兔子繁殖问题来介绍这个数列：如果每对至少一个月大的兔子，一个月后繁殖出另一对兔子，一年之后可以从一对兔子变为多少对兔子呢？结果表明了兔子的数量如此变化：1, 1, 2, 3, 5, 8, 13, 21……斐波纳契发现数列中每个数都相当于前面两个数之和。

哪里可以看到黄金分割比?

数学家们对奇特的斐波纳契数列十分感兴趣。约翰尼斯·开普勒发现，当数列趋向无穷大时，数字的增长率接近黄金分割比，也就是说当数列不断延伸时，前后两个数字的比例接近毕达哥拉斯学派的“完美”比例。

黄金数字

早在斐波纳契之前，迷人的黄金分割比就已经存在。通常我们认为是毕达哥拉斯学派的人，或者是毕达哥拉斯本人在公元前6世纪发现的。

φ

黄金分割比表示了矩形两条边长的比——如果从初始图形里面剪去一个边长为1的正方形，这个比例不变。如果初始图形是一个边长分别为1和r的矩形，剪去之后得到的矩形边长分别是1和r-1。r/1与1/（r-1）这两个比例是相等的，因而可得$r(r-1)=1$，或者$r^2-r-1=0$。这个方程的解，即黄金分割比或黄金分割，用希腊字母Φ表示，等于$\frac{1+\sqrt{5}}{2}$，约等于1.618。

笛卡尔，用数学解析世界

科学的启示

勒内·笛卡尔于 1596 年出生于图赖讷拉海（现改名为笛卡尔以纪念这位伟人）在拉弗莱什（La Flèche）由耶稣会士管理的学院学习。原本当兵的他后来可能因为 1619 年 9 月 10 日夜晚接连不断的三个梦，决定毕生奉献于哲学和科学研究。

屈光学

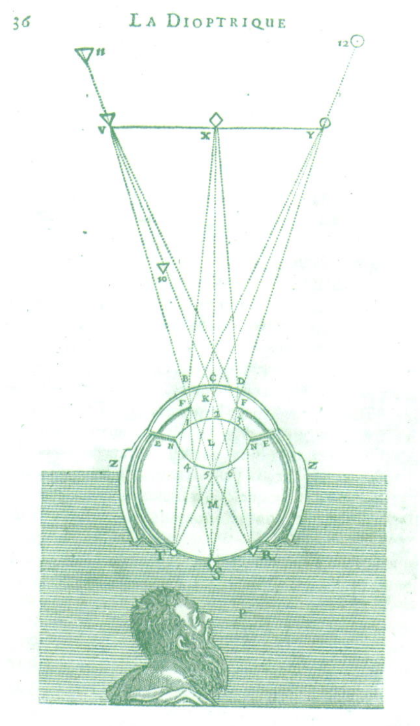

1637 年笛卡尔画的眼睛光线折射图。

解析几何

笛卡尔首先在数学领域脱颖而出，通过著作《几何》创立了解析几何学，即通过坐标系，用代数来表示几何图形。他用自己的名字来命名该坐标系，即“笛卡尔坐标系”。因而，一条直线可以表示为 $y = ax + b$，一个半径为 r 的圆可以表示为 $x^2 + y^2 = r^2$ 等。传说，这是笛卡尔躺在床上观察开裂的天花板时激发了灵感而发现的。

光学规律

在其著作《屈光学》中，尽管对光的性质的假设是错的，笛卡尔发表了用于解释多种光学现象（例如反射、折射等）的定律，也描述了眼睛的运行。

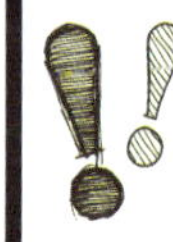

科学方法

如今，笛卡尔更多地被认为是哲学家。在他最著名的作品《方法论》(1637 年）中，笛卡尔介绍了理性寻找真理的条件。这本书可以视为此后科学革命的时间表。他强调观察和逻辑推断的重要性，反对经院哲学的教条主义精神，因其只以古人（例如亚里士多德、托勒密、盖伦等）留下的“神圣不可侵犯”的文本为基础。在该著作的原版中，笛卡尔介绍了三篇论文：《几何学》《屈光学》和《气象学》，以论证该方法的可行性。

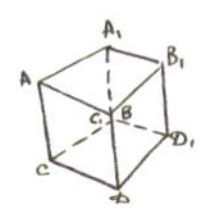

笛卡尔向克里斯蒂娜女王讲解几何。

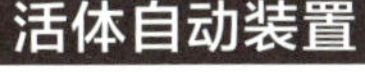

活体自动装置

笛卡尔希望将自己理性研究自然的方法运用于生物学，因而提出**动物机器**理论。当时，钟表的机械结构已经很发达，笛卡尔受到自动装置技术的启发，认为生物机体的运行是同样的性质，都是基于对外界刺激做出反应的原理。他用机械的观点看待生理学，生物体的运作就像水力机械一样："动物灵魂"是一种精妙的液体，从大脑开始，由神经进行输送，控制肌肉活动；另一方面，"动物灵魂"对器官传递给大脑的感觉进行解释。

$$\sin\frac{A}{2}=\pm\sqrt{\frac{1-\cos A}{2}}$$

机械中的灵魂

笛卡尔认为**人体**内部像其他动物一样有一个机器，但是人体有灵魂，灵魂是非物质、不死的，通过大脑的某一部分神秘地与机械的身体连接在一起。今天，这部分被称为松果体，笛卡尔之所以选择大脑的这一部分，是因为这是唯一不具有对称性的部分，因而可以解释灵魂的独一性！

两个竞争的天才

关于解析**几何学**之父的话题一直存在争议，人们总在笛卡尔以及与其同一时代的皮埃尔·德·费马之间犹疑，后者也独立研究出了相同的结果。费马在一部写于1636年（笛卡尔《几何》发表后一年）、死后才被发表的作品中研究了双曲线、圆等图形的公式表示。

素数的秘密

最早的素数

素数指除了 1 和该数自身外，无法被其他自然数整除的数。乍看似乎一点也不复杂……然而许多个世纪以来，这一类整数让智者们千思万虑！要找到自然数中最小的一些素数很容易：2, 3, 5, 7, 11, 13, 17, 19, 23, 29, 31……数字变大之后，再找素数就变得更加复杂了！

这是基本的，我亲爱的欧几里得！

公元前 3 世纪，希腊数学家欧几里得在其著作《几何原本》中介绍了算术的基本定理：一切大于或等于 2 的数字都可以写成几个素数的乘积（我们说将这个数分解成一些素因数）。同时，他明确表示对每个整数都只有一种可能的分解方法。根据定义，素数并不能进行分解，因而素数就像数学领域的“原子”，通过这些“原子”可以组成任何一个其他整数。

无穷尽的素数

欧几里得证明了素数的个数是无穷尽的。事实却没那么显而易见：我们可能会想到，随着自然数的增大，我们最后可能找不到这些不能被分割的数了；对于每个数字而言，可以找到至少一个除数的概率在上升。但欧几里得证明了不是这么回事。

欧几里得的证明

为了证明素数的个数是无穷的，欧几里得将其简化为三个数字，我们可以记为 a、b 和 c。一个等于 $a \times b \times c + 1$ 的数不能被这三个素数的其中任何一个整除。然而，算术的基本定理（欧几里得自己建立的）表明所有数字都可以表示为素数的乘积，因而 $a \times b \times c + 1$ 这个数应当可以被第 4 个素数整除……这就违背了一开始将素数简化为 a、b 和 c 组成的数这个公式。这个反证法可以推广至所有的素数，因为每次我们往上加一个素数，都会出现相同的问题，所以我们可以无穷尽地加下去。尽管欧几里得证实了素数的总个数是无穷无尽的，他却没有给出一个公式可以计算后面的素数。

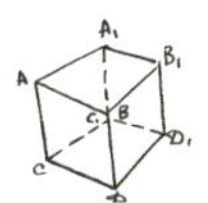

创造素数

两位伟大的数学家曾经提出过一些用于计算素数列的公式。17 世纪，马兰 · 梅森神父提出公式 $2n-1$，其中 n 为素数。他错误地认为通过该公式得出的数都是素数，虽然当 n 为 2、3、5 或者 7 的时候该公式可行，但是当 n 为 11 的时候就不可行。同一时期，皮埃尔 · 德 · 费马提出公式 $22n+1$，其中 n 为任何一个整数。他同样认为每一次使用这条公式都可以得到素数，但事实证明他也错了：当 n 在 0 和 4 之间的时候公式可行，当 n=5 的时候就不可行了。直到如今，通过这条公式“只”得到了 5 个“费马数”：3、5、17、257 和 65 537。梅森和费马都没能找到那个“神奇的公式”，可以归纳出所有的素数。

聚光灯之下

对素数的迷恋蔓延到了电影院的屏幕上。文森佐 · 纳塔利导演的加拿大电影《异次元杀阵》（1997 年）里面，素数的存在对推动电影情节发展具有重要意义。

并不是那么偶然的！

今天我们对素数惊人的**特点**了解得更多。比如，如果其中一个素数结尾是 1，那后面一个素数很可能以 3 或者 7 结尾，也很可能以 2 或者 9 结尾！

对素数的追逐

信息技术让我们在追求素数之路上走得更远。互联网梅森素数大搜索（GIMPS, Great Internet Mersenne Prime Search) 是一个团队协作的计算项目，用于促进寻找更大的“梅森素数”，即由马兰 · 梅森的公式得到的素数。从 2016 年 1 月开始，该记录由柯蒂斯 · 库珀和他的团队持有，他们找到了素数 $2^{74\,207\,281}-1$，共有超过 2200 万位数。

在文森佐 · 纳塔利导演的电影《异次元杀阵》里，主角们被困在有数字标记的一些正方体里面，唯有被素数标记的正方体是安全的。

帕斯卡：真空与无穷大

科学血统

布莱兹·帕斯卡生于1623年，自小生活在知识的氛围当中，促进了他才华的发展。他的父亲艾基纳·帕斯卡是一名公务员、法官，对科学和数学十分感兴趣，是“梅森学院”(Académie Mersenne)的成员，这是一个以神父马兰·梅森为中心、由众多智者组成的圈子。梅森作为教会人员和科学人员，测量出了声音的速度，与同时代的大部分“智囊”保持着朋友关系、保持通信，如笛卡尔、惠更斯、伽桑狄等。伽桑狄这位哲学家、天文学家、原子理论的冠军还是西哈诺·德·贝杰拉克、莫里哀的老师！才12岁，帕斯卡就被父亲介绍进了这个智慧圈子里，并且因为他的早熟而一鸣惊人。

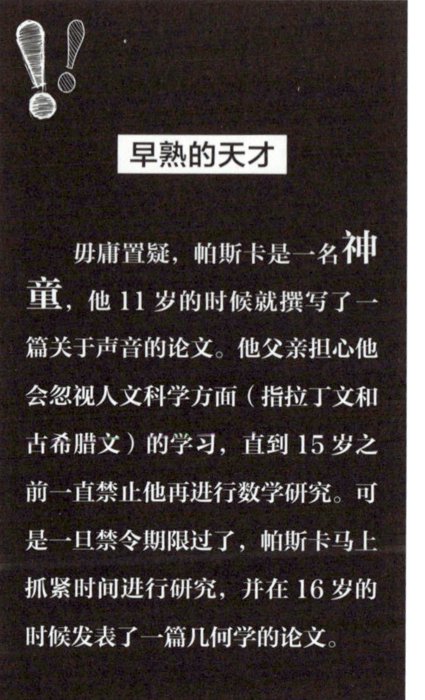

早熟的天才

毋庸置疑，帕斯卡是一名**神童**，他11岁的时候就撰写了一篇关于声音的论文。他父亲担心他会忽视人文科学方面（指拉丁文和古希腊文）的学习，直到15岁之前一直禁止他再进行数学研究。可是一旦禁令期限过了，帕斯卡马上抓紧时间进行研究，并在16岁的时候发表了一篇几何学的论文。

帕斯卡的赌注

作为宗教哲学家，帕斯卡的**“信仰打赌”**非常著名，该赌约在《思想录》中有介绍：最好打赌上帝存在，因为如果您赢了，您就赢了所有，即使您输了，您也无所失！

$S^2 = \sqrt{\frac{\sum_{i=1}^{N}(x_1-x_2)}{N}}$

第一台计算器

19岁的时候，帕斯卡发明了第一台计算器——**帕斯卡林**计算器（Pascaline）。三年前，他就开始着手发明计算器的计划，目的是帮助父亲进行计算。他所发明的计算器最开始被称为算术器，后来改称帕斯卡林齿轮，最后简单叫作“帕斯卡林”。这台计算器可以快速地计算加减法。

帕斯卡发明的第一台计算器——帕斯卡林计算器。

空气和真空

1646年，帕斯卡对埃万杰利斯塔·**托里拆利**的作品十分感兴趣，他重现了托里拆利的实验并且进行了他自己的研究。研究结束于1647年，该年帕斯卡发表了一篇题为《关于真空的新实验》的论文。与教会的信条和一些如笛卡尔一样的权威科学家相反，帕斯卡相信真空和空气重力，即大气压的存在。

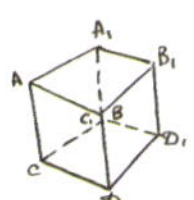

峰顶的科学

为了证实托里拆利海拔越高大气压越小的假设，帕斯卡让自己妻子的兄弟弗洛林·佩里埃到多姆山上测**气压**，登山过程全程带着气压计。实验于 1648 年 9 月 19 日完成，证实大气压的确存在，也证实了气压计水银柱中真空的存在。

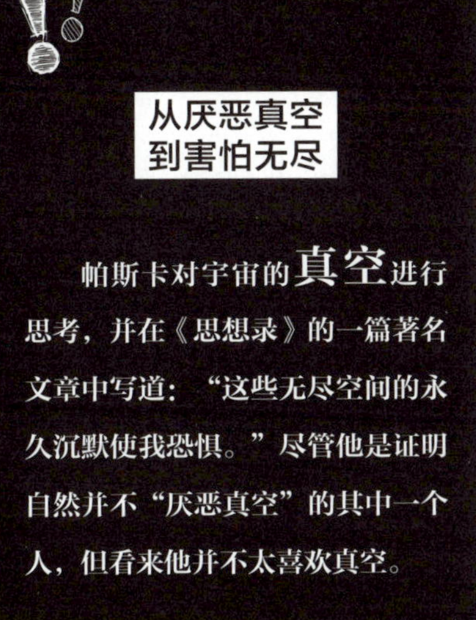

从厌恶真空到害怕无尽

帕斯卡对宇宙的**真空**进行思考，并在《思想录》的一篇著名文章中写道：“这些无尽空间的永久沉默使我恐惧。”尽管他是证明自然并不“厌恶真空”的其中一个人，但看来他并不太喜欢真空。

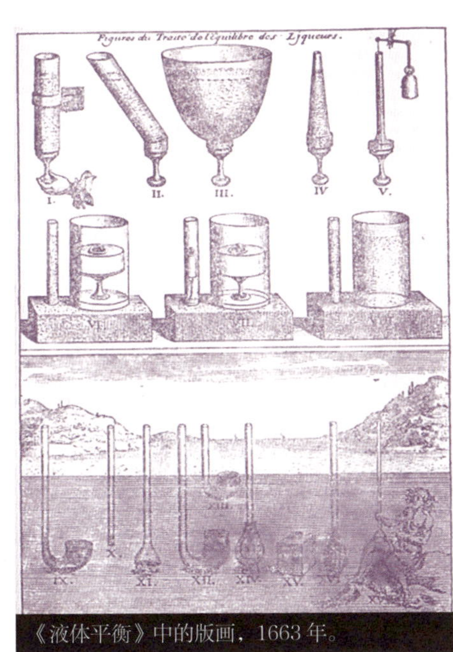

《液体平衡》中的版画，1663 年。

帕斯卡定理

作为物理学家，帕斯卡在**流体力学**方面的贡献尤其明显。他撰写了关于这方面的两篇论文:《液体平衡》（*De l'équilibre des liqueurs*）和《空气重力》（*De la pesanteur de l' air*），并提出了流体静力学的基本定律，即帕斯卡定律（principe de Pascal）。帕斯卡定律指出在平衡和密度均匀的液体中，给定深度的每个点上的压力是相同的，基于此，帕斯卡建立了根据深度预测液压的规律。18 世纪末期开始广泛应用的水压机，也是源自这一规律。

科研的结束

1654 年，帕斯卡在经历了一场事故后，又经历了一场**宗教危机**。当他途经纳伊桥时，他所乘坐的马车几乎要被水淹没。当时，他觉得自己已濒临死亡的边缘，却在最后关头获救，并在那时看到了上帝的标识。经过劫后重生的一夜之后，他决定用余生来捍卫自己的宗教信仰。随后，他退出科研一线。帕斯卡于 1662 年去世，享年 39 岁。

将偶然关进笼子

梅雷骑士的问题

1654 年，德 · 梅雷骑士，即安托万 · 贡博请布莱兹 · 帕斯卡为他解决一个问题，这个问题之后被称为点数分配问题，问题如下：两个人进行一个博弈游戏，三局获胜才能获得全部奖金，假若游戏未分胜负的情况下需要提前结束，如何公平分配赌金？帕斯卡的回复开创了概率计算的先河。

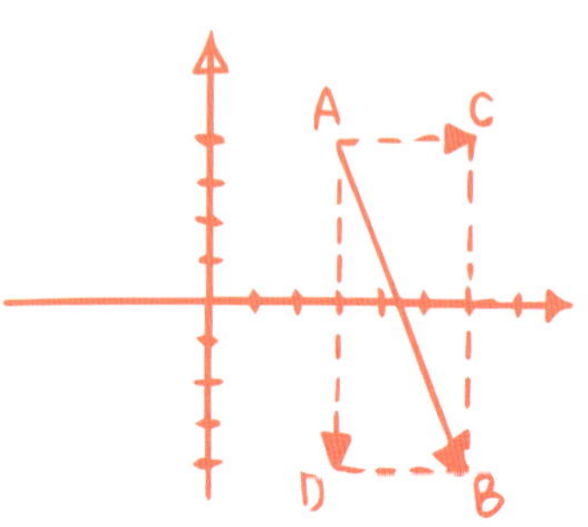

$$\sim \exists x \exists y [p(x,y)] \equiv \forall x \forall y [\sim p(x,y)]$$

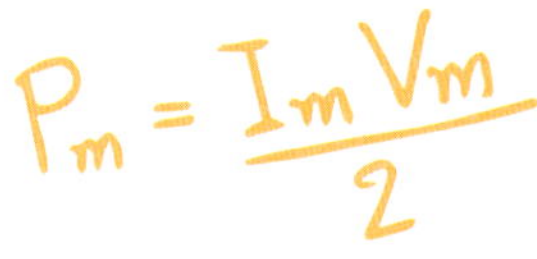

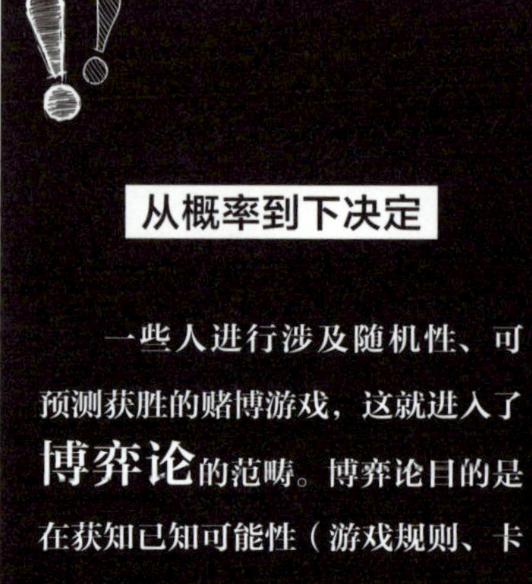

从概率到下决定

一些人进行涉及随机性、可预测获胜的赌博游戏，这就进入了博弈论的范畴。博弈论目的是在获知已知可能性（游戏规则、卡片数字……）和未知可能性（对方的牌、其他玩家的心理……）的情况下选择最优决策。

赌博、随机性和数学

最初，概率的书跟赌博有关。吉罗拉莫 · 卡尔达诺于 1564 年发表的作品预言了作弊行为的存在，尼科洛 · 塔尔塔利亚 1556 年的作品以及伽利略 1612 年的作品是关于掷骰子游戏的。正是克里斯蒂安 · 惠更斯于 1657 年发表的作品《论赌博中的计算》经过翻译之后，该数学分支得以传播。

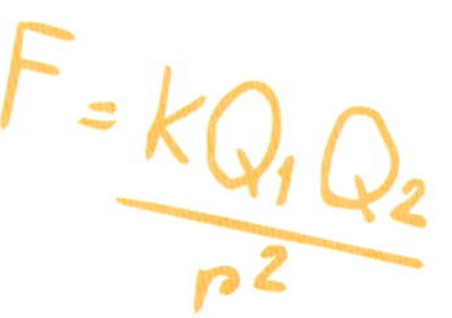

随机运动

1827 年，罗伯特 · 布朗描述了没有外力影响的情况下液体中微粒的运动，该运动之后被称为布朗运动。这种完全不规则的运动可以用于建立随机差错和干扰的模型。布朗运动是爱因斯坦 1906 年论文的主题，论文中解释了在热的影响下分子的运动，并证明了原子的存在（见第 240 页至 241 页）。

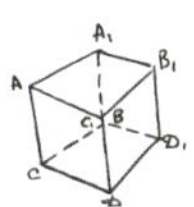

随机性与数学

数学定理支配着**概率**的计算。雅各布·伯努利于 1685 年发表的关于两种可能性试验的定理常常被应用于问卷调查当中。1764 年，贝叶斯定理引入了概率中的条件这个概念，该定理应用于评估医疗检查和过滤垃圾邮件中。

$$\frac{P(x)}{Q(x)}=G(x)+\frac{R(x)}{Q(x)}$$

$$S=\frac{2\pi mv\cos\theta}{qB}$$

预测与混沌

19 世纪末，昂利·庞加莱等人奠定了**混沌理论**的基础，该理论在 1972 年与“蝴蝶效应”一同得到大众传媒的广泛传播。这个比喻表明，在长期内一个对初始条件敏感的系统很可能会引起不可预料的后果。因而，尽管一场暴风雨是可以预测的，但是闪电的轨迹是无法预测的；尽管冰川融化和降雨是可以测量的，河流水位的变化却是无法预见的。该理论对病毒的扩散和风筝尾部的运动也适用。

股票价格牌。

经济：预见一切，计算一切

数据分析以及根据分析下决定被应用于股票当中，以获取更多利益：这就是所谓的高频交易。这种由算法自动控制的行为会增加市场的不稳定性，改变走向以及反转趋势等。所有指令都由运算能力极强的计算机发出，因而速度成为股票市场上制胜的关键因素。为了应对该问题，美国证券交易委员会于 2016 年 6 月规定每两次交易之间需要有一段最短相隔时间。

不可错过的十大公式!

毕达哥拉斯。

1.$a^2+b^2=c^2$

这就是著名的毕达哥拉斯定理（勾股定理）了！就是这条公式表明了直角三角形三条边的关系，即斜边（*C*）和两直角边（*A* 和 *B*）……也正是这个公式让一代一代抗拒数学的学生们头痛不已！

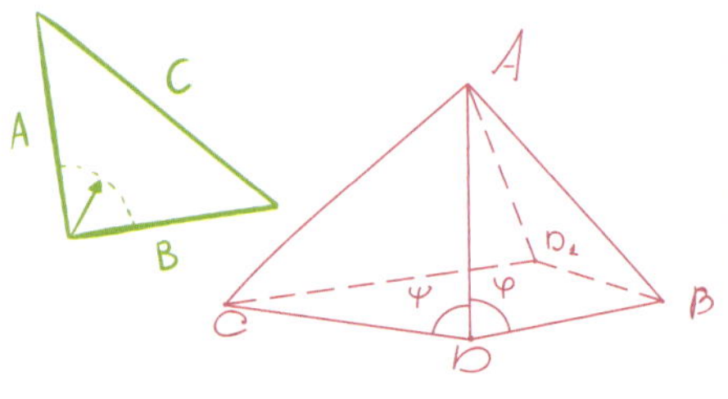

2.$E=mc^2$

这是所有公式之王，惊人的简单，其内涵却具有革命性的意义。爱因斯坦于 1905 年提出这个表示质量（用重量表示，即“*m*”）和能量（“*E*”）之间关系的公式，打破了当时物理学的所有观念。

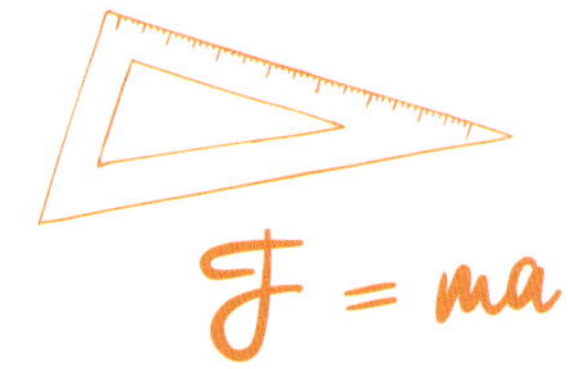

3.$F=ma$

这是牛顿三大定律中的第二条，第一条是惯性定律，第三条是作用力与反作用力定律。

4.$F=GmM/r^2$

牛顿万有引力定律表明两个物体（质量分别为 *m* 和 *M*）之间的相互吸引力与两物体的质量乘积成比例关系，比例为一个常量 *G*（即引力常量），该吸引力与两物体之间距离（*r*）的平方成反比。为了纪念这位物理学家，力的单位以他的名字命名，即“牛顿”。

5. $2H_2+O_2 \rightarrow 2H_2O$

拉瓦锡（Lavoisier）证明了水不是一个元素，可以用氧气和氢气这两种气体合成而得，从而证实了他的新化学理论的可行性。

6.$\partial^2U/\partial t^2=c^2(\partial^2U/\partial x^2)$

这是波动方程，由让 · 勒朗 · 达朗贝尔于 1746 年提出。这个微分方程通过观察振动的弦（比如弦乐器的弦）得出，可用于描述所有波动现象，包括地震波、光波、声波等的传播。

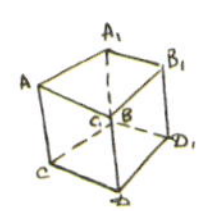

7.U=RI

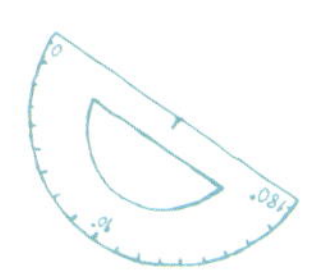

欧姆定律非常简单易懂，自从电进入千家万户之后马上在日常生活之中得到应用。该公式表明了电压（U，单位为伏特）、电流（I，单位为安培）与电阻（R，单位为欧姆）三者的关系。1827 年，该公式由乔治 · 西蒙 · 欧姆在一本名为《怪念头连篇》的书中发表。这条公式导致欧姆被教育部部长辞退，理由是“一个发表这种邪说的物理学家不配教授科学”！然而欧姆的成就成为对其无声的报复：欧姆定律是每个中学物理课上最先学习的定律之一。

乔治 · 西蒙 · 欧姆。

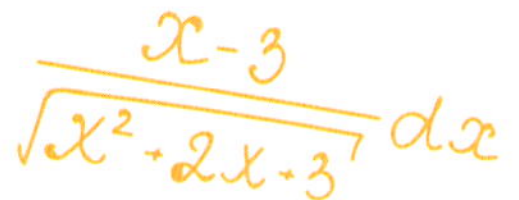

8.$i^2=-1$

你看不出来这条公式有什么革命性的地方吗？可能是因为你忘记了一条基本的定理：平方数总是整数……除了这个情况！数字 i 是随意引入的，表示 −1 的平方根，用于定义虚数，即任何带符号的整数与 i 的乘积；也可以用于定义复数，即一部分是实数一部分是虚数的数。复数从 16 世纪就开始引入，但符号“i”是瑞士数学家莱昂哈德 · 欧拉首创并使用的。

10.$x_{t+1}=kx_t(1-x_t)$

1976 年由生物学家罗伯特 · 梅提出，表明不同代与代之间根据资源限制的变化而产生的人口变化，资源限制由变量 k 表示。尽管看起来很简单，这条公式却是混沌理论的主要成果。k 取某些数值时，原始条件出现一个细微变化也会导致人口数量出现重大的变化。

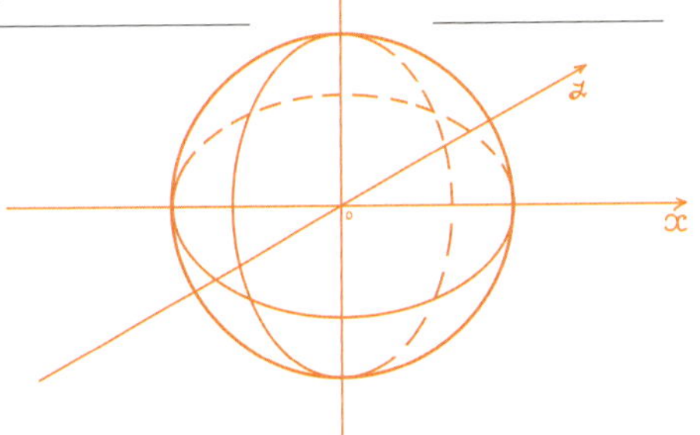

9.$dS \geqslant 0$

这个不等式看起来很简单，实则意义巨大。这是热力学第二定律，由路德维希 · 玻尔兹曼于 1873 年提出，表明在一个封闭的系统里面，熵 S（用于表示热力混乱度）只会增加，因为组成成分之间的每次能量转换都会增加总体混乱度。

数据啊数据！

一般化的艺术

研究的角度有很多，进行假设**检验**可以通过数学计算保证用样本结果代表总体是可行的，并且检验百分比、平均数和相关性是否具有可比性。对每一种类的结果都可以通过假设检验（如皮尔森卡方检验、t 检验、z 检验等）计算出一个指数，该指数可以避免因样本造成的错误。

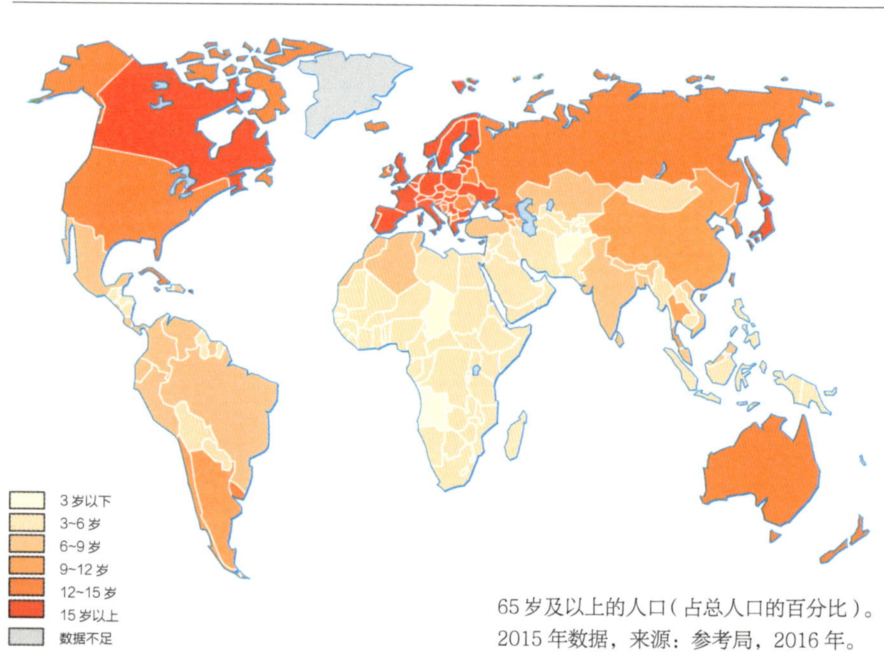

65 岁及以上的人口（占总人口的百分比）。2015 年数据，来源：参考局，2016 年。

代表性的问题

数据关心的是总体人口的**抽样**问题。为了使样本结果可以适用于总体人口，样本结果必须可靠、准确。数学定理可以决定相对总体人口而言需要的样本最小容量，以在确定的误差范围内获得精确的结果。因而，当我们确定误差范围为 5%、置信度 95% 时，至少需要询问 385 个人才能完成一个涉及全体法国人口的数据调查。

人口普查还是完美统计

根据人口方面的数据可以对人口做动态研究，这些**数据**包括：预期寿命、出生人口数、住房种类、流行病的传播等。例如对国家层面而言，这些数据可以用于预计政府预算（教育、交通等方面），调节补贴（地方、个人、职业……），观测已实行政策的有效性（生产、卫生……）。普查通过调查数量较多的人口，可以获得尽可能精确的回答。

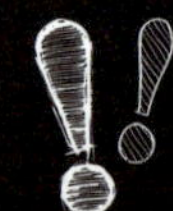

灵敏又特异

在**流行病学**（研究影响人口健康和疾病的因素）中，检查一个检验的有效性十分重要。我们用灵敏性表示有疾病时（真阳性）判为阳性的可能性，用特异性表示没有疾病时（真阴性）被判为阴性的可能性。

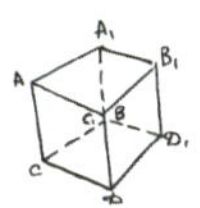

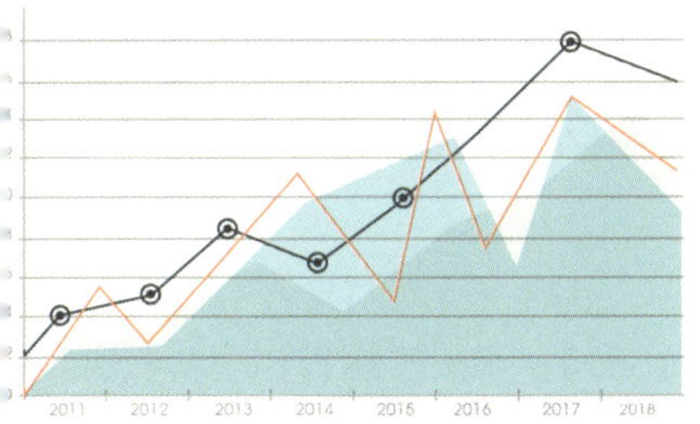

平均值，虚假值

看起来，在数据领域中使用的词汇有可能造成迷惑。例如平均的概念可能指的是算术平均数（总值除以样本数得出的值）、中数（在一组数据中处于中间位置的数，比它大的数与比它小的数一样多，与数值大小没有关系），又或者是众数（一组数据中出现次数最多的数）。在研究中，使用看起来相同的词语，结果实际上可能完全不同。

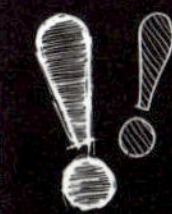

怀疑态度是王道

这个年代已经有了像 SCIgen 一样的计算机程序，可以独自生成完全错误的科学文章，保持怀疑态度就显得很必要了。在 2016 年已经证实：假如研究结果或者司法调查的结果过于协调、过于完美，它们往往是错的，这就是一致性悖论！

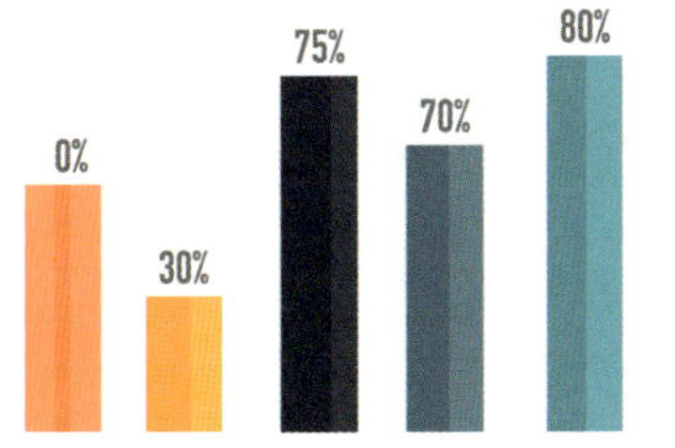

相关性不是因果关系

当我们对数据结果进行解释时，有时会混淆相关性和因果关系，造成反常的结论。由数字反映出来的相关性表明两事件具有一定的关系，变化关系类似于一条曲线，但不表明一事件是另一事件的原因。所以，一个人一生中过生日吃蛋糕的次数与死亡的风险有相关关系，但是不能说蛋糕对健康有威胁。通常需要去找联系这些事件的因素（在这个例子里面是年龄，庆祝生日的次数越多，我们年龄越大，因而越接近死亡）。

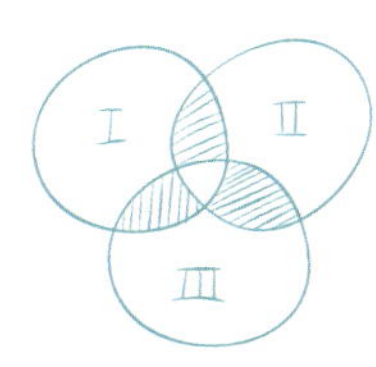

Johannis Wallisii, SS. Th. D.
GEOMETRIÆ PROFESSORIS
SAVILIANI in Celeberrimâ
Academia OXONIENSI,
ARITHMETICA
INFINITORVM,
SIVE
Nova Methodus Inquirendi in Curvilineorum Quadraturam, aliaq; difficiliora Matheseos Problemata.

OXONII,
Typis LEON: LICHFIELD Academiæ Typographi,
Impensis THO. ROBINSON. *Anno* 1656.

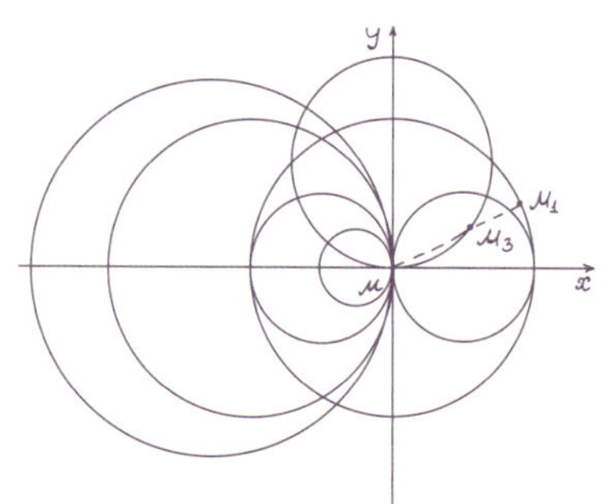

无穷的数

1656年，英国数学家**约翰·沃利斯**在其论文《无穷算术》中首次用符号“∞”表示无穷大，该符号如今仍在使用。

数一数无穷

德国数学家**格奥尔格·康托尔**打破了无穷的概念，在集合理论的框架下，通过精彩、独创的证明方法，表明存在无数个无穷，并区分了几个种类的无穷。如果我们列出一些无限集的元素，并给它们排序，比如将每个元素对应一个自然数，会发现有些无限集是可数的。因而，尽管有符号的整数的数量是自然数的两倍，我们也可以将它们一一对应，例如0对应1，−1对应2，1对应3，−2对应4，2对应5等。同时，康托尔证明了有理数集也是可数的，因为我们可以将有理数写成两个整数组成的分数。

无穷的悖论

可数无穷**集合**的研究带来了一个矛盾：例如双数的数量是自然数的数量的一半，因而可以说双数集合是自然数集合 N 的一半。然而对于每个双数，我们都可以找一个整数与其对应……直到无穷无尽！从无穷大的角度来看，两个可数集合是相等的，它们属于同一种无穷，我们认为它们有相同的基数（cardinal）。

集合理论的建立者格奥尔格·康托尔。

无穷中的无穷

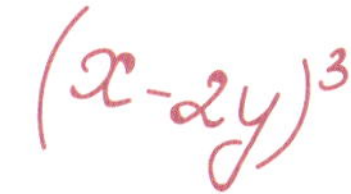

1891年，康托尔证明了另一种无穷的存在：与整数和有理数相反，实数是不可数的。康托尔的证明使用了对角论证法：考虑一组小数，我们取第一个数里面的第一个数字，第二个数里面的第二个数字，以此类推，组成一个新的数。如果我们将每个数字加1，会得到一个与前面的数完全不同的数：不管得到的实数有多少个，我们总是可以找到更多的。因而实数的无穷肯定比自然数的无穷要大，这两个集合具有不同的基数。

无限小的极限

关于无限问题的数学演算令人头痛，而这一问题在宇宙中的实际应用也同样令人眼花缭乱。原子理论对物质的无限可分性所施加的限制，因不断发现的、越来越小的粒子而不断延伸。但科学考察仍然存在理论上的局限：即普朗克长度（10 ~ 33 cm），超出这个范围，已知的物理定律便不再适用。

宇宙是无限的吗？

宇宙到底是无限的还是有限的？无穷宇宙的存在可能会有很重要的影响，尤其对“多元宇宙”（见第173页）而言，根据该理论，我们所了解的世界只是无穷多其他宇宙的其中一个。

有限但无边界

很难想象宇宙是无限的，但是有限宇宙的假设也不是那么显而易见：如果宇宙是有限的，在宇宙的边界之后有什么东西呢？将有限等同于有边界是错误的：大量的宇宙模型都展示了一个有限但是无边界的宇宙。一些图形，例如环面，即像穿孔的馅饼一样的拓扑图形，就有这个特点：虽然它们不是一个无限的空间，我们可以从各个角度去看这些图形而一直看不到边界，因为它们的“边界”都连在一起。一个这样的宇宙给我们一种无限的幻觉，因为光线有可能多次穿越宇宙才到达地球。

蝴蝶效应、混沌理论和分形几何

本华·曼德博于1975年引入“分形”一词。

蝴蝶的展翅

在1961年，气象学家爱德华·罗伦兹做了一个题为“一只蝴蝶在巴西扇动翅膀会在得克萨斯引起龙卷风吗？”的讲座。他在讲座中表明在某个时刻给定的条件下，微小的变化可能会造成地球气候的根本性改变，这就是初始条件敏感性。这个“蝴蝶效应”（见第137页）具有混沌系统的特征：气象学是第一个应用到之后所形成的混沌理论的领域。

简单的混沌

混沌系统并不一定复杂：19世纪，庞加莱在研究三个天体在相互之间万有引力的作用下的运动规律问题（例如地球、太阳和月球）时发现了初始条件敏感性，因而他是混沌理论的先驱之一！

分形的前生

第一组分形曲线在20世纪初被发现。1904年，瑞典人海里格·冯·科赫描述了一个简单的操作，即将一个等边三角形放在一条线段的三等分点上，重复该操作可以得到“科赫曲线”，或者称为“科赫雪花”，该图形可以一直重复下去。其他更为复杂的分形集合只能靠计算机技术才能直观表示出来。

被误解的蝴蝶

“蝴蝶效应”的比喻通常会被误解：蝴蝶扇动翅膀并不会凭空引起一场风暴，但扇动翅膀代表的是一个微小的扰动，足以打破某些方面的平衡，引起或者阻止一个像暴风雨般重大的现象。

混沌并不是混乱

“混沌”一词用来指一些长期而言无法预料的事情，这个词可能会引起误解：这不是指完全随机或者任意的机制，而是一种确定性的混沌，因为该现象遵守一些规律，只是不能精确预测。

曼德博在理论上得出的分形图案。

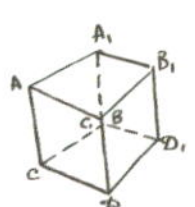

自然中的分形

$\frac{3b+8}{ak-16m}$

自然界中的很多现象中都可以看到分形几何。无论看卷心菜的哪一层都是相同的结构，如果我们将卷心菜剥开，剥得越来越小，仍会看到总是相同的形状。每一部分都几乎是另一部分的复制品。肺部、血管、树的分枝和根、蕨、雪花等都是分形结构。你在其他什么地方还看到分形了吗？

混沌的几何

1975 年，多重国籍数学家、IBM 公司的研究人员本华 · 曼德博向世界揭示了迷人的分形世界。他发明了分形（fractale）这个从拉丁语 fractus（意为破碎的、打碎的、间断的）引入的词，指不同于传统意义上的、由重复的直线或曲线组成的图形，这些图形是不断细分的。无论从远处还是从近处看，图形都是相同的，每一层的图形都具有相同的特征。

$\frac{18n}{m^2-16n}$

分形的魔力

分形几何的图形有一个明显区别于其他图形的特征：自相似。无仑看哪一层，都是相同的图形。我们可以不断地细看分形图形细微的部分，会看到相同的结构。

如何测量一条海岸线？

如何测量一条海岸线的长度？这个看似简单的问题对曼德博研究分形图案产生了很大的启发。因为我们量得越精确，海岸线越长！量得的长度取决于我们测量所使用的尺的长度，尺子越小，测量得出的结果越大，因为我们可以测到更多细节的地方。也就是说海岸线的长度是无限的。一个有限的空间里面可以包含一个无限的长度！无论我们相隔多远去观察，海岸线看上去都是相同的：锯齿状、分割的。用一个词来概括：分形的！

非欧几何：超越三维空间

欧几里得的《几何原本》

欧几里得（公元前 4 世纪到公元前 3 世纪）是古希腊最伟大的数学家之一。他的著作《几何原本》分为 13 卷，在著作中他提出了定义几何图形的五个公设。直到 19 世纪，没有人想象得出不符合欧几里得公设的几何图形。

乱七八糟的平行线

第五公设是欧几里得《几何原本》中最著名的公理：通过直线之外的一点，有且只有一条与该直线平行的直线。这是唯一一个对于非欧几何而言不适用的公设，比如在双曲几何里面，过直线外的一点可以有无数条直线与该直线平行；而在椭圆几何和球体里面，没有任何平行线。

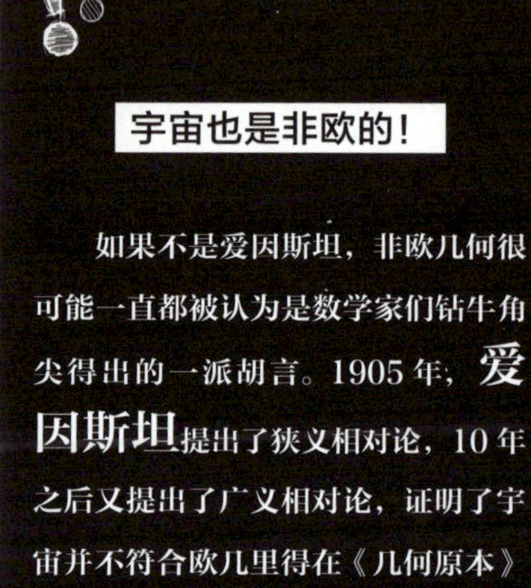

宇宙也是非欧的！

如果不是爱因斯坦，非欧几何很可能一直都被认为是数学家们钻牛角尖得出的一派胡言。1905 年，爱因斯坦提出了狭义相对论，10 年之后又提出了广义相对论，证明了宇宙并不符合欧几里得在《几何原本》中提出的规律。

卡尔·弗里德里希·高斯。

超越欧几里得

卡尔·弗里德里希·高斯可能是第一个想象出不符合欧几里得规则的几何图形的人，他是在计算曲面上两个点之间距离的时候发现的。这个发现太过创新以至于他不敢发表，“因为害怕门外汉们的抗议”！尼古拉·罗巴切夫斯基于 1829 年、鲍耶·亚诺什于 1832 年研究出了不符合欧几里得第五公设的负数常曲率几何模型。1854 年起，波恩哈德·黎曼将高斯的微分几何理论推广到三维以上的空间。1868 年，意大利人贝尔特拉米证明了罗巴切夫斯基的几何理论适用于负数常曲率的平面。1872 年，菲利克斯·克莱因提议将欧氏几何和非欧几何统称为射影几何。

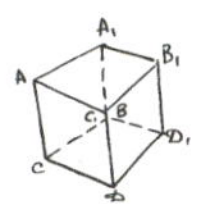

黎曼的伪球面，表面向内弯曲。

时空几何

当爱因斯坦想研究考虑**重力**因素的相对论时，他发现至此使用的几何模型都已经不够用。他发展了黎曼的研究并在此过程中找到了广义相对论的关键。

一个熟悉的例子

我们日常生活当中也会使用到一个非欧几何的模型，只是我们没有意识到而已。那就是根据我们的地球绘制出的**地图**。如果地球表面是光滑的，它就是球体的一个普通例子，即一个正数常曲率的平面，上面没有平行线，因为所有线都会聚集到两极（比如子午线，但是在地球平面球形图上子午线却是互相平行的）。但如果我们还考虑地形变化，地球就是高斯微分几何公式的应用，即使是一个曲面也可以通过一个双坐标（纬度和经度）系统划分成格子。

四维

赫尔曼·闵可夫斯基研究出来的时空模型，作为狭义相对论的框架，是非欧几何的一个例子。时空模型只是将第四个维度——时间加入到空间几何学当中，这却使得它与传统的三维空间（欧氏空间）截然不同，而是将时间看作独立变量，时空几何随着一个可变时间因素的变化而变化。例如，到一个定点的距离等于单位长度的点的集合是一个半径为1的球面，而在闵可夫斯基空间中却是一个沙漏状的图形。

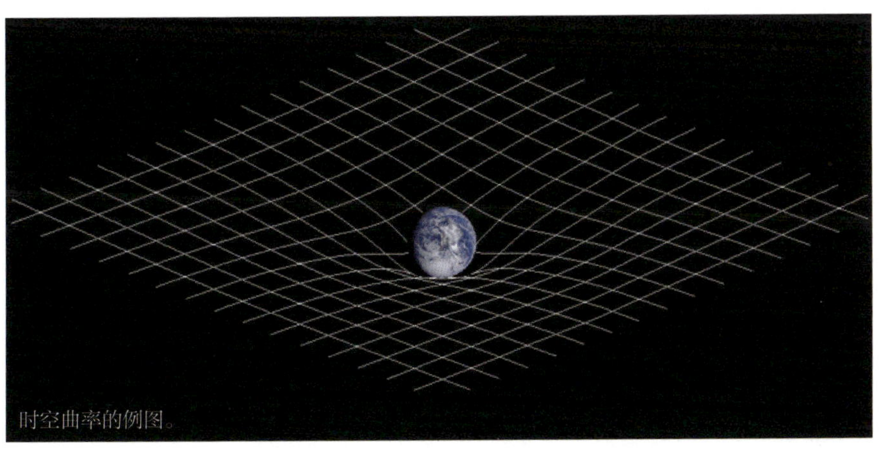

时空曲率的例图。

物质的秘密

遥遥领先的物质领域研究

近几年来，物理学的发展十分迅猛，令其他学科望尘莫及。物理学，即研究物质本质的学科。随着化学、自然历史学、生物学自身研究范围的确立，物理学的研究领域逐渐细化、清晰起来。由于研究领域不断细化，物理学在研究的广度上略逊一筹。然而，这恰巧使其研究领域更加明确，也使领域内的研究更具深度。物理学对物质本质的研究远超其他学科，它在这一领域探寻到的知识，已然颠覆了人们对于世界的认知，甚至重新定义了科学的本质。

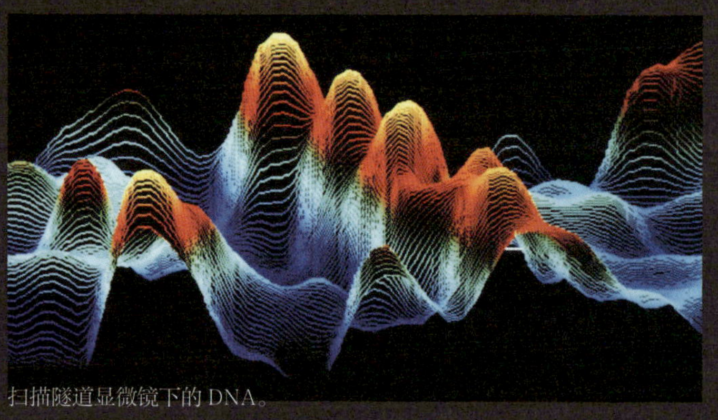

扫描隧道显微镜下的 DNA。

从物理学出发，将视线转向数学有理性，炼金术映入眼帘。褪去古老的神秘外衣，炼金术实际上就是化学。但我们不应忘记，正是这种秘术，给科技的发展提供了更多可能。炼金术倾向于研究物质的化合与再化合，它与物理学共同构成一个不可分割的整体：物质科学。物质科学中，每一门学科的特点，以及学科间的衔接，都与原子理论的树立密不可分。曾在很长一段时间里，原子理论仍被视为一种假说，各方对此的辩驳十分激烈。现如今，纳米技术的研发，以及借助纳米技术可能实现的原子层面的物质操作，可以说前景无限，但同样隐藏着巨大风险。

巨大的科研领域

对物质基本组成成分的研究，使科学获得了前所未有的发展。粒子物理学的树立基于原子理论，却也推翻了它。对于基本粒子的了解越全面，它所揭示的世界就越离奇，人们对物质这一概念的理解也会不断被颠覆。看吧，在我们眼中曾如此坚固的物质，实际上却是由极小的粒子和近乎虚无的

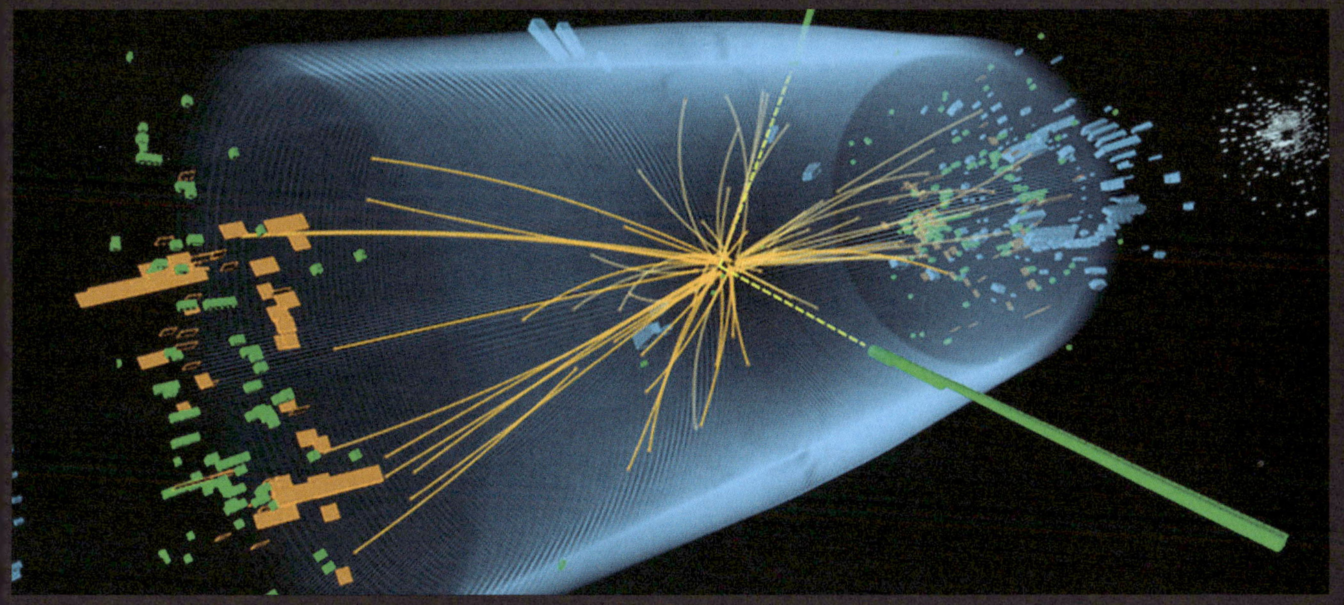

欧洲核子研究组织的粒子加速器探测到的图像：质子的碰撞。这台机器证实了希格斯玻色子的存在。

空间构成的。

我们越是沉浸在微观粒子的研究中，科学基础设备的价值就愈发高涨。譬如粒子加速器，这是物理学发展不可或缺的国际性设备，投入在它身上的预算蔚为壮观。2013 年，位于日内瓦的欧洲核子研究组织确认发现了希格斯玻色子，这一发现不但是技术科学的一大胜利，而且也是粒子物理学的胜利。后者使我们推测出，目前仍然存在人类无法探测到的实体。希格斯玻色子是由大型强子对撞机探测出的。我们不妨猜想一下，这台超级粒子对撞机的下一个发现将会是怎样的奇迹？会是量子微型黑洞，还是新的未知粒子？此外，X 粒子的发现颠覆了粒子物理学的标准模型理论。X 粒子使我们相信，这些假设终将会被证实。

光为何物

光是最早的自然现象之一，这在现今著名的数学法则中有所记载。然而对于科学来说，光仍旧是一个最为棘手且无法回避的问题。数世纪以来，光的波粒二象性始终是物理学家们争论的焦点。然而，物质视角的出现使他们达成了共识：所有基本粒子都具有二象性，它们都可以被视为一种光波现象。现如今，激光是研究波粒二象性的必要工具，它也有一些其他用途。此外，在基本粒子中，光子既没有重量，也没有体积，它是一个十分奇特的存在。

大统一之梦

若要说能使全世界的科学家为之振奋的事情，大概是找到一个能够覆盖整个物理学的大统一理论了。20 世纪有两大物理发现问世：相对论和量子力学。二者可谓是“平分宇宙”。它们互为补充，却也存在两相矛盾之处。自此，牛顿的“后人”只好等待掌握真理的救世主，就像牛顿自己之前所做的那样。在他们之中，弦理论是最有希望的“候选人”，但它缺乏经验支撑，理论本身也不够成熟。一些物理学家认为，大统一理论不过是痴人说梦。如果真是这样，将来若有人能够实现这一创举，他 / 她一定会成为 21 世纪被众人铭记的科学家！

原子大冒险

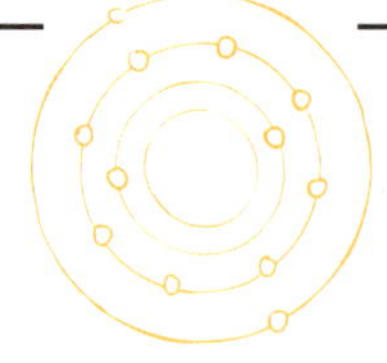

古代原子理论

原子理论的出现可追溯至古希腊时期。在印度，自公元前 6 世纪起，就有一些印度思想家提出了原子理论。古希腊原子理论比古印度原子理论晚出现两个世纪，后者的思想有可能对前者产生过影响。古希腊哲学家留基伯是原子理论的开创者，但在此领域有所作为的却是他的弟子德谟克利特。公元前 5 世纪，伊壁鸠鲁取代了德谟克利特的地位，成为原子理论的“代言人”。

科学原子理论

约翰·道尔顿使得原子理论从哲学的思辨上升到了科学的理论。通过对拉瓦锡提出的原理的推断，道尔顿在其著作《化学哲学新体系》（1808 年）中称，化学元素由微粒组成，我们将其称为原子。重量不同，原子种类不同。“单一原子”可以相互结合形成“组合原子”。原子本质上是不可再分的，化合时，这些原子只能按简单整数比结合成化合物。

弹性流体原子。

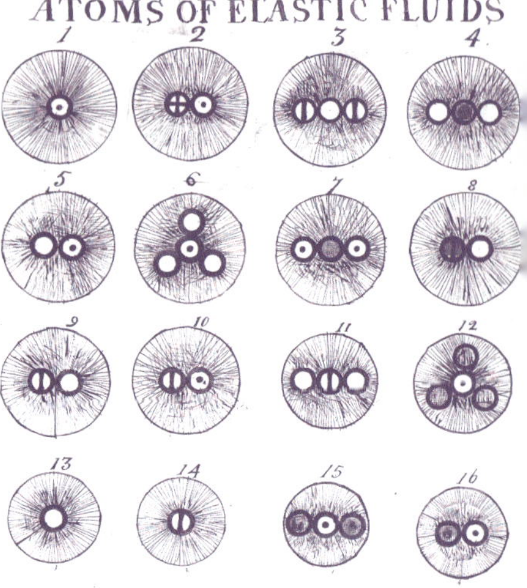

约翰·道尔顿的原子插画。

伊壁鸠鲁眼中的物质

伊壁鸠鲁相信这世上存在物质的组成单位，即不可分割的微粒——原子。“原子”一词在希腊语中意为“不可分割的”。

持续发展的原子理论

当时有两位众星捧月的哲学家，柏拉图和亚里士多德，他们都反对德谟克利特的原子理论。这使得这一理论在很长一段时间内都无法见天日。但物质具有不连续性、并由基本单位组成这一想法，似乎仍然存在并传播着。不仅如此，在历史长河中，也出现了很多支持此想法的人。例如公元前 1 世纪的罗马诗人卢克莱修，他曾在自己的长诗《物性论》中宣扬并补充了德谟克利特的学说。

反对当量

19 世纪，许多化学家放弃了原子理论，转身支持“当量”这个概念。当量指：人们不用预测元素的组成成分，化学元素在一定配比下就能够发生反应。尤其在法国，当量这一学说被认为蕴藏着巨大价值。最初，让－巴蒂斯特·杜马醉心于原子理论，但后来他认为此理论过于抽象，便放弃了它。他的同事马塞兰·贝特洛也是原子理论的坚定反对者。然而 19 世纪下半叶，部分法国化学家再度提出了原子假说。当量理论的捍卫者与原子理论的支持者各执一词，双方阵营互不退让，以至于在 1860 年，为了使得他们达成共识，专门在卡尔斯鲁厄举办了一场国际化学会议！然而会议过后，这两个“党派”仍旧固守己见。

如何计量我们看不到的物质

阿梅代奥·阿伏伽德罗于1811年提出了分子假说：同体积的气体，在相同的温度和压力时，含有相同数目的分子。1814年，安德烈-马里·安培通过研究得出了相同的结论。但由于各位学者用词不统一，往往会产生一些混乱。“单一原子”和“组合原子”是道尔顿的用词，而阿伏伽德罗却使用了“分子组成”和“分子构成”这两个术语。马克·戈丹于1833年对这些术语做了梳理，指出原子即单一微粒，“分子”则为由原子构成的组合体。

我们能看到原子吗？

阿尔伯特·爱因斯坦与让·佩兰证实了物质的不连续性与原子的存在，后者还在其1913年的著作《原子》中普及了原子理论，使得此理论广为人知。但直到1981年扫描隧道显微镜出现，人们才真正“看到”了原子和分子！

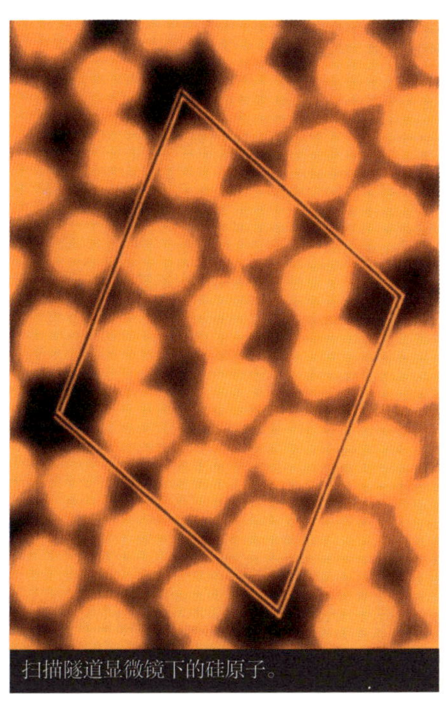

扫描隧道显微镜下的硅原子。

原子的中心

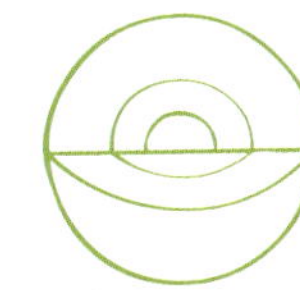

欧内斯特·卢瑟福推动了原子研究的关键一步。1909年，这位英国学者做了一项重要的实验，他发现原子中心存在极小的带正电荷的核，原子里所有的物质几乎都在核里，因此原子的重量也都在核上。自此，卢瑟福实现了史上首次对原子的描述：原子由原子核和环绕其周围的电子组成。核的直径是原子直径的10万分之一，绕核电子在近乎全空的空间中运动！

显微镜碰撞出火花

1905年，爱因斯坦一篇文章的发表令原子理论大获全胜。他在这篇文章中对布朗运动进行了研究。布朗运动是由著名植物学家罗伯特·布朗第一个发现的，因而以他的名字命名。布朗通过显微镜观察到，置于水中的花粉颗粒会产生看似不规则的运动。爱因斯坦对此解释道，这一运动是由肉眼看不到的液体分子对显微镜下可见的悬浮花粉颗粒进行碰撞产生的。随后爱因斯坦发表了布朗运动定量分析理论，让·佩兰于1908年通过实验验证了此理论，并计算出了阿伏伽德罗常数，即单位物质的量中所包含的原子或分子的数量。

让元素排好队

元素的顺序

18 世纪时，给元素进行排序成为一种需求。1700 年时，人们只发现了 12 种不同的元素，18 世纪末元素种类上升至 30 种，20 世纪初增至 80 种。

将元素排成圆形

元素周期律，即元素的性质随着元素的原子质量发生变化的规律。1862 年，此规律被法国的地质学家亚历山大 - 埃米尔 · 贝吉耶 · 德 · 尚古尔多阿发现。他首先将这些元素按照原子质量递增的顺序排序，之后将它们排列在一条缠绕圆柱的螺旋线上。结果，他发现位于垂直方向上的元素具有相似的性质。但在他发表的文章中，没有任何解释性的图表，这使得文章十分费解。因此，他发明的“地质螺旋排序”几乎没有引起任何化学家的注意。

三元素组和四元素组

1817 年，约翰 · 德贝莱纳发现钙、锶、钡这三种元素之间存在一种特殊的关系，它们的化学性质也有相似之处。如今，这三种元素被划入“碱土金属”的范畴。如果以原子质量递增的顺序给它们排序，我们会发现，排在中间的元素的原子质量，等于其前后两种元素原子质量的平均数，我们称它们为“三元素组”，即三个元素为一组。1829 年，德贝莱纳总结出了另外两组三元素组。直至 1850 年，诸多三元素组被发现，共计20余种元素列入其中。1859年，让 - 巴蒂斯特 · 杜马在此基础上重新提出四元素组的概念，即四个元素构成一组。每个四元素组中，元素与元素间质量之差是相同的。但自始至终，没有一个排序体系能够完整归纳所有的元素。

填满元素周期表

当我们意识到**新发现的元素**都可以被填入元素周期表的某个空位时，门捷列夫的这项杰作蕴含的价值便愈发显著。新元素的性质与其在表中的位置相符，例如镓（1875 年发现）、钪（1879 年）、锗（1886 年）等。也有一些新元素并不符合门捷列夫建立的“规则”，例如稀有气体（或惰性气体），这对此规则提出了修改的要求。此外，周期表将原子质量用原子序数（也即原子的质子数或电子数）取代。除了门捷列夫，也有部分科学家提出过“蜗牛状”的元素周期表，以及三维元素周期表。

根据质量排序

原子质量这一概念由道尔顿的理论引入。随后，质量很快就成为元素排序的恒久准则。由于它的出现，人们只需知晓元素原子的质量，就能轻松判断元素的种类。此外，许多化学家也认为原子质量与其合成物之间存在某种关系。

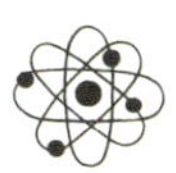

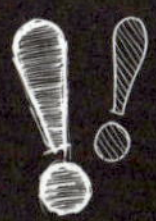

相连的原子

尤利乌斯·洛塔尔·**迈耶尔**引入了化合价这一概念，即化学键的数量。他将化合价视为给原子排序的标准。化合价与原子核四周的电子分布相关，它在当时对于研究原子构成和其化学性质的关系是不可或缺的。迈耶尔于 1864 年发表了他的第一张元素周期表，但到 1870 年才将其补充完整。

向周期表迈进

1863 年，英国化学家约翰·**纽兰兹**提出了一种周期性排序，即将已发现的元素排成 7 行，每行元素都具有相似的性质，这些元素按照原子质量递增的顺序又正好排为 8 列。他将这种排列称为“八音律法则”，因为这种排序法和音乐中的音律很相像，七个音阶就好比七个元素“家族”。

将元素排列进表格

1869 年，德米特里·**门捷列夫**找到了元素周期排序的“终极构成”。这种排序方式大体沿用至今。这张表归纳了当时已知的所有元素（63 种），而先前的学者最多只能用自己的方式归纳 57 种。要知道，今天已知的元素种类多达 118 种！不仅如此，这张表的主要价值在于找到了合适的周期性，也就是表中“格子”的数量。这使得我们能够找出具有相似性质的元素。

元素周期表

图例：92 U（原子序数 — 元素符号，红色指放射性元素）；铀（元素名称，注 * 的是人造元素）；$5f^36d^17s^2$（外围电子层排布，括号指可能的电子层排布）；238.0（相对原子质量（加括号的数据为该放射性元素半衰期最长同位素的质量数））。非金属　金属　过渡元素

周期＼族	IA 1	IIA 2	IIIB 3	IVB 4	VB 5	VIB 6	VIIB 7	VIII 8	9	10	IB 11	IIB 12	IIIA 13	IVA 14	VA 15	VIA 16	VIIA 17	0 18	电子层	0族电子数
1	1 H 氢 $1s^1$ 1.008																	2 He 氦 $1s^2$ 4.003	K	2
2	3 Li 锂 $2s^1$ 6.941	4 Be 铍 $2s^2$ 9.012											5 B 硼 $2s^22p^1$ 10.81	6 C 碳 $2s^22p^2$ 12.01	7 N 氮 $2s^22p^3$ 14.01	8 O 氧 $2s^22p^4$ 16.00	9 F 氟 $2s^22p^5$ 19.00	10 Ne 氖 $2s^22p^6$ 20.18	L K	8 2
3	11 Na 钠 $3s^1$ 22.99	12 Mg 镁 $3s^2$ 24.31											13 Al 铝 $3s^23p^1$ 26.98	14 Si 硅 $3s^23p^2$ 28.09	15 P 磷 $3s^23p^3$ 30.97	16 S 硫 $3s^23p^4$ 32.06	17 Cl 氯 $3s^23p^5$ 35.45	18 Ar 氩 $3s^23p^6$ 39.95	M L K	8 8 2
4	19 K 钾 $4s^1$ 39.10	20 Ca 钙 $4s^2$ 40.08	21 Sc 钪 $3d^14s^2$ 44.96	22 Ti 钛 $3d^24s^2$ 47.87	23 V 钒 $3d^34s^2$ 50.94	24 Cr 铬 $3d^54s^1$ 52.00	25 Mn 锰 $3d^54s^2$ 54.94	26 Fe 铁 $3d^64s^2$ 55.85	27 Co 钴 $3d^74s^2$ 58.93	28 Ni 镍 $3d^84s^2$ 58.69	29 Cu 铜 $3d^{10}4s^1$ 63.55	30 Zn 锌 $3d^{10}4s^2$ 65.41	31 Ga 镓 $4s^24p^1$ 69.72	32 Ge 锗 $4s^24p^2$ 72.64	33 As 砷 $4s^24p^3$ 74.92	34 Se 硒 $4s^24p^4$ 78.96	35 Br 溴 $4s^24p^5$ 79.90	36 Kr 氪 $4s^24p^6$ 83.80	N M L K	8 18 8 2
5	37 Rb 铷 $5s^1$ 85.47	38 Sr 锶 $5s^2$ 87.62	39 Y 钇 $4d^15s^2$ 88.91	40 Zr 锆 $4d^25s^2$ 91.22	41 Nb 铌 $4d^45s^1$ 92.91	42 Mo 钼 $4d^55s^1$ 95.94	43 Tc 锝 $4d^55s^2$ [98]	44 Ru 钌 $4d^75s^1$ 101.1	45 Rh 铑 $4d^85s^1$ 102.9	46 Pd 钯 $4d^{10}$ 106.4	47 Ag 银 $4d^{10}5s^1$ 107.9	48 Cd 镉 $4d^{10}5s^2$ 112.4	49 In 铟 $5s^25p^1$ 114.8	50 Sn 锡 $5s^25p^2$ 118.7	51 Sb 锑 $5s^25p^3$ 121.8	52 Te 碲 $5s^25p^4$ 127.6	53 I 碘 $5s^25p^5$ 126.9	54 Xe 氙 $5s^25p^6$ 131.3	O N M L K	8 18 18 8 2
6	55 Cs 铯 $6s^1$ 132.9	56 Ba 钡 $6s^2$ 137.3	57~71 La~Lu 镧系	72 Hf 铪 $5d^26s^2$ 178.5	73 Ta 钽 $5d^36s^2$ 180.9	74 W 钨 $5d^46s^2$ 183.8	75 Re 铼 $5d^56s^2$ 186.2	76 Os 锇 $5d^66s^2$ 190.2	77 Ir 铱 $5d^76s^2$ 192.2	78 Pt 铂 $5d^96s^1$ 195.1	79 Au 金 $5d^{10}6s^1$ 197.0	80 Hg 汞 $5d^{10}6s^2$ 200.6	81 Tl 铊 $6s^26p^1$ 204.4	82 Pb 铅 $6s^26p^2$ 207.2	83 Bi 铋 $6s^26p^3$ 209.0	84 Po 钋 $6s^26p^4$ [209]	85 At 砹 $6s^26p^5$ [210]	86 Rn 氡 $6s^26p^6$ [222]	P O N M L K	8 18 32 18 8 2
7	87 Fr 钫 $7s^1$ [223]	88 Ra 镭 $7s^2$ [226]	89~103 Ac~Lr 锕系	104 Rf 𬬻* $(6d^27s^2)$ [261]	105 Db 𬭊* $(6d^37s^2)$ [262]	106 Sg 𬭳* [266]	107 Bh 𬭛* [264]	108 Hs 𬭶* [277]	109 Mt 鿏* [268]	110 Ds 𫟼* [281]	111 Rg 𬬭* [272]	112 Uub * [285]	……							

镧系	57 La 镧 $5d^16s^2$ 138.9	58 Ce 铈 $4f^15d^16s^2$ 140.1	59 Pr 镨 $4f^36s^2$ 140.9	60 Nd 钕 $4f^46s^2$ 144.2	61 Pm 钷 $4f^56s^2$ [145]	62 Sm 钐 $4f^66s^2$ 150.4	63 Eu 铕 $4f^76s^2$ 152.0	64 Gd 钆 $4f^75d^16s^2$ 157.3	65 Tb 铽 $4f^96s^2$ 158.9	66 Dy 镝 $4f^{10}6s^2$ 162.5	67 Ho 钬 $4f^{11}6s^2$ 164.9	68 Er 铒 $4f^{12}6s^2$ 167.3	69 Tm 铥 $4f^{13}6s^2$ 168.9	70 Yb 镱 $4f^{14}6s^2$ 173.0	71 Lu 镥 $4f^{14}5d^16s^2$ 175.0
锕系	89 Ac 锕 $6d^17s^2$ [227]	90 Th 钍 $6d^27s^2$ 232.0	91 Pa 镤 $5f^26d^17s^2$ 231.0	92 U 铀 $5f^36d^17s^2$ 238.0	93 Np 镎 $5f^46d^17s^2$ [237]	94 Pu 钚 $5f^67s^2$ [244]	95 Am 镅* $5f^77s^2$ [243]	96 Cm 锔* $5f^76d^17s^2$ [247]	97 Bk 锫* $5f^97s^2$ [247]	98 Cf 锎* $5f^{10}7s^2$ [251]	99 Es 锿* $5f^{11}7s^2$ [252]	100 Fm 镄* $5f^{12}7s^2$ [257]	101 Md 钔* $(5f^{13}7s^2)$ [258]	102 No 锘* $(5f^{14}7s^2)$ [259]	103 Lr 铹* $(5f^{14}6d^17s^2)$ [262]

注：相对原子质量录自2001年国际原子量表，并全部取4位有效数字。

元素周期表中的元素按照原子序数递增的顺序排列。周期表共有 7 行 18 列（或称 18 组），每行为一个周期。每列中所有的元素构成一个元素族，它们拥有相同的外部电子层，也就是说拥有相同数量的外层电子，这使它们具有相似的物理化学性质。原子质量的测定基于碳 12 这一同位素，它的质量正好等于 12。另外，质量与此同位素质量相等的物质最为稳定。

看不见的颜色

太阳发出的**光**是由许多不同长度的光波组成的。彩虹出现时，我们便能够观察到这些光波。我们所看到的彩虹的颜色，由红到紫，总是按照同样的顺序排列，它们共同构成可见光谱。除了这些光波，也存在一些其他长度的波。在光谱中，紧挨着红光的是红外线（经常被用于遥控系统以及银行的验钞系统中），之后分别是微波与无线电波；紫光旁边是紫外线、X 射线和 γ 射线，其中紫外线主要包含 UVA 和 UVB，涂抹防晒霜可以减轻这两种紫外线对皮肤造成的伤害。X 与 γ 射线主要用于生成医学影像。

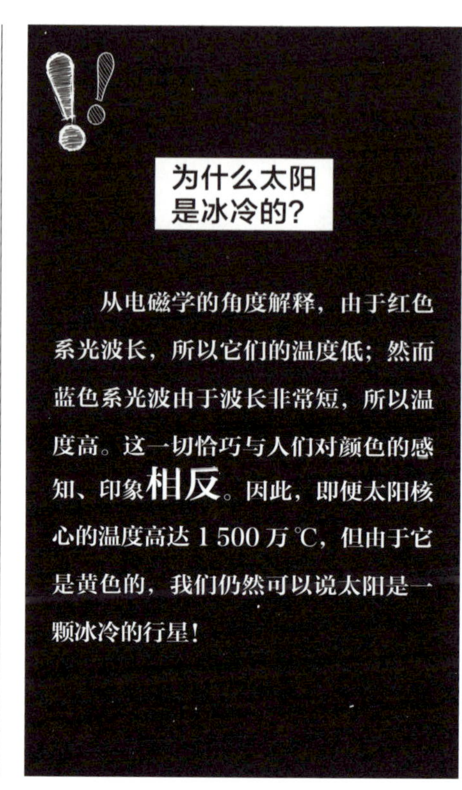

为什么太阳是冰冷的？

从电磁学的角度解释，由于红色系光波长，所以它们的温度低；然而蓝色系光波由于波长非常短，所以温度高。这一切恰巧与人们对颜色的感知、印象**相反**。因此，即便太阳核心的温度高达 1 500 万℃，但由于它是黄色的，我们仍然可以说太阳是一颗冰冷的行星！

屏幕上的三种颜色

如果说**白光**是所有颜色的“总和”，那么将色彩三原色（品红、黄、青）混合在一起，必然会调出另外一种颜色。用于绘画的这三种颜色，每种都会吸收一部分光线。当把它们全部混合在一起时，被吸收的光线越来越多，最终我们看到的……是黑色。这说明，黑色代表光线的缺失。相反，如果我们将红、绿、蓝三种颜色的光线叠加在一起，将会不断促进光波的发射，直到最终获得白光（即完整的光谱）。这三种颜色被称为光学三原色，可用于制造 LCD 显示屏、数码相机以及扫描仪（用于绘制图像和颜色）。

当光线被悬浮在空气中的水滴反射时，会形成彩虹。这些水滴起着棱镜的作用，把白光分解成观察者可以看到的多色光谱。

不同颜色，不同温度！

每种长度的电磁波都具有确切的颜色。波长不同，电磁波的**温度**也不同。加热金属时，其颜色会随温度变化，这便是一个极佳的例证。

白上加白

白光（譬如阳光）是由所有的可见光叠加产生的。相反，黑色则是由于所有光线被吸收，或者说是由于光线的缺失导致的。一些洗衣液自诩能使衣物“白上加白”，实际上是添加了增白剂。增白剂利用荧光现象，使紫外线发出肉眼可见的出射光，因此会给人衣物更白了的感觉。

猫咪都是近视眼！

对**动物**视力的研究带来了一些令人惊讶的发现。比如，狗和猫都是近视眼，在一定距离之外，它们的视线是模糊的。然而，这使得它们对地势以及物体运动的感知更加敏感，也使它们的其他感官更加灵敏，猫狗因此成为出色的狩猎者。再比如，鲨鱼和蜜蜂都是色盲，它们无法看到所有的颜色。可是鸟类不同，它们能看到许多颜色，甚至是人类无法看到的紫外线。深海地区的巨乌贼，它的眼睛有足球那么大，这使它能够确认 100 m 开外的猎物的位置！

公牛能看到红色吗？

视力受很多因素限制。眼睛的位置决定了视野的宽广程度，人类的视角为 180°，鸽子为 360°；眼间距的存在会产生死角，马因此无法看到正前方 2 m 以内的东西。由于眼睛的特异性，不同眼睛处理光线、颜色、地势、物体运动的方式不同，其分辨率也不一样。这是因为眼睛由感光细胞组成，它们对一定的波长以及到达视网膜的光的强度或敏感，或不敏感。信息能够转化为电信号，并通过视神经重新浮现；图像则由大脑皮层再度创作。因此，颜色是由大脑产生的！综上，这就是为什么猛禽类的视野如此开阔，兔子对动作如此敏感却几乎不注意细节，以及……与众人的期待不符，公牛并不能看到红色！

光线的未解之谜

光学定律

人们在认识光的本质前，就已经通过观察确立了光学定律，即描述光的反射和折射、放大镜等现象的定律。中世纪时，许多阿拉伯学者已经在此领域开展了广泛研究。荷兰学者威理博·斯奈尔·范罗恩，即斯涅尔，发现了光的折射定律。当光波从一种介质传播到另一种介质（空气、水、玻璃等）时，会发生折射现象，其入射角与折射角之间的关系，即为光的折射定律。笛卡尔在其专论《屈光学》中也提到了这一定律。

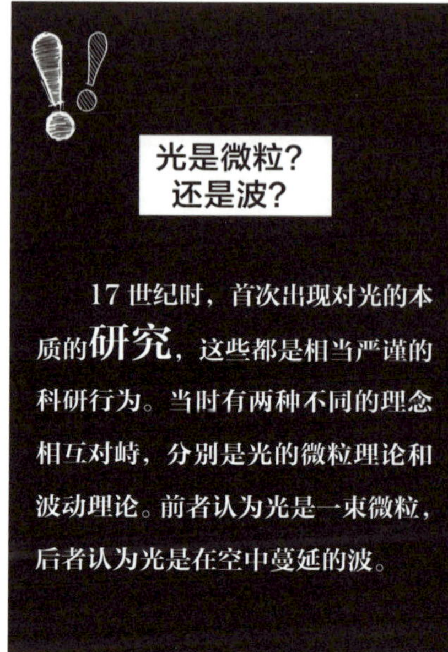

光是微粒？
还是波？

17 世纪时，首次出现对光的本质的**研究**，这些都是相当严谨的科研行为。当时有两种不同的理念相互对峙，分别是光的微粒理论和波动理论。前者认为光是一束微粒，后者认为光是在空中蔓延的波。

光线涌动

克里斯蒂安·**惠更斯**是首位提出光的波动理论的学者，其理论收录在1690 年发表的著作《光论》中。他发现了一种十分特殊的光波现象：若往水里投石子，会出现由中心向四周扩散的水波，并最终归于平静；但光波正好相反，从光源散发出的光波会无限增多。惠更斯提出了他的假想：实际上原始光波上的每一个点都会发出自身的球面光波，这些球面光波上的点也是如此，以此类推。

粒子视角下的光

牛顿对光的研究推动了物理学历史的发展。这位英国物理学家或许是受古代哲人原子学说的影响，断言光线是由穿越太空的微粒组成的。他从 1670 年便致力研究他的光理论，直至 1704 年才出版了著作《光学》。牛顿的微粒说将光的反射解释为光微粒与物质碰撞后的反弹，也恰当地解释了光线为何在同种介质中沿直线传播，以及所有著名的光学定律。然而，他的理论对光的折射与衍射（阴影周围边缘效应）现象的解释并不具有说服力。其设想如下：光微粒在一定条件下，能够进入物质内部，或者使其发生振动。

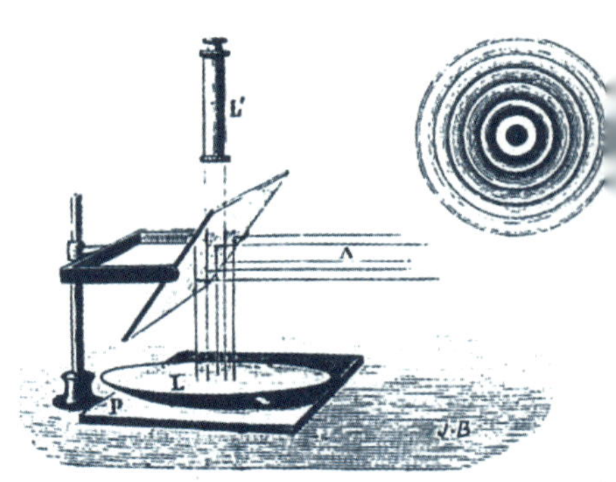

1704 年，牛顿所做的光线透过薄片的衍射实验。

笛卡尔：对错之争

笛卡尔针对光的本质提出了独特的见解，他认定光是由微粒振动而形成的，并且整个宇宙都由微粒填满。他错误地将光线视为瞬时的、具有无穷大速度的，但他却提出了一个天才的假想：光现象具有双重本质，它是能使微粒振动的波！

水面上泛起的波纹，使得惠更斯认为光线也是这样传播的。

光子的反击

1905 年，爱因斯坦证明了光电效应只能通过“微粒”来解释，光电效应即光束照射下物质发射出电子的物理效应，这使光微粒学说重现人间。这一理论使爱因斯坦的诸多同僚心生疑惑。此处需要明确一点，过去所说的微粒或者光“量子”，1926 年被吉尔伯特 · 路易斯命名为“光子”，光子那时已被证实是存在的！

两种说法都对！

与光相关的实验结论都有一定道理，同时也都十分可靠。最终，根据当时的观点，人们得出了一个令人困惑的结论：光既是波，又是一束光子。

波动说领先一步

19 世纪，光的波动说站稳脚跟。1802 年，英国学者托马斯 · 杨向世人展示了“杨氏双缝”实验：将同一光源发出的光束照向一块刻有两条狭缝的不透明板，通过狭缝的光束抵达一块屏幕，屏幕上出现明亮条纹和暗淡条纹相间的图样，我们将其称之为干涉条纹。这种现象只能用光的波动行为来解释，因为通过每个缝隙的光波相遇后，根据情况，会相互抵消或者相互叠加。

牛顿的革命！

科学神童

根据英国盛行的儒略历，艾萨克·牛顿出生于1642年12月25日。按当今的历法计算，其出生日期应为1643年1月4日。他是剑桥大学的数学教授，同时出任英国皇家学会会长。在那个年代，牛顿是一位具有影响力的人物，但他给人的印象却是敏感孤僻，倨傲自大。

宇宙公式

牛顿在其著作《自然哲学的数学原理》（1687年著）中提出了万有引力定律。正如书名所述，天才牛顿找到了能够解开地球上所有的物质运动以及天体运动的数学公式。牛顿提出，万有引力与相互作用的物体的质量成正比，与物体间距离的平方成反比。

在地球上如同在宇宙中

人们应该向牛顿致谢，因为他统一了力学与天文学，并证明了地球上物体的运动和宇宙中行星的运动都可以用同样的原理来解释，即万有引力定律和惯性定律。

牛顿的苹果：事实还是传说？

人们常说牛顿发现万有引力定律是受到了苹果掉落的启示。在牛顿出生的小镇伍尔索普，一个晴朗的夜晚，牛顿在自家花园中看到苹果从树上掉落。他顿悟道，维持行星在空中运动的力和导致水果掉落的力是同一种力。但这则趣闻更倾向于被认为是一个传说，而非真正的历史事件。随后连环画画家马塞尔·戈特利布从这则趣事中汲取灵感，并加诸个人想象进行创作：由于苹果恰好掉在了牛顿公爵的头上，这才使他获得了灵感！

物体不断向前冲

亚里士多德提出的物理学说认为，物体只能在力的不断作用下才能维持运动。至于抛射出去的物体，它持续沿轨迹运动是由于空气对它有一个推力。中世纪时，让·比里当对这一教条式说法提出质疑，并于1355年用冲力这一概念取代了此想法。冲力是指维持物体运动状态的力，这种力本身存在，并不需要额外施加。

文艺复兴时期，焦尔达诺·布鲁诺和伽利略证实了惯性定律。根据此定律，由力导致运动的物体，如果没有遇到阻力，它的动量会一直保持下去。

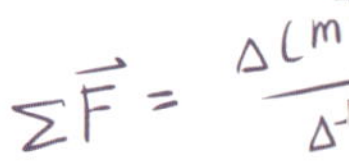

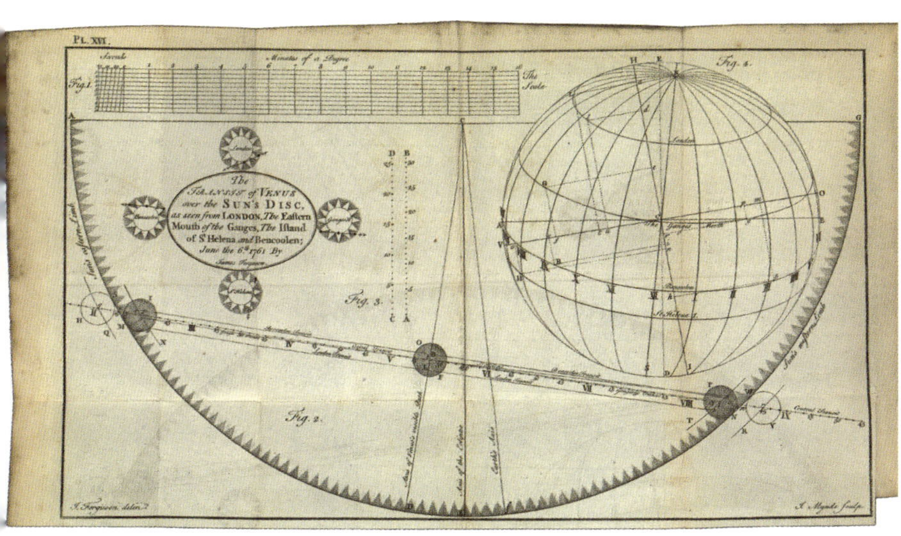

牛顿绘制的图表：行星的运动。

神秘的研究

牛顿曾致力于研究神秘的炼金术，这与物理数学的研究几乎不沾边。正因为此，他的这项事迹未被载入历史。当年，许多人认为炼金术既过时，又不科学。因此在牛顿的诸多同僚眼中，可能牛顿本人已经失去原有的威望了。

一种无法解释的力

$\sum \vec{F} = m\vec{a}$

牛顿的理论能够解释宇宙中几乎所有的运动，至少是所有肉眼可见的运动。然而，所有运动产生的相互作用力本身却是它无法解释的！人们应该意识到，两个物体因为自身质量产生的超距作用（包括行星间超距）并不是十分明显，因而接受之并不容易。这便是为什么大多数人，尤其是法国人，对牛顿的想法一笑置之，直到 17 世纪中期才终于接受。

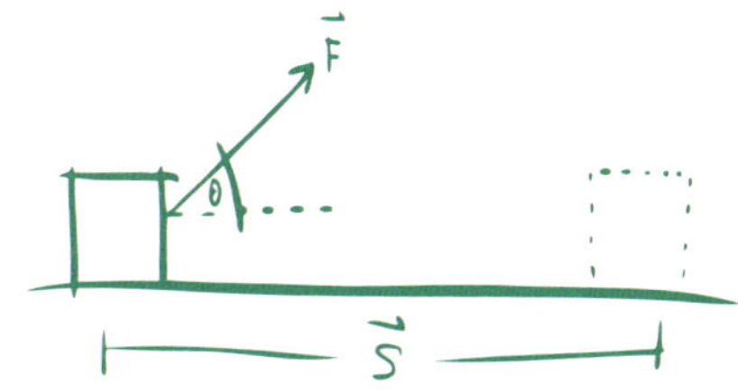

无穷小微积分：摄影定胜负！

为了弄清开普勒发现的行星按椭圆轨道运行的奥秘，牛顿开创了一种新的数学工具——“流数”，即将曲线切割成无限小的片段，用以确定其渐进趋势。但当他在著作《自然哲学的数学原理》（1687 年著）中介绍这一革命性的方法时，却不知德国数学家威廉 · 莱布尼茨早在 1684 年就已经提出了相同的观点。莱布尼茨将其发现称之为“微分学”。两位天才为谁先发现此方法争论不休，他们国家间的贸易往来甚至因此蒙上阴影！我们今天虽然承认牛顿提出的方法的独创性，但也不应忘记，没有莱布尼茨，就不会有无穷小微积分（微分与积分）。

炼金术：物质的奥义

三重而伟大的赫耳墨斯

2 世纪至 3 世纪时，在亚历山大港这片土地上，神秘学与宗教思潮不断扩张，并相互碰撞，炼金术得以植根于此，并且受到了希腊、埃及、中东地区的影响。赫耳墨斯 · 特里斯墨吉斯忒斯（三重而伟大的赫耳墨斯）的祭祀们是炼金术的开创者。赫耳墨斯 · 特里斯墨吉斯忒斯是由希腊神祇赫尔墨斯与埃及神祇托特结合诞生的，前者是诗与文字之神，后者是数学之神。另外，炼金术是一种秘术，只能在信徒间相互传授。

炼金术之"元素"

我们能够看到，炼金术成功预言了现今许多化学理论，尤其是元素论。除了从希腊哲人处继承的四种元素，炼金术士还确立了二三个"原质"，并认为物质是由它们按照不同配比组成的。比如将盐加入汞和硫，这一方法由公元 2 世纪的炼金术奠基作品引入，随后自 15 世纪起，也出现在部分著书者的作品中。炼金术中的"元素"与我们今天所说的元素并不等同，即使它们的名称是一样的。例如"水银"，汞的另一个称谓，只含有一部分"汞原质"。

神秘的起源

在法文中，炼金术一词为"alchimie"，它的词源是不确定的，人们一般认为这个词来自希腊语。部分人认为它是"chèmia"（意为黑土地，指埃及）一词的衍生词，也有人认为它的词源是"chumeia"（意为融化），或者"chumos"（意为汁液，指消化作用）。词中前缀"al"是以前的阿拉伯翻译和加注者加上去的，其实是个定冠词。17 世纪时，炼金术摇身一变成为化学，这一冠词也就被删去了。

炼铅为金

将贱金属转化为贵金属是所有炼金术士追逐的目标，这是为了实现"大奇迹"，即无论什么金属都能被转化为金子的奇迹。术士们按照金属含硫或是含汞的多少来判断其"纯度"，并将它们按照纯度分为三六九等。比方说铁，由于含硫量最高，因此是最"贱"的金属；相反，金子含汞最多，因此纯度也最高。对贤者之石[1]（也称红石）的研究为这一壮举的实现提供了契机，同时也推进了精神纯洁化的缓慢演变。

这三个神兽对应着构成……者之石的三元素：汞、……化物、盐。

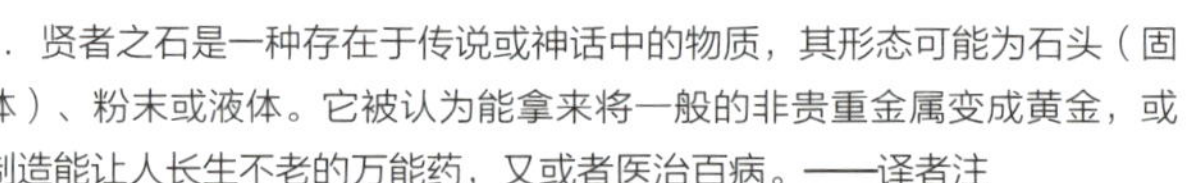

1. 贤者之石是一种存在于传说或神话中的物质，其形态可能为石头（固体）、粉末或液体。它被认为能拿来将一般的非贵重金属变成黄金，或制造能让人长生不老的万能药，又或者医治百病。——译者注

物质的转化

在寻找**贤者之石**的过程中，炼金术士对物质进行了各种各样的处理，这些操作也是后来的化学家们所采用的，有蒸馏（操作需在蒸馏瓶中进行）、升华、沉淀、凝聚(既指沉淀现象，又指升华现象）以及分解。

炼金术可以治愈疾病

在几位著名人物的推动下，16 世纪时，炼金术本身发生了**转变**。帕拉塞尔苏斯是当时的名人之一，他实现了炼金术由炼金向制药的改变，自此医学化学问世。医学化学更关注如何制作药品，而非金属的转化。

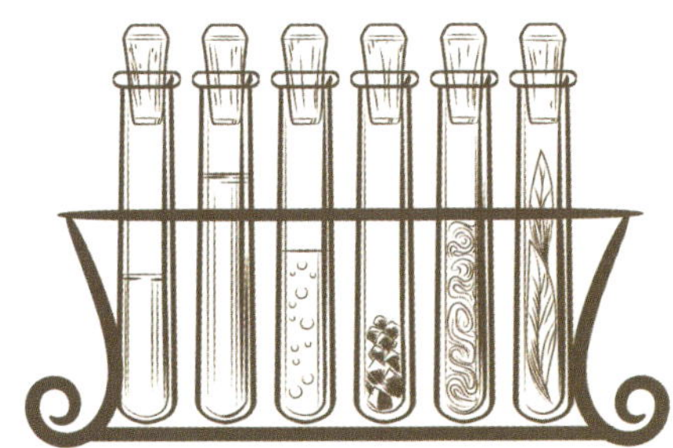

帕拉塞尔苏斯，16 世纪奥地利医生。

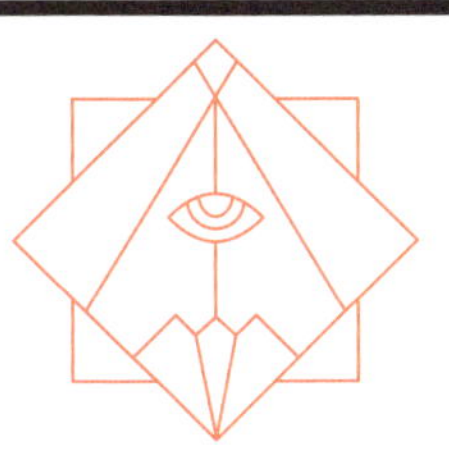

牛顿也炼金！

历史上许多**科学界**的伟人也曾投身于炼金这一活动中，即便在那个时代，炼金术早已被世人遗弃。在他们当中，我们甚至能找到第谷 · 布拉赫、艾萨克 · 牛顿这样的厉害人物。前者死于中毒，可能是由于吞食了自己制作的含汞药物；后者在结束对万有引力定律的研究后，一直在寻找贤者之石！

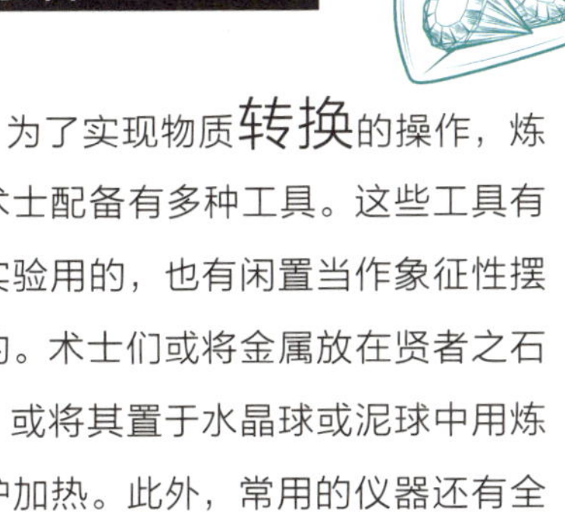

小术士全副武装的试验台

为了实现物质**转换**的操作，炼金术士配备有多种工具。这些工具有做实验用的，也有闲置当作象征性摆设的。术士们或将金属放在贤者之石里，或将其置于水晶球或泥球中用炼丹炉加热。此外，常用的仪器还有全部种类的曲颈瓶、蒸馏瓶，以及颈口弯曲的夹持器、连接两个蒸馏瓶的工具等。

拉瓦锡：一切皆可转换

化学领域突飞猛进

安托万-洛朗·德·拉瓦锡是近代化学的**先驱**，是他引领中世纪带有神秘主义色彩的炼金术成为近代具有科学性质的化学。他取得了许多重大成就，特别是在气体研究方面成绩傲人。罗伯特·玻意耳发明了将气体收集在储气罐中的方法；约瑟夫·布莱克分离出了“固定的空气气体”，即二氧化碳；亨利·卡文迪什通过酸和金属的反应制出了“可燃气体”——氢气；约瑟夫·普利斯特里于 1774 年发现了“脱燃素气体”——氧气。

推翻燃素说

拉瓦锡时代，**燃素说**在整个化学界占据着不可撼动的地位。经德国化学家格奥尔格·恩斯特·斯塔尔发展，这一学说确立了燃素（希腊语 phlos，意为火）的存在。燃素被认为能够解释许多非常神秘的反应，尤其是燃烧现象。物体燃烧时，可燃物会释放出以火为形态的“火原质”。此学说还能够解释许多其他反应。然而它自身也存在不足，尤其必须承认的是，燃素说并无法解释反应过程中物质质量不变的现象。

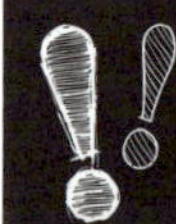

物质守恒

“没有损失，也没有创造，一切处于转换之中。”

世人普遍认为这句名言出自拉瓦锡之口。他在著作《化学基础论》中写道：“没有什么是凭空诞生的……只存在改变、变化。”但早在公元前 5 世纪，古希腊哲学家阿那克萨哥拉就提出了相同的原理。拉瓦锡的功劳在于用实验证明了这一原理，他在实验过程中系统运用了天平，这点尤其令人称道。

给元素贴标签

拉瓦锡对近代化学的另一重要贡献，是规范整理出了一套**术语**。也就是说，他规范了不同元素以及化学成分的名称。诚然，炼金术留下了许多富有诗意的元素名称，但在理论化学与分析化学的发展过程中，这些称谓变得不再适用。也有许多其他近代化学的开创者给元素冠以新的名称，但每位学者提出的称谓都不一样，并且名称的拟定十分依赖于各学者的理论。

拉瓦锡研究水的成分时所用的器皿。

元素的重新审视

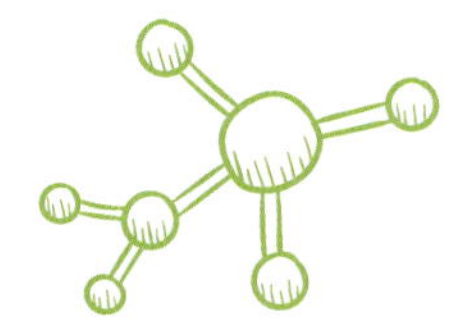

无论是古希腊哲人提出的四五种元素，还是炼金术士提出的理念，如今都被拉瓦锡的研究所取代。拉瓦锡翻新了元素理论，他认为单一物质结合能够产生化合物质。他还证明了水和空气，这两种我们曾将其视为原始元素的物质，实际上不是单一元素。水是由氧和氢化合而成的（水：H_2O），空气则是氧气和氮气的混合气体。

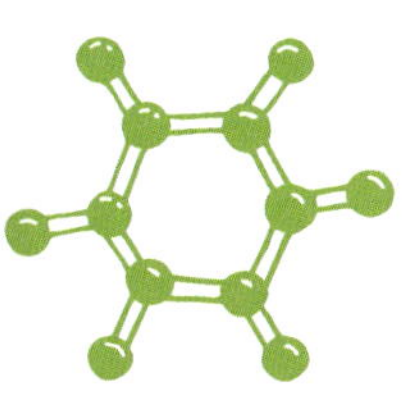

深吸一口氧气！

拉瓦锡提出了氧气的重要性，并且弄清了普利斯特里提出的“脱燃素气体”在燃烧过程以及许多其他化学反应中扮演的至关重要的角色。最初，他将此气体称之为“活气”，因为它在呼吸过程中起重要作用。后来，1779年，拉瓦锡将这种气体改名为“氧素”（Oxygène，词源为oxus，希腊语，意为酸），因为他当时以为所有的酸中都必含氧元素。事实上，只有部分酸中含有氧，例如他发现的硫酸。酸中必须含有的元素实际上是氢元素，氧这个名称（来自于对酸的误解）却世代流传下来了。

拉瓦锡时代之后的空气

直到19世纪末，人们还将氧气、氮气、二氧化碳、水蒸气视为空气仅有的组成部分。之后，一些新的探测方式问世，例如光谱学，它能够使人们检测出空气中的稀有气体（或称惰性气体），因为这种气体根本不具备化学活性。稀有气体包含氩（9%）、氖、氦、氪等。

氢原子 + 氧原子 = 水

水分子的构成。

天才陨落

法国大革命时期，拉瓦锡为革命着迷，并积极参与革命。1794年，他与其他农场主（征税者）一同被送上了断头台。而早在1792年，拉瓦锡便放弃了自己农场主的身份。

衡量时间

15 世纪四钟面巨钟落成仪式。钟锤悬在井中，这能保证时钟获得最长使用寿命。

美洲征程：时间一粒粒滚落

在发现美洲的征途中，克里斯托弗·哥伦布用**沙漏**来计量此次出航时间，这是为了估测航海距离（经度）。由于沙漏翻转一次相当于半个小时，因此哥伦布当时得出的估测结果有误。

阴影测量时间

最早的一批**日晷**出现在 3500 年前。日晷上细杆（晷针）的倾斜度需与当地的纬度相匹配，日晷的使用也取决于当地的纬度。因此，日晷能够测量出当地时间一小时的时长，但时长随季节变迁而改变。

近代时钟的开端

随着人们对精确时间的需求，**时钟业**逐步发展起来。齿轮发明后，人们利用钟锤坠落使其转动。它的转动首先让钟表发出响声，或者使钟表启动，随后令数根指针转动。14 世纪时，大城市逐渐开始装配钟表。钟表上方通常会加上一个日晷，这样一来，当钟出现误差时便可以调整。

划分时间

喜爱**六十进制**的人很多，原因如下：数字 60 可以轻松被 12 个因数整除，而对十进制来说，数字 10 只有 4 个因数；心脏平均每分钟跳动 60 下；部分人计数时用 12 作为一个单位，轻而易举就能数到 60。那么是怎么数的呢？一只手大拇指的关节上下摆动，从 1 数到 12，另一只手记录数了几个 12；此外还有一些其他原因。六十进制从 4000 年前起沿用至今，这套系统通常用于计时、测量几何角度，以及建立地理坐标。

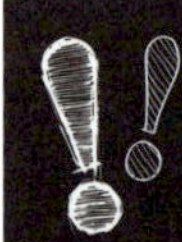

与重力抗衡

时钟发展历程上，曾面临过这样一个挑战：**钟锤**能带动机械运转，那么如何使它以一个均匀的速度上下运动，而非做自由落体呢？最早的解决方案是加一个平衡仪。之后人们借之钟摆，发明了摆钟。

小型化钟表

1675 年，克里斯蒂安·惠更斯萌生了将螺旋弹簧置入钟表的想法，因为弹簧伸展和收缩都是规律的，并且能够带动钟表运转。至此，钟表的误差大大减小（每天只有几分钟的误差）。此外，由于弹簧体积小，而且无论在何处都能够工作，人们开始制造小型钟表。

时间的中心：原子

自 1947 年起，人们开始用原子制造计量时间的振荡器。最初用的是氨原子团，1955 年后开始用铯原子。尽管今天人们一直在尝试使用锶原子和镱原子，但目前铯原子仍是最常用的材料。

不断变化的“秒”

随着科技的发展，秒的定义在不断变化。1889 年，1 s 等于 1/86 400 平太阳日；1900 年，1 秒被重新定义为回归年的 1/315 569 259 747e；现在，1 s 等于铯 -133 辐射的 9 192 631 770 个周期所持续的时间。然而，对秒的定义并未止步于此。

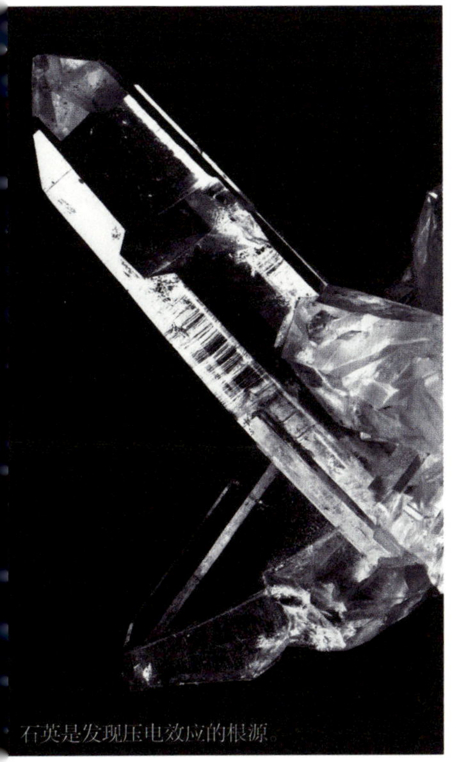
石英是发现压电效应的根源。

石英出现

石英拥有一种特质：当它振动时，其表面会产生电流。振动停止，则电流消失。1880 年，皮埃尔·居里和雅克·居里兄弟发现了压电效应。直到 1928 年，石英的这一特性才被用于制造表。1969 年，腕表在日本实现了商业化，被作为奢侈品售卖。

普及化的时间

由于国际原子时的出现，通过遍布全球的数百个时钟，人们可以定义全球范围内共同的 1 h。原子时与地球自转之间再无联系，协调世界时则用于调整误差，误差一般为 1 s 左右。

空气中的电

琥珀的奇闻

自古时起，电现象就已经为众人周知了。古希腊七贤之一“米利都的泰勒斯”，发现了这样一个现象：用一块琥珀（希腊语“êlektron”，意为“电子”）摩擦猫毛，毛会竖立起来；当我们靠近那块琥珀时，甚至会产生火花。至于“电”这一术语，是由英国学者威廉·吉尔伯特提出的。他在1600年发表的著作《论磁石》中对电现象与磁现象进行了区分。

电荷奇观

1733年，法国物理学家查尔斯·弗朗索瓦·**德·西斯泰耐·杜菲**发现，摩擦玻璃棒和琥珀棒，会分别产生正电荷与负电荷。他将二者命名为“玻璃电”和“琥珀电”。杜菲的合作伙伴让·安托万·诺莱是一位祭司，在他的帮助下，杜菲实现了一项壮观的实验：他与助手的手掌间迸射出了火花！

富兰克林的闪电

18世纪时，美国学者**本杰明·富兰克林**对雷电进行了重要的研究。1752年，他发明了避雷针，并进行了极为危险的雷电实验——在雷雨中放风筝！他的同行格奥尔格·威廉·里奇曼（Georg Wilhelm Richmann）没他这么好运气，这位俄国物理学家当时想要重复风筝实验，但很不幸被雷电击中身亡。此外，富兰克林的另一项贡献，则是证明了雷电与静电性质相同，但别忘了，雷电的威力比静电大得多！

莱顿瓶

德国**克莱斯特**副主教与荷兰学者范·马森布罗克各自分别于1745年和1746年发现了“电流”。正如它的名字那样，电流是可以储存在一种玻璃瓶里的。我们称这种瓶子为“莱顿瓶”，它是电容器的前身。莱顿瓶是史上首个人造供电来源，但它不能持续发电。

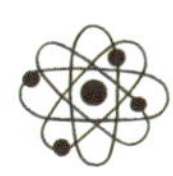

电学的初期定律

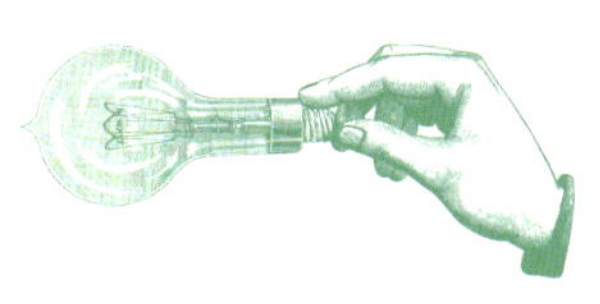

18 世纪时，人们开始研究**电现象**，并试图总结出一些定律。法国学者夏尔·库仑改进了验电器，并借它发现了电荷。他的另一个发明——库伦扭秤，使人们能够通过装有金属丝的扭秤来测量电荷。他成功地确立了电荷间的吸引与排斥定律，即反平方定律。为什么这么称呼呢？因为电荷间的引力与斥力和它们间的距离的平方成反比，这和牛顿万有引力定律中两物体间引力的情况一致。英国学者亨利·卡文迪什也得出了同样的结论。

1800 年，伏打在法兰西学院展示电池。

直流电兴起

1780 年，意大利生理学家**路易吉·加尔瓦尼**在博洛尼亚大学进行了青蛙实验。首先，他用一根金属触碰青蛙，他发现青蛙的肌肉碰到金属时会发生收缩；随后他用两种不同的金属触碰青蛙，肌肉收缩得更为明显。他从中得出结论：这世上存在着一种生物电流。加尔瓦尼在 1791 年和 1797 年分别发表了两篇论文，用以介绍他的研究。加尔瓦尼电流这个名词被人用于定义加尔瓦尼的研究领域，它的出现使一些人在电流中看到了生命的律动。此外，小说家玛丽·雪莱从中汲取灵感，于 1818 年创作了著名小说《科学怪人》。

青蛙实验

1800 年，帕维亚大学教授亚历山德罗·**伏打**开始对电流产生极大的兴趣。他重复了加尔瓦尼的青蛙实验，但却并没有得出同样的结论。据他而言，第二个实验中，青蛙肌肉的收缩与所谓的生物电没有半分关系，这实际上是由于之前的实验产生的人为现象。

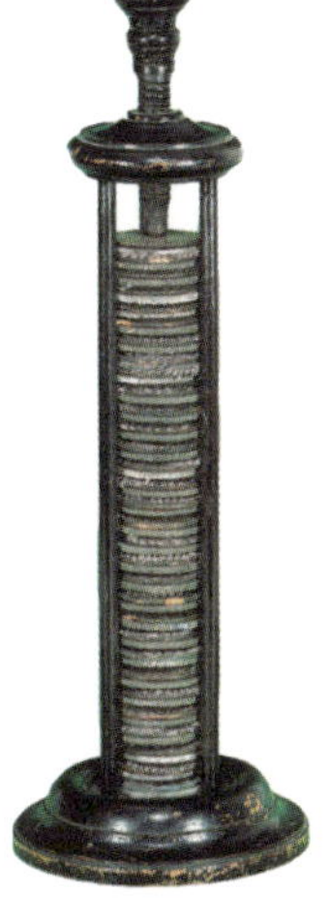

伏打发明的电池

伏打认为，肌肉组织与金属电极的单次**接触**能够人为地产生电流。为了证实这一点，他将许多金属片接连垒在一起，其中铜和锌是交替摆放的，并用浸酸的缓冲板隔开，此伏打电池产生的电流果然能够使青蛙的肌肉收缩。但如果金属堆过高，则会使金属丝溶解。1801 年，首席执政官拿破仑·波拿巴被这一发明深深震撼，授予这位意大利学者伯爵头衔！

伏打电池。

两次获得诺贝尔奖的居里夫人

居里夫人科研生涯的开端

玛丽·居里原名玛丽亚·斯克沃多夫斯卡，出生于 1867 年 11 月。她曾是一名模范生。尽管曾遭遇来自家庭、经济上的种种困难，她仍然坚守着成为一名科学家这个梦想。1891 年，居里夫人定居巴黎，并在索邦大学注册，主修物理学。在索邦，她获得了人生中第一个学士学位。之后，她继续研修数学，直到获得博士文凭。

玛丽·居里在她的实验室。

邂逅皮埃尔·居里

皮埃尔·居里是物理科研项目的责任教授。他与玛丽·居里缘起科研，两人的研究领域均为放射性物质，他们并肩工作，最终于 1895 年结为夫妻。

居里夫妇的科研历程

居里夫人在实验过程中发现，她所用的铀盐中，可能含有几种新的元素。居里夫人和她的丈夫皮埃尔一道，发现了两种新的放射性元素，并研究了它们的电离性质，这也就是居里夫人后来命名的“放射性”。这两种元素的放射性比铀盐的放射性更有价值。1903 年，居里夫人的论文获得“极优”的评语，同年，居里夫妇和亨利·贝可勒尔共同获得诺贝尔物理学奖。

女性榜样

1906 年，皮埃尔·居里逝世。居里夫人接替皮埃尔在索邦大学的教授职位，成为进军高等教育界的首位女性。在养育两个女儿的同时，居里夫人继续对镭的研究，并因此获得了 1911 年的诺贝尔化学奖，这使她成为科学界唯一一位获得两次诺贝尔奖的女性。

两个新的化学元素

人们常把沥青铀矿称作“厄运之石”，居里夫妇正是在此矿物中发现了镭和钋。钋是以居里夫人的祖国波兰命名的。

“小居里夫妇”

玛丽·居里对于将自己的发现运用于**医疗操作**中很感兴趣。一战期间，她曾对护士提供培训，教会她们如何使用X射线设备，并且组装出流动式X光机。后者是配有工具的车辆，它们可以抵达前线，帮助士兵顺利取出嵌入身体的弹片。在军队里，人们称其为“小居里夫妇”。

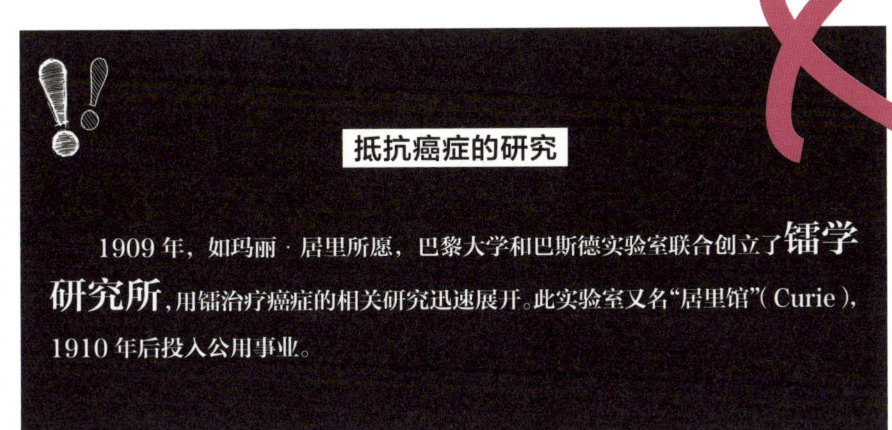

抵抗癌症的研究

1909年，如玛丽·居里所愿，巴黎大学和巴斯德实验室联合创立了**镭学研究所**，用镭治疗癌症的相关研究迅速展开。此实验室又名“居里馆”（Curie），1910年后投入公用事业。

玛丽·居里的生命尽头

在那个年代，人们并未认识到**辐射**的危害。但居里夫人确实是由于长期频繁接触放射性元素，从而患上了白血病。1934年，玛丽·居里逝世。1995年，居里夫妇的遗骸被移送至先贤祠，为了竭力避免辐射泄漏，他们的遗体被铅膜保护了起来。

科研从未止步

居里研究所在癌症的研究与治疗方面举足轻重。此处汇集了3 000多名护理人员与研究人员，并将一部分注意力放在宣传教育上，旨在普及关于癌症的新发现。X射线疗法正是诞生于此。

居里杰出的女儿！

伊雷娜·约里奥-居里是玛丽·居里的长女，她也是一位具有科学天赋的学生。17岁时，她便在一线研发X射线照相术，并成为一名护士。随后，伊雷娜继续深造，并成为她母亲的助手，同时继续放射性领域的研究。正如居里夫妇一般，伊雷娜和丈夫弗雷德里克·约里奥（Frédéric Joliot）共事，夫妻二人由于发现了人工放射性，于1935年共同获得诺贝尔化学奖。伊雷娜随后的职业生涯可谓声名鹊起，她既是一名教授，又是一名科研人员，这样的状态一直持续，直至她逝世。伊雷娜和她母亲一样，于1956年死于白血病。

走向混乱：热力学法则

工业革命

热力学是研究一个系统内能量转换的学科。19 世纪工业革命时期，蒸汽机研发，热力学便起源于此。蒸汽机通过加热水来运作，水一旦沸腾便转化为蒸汽，蒸汽的压力使活塞运动。通过这一发现，萨迪 · 卡诺证明了热量能够转化为“功”，热量被描述为没有质量的气体，即“热值”。

能量的转换与守恒

1789 年，近代化学之父拉瓦锡对能量守恒定律做出描述。他解释道，当反应发生时，没有什么凭空产生，也没有什么消失不见，一切皆处于转化之中。尽管一块咖啡中的糖会逐渐消失（物理意义上的消失），但糖的成分仍然在咖啡中，所以咖啡会变甜。至于那些无法用味觉检测的反应，我们可以测量质量或者能量。无论是在宇宙中，还是在咖啡杯里，能量守恒定律都是适用的，它还是热力学的第一大定律。

热力学定律下蒸汽机车的运转。

熵与混乱

熵这一概念于 1865 年引入，通常用于描述混乱程度。实际上，每当反应发生时，由于能量守恒，我们便能观察到占优势地位的熵现象：糖总会融化在咖啡杯里，并且无法还原。从分子角度观察，糖分子从有序状态过渡到混乱状态，这个变化是不可逆的。这一运动构成了热力学第二定律：所有系统中的熵值永远是在增大的；若要减少它，则必须有外界因素作用于系统。

香农的熵理论

1948 年，克劳德 · **香农**重新定义了熵，并将其运用于通信方式中。此处的熵意为信息源发出的信息的不确定程度，此数值的计算能使人们知道一个信道中能够传输信息的最大值，尤其使信息时代的来临以及文件压缩得以实现。

热泵

制冷机是人工反向转换热量的应用。正常情况下，温度高的物体会将热量传递给温度低的物体，直至二者温度持平。制冷机的情况不同：受热的液体会将热量传递给周边的空气，并借此达到自身冷却的效果。在液体进入机器前，这一冷却过程实现最大化；进入机器后，冷却的液体吸收内部的热量，从而达到平衡温度的目的。随后，吸收了热量的液体从机器中出来，进行下一个循环。此时，机器内部温度已经下降。

T_1 T_2

生物的热力学法则

生物层面，**生物能学**不仅研究植物将太阳能转化为能量合成物的方式，即光合作用，而且还研究细胞通过呼吸作用如何将营养转化为细胞特有的高能磷酸键（ATP）。这门学科在生态学和医学都有直接应用，例如：利用细菌制造电流，加工出新的绿色燃料，减少碳排放，治疗线粒体疾病和癌症等。

凶险的黑洞

黑洞是一个球形的积聚体，拥有十分紧密的质能，因此，甚至连一丝光线都无法逃脱黑洞的束缚。20 世纪 70 年代，史蒂芬 · 霍金和雅各布 · 贝肯斯坦将黑洞面积的增加与其熵值联系起来。再者，熵值和温度的存在有关，温度又与能量光线的发射联系紧密……然而，根据定义，没有任何东西能够逃离黑洞的吸引！自此，关于黑洞的假设层出不穷，随着弦理论的提出，黑洞变得更加神秘，相关的争论也一直存在。

爱因斯坦：难以超越的天才

幻想家与叛逆者

阿尔伯特·爱因斯坦于1879年出生在德国乌尔姆，从小就喜欢幻想。作为一名幻想家，他用了很长时间才学会说话，他的父母因此担心他大脑发育迟缓。但很快，他便对自然界的神奇现象产生了极大的好奇，并会提出一些奇特的问题，例如：如果我能将光线重叠，那么我将会看到什么？和刻板的传奇形象不同，爱因斯坦在数学上十分有天赋，但他无法忍受权力的压迫。

原创之争

20世纪初期，爱因斯坦并不是唯一一个对相对论感兴趣的人，以至于其他学者试图将其贬低成一个抄袭的流氓！诚然，亨德里克·洛伦兹和昂利·庞加莱的成果不应被遗忘，但爱因斯坦的贡献却兼备独创性与革命性，这主要是因为他对世界时间提出了质疑，而他的“竞争者们”则不愿意放弃这个概念。

错位的时间

牛顿的物理公设将世界时间描述为“上帝的时间”，而狭义相对论对这一概念提出了质疑。与牛顿的见解相悖，爱因斯坦提出：与所有物理现象一样，时间取决于我们感知到它的那个观察点（我们称之为参考系），尤其还取决于观察者本身的速度。因此，在接近光速的“相对论”速度下，时间会变慢。具有延展性的时间这一概念，在著名的双胞胎悖论中得到了绝佳体现：双胞胎中的一位留在地球上，另一位以相对论速度进行太空旅行，一年后，待另一位旅行归来，他的兄弟已经成了一位老翁！爱因斯坦也曾断言道：光速是宇宙中恒定的、不可超越的存在，没有什么能够超过冲刺中的光子！

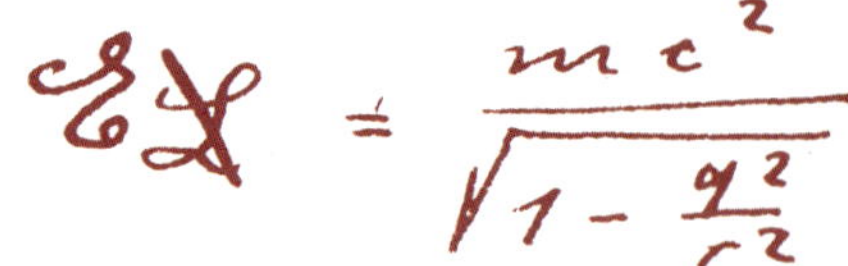

奇迹般的年份

1905年，爱因斯坦在瑞士的伯尔尼专利局任职时，发表了一系列革命性的文章。其中最有名的文章介绍了时空相对论，其他的文章也毫不逊色。比如分析布朗运动的文章，它对原子理论的确立具有重要意义；再比如研究光电效应的文章，它开启了人们对光本质的争论，并打开了通向量子革命的道路；爱因斯坦还建立了物质和能量间的对等关系，即历史上最为著名的等式：$E=mc^2$（E 是能量，m 是质量，c 是光速）。

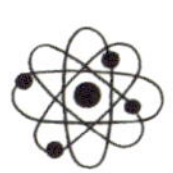

有弹性的宇宙

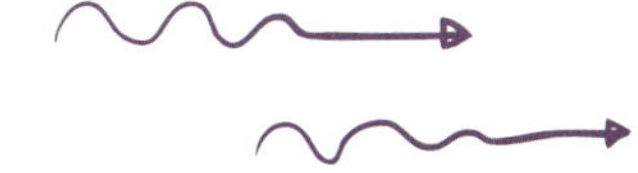

1905 年至 1915 年间，爱因斯坦创立了广义相对论。他试图解决牛顿留下的悬而未解的谜题——万有引力，并得出了令人吃惊的结论：引力只能是质能对时空的弯曲。因此他再度推翻了已知的概念，并得出如下结论：时空不是宇宙，编织我们宇宙的时空网，就像一个带有弹性的果冻，带有质量的物体能够使附近的时空发生弯曲。有一个很形象的描述：将保龄球放在弹簧床上面，如果我们把另外一个物体也放在上面，则它会被保龄球所吸引，因为时空网最初是平的，后者使它发生了形变。这就阐明了何为时空，它是可以被具有质量的物体弯曲的（也可以被能量弯曲，根据著名方程 $E=mc^2$，能量随物质变化而变化）。

2015 年 12 月 26 日，激光干涉引力波天文台探测到的黑洞和引力波。

先知学者

爱因斯坦纯**理论家**的身份贯穿其整个学术生涯。他从未做过实验，但他的论题却总能在提出不久之后得到令人轰动的实验证实。如下是爱因斯坦曾提出的预言：引力作用下光线会发生偏移，黑洞的存在，激光……此外，基于印度学者萨特延德拉·玻色的实验，爱因斯坦预言出玻色－爱因斯坦凝聚，这是物质在超低温下的一种特殊状态。如果没有爱因斯坦，GPS 很快就会使司机开错路线，这是因为相对论效应会使其产生误差。

引力波

2015 年 12 月，一项精彩的实验重新证明了广义相对论。美国激光干涉引力波天文台中，两个巨大的测量仪第一次探测到了引力波，它是由两个黑洞融合产生的。爱因斯坦曾预言过引力波的存在，若宇宙中发生巨大范围的活动，时空网便会发生震动，就像湖泊中晃动的水波一样。

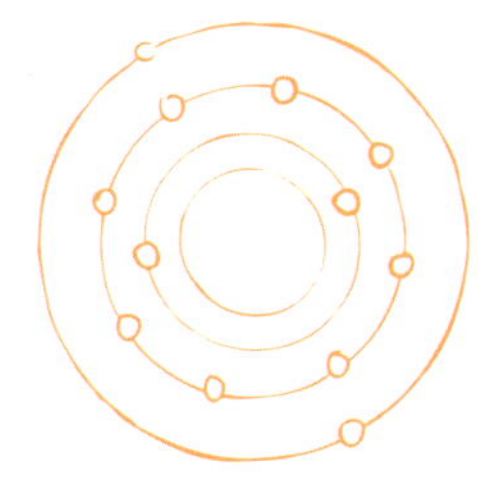

超越光速

无穷大的速度?

很久以来，人们并不知道光线也可以有速度。因为在我们日常经历中，光似乎是完全瞬时的，即便我们能看到光（准确来说是看到光的效应），也无法看到光的移动。笛卡尔将光视为以太微粒的震动，在他眼里，这些微粒充斥着整个宇宙。他坚信光具有无穷大的速度，而且它的传播是瞬时性的。

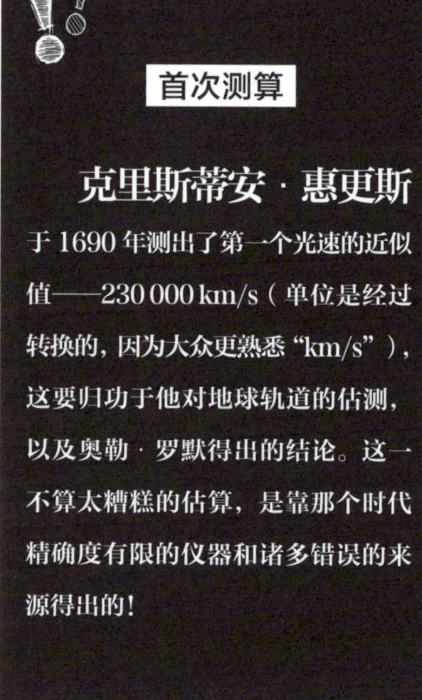

首次测算

克里斯蒂安 · 惠更斯于 1690 年测出了第一个光速的近似值——230 000 km/s（单位是经过转换的，因为大众更熟悉 “km/s”），这要归功于他对地球轨道的估测，以及奥勒 · 罗默得出的结论。这一不算太糟糕的估算，是靠那个时代精确度有限的仪器和诸多错误的来源得出的！

首次实验

伽利略是第一个对“光速无穷大”这一理念提出质疑的物理学家。他甚至设计了测量光在地球上传播速度的实验：他和助手两人分别拿一盏灯，分别站在相距约 1.5 km 的两个地方，第一个人先举起灯，当第二个人看到第一个人的灯时立即举起自己的灯，从第一个人举起灯到他看到第二个人的灯的时间间隔就是光往返所用的时间。但由于两人相隔距离太短，测量条件过于简陋，因此并无法得出具有说服力的结论。所以，伽利略并没有坚持光速有限这个想法，而是仅仅得出了一个颇有道理的结论：光速太快导致无法测量。

逐步迈向精确

19 世纪至 20 世纪初，科学家们争相竞逐，试图通过各种巧妙的办法来测量更为精确的光速数值。

- 1849 年，**希波吕忒·斐索**设计出了一台配有齿轮和镜子的设备，齿轮置于光束前方，并与镜子相隔 8 633 m，它们分别位于法国城市叙雷讷和蒙马特高地。通过计算光线往返一次所需要的时间，斐索得出了光速的近似值：315 000 km/s。
- 1850 年，**莱昂·福柯**用两面镜子进行实验，一面固定，一面旋转。他于 1862 年测出光速为 298 000 km/s。此外，福柯还证明了光在不同介质中的传播速度不同，真空中最快，空气中次之，水中最慢。
- 美国学者**阿尔伯特·亚伯拉罕·迈克尔逊**从 1878 年起就致力于解决这个问题，并改进了旋转镜面的测量方法。多次尝试后，他于 1926 年得到了最为精确的光速。迈克尔逊将两面镜子分别置于相距 36 km 的威尔逊山和圣安东尼奥山（均在加利福尼亚州），并进行了试验。最终获得的数据：299 796 km/s，这和最新的测量结果仅差几千米每秒！这一误差和光速极大的数值相比，完全可以忽略不计！

计算光速的方法

通过观测木星与木星卫星之相互**掩食**的现象，丹麦天文学家奥勒·罗默成为首位掌握测量光速方法的学者。他明白掩食的时间是随着地球和木星间距离的变化而改变的，这是由于光线穿过这些不同的距离所需的时间不同。罗默于 1676 年发表了他的结论，但由于缺乏对地球轨道的精准测量，他无法计算光线的速度。

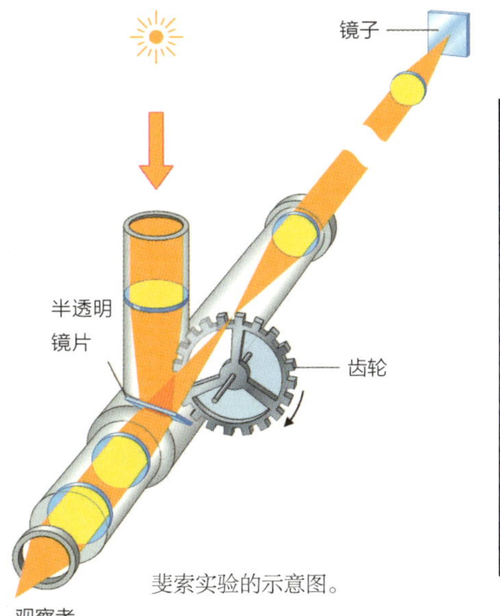

斐索实验的示意图。

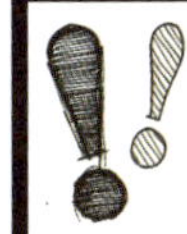

标准数值

经过多年的尝试之后，1978 年**激光**的发明使人们测出了著名的 c 值（拉丁语 celeritas，意为速度），为 299 792.45 898 km/s，误差减少至 20 cm/s！1983 年，第十七届国际计量大会召开。会议借这一数值重新定义了米（m）这一单位，米被定义为“光线在真空中传播 1/299 792 458 s 所经过的距离”。

量子物理：原子世界的科学

首次突破

马克斯·**普朗克**可谓是量子物理的创始人。

通过对黑体（简单来讲，就是吸收光线并散发辐射的物体）辐射的研究，他发现了一个奇怪的定律：光线和物质间的能量交换仅仅等于一些准确的数值。这一结果看似平凡无奇，实则价值独特，因为它对连续性的概念提出了质疑——正常情况下，能量能够覆盖一个数值不间断的频谱。普朗克自己仅将这一发现视为人为的计算，他的同事也忽略了此发现的重要性。

$\Phi + K_{max}$ $U(x) = \begin{cases} 0 & : x<0, x>L \\ U_0 & : 0 \le x \le L \end{cases}$

质疑等式

$E = \frac{p^2}{2m}$

维尔纳·海森堡提出了**“不确定性原理”**。量子力学改变了人类对物质的理解，而这一原理相比于其他古典科学的基础原理，是改变发生的关键一步。海森堡从数学层面证实了人们无法精确测出两个变化的关联量，比如电子的速度和位置。速度的测定越精确，位置的测定则越不准确，反之亦然。因此，海森堡否定了两个经典物理学的重要观点：一是理论上测量的无限准确性，经典物理学认为，测量的准确性仅受操作条件的制约，而这点总是可以改善的；二是客观性原理，意为实验者或观察者不会介入实验过程或现象中，他们所做的只是单纯的实验或观察。

路易·德布罗意，量子物理学先驱。

微粒构成光线

量子革命初期，**阿尔伯特·爱因斯坦**做出了重要贡献。1905 年，他提出将普朗克引入的“量子”观点运用到光线中去。当时光的波动说被世人普遍接受，这种状态持续了数年，随后爱因斯坦重新引入了光微粒说。大部分物理学家，其中包括量子物理学的先驱普朗克和玻尔，在很长一段时间内都怀疑是否存在光“量子”或光“微粒”。当然，现在我们称这种微粒为“光子”。

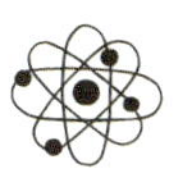

原子带来的惊喜

尼尔斯·玻尔于 1914 年提出一种新的原子模型，其中运用了量子物理的相关定理。原子核周围的电子，并不是想处在什么位置，就处在什么位置的。它们分布在诸多能级上，或者说轨道上。通过吸收或释放辐射，电子能够从一个轨道“跃迁”到另一个轨道，但不能停留在两个轨道之间。这种不连续性理论在学界逐步崛起，原子科学的发展也越来越偏离当年建立的轨道。

波的天地

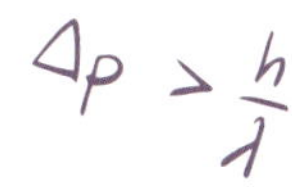

1924 年，法国物理学家**路易·德布罗意**开辟出波动力学，这向量子理论的普及迈出了巨大一步。德布罗意公爵从爱因斯坦对光学先进的研究成果中汲取灵感，提出电子也可以视为一种波动现象。之后，他将这一理论延伸至所有已知粒子。顺着这条思路，奥地利物理学家埃尔温·薛定谔提出了描述每一个粒子的“波函数”等式，这个等式迄今为止仍是物理学中最常用的公式。

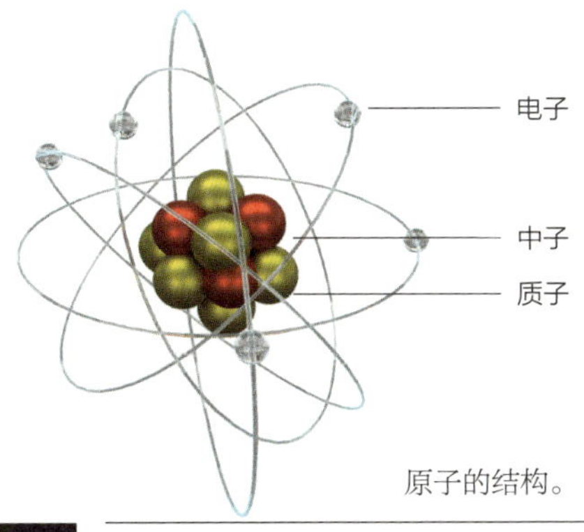

原子的结构。

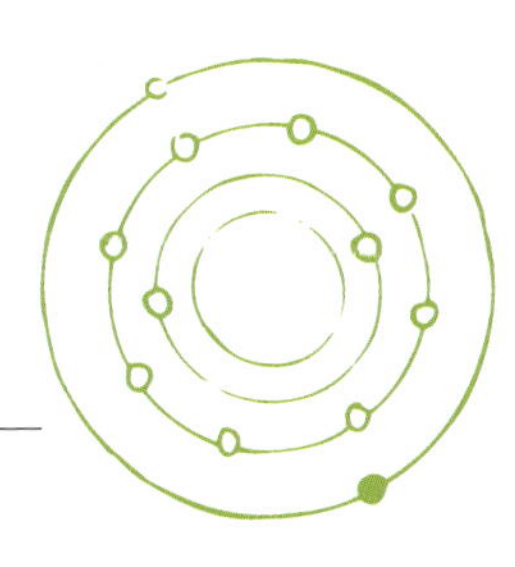

盒子中的猫

随着违背大众认知的定律的发现，**量子力学**的发展轨道不断改变。薛定谔的猫是其中最为著名的一个悖论，但也可能是最难理解的。1935 年，薛定谔描述了一个纯想象的实验：将一只猫、一个装有致命毒气的瓶子放在同一个盒子中，当盒子内的监控器侦测到放射性原子衰变时，释放毒气。当我们打开盒子时，会看到一只死猫，或者一只活猫。但在量子物理学领域，我们可以说，直到打开盒子前，里面的猫都是处于又活又死的状态！我们将其称之为叠加态。这样看来，如果猫死了，那么则是打开盒子这个动作杀死了猫！

上帝掷骰子吗？

因果这一问题是古典科学和量子力学的重大分歧。后者借有力的数据做出预测，即通过大量的计量来预测结果的多种可能性，但它无法预测每个粒子的个体行为。随后，由尼尔斯·玻尔带头，这一事实激起了量子物理学的一股思潮。根据因果决定论，同样的因产生同样的果。玻尔对此提出了质疑，他认为，事物本质自身就是不确定的，一个因可以产生不同的果，我们所能知道的，只有结果的多种可能性。我们可以用一段著名的对话来总结此观点：着迷于因果关系的爱因斯坦曾对玻尔说过：“上帝不掷骰子。”没想到玻尔却反驳道：“爱因斯坦，你凭什么告诉上帝该做什么？”

使口味更浓郁！

食物中最常出现的是哪种**物质**呢？是葡萄糖？还是盐？都不是，最常出现的是味精！不得不说，这种氨基酸会影响我们的神经和消化系统。不久前人们才发现，味精甚至与上瘾现象也有关联，因为它能够调节多巴胺的释放。味精通常用于亚洲美食，同样也用于食品工业。由于它可作为食品添加剂，所以在食品工业领域又有两个好听的名字：E620 和 GMS。这种添加剂能够凸显食物的口味和香味，开胃饼干和加了味精的菜肴就是绝佳的例证。

冰皮甜点。

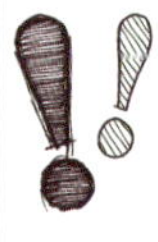

海中凝胶

为什么置于滚烫咖啡上层的尚蒂伊鲜奶油不会融化？这是因为人们往里面添加了琼脂。这种胶质具有抗热的特性，且口味平淡，日本自 17 世纪起就开始使用这种物质了。琼脂是糖类的聚合物，也是半乳糖，提取自红藻。它能够使浆状的食材转化为坚挺的果冻质地，因此经常用于各类菜肴中。

万能的鸡蛋

只需一个**鸡蛋**，我们便可以实现一切！当我们搅拌鸡蛋时，蛋中的蛋白质会变性。蛋清部位的蛋白变性时，会与空气结合，所以我们能看到打蛋过程中会产生有韧性的气泡。鸡蛋一旦变熟，其中的蛋白质便会凝固聚集，蛋也会慢慢变硬。烹饪时不同的温度和时长会产生多种可能的结果！因此，2015 年，一支科研团队成功地将熟鸡蛋变回了生鸡蛋，这一过程仅用了几分钟。即便这种方式并不是美食行业的一部分（因为变回去的鸡蛋不可食用），但它证明了人们已经完全能够操控蛋白质，并能借此对实验室的设备进行彻底消毒！

无与伦比的美食

以前，味道只有四种，分别是甜、咸、酸、苦。自 1985 年起，一种**新的口味**被认可为第五种味觉：鲜味（日文：umami）。“umami”这个名字很有趣，是“umai”（意为美味的）和“mi”（意为口感）的缩略词，文雅地翻译过来，便是“美妙口感”的意思。最初这个词源于味噌汤的味道，后来又和味精的口味联系了起来。时至今日，它已经开启了人们舌尖上丰富的味觉感知。我们可以在哪些食物中找到鲜味呢？有奶酪、芦笋、母乳、火腿、番茄酱，甚至比萨！现在大家知道为什么吃火腿的时候完全停不下来了吧？答案就在这儿……

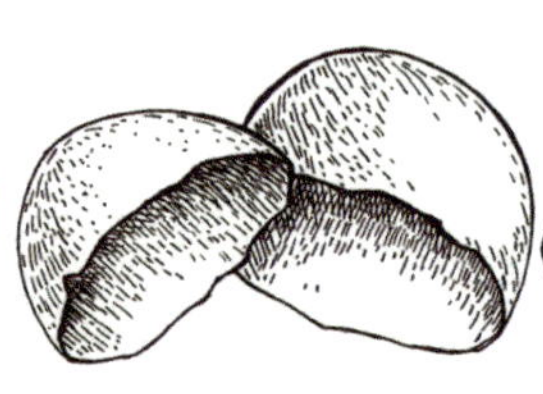

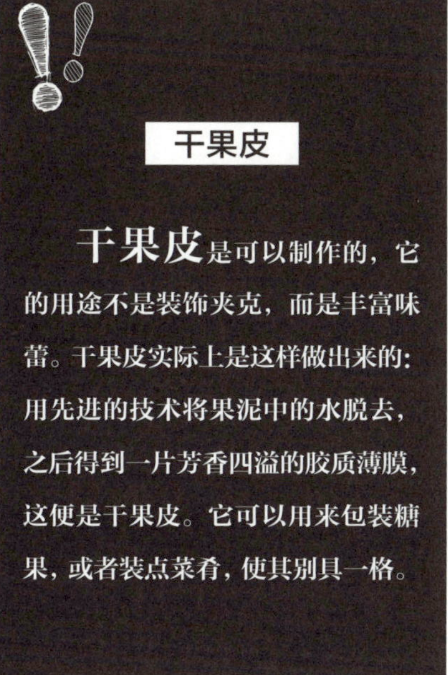

干果皮

干果皮是可以制作的，它的用途不是装饰夹克，而是丰富味蕾。干果皮实际上是这样做出来的：用先进的技术将果泥中的水脱去，之后得到一片芳香四溢的胶质薄膜，这便是干果皮。它可以用来包装糖果，或者装点菜肴，使其别具一格。

费朗·阿德里亚（Ferran Adria），分子料理大师。

没有什么会凭空消失，一切皆在我们胃里！

今日起到 2050 年，包括食物的**包装**，一切都可以吃了！目前食品包装可以用天然可食用的聚合物制造，比如源自甲壳类动物的壳聚糖，藻类含有的藻酸盐，还有甘蔗。我们能够制造出一种胶质外膜来包装食品，而且这种膜是可以吃的！

红藻。

上颚的柔软

乳化剂能够使食物更加可口，这是因为上颚一旦接触到它，便会产生愉悦的感觉。在护肤领域，乳霜里加入乳化剂，涂抹起来会更为惬意。在化学领域，乳化剂实际上是一些分子，它们能够将两种原本无法混合的液体“连接”起来，最终使其融合。我们的食物中，卵磷脂（E322）就是一种乳化剂，蛋黄中富含此物质，此外向日葵和大豆，也都含有这种物质。它能够使食材保持柔软、湿润，通常用于制作人造奶油、面包、冰激凌、巧克力等。

基本粒子！

数百万粒子聚集在一起形成的结构。

镜子的另一端

1932 年，卡尔 · 安德森发现了首颗**反粒子**。他将其称为正电子或阳电子，因为它拥有和电子对应的性质。多年过后，1955 年，埃米利奥 · 塞格雷和欧文 · 张伯伦发现了反质子。反粒子构成反物质，并具有和构成物质的粒子相反的性质。例如，正电子和电子的质量相同，但它却带有正电荷。理查德 · 费曼也同样证明了，我们可以将正电子视作……哀叹时光流逝的电子！

受到质疑的原子

电子的发现对原子理论的基本公设提出了质疑，即原子是物质不可再分的组成部分。1897 年，英国物理学家约瑟夫 · 约翰 · 汤姆孙证实了阴极射线的存在，它是由阴极射线管（又称克鲁克斯管）发射出来的，并由带负电荷的微小粒子产生。

第三种粒子！

中子，继电子（带负电）、质子（带正电）后发现的第三种原子的组成粒子，于 1932 年被詹姆斯 · 查德威克发现。中子的质量和质子相等，但不带电荷。

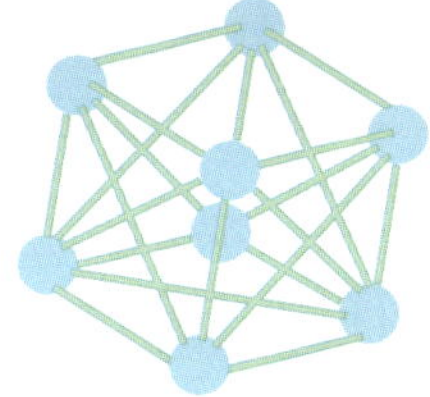

粒子的竞赛

亚原子的发现颠覆了人们对原子的认识。原子是由原子核和绕核电子构成的，原子核又由质子和中子构成。诚然，电子是一种基本粒子，但质子和中子却由更小的单位构成，它们便是夸克。

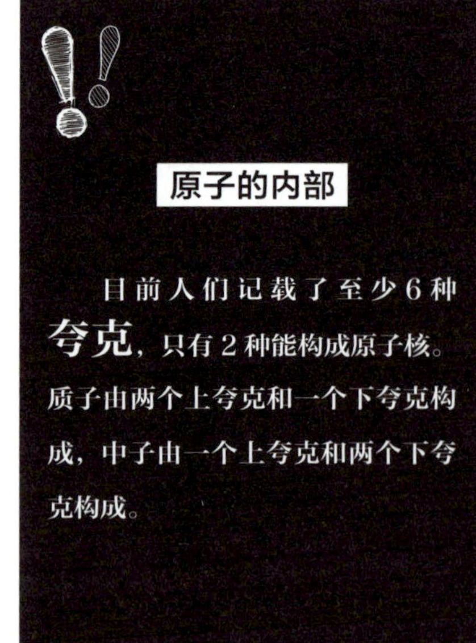

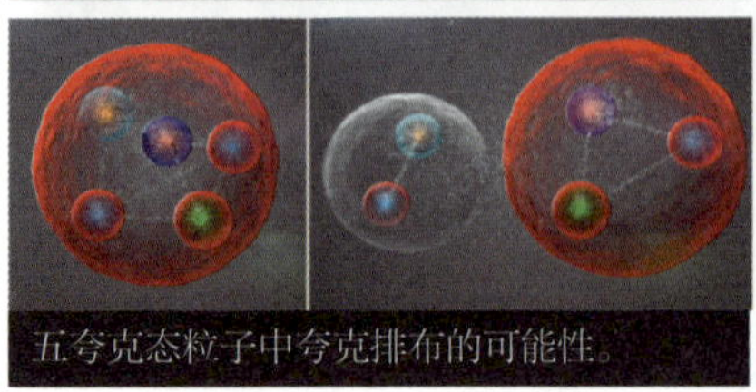
五夸克态粒子中夸克排布的可能性。

物质内部粒子涌动

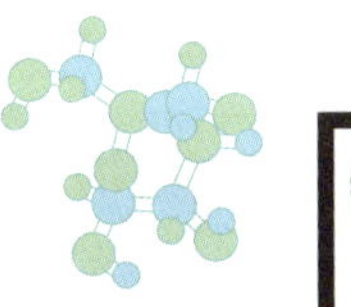

20 世纪，众多粒子出现在众人眼前，这在微观世界中形成了真正意义上的“粒子群”。沃尔夫冈·泡利和恩里科·费米于 1931 年提出了存在中微子的假设；直到 1956 年，此假设才被证实。此外，宇宙射线中也探测到了 μ 子和 π 介子。随后，人们发现了一些不稳定的粒子，有重子、介子，以及 1962 年发现的 μ 中微子，和 1975 年发现的 τ 子。

上帝的粒子

2012 年 7 月，人们探测到了**希格斯玻色子**，这是继阿基米德之后最应被世人铭记的重大发现！1964 年，英国物理学家彼得·希格斯为了分析希格斯场，提出了希格斯玻色子假说。此粒子就好比是物质这块拼图中缺少的那一块。高能质子在大型强子对撞机（位于欧洲核子研究组织）中的碰撞使得人们最终捕获了这一“神圣的粒子”，此称呼同时也是一本书的名字，但编者更倾向于采用“上帝粒子”这一称呼，然而在法文中，此称呼被不恰当地翻译为“上帝的粒子”。

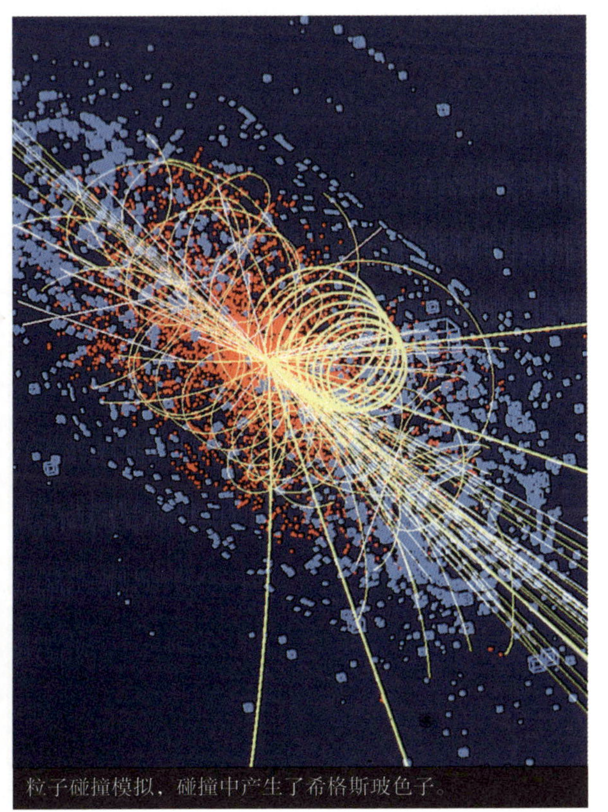

粒子碰撞模拟，碰撞中产生了希格斯玻色子。

微观粒子归类

物质的基本构成粒子愈发丰富，是时候给它们归类了！基本粒子分为两个大类：玻色子和费米子，它们分别以萨特延德拉·纳特·玻色和恩里科·费米两位物理学家的名字命名。两种粒子的不同之处在于粒子的自旋、角动量以及量子性质，后者类似于粒子的自转。玻色子“带有 ”力，这种力能使粒子间发生相互作用。费米子是物质的基本构成单位，又分为轻子（电子、μ 子、中微子）和夸克。

X 粒子带来的希望

借助 X 粒子，大型强子对撞机几乎能够造成微观物理界的一场大地震，且程度比希格斯玻色子的发现要大得多。2015 年，根据粒子加速器记录的信号，人们预测出了新粒子的存在，这是现有的理论没有预言到的。然而，2016 年 8 月，提出此发现的科研工作者承认，那只是人工造成的现象，是“实验噪声的波动”，和已知或未知的粒子没有半分关系。

纳米：挑战还是威胁？

什么是纳米？

纳米技术和纳米科学，是研究如何在纳米层面对物质进行操作的学科。纳米（nm）即 10^{-9} m，也就是十亿分之一米，这就是分子水平。举个例子说明，氢原子，最小的原子，它的核仅由一个质子构成，它的直径约为 0.1 nm（或 1/10 nm）。要知道，人类头发的厚度都在 50 mm 至 100 mm，也就是 50 000 nm 至 100 000 nm！

分子机器

纳米技术的进步开创了纳米机器（纳米机器人）的理念。人们编写部分机器人的程序，使他们能够修复受损的 DNA。这使纳米生物技术进入了纳米医疗或分子医疗的时代。

扫描隧道显微镜下的 DNA（颜色已添加）。

超级显微镜

如果没有扫描隧道显微镜（STM，参考第 241 页），纳米技术不会取得如此大的突破。1981 年，这一技术由格尔德·宾宁和海因里希·罗雷尔为国际商业机器股份有限公司（IBM）研发，两位学者于 1986 年获得诺贝尔物理学奖。纳米技术运用了量子理论中的隧道效应：用一根尖细的钨金属或者铂铱合金尖头（我们称其为探头或探针），在极为贴近的距离下，观测实验物体的表面。通过测定通过探针和物体表面的“隧道电流”，电脑便可以重塑物体的形状。

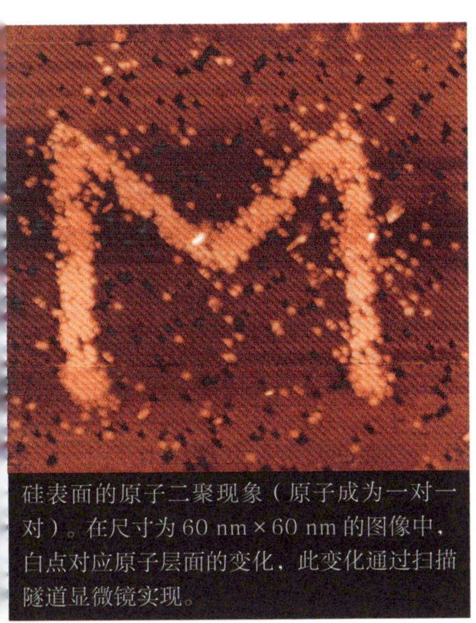

硅表面的原子二聚现象（原子成为一对一对）。在尺寸为 60 nm × 60 nm 的图像中，白点对应原子层面的变化，此变化通过扫描隧道显微镜实现。

观察……触碰！

扫描隧道显微镜不仅能够从分子层面观察物质，还带来了操作物质的可能性。在极低的温度下，我们实际上可以用扫描隧道显微镜的探针移动原子。1990 年，科学家大卫·恩格勒成功地用放置在镍板上的氙原子摆出了 IBM 三个字母。这是一次令人惊艳的科学媒体宣传，是一条绝妙的 IBM 信息公司的宣传广告！

超级纳米！

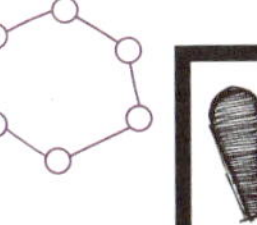

通过纳米技术，我们可以从分子层面对物质进行加工，甚至“雕刻”物质。这种技术有许多应用。纳米物质（纳米管、纳米线、富勒烯）能够激发某些元素的特性（耐久性、传导性、弹性、轻巧性），这是通过从分子层面改变其原有形状实现的。在医学领域，纳米粒子的研发能够充当靶向药物媒介，使药物作用更准确；能探测并摧毁癌细胞，实现更精确的诊断；还能进入植入物中，尤其是神经植入物。此外，人们还发展了“纳米生态”，这是为了吸收和降解污染物。最后，在电子技术方面，量子“盒子”或“探针”能够提升诸多电子组件的性能，例如二极管、三极管和光生伏打电池。

纳米技术带来的诺贝尔奖

2016 年，法国学者让－皮埃尔·索瓦日、英国学者詹姆斯·弗雷泽·斯托达特，以及荷兰学者伯纳德·卢卡斯·费林加共同获得诺贝尔化学奖，这三位学者分别生于 1944 年、1942 年和 1951 年。获奖原因是他们对分子机器的首创研发，以及对纳米结构的掌控。通过掌控纳米结构，人们能够控制物体的移动，比如电梯、发动机，甚至是分子汽车！

对纳米技术的恐惧

出于对飞速发展的机械化，以及无处不在的微生物（看不见的危险）的恐惧，纳米技术，尤其是纳米机器人的发展，引起了人们的不信任，部分民众对其持否定态度。在消费者不知情的情况下，将改造后的分子，甚至微型机器置入某些产品这种操作，引起了许多社会机构的反对。这些机构呼吁，应对这种行为制定符合防范原则的法规。

纳米机器人。

弦理论

一颗粒子的模型，展示了粒子仅由穿越宇宙的弦线构成。

宇宙中的振动

事实上，目前已知的**粒子**可能是穿越整个宇宙的振动弦线。一切都可能是观察尺度的问题：如果从相当近的距离观察电子、夸克、光子，不根据先前的理论将它们看作点粒子，我们会发现，事实上微观粒子是一条极细的弦线，准确来说是振动弦线的一小段。另外，一种弦线可以产生所有种类的已知粒子，这些粒子的特性取决于其振动的方式。这就仿佛乐器的一根弦能够弹出不同的音调。

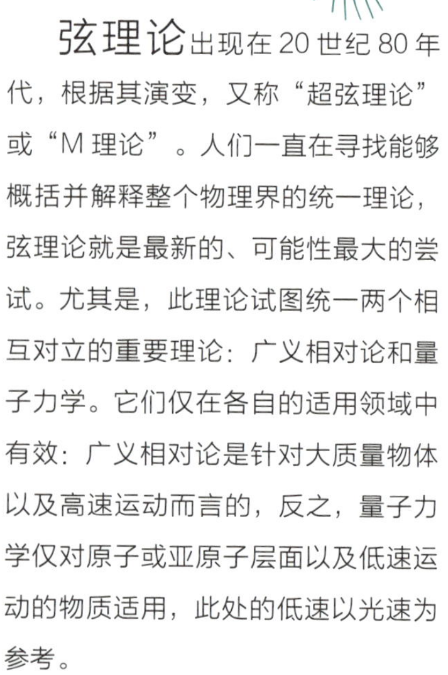

大统一之梦

弦理论出现在 20 世纪 80 年代，根据其演变，又称“超弦理论”或“M 理论”。人们一直在寻找能够概括并解释整个物理界的统一理论，弦理论就是最新的、可能性最大的尝试。尤其是，此理论试图统一两个相互对立的重要理论：广义相对论和量子力学。它们仅在各自的适用领域中有效：广义相对论是针对大质量物体以及高速运动而言的，反之，量子力学仅对原子或亚原子层面以及低速运动的物质适用，此处的低速以光速为参考。

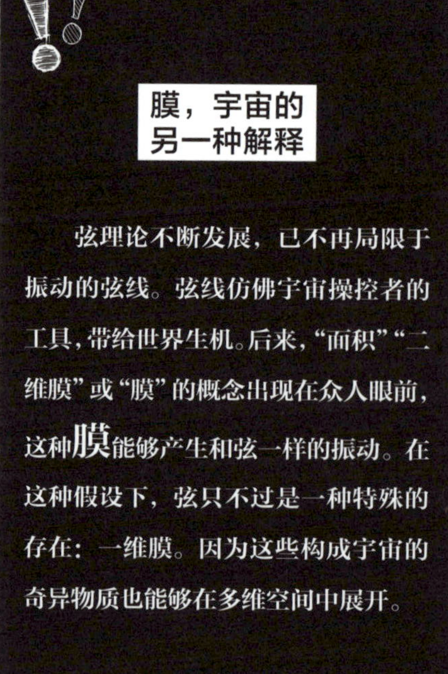

膜，宇宙的另一种解释

弦理论不断发展，已不再局限于振动的弦线。弦线仿佛宇宙操控者的工具，带给世界生机。后来，“面积”“二维膜”或“膜”的概念出现在众人眼前，这种**膜**能够产生和弦一样的振动。在这种假设下，弦只不过是一种特殊的存在：一维膜。因为这些构成宇宙的奇异物质也能够在多维空间中展开。

无穷小的新定义

正如在很远的地方观测大质量物体，它会变成一个点那样，我们能看到点粒子，是因为存在极为细小的弦线。如果想要观察到这些弦线，就要达到接近**普朗克**长度的分辨率。普朗克长度是理论上宇宙中最小的单位，能够用于科学研究，其长度为 1.62×10^{-35} cm。若低于这个长度，物理定律将不再适用。另外，现在最尖端的仪器的分辨率，也就是能看到的最小范围，也不过约为 10^{-19} cm。我们还差得远！

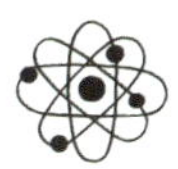

弦理论并不完美！

弦理论同样会被质疑行不通，因为它的数学公式极为复杂。这产生了许多不同的模型，且理论上每一种都是可行的，人们因此推出了不少于 10^{500} 种可能的宇宙构型！要想知道哪种模型符合现有的宇宙，则要通过多重复杂的计算。目前，性能最好的超级计算机也无法完成这项任务。

理论与实验

至今，弦理论仍只是一个纯理论建构。它那极为复杂且有力的数学构造，能够统一并理清由物理学打开的人们对世界的看法。但目前仍没有任何发现或实验数据能够支撑此理论。然而研究此理论的物理学家却满怀希望，他们认为在或远或近的将来，此理论也许能够得到实验的证实。亏得粒子加速器（或称粒子对撞机）的诞生，以及引力波的发现，目前已经出现有待考虑的可能的测试，但这些还没有实现。别灰心，之前不是也有许多理论，在经过漫长的等待后才被实验证实吗？

新的纬度

超弦理论的一个特点，同时也是一个难点：三维（空间）和四维（时空，此概念由爱因斯坦引入）空间是我们日常生活中所经历的，而超弦理论提出了超过三维甚至四维的多重维度。M 理论是弦理论的 “进阶” 版本，它的公式中运用了 11 个维度（10 维空间和 1 维时间）！这些多出来的维度都藏在哪里？至少对于大多数人而言，它们是无法察觉，无法想象，无法理解的！这些维度或许 “折叠” 起来，由于它们实在太过微小，人们无法将其区别开来，即便运用目前最先进的设备也不行。1920 年，德国数学家西奥多 · 卡鲁扎和瑞典物理学家奥斯卡 · 克莱因在这方面取得了一些成果，研究弦理论的学者基于两人的成果，继续探寻那些被隐藏起来的维度。

迈克尔 · 格林，英国物理学家，弦理论先驱。

技术与科技

互联网：第三次革命？

第一次工业革命始于 18 世纪 60 年代：蒸汽使机器得以飞速发展，并逐渐拓展到所有领域。伴随着电力和“黑色黄金”（石油）的兴起，人类在短短 50 年后便迎来了第二次工业革命，二者的广泛应用共同塑造了当今的世界。有些人认为我们已经迈入了第三次工业革命时期，即互联网与新能源革命。每个人都在科学、技术和经济进步中留下了印记。无形的互联网技术处于这一革命的前沿，它不仅展现了进步发展，还突显了通信的重要性。同时，印刷术方便了文本的复制，使其得以广泛传播。随后，电影艺术呈现出了现实世界，而电视则将直播节目送入千家万户。如今，互联网汇聚了这些媒体的可能性，拉近了各国居民之间的距离。借助其独有的代码，互联网打破了障碍（语言的，以及某种意义上的文化的），使得信息和知识得以（几乎）自由地流通。

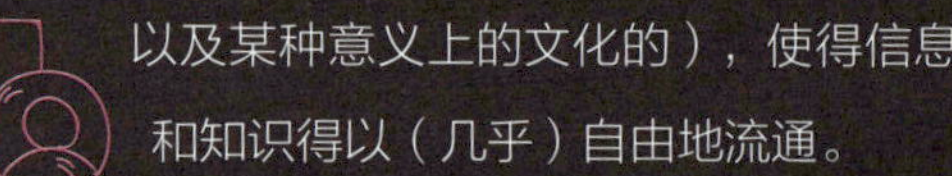

科技，生态问题？

多年来，环保组织格外关注互联网产业对能源的利用。至 2020 年，大概有 40 亿用户在线存储他们的数据，需要更多的存储中心和器材产品，这势必增加对能源的需求。2012 年，互联网电力消费量已经接近总耗电量的 50%。某

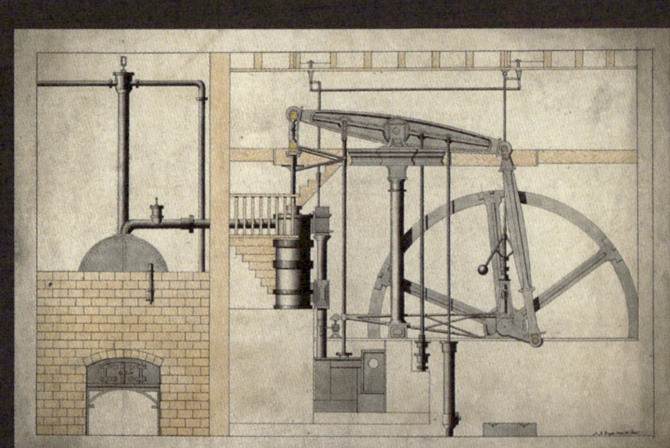

蒸汽机运行功能的图示。

些播放次数极高的视频甚至需要一座小型发电厂全年的电力产量！互联网与能源之间的关系不仅涉及我们的利用方式，还涉及其他方面，如锂的提取方式，这种金属对于制造电池而言至关重要。或许等到真正的量子计算机诞生之日，我们才能找到部分解决方案。事实上，在计算中整合大量多变的参数的能力使得量子计算机能够监控检查电力系统或同步交通信号灯以避免交通拥堵……这只是一些例子。

现实与科幻交织的 21 世纪

这种探索发现的愿景令人联想起某些科幻文学的经典作品，如道格拉斯·亚当斯的《银河系漫游指南》，书中提及一台可进行庞大计算、解答一切有关生命和宇宙问题的超级电脑。如果说它给出的“42”这个答案已经成为极客界广为流传的玩笑，或许这种类比将引导我们对科技进步做个总结。几十年来的飞行汽车梦想将会如何？我们将走向何种理想世界？我们会变成超人吗？多种思潮纷纷涌现：怀旧的复古未来主义者希望重返蒸汽时代，于是诞生了蒸汽朋克；超人类主义者则幻想出一个高科技的世界，人类和机器人最终合二为一。某些思潮运动则居于两者之间，如利用最新科技（3D 打印机、激光切割机等）促进居民互助及分享知识的“创客”（Makers）。

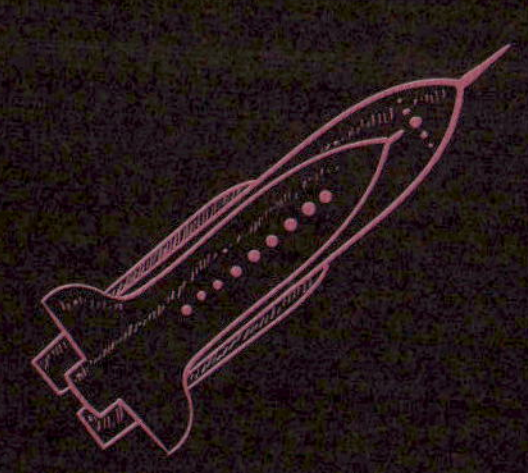

蒸汽，全新的动力

原型

公元 1 世纪，亚历山大里亚的希罗发明了蒸汽机的前身——**汽转球**。该装置的名称意即“埃俄罗斯之球”（风神），由一个装满水的密闭锅炉和球体构成，二者之间通过管子连接。蒸汽从另外两根与转动轴垂直的管子中喷出，带动球体自身转动。但希罗似乎并没有发现这项发明中可挖掘的全部潜力，因其生产率低下，所以极少投入使用。

从汽锅到活塞

物理学家、工程师**丹尼斯·帕潘**是惠更斯的助手和莱布尼茨的朋友，他对真空以及水力机械的实验十分感兴趣。1685 年南特敕令废除前，作为新教徒的帕潘已于 1675 年因迫害逃离法国。他在英国找到避难所，并与罗伯特·玻意耳开始合作。1679 年，他改进了“蒸煮锅”，即压力锅，也就是如今“高压锅”的雏形，这种锅可以快速煮熟食物。帕潘没能从他的发明中获得收益，1712 年至 1714 年间他在穷困中默默无闻地死于伦敦。

丹尼斯·帕潘（DENIS PAPIN），压力锅发明者。

爆炸性观点

1673 年，**克里斯蒂安·惠更斯**利用火药爆炸释放的能量推动活塞运转，完成了“火药气缸”实验。通过加热充满火药的真空金属管，成功将 70 kg 的负载抬起了 30 cm。

帕潘的机器

帕潘与惠更斯合作改进火药气缸，于 1690 年发明了首个蒸汽**气缸**——活塞，成功用水替代了火药！当加热气缸时，蒸汽产生压力抬起活塞，使其停留在高位。降温和冷凝造成的降压释放出动力，足以抬起 30 kg 的重物。

蒸汽泵

18 世纪初，帕潘的发明在英国首次投入实际**应用**。人类对煤炭和其他矿石的需求与日俱增，尤其伴随着钢铁工业的发展，这极大地促进了矿石开采的发展。这时需要使用抽水机将巷道中不断渗入的水排出（人们将这种做法称为排水）。

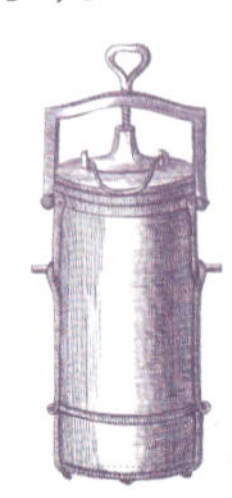
帕潘的“蒸煮锅”。

机器开动了！

瓦特大大提高了蒸汽机的**效率**，使其应用范畴不再局限于矿道抽水。瓦特机被用于带动车间和手工工场的机器运转。1788 年，苏格兰工程师威廉·赛明顿首次进行了蒸汽动力船实验，1801 年，理查·特里维西克研制出首辆蒸汽汽车，取名“Puffing devil”（冒烟的魔鬼），此后第一辆蒸汽机车于 1804 年诞生，标志着铁路历史的开端。

特里维西克发明的第一辆蒸汽动力汽车。

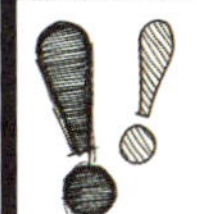

工业革命：开端

詹姆斯·瓦特使得蒸汽机迎来真正的发展，促进了第一次工业革命的飞跃。1765 年，苏格兰人瓦特研发了一款配备外部冷凝器的样品，冷凝器使蒸汽液化，无须冷却气缸。此后，他又做了数次改进，尤其是曲柄连杆系统，该系统将活塞的线性往复运动转化为旋转运动。

抽水机

1698 年，**托马斯·塞维利**就“蒸汽水泵”申请专利，该水泵以蒸汽作为动力。水泵运行无须活塞，蒸汽冷却形成的低压将水吸出。1712 年，托马斯·纽科门与塞维利二人合作，通过一个可提升效率的气缸、活塞和平衡杠杆系统改进工艺，大幅降低了煤炭消耗量（用于给水加热）。这些“蒸汽机器”很快便被整个欧洲用于矿井抽水。

蒸汽船的诞生使 19 世纪的交通方式发生重大变革。

定格影像

照片的诞生

达盖尔式照相法是世界上第一种持久固定影像的方法，名称来源于发明者路易 · 达盖尔。经过 30 min 的曝光，利用该方法可在覆盖银薄膜的金属板上固定图像。1839 年，法国购买了此项专利后将其置于公有领域，立刻大获成功！

无署名的达盖尔式照片：尼亚加拉大瀑布前的两位游客。

3D 视觉

由于人的左右两眼有间距，因此可能出现 3D 视觉，或立体视觉：每只眼睛看到的图像相较另一只眼睛都有轻微的横向移位，大脑则将两张图像叠放在一起。于是，我们便可以欣赏到场景的深度和速度。自 1839 年起，立体镜复制了这一现象，可透过眼镜观看两张存在轻微位移的图像。这一原理同样被应用于虚拟现实头盔。我们无须离开座椅，便可置身游戏场景或是旅游城市之中！

立体摄影照片。自 19 世纪 60 年代起，借助配备两个与人眼间距相同的镜头的照相机，可实现立体摄影。这一十分简单的视觉系统使人可以利用显微阅读机观看双底片，体验立体感。

纸上之银

银版摄影法这一新术语来源于银离子在纸上的运用。显影的步骤加速了曝光引起的化学反应。在 20 世纪彩色摄影普及前，上色通过手工完成。如今，这项工作由电脑完成。因为底片的灰度和拍摄的场景色彩之间不存在相关性，所以需要人工选择接近于原色的色调。

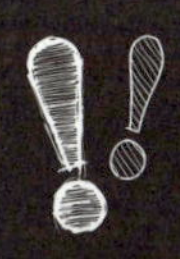

进入数字时代

以前，传统摄影技术通过化学反应成像，而数字摄影技术运用的则是电子传感器，其作用在于接收光子。随后，这些光子转化为电子“信息”，经过增强后被数字化，于是拍摄的图像被传输到屏幕上。图片可直接在照相机或另一屏幕上进行调整修改（调整对比度、颜色和清晰度等）。

早期特技摄影

在20世纪90年代修图软件诞生以前，特技摄影照片主要是利用曝光时间来制造幽灵或在同一张底片上多次显影同一人物。19世纪60年代起，随着显影技术发展，运用几张底片就可以实现背景变换、增添或减少人物、颠倒头部等。

设置相机

摄影时，如果要拍到成功的照片，必须要平衡三个要素的设置。光圈大小决定着通光量的多少，与不同平面的清晰度相关。快门速度是胶片曝光或图像传感器感光的时长。较快的快门速度可捕捉动作，而较长的曝光时间则适合拍摄较暗的物体，如月亮，但也会增加模糊的风险。最后，以ISO表示的感光度反映出胶片或传感器对光线的敏感程度。即便光线不足，高感光度也可在无闪光灯的情况下拍摄照片，但“颗粒感”会降低图像的最终质量。

四周围绕一圈逝者面容的约翰·K·哈洛韦尔（John K. Hallowell）肖像：早期的特技摄影照片之一。

全部锁定！

面部识别系统能够通过底片或视频监控图像识别身份。这项生物特征识别技术是基于对嫌疑人面部不同点位（眼距、鼻子宽度等）的测量及其与已有司法数据库的对比。在不同领域中，面部识别都有所应用：安保（限制进入场所、支付方式等）、商业（确定产品目标）以及社交网络。然而，面部识别技术也引发与隐私保护相关的道德问题。事实上，全世界数据库中已有数百万张照片，它们的使用量不断增大，而相关监管稍显匮乏。

走进暗箱，走上大屏幕

源于科学

19 世纪末，**动作**含义（猫咪爪子落地、鸟的飞行）的研究促使科学家们发明了捕捉快速连续影像的装置。1878 年，埃德沃德 · 迈布里奇首次成功完成了影像拍摄：24 台直线排列的相机捕捉到了马匹奔驰的分解动作，并且证明了当时对马匹的描绘是错误的。

动画片

历史上，**动画片**诞生于电影之前。在发现动作分解与视觉暂留的关联机制后，光学影戏机（多面镜子拼成圆柱形，反射出旋转长条上的图像）便应运而生。手翻书也随之问世（一种图画书，当快速翻动时，创造出运动的视觉效果）。为了保证效果逼真稳定，一秒至少需要 12 张图画。对于某些速度较慢或详细的场景，甚至需要 120 多张图画！

埃德沃德 · 迈布里奇于 1878 年拍摄的马匹步伐。奔驰的马匹在空中呈四腿合拢的状态，而当时人们认为马匹的腿是伸开的。

记忆的乐趣

在留声机带来的听觉乐趣之外，**托马斯 · 爱迪生**还希望制造出视觉乐趣。1891 年，他发明了电影放映机，能够在暗箱中实现动画片的可视化。但是，放映机还没有配上声音。为了适应机器，爱迪生将胶片调整为 35 mm，并在两侧打上片孔，使其在拍摄时能够通过机械传动装置连接起来。此后，这种胶片增加了声迹，并很快成为标准格式，被运用到电影以及摄影之中。

1877 年埃米尔 · 雷诺发明的光学影戏机。

眼镜中的色彩

如果说大众最为熟悉的**补色立体眼镜**是红色和蓝色，但是其他颜色亦有使用。1895 年，卢米埃尔兄弟放映了著名的影片《火车进站》，这次正是借助于黄紫立体眼镜得以呈现出 3D 效果。实际上，两张彩色图画是以类似眼距的位移放映的。每块彩色玻璃过滤一种颜色，以便每只眼睛可以分辨出不同的颜色（蓝色玻璃吸收蓝色，滤掉红色）。大脑在这两张图画的基础上建立起立体影像。补色立体眼镜仍较为初级，无法呈现出高质量的逼真效果：于是新方法便应运而生了。

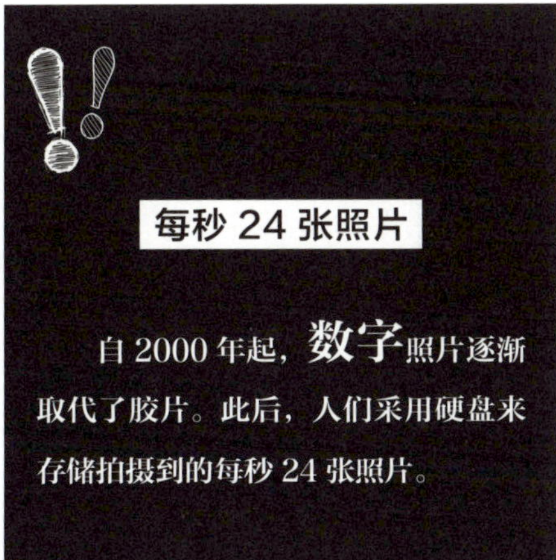

每秒 24 张照片

自 2000 年起，**数字**照片逐渐取代了胶片。此后，人们采用硬盘来存储拍摄到的每秒 24 张照片。

从胶片到像素

数字化**降低**了制作成本，简化了操作程序。然而，数字图像是由像素构成的。当我们变焦或放大图像时，像素变得清晰可见。为了避免降低质量，如今电影采用的是 4K 的分辨率，即宽 4 096× 高 2 160 的像素分辨率，是家庭全高清屏幕分辨率的四倍（1 920×1 080 像素分辨率）。

偏光式眼镜

在偏光式 **3D 技术**中，两张图画同时放映，但光波的方向是成直角的。眼镜只能透过某些特定方向的光波：一只镜片是水平向光波，另一只则是垂直向光波。该装置的优势在于成本低廉，但投射出的图像分辨率会降低一半。在摄影或太阳镜中，我们采用偏光镜以过滤反射光（雪、水坑、强光等），并使得颜色和对比更加鲜明。对个人而言，越来越多的所谓“主动式”眼镜被应用到 3D 技术中。眼镜与快速播放两张位移画面的屏幕保持同步，会极速交替遮挡左右眼，立体影像便可无损地呈现出来。

不同形态的声音

山的回声

声音能够被物体表面反射从而引起**回声效应**。如果想要听到回声，需要将声波投射到距离声源有足够距离的大面积上，以便分辨出回声（还有比山脉更好的例子吗）。在较为封闭的空间中，如空房间或酒窖中，声音也会被反射，但因距离过近，会产生混响效应。

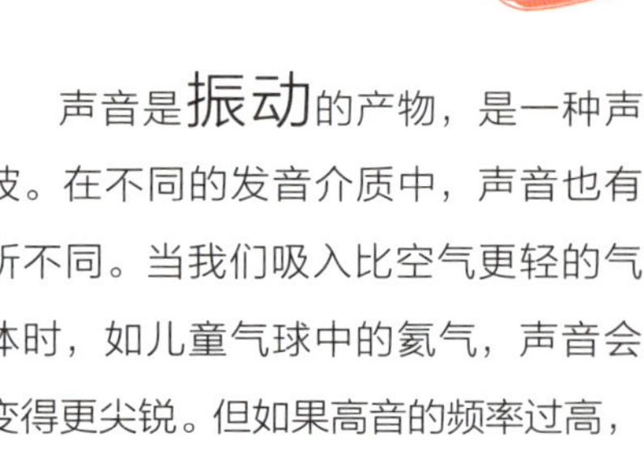

声音解析

声音来源于**声带振动**，声带是位于下颌同一高度的喉部的两道黏膜皱襞。肺部的空气通过声带，从而产生振动。而后在喉内肌肉协调作用支配下发出或高或低的声音，在胸腔和鼻窦形成共鸣。

高音

声音是**振动**的产物，是一种声波。在不同的发音介质中，声音也有所不同。当我们吸入比空气更轻的气体时，如儿童气球中的氦气，声音会变得更尖锐。但如果高音的频率过高，可能会与玻璃杯的振动频率相匹配，从而震碎玻璃杯！

人为什么会变声？

和女孩一样，男孩（比例较高）青春期的激素变化也会改变声带：声线变化，声音更加低沉。在这一关键期前除去睾丸激素的去势者既保持了高亢的童声，又增添了成年人的嗓音。

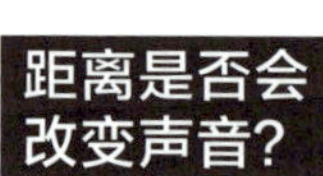

距离是否会改变声音？

早期的**电话**是建立在话筒薄膜振动的基础之上，后者机械地将声波转换为电信号。借助缆线的支持，声音并没有随着距离而减弱。一旦到达接听者，接收听筒便开始相反的转换程序。

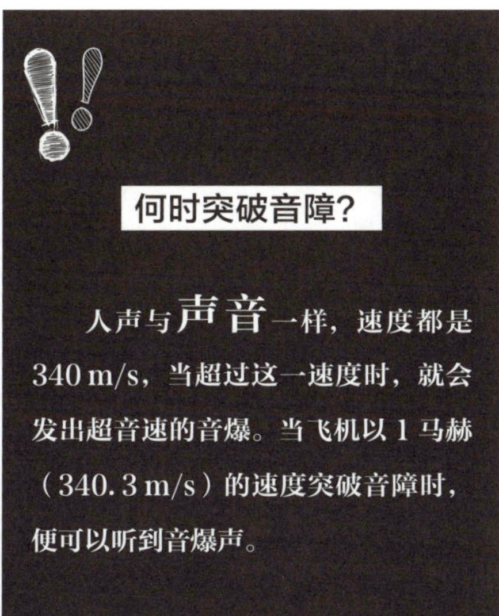

何时突破音障?

人声与**声音**一样，速度都是340 m/s，当超过这一速度时，就会发出超音速的音爆。当飞机以 1 马赫（340.3 m/s）的速度突破音障时，便可以听到音爆声。

舞台音响效果

剧场的规模、造型和建造材料都是构成良好音质的参数。当声音遇到障碍，一部分被反射，而另一部分则被吸收。从古代起，建筑的造型就被视作影响音质的因素：圆形建筑（古希腊圆形剧场和教堂祭坛）能够让发声者的声音更加集中、聚拢，因而更容易听清。同样，放置于建筑结构内，甚至是教堂墙面或地面的声罐能够修正音质。如今，发明出既能优化音质，又能隔绝外部声音的材料也不无可能。因此，在满座的电影放映厅中，保证放映扩音效果的前提下，音量可以做到只比空厅高 5 dB。

修音

修正声调的软件 **“AUTO-TUNE”** 可实时修改人声，以保证音调准确。这类软件能节省在录音棚花费的时间和金钱，为了得到唱得完全准确的乐曲，无须再多次重复演唱。自 20 世纪 90 年代末，这款软件在世界范围内被广泛采用。此后，AUTO-TUNE 成为调音工具宝库的一部分，被应用到大部分歌曲，尤其是嘻哈歌曲中。有时，AUTO-TUNE 也被当作一种乐器，因为如果将参数降到最低，可以创造出独特的效果：机器人声音、声音延长、无法发出的音调……

移动电话，数字声音

起初，**移动电话**的运行原理和调频收音机相同，在发射出无线电波后，一个或多个天线进行捕捉，而后转送给接听者。这类无线电通信需要在覆盖范围区域内架设天线。无论对于何种电话（GSM、EDGE、3G 和 4G 等）或是无线电传声（地面数字无线电），声音都经数字化后传输到卫星。通信网络在围绕地球的轨道上运动！

法尔内塞剧院，位于意大利帕尔马，建于 1618 年。

Avior III，克雷芒·阿德尔发明的早期飞机机型之一。

往复式发动机

1859 年，比利时机械师艾蒂安·勒努瓦利用惠更斯的火药气缸原理，制造出世界上**第一台内燃机**。机器以煤气取代水蒸气，并采用电火花塞点火，极大地缩小了机器的体积，二冲程发动机问世了。此前已有多人对内燃机申请专利：1801 年，煤气灯的发明者菲利普·勒邦；1807 年，已经制造出多台样机的弗朗索瓦·伊萨克·德·里瓦兹。

上车！

燃气机不再需要锅炉，所以体积大幅**缩小**，这开启了汽车的研制之路。19 世纪时，人们曾用蒸汽机实验，但因为不具实用性很快便放弃了。1863 年，艾蒂安·勒努瓦将他发明的发动机装到一辆十分初级的汽车上，开着它往返巴黎和桥连城（共 18 km，行驶 3 h）。1873 年，阿梅代·博莱发明的配备燃气机的“顺从者”号首次实验，并于 1875 年成功往返勒芒—巴黎（行驶 18 h）！

发动机和机翼

1890 年，克雷芒·阿德尔对**机械设备**进行调整以适应飞行器，但被他命名为“avion”（法语意为飞机，来源于拉丁语，意为鸟类）的飞行器只在地上弹跳了几下。1903 年，美国的莱特兄弟发明了飞机。

四冲程华尔兹

1862 年，德国发明家尼考罗斯·奥托和法国工程师阿方斯·博·德罗沙各自发现了四冲程周期（吸气、压缩、做功和排气）。1876 年，奥托将这一方法投入实践，相较勒努瓦（Lenoir）发明的二冲程发动机，四冲程能够进一步提高生产率。在 1878 年巴黎世界博览会上，他展出了这一新发明。然而他在 1862 年申请的专利却在 1886 年被取消，因为博·德罗沙发表的论文先于其发明诞生。

卡尔·本茨于 1895 年发明的汽油发动机。

未来燃料

1861 年，艾蒂安 · 勒努瓦改进汽化器，使用汽油代替了煤气。这种来源于石油蒸馏的新燃料很快便展现出它相较于煤气的便利性。1897 年，鲁道夫 · 狄赛尔制造了第一台以他本人命名的压燃式重油发动机。

用作他途的发明

从孩提时代起，工程师沃纳 · 冯 · 布劳恩就如饥似渴地阅读赫尔曼 · 奥伯特的著作《飞往星际空间的火箭》（1923 年），这是一部现代航天学的先驱著作。20 世纪 30 年代起，他与奥伯特合作制造了首批液体燃料火箭。然而，征服太空的梦想很快被当时现实的无情击碎：希特勒意识到火箭的破坏性潜力，于是命令奥伯特和冯 · 布劳恩于 1942 年开始研制远程导弹。第二次世界大战末期，他们制造改进的 V2 弹道导弹将被用于实施破坏打击。

脱离地球

1923 年，赫尔曼 · 奥伯特计算出的宇宙速度是物体脱离地球引力束缚所需的速度。该速度为 11.2 km/s，约 4 万 km/h。据他所说，唯一能够实现这一壮举的装置就是液体燃料火箭。

1969 年，土星 5 号运载火箭发射。

作用力与反作用力

相较于活塞发动机和螺旋发动机，喷气式发动机更加高效。这一设想最初由博 · 德罗沙于 1887 年提出，20 世纪初完成试验，英国人弗兰克 · 惠特尔于 1930 年获得专利。第一架军事喷气式飞机由德国人恩斯特 · 海因克尔制造，1939 年首飞。

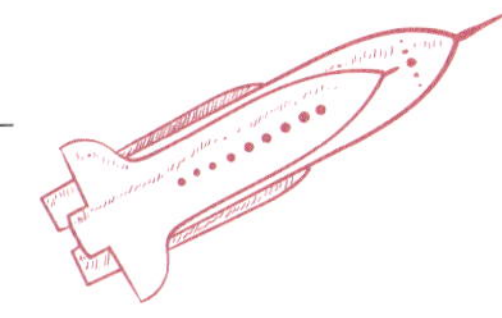

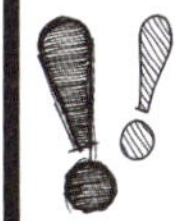

实现的梦

1945 年，沃纳 · 冯 · 布劳恩被美国人俘获后释放，随后参与到土星 5 号运载火箭计划中。该火箭将 V2 导弹的研制技术运用到更为高尚的目标中，1961 年他领导开展阿波罗计划，并于 1969 年完成首次月球飞行。

强化人，修复人

人类或超人？

人类增强是指不再只将技术应用于治疗，还用于自我完善。如今，人类工程学（非医疗目的、旨在改变人类身体的介入手段）已经从用药（避孕药、类固醇激素和精神兴奋药）拓展到整容手术，能够实现改进、接合，从而打造出“技术身体”。然而，在现实与科幻之间，人类增强提出了严肃的伦理问题：身体究竟能在何种程度上被改造成机器？

服务人类的 3D 打印技术

仿生假肢，通常是手臂，在经过自动化后与大脑系统相连。掌握仿生假肢的功能必须经过学习，如手的抓取和手腕的转动，而这远非人们想象中的那么便捷和轻松。虽然自 2016 年起开始举办只限佩戴仿生假肢者参加的半机械人运动会（cybathlon），但这些装备的价格限制了它们的普及。因此创客运动的成员们为免费获取制造图纸而积极奔走。2013 年，得益于 3D 打印技术，人们能够以较为低廉的成本制造出智能机械手臂的首批样品。

难以克服的阻碍

田径运动员奥斯卡·皮斯托瑞斯、游泳运动员阿赫马特·哈西姆和舞蹈演员阿德里安娜·哈斯利特－戴维斯都佩戴着假肢参与体育活动，这是他们的特殊之处。虽然他们取得了骄人的成绩，但假肢只能满足某项单一的活动，因而需要经常更换。自行车手约瑟夫·梅特尔卡共有 12 款人造腿，每条适用于不同的活动。目前，针对活体的研究仍在继续，目标是借助细胞亚全能性研制出一款永久使用的仿生假肢。

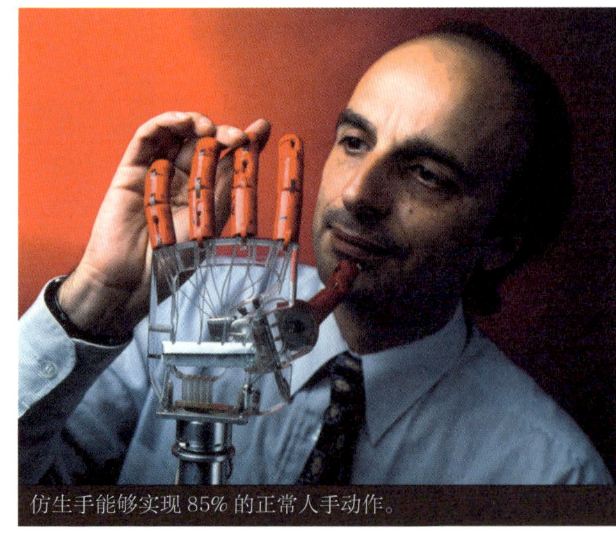

仿生手能够实现 85% 的正常人手动作。

超人类主义者

超人类主义运动支持运用技术将人类从限制中解放出来：无限记忆、长久健康、全面知识、停止衰老（甚至是长生不死）、随心所欲地重塑身体、在电脑上修改大脑数据……超人类主义运动建立在政党与宗教间对话者的基础之上，由乌托邦主义者资助（脸书的马克·扎克伯格和谷歌的雷·库兹韦尔），但许多持怀疑态度的科学家对此并不关心……

首位电子人

人造视网膜是与视网膜相接触的植入物。它可以接收由配备摄像头的眼镜发出的信号，随后转换成电信号，与人眼感光细胞的功能一致。借助这个系统，视障人士能够以不同的方式隐约看到光斑，辨别方向或是阅读大号字。于是 2004 年起，电子眼将颜色翻译成声波，让患有全色盲症的尼尔·哈比森听到那些他无法看到的颜色，经过 5 个月的适应和学习后，尼尔·哈比森成为首位被承认的电子人，如今他已经可以描述画作的旋律或是将歌曲或话语翻译成颜色。

超连通的身体

如今，置于大脑内的电极能够减轻帕金森综合征引起的震颤或肌僵直。电极还能与其他技术进行互动：植入手中的非接触式连接芯片可以实现手机开机、汽车启动和支付等。同样，手臂的植入物能够远程操纵电脑或是被操纵！

什么是外骨骼?

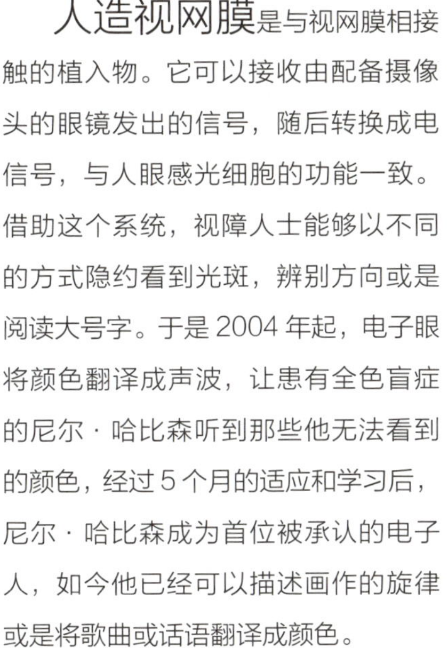

机械外骨骼用于运动辅助、增强力量或军事用途。第一种能够修复人体的运动功能；第二种可减轻某些工作（负重）的吃力程度，加速救援或清理工作（2012 年在福岛）；第三种可充当超轻型防弹衣。机械外骨骼不仅可以增强佩戴者的耐力和力量，还能够跟踪监控医疗数据。2016 年，美国的“塔罗斯”（TALOS）盔甲开始实地测试，并于 2018 年列入装备序列。

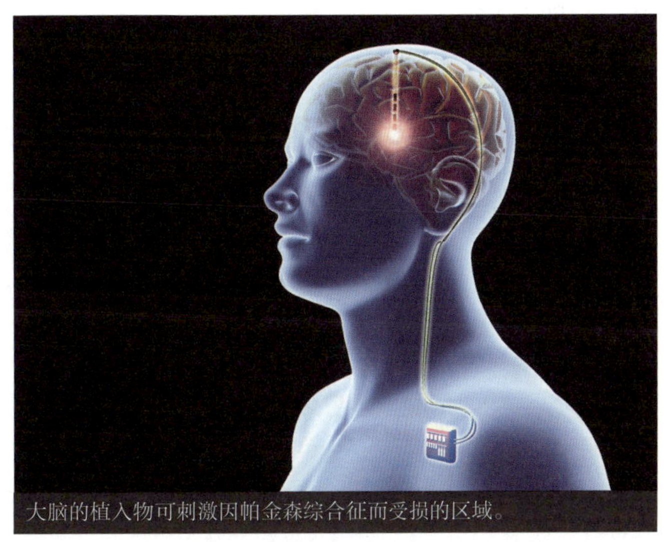

大脑的植入物可刺激因帕金森综合征而受损的区域。

激光：未来之光

名称的来源

激光（LASER）是由英文“Light amplification by stimulated emission of radiation”（通过受激辐射光扩大）各单词首字母组成的缩合词。

单色单向激光束发射。

受激辐射

当原子置于辐射（如光线）中时，它会进入到“激发态”，其中某些电子跃迁至较高的能量级，而后释放出光子重回最初的状态（“去激发”）。这种发射可能是自发的，在这种情况下，光子的方向各不相同，或是在另一辐射源（入射光）激发后，经过这一过程得到扩大。最后这种情况中，生成的光线具有和入射光相同的方向和波长。

预言

1917年，阿尔伯特·爱因斯坦在《关于辐射的量子理论》一文中提出了受激（或感应）辐射理论。他在文中阐述了黑体辐射，这一问题在几年前就引起了物理学家们的兴趣，马克斯·普朗克于1900年对此展开研究，爱因斯坦本人的研究开始于1905年，这是量子物理学的两大奠基性研究。

光泵激

1950年，阿尔弗雷德·卡斯特勒发明了光泵激技术，他也因此获得1966年诺贝尔物理学奖，这项发明将有助于改进早期的激光。因为发射激光离不开持续的能量供给（光能或其他能量），以便使尽可能多的原子保持激发态，同时还需要连续的辐射源（即入射辐射）以实现受激辐射。借助两个反射镜组成的系统，入射光子为系统提供能量支持，维持受激辐射。

激光的雏形

受激辐射首先被应用于其他波长的电磁光，即微波，而非用于可见光。1953 年，哥伦比亚大学的团队研制出了第一台微波激射器（MASER, Microwave Amplification by Stimulated Emission of Radiation）。激光命名的由来正是参照了它的“兄长”。1960 年，美国物理学家西奥多 · 梅曼利用一个不透明、一个半透明反射镜构成的系统，发明了第一台红宝石激光器。继他之后，其他人很快利用各种晶体、气体或液体实现了研制。

纯态光

激光束具有令人惊讶的特性：它具有单向性、相干性和单色性。自然光的光子是向四面八方发射的，而激光的光子则聚集在同一方向上。此外，激光的振动频率是一致的。光线，甚至是有色光，都是由许多波长不一的光波叠加而成，激光的波长是唯一的，与可见光谱中的“纯”色相匹配。如同光线的提炼物，激光能够在极其有限的空间里释放出大量能量。

万能光

激光的**应用**不胜枚举。它的诞生得益于诸多领域内数不胜数的基础研究的进步。借助激光，我们得以精准地测量光速。而自发明伊始，激光就被运用到工业生产中，它在材料切割方面有着难以匹敌的精确度和高效率。在医疗方面，激光也发挥着作用，尤其是手术刀难以涉足的眼科学。测量员，甚至是普通修理工，也会在建筑中采用激光水平仪和激光测距仪。激光同样被用作军事用途，尤其是可打击移动目标的激光瞄准。舞台表演或某些造型艺术家对激光的未来主义审美颇为青睐。日常生活中，我们使用激光来读取 CD 和 DVD 光盘，扫描条码，甚至还能见到袖珍激光器（激光笔）。然而，使用激光时应当格外谨慎，因为当它直射眼睛时，甚至是那些“激光二极管”都可能给眼角膜造成不可逆的损害。

计算机的根源

奥古斯塔·爱达·金，洛夫雷斯伯爵夫人，计算机程序创始人。

一把变革科学的尺子

在 20 世纪 70 年代第一台科学**计算器**问世前，工程师们运用计算尺来快速确定复杂的数值：平方根、对数和正弦等。尺子的精准度和操作者的能力都至关重要。尽管如此，爱因斯坦的理论、量子力学、早期空间飞行和宇宙膨胀原理都是借助这一工具计算得出的。然而随着处理的数值越来越大，科学家们试图找到令计算自动化的方法，以使其更加便捷可靠。

早期的机械计算器。

世界上第一个程序

女数学家**爱达·洛夫雷斯**是首位给计算机编写程序的人。当然在 1843 年时，计算机还没有问世。她为查尔斯·巴贝其的分析机编写算法，其中详细阐述了如何首次运用机器专用语言来编写程序进行复杂的伯努利数运算。后来，美国国防部开发了一个以她名字命名的计算机编程语言。

节省空间

早期计算机的体积取决于它的制造技术。其主要构成部件是真空管，这是一种很粗的玻璃球形物，脆弱易碎、体积庞大，而且产热量大。后来，人们发明了晶体管，它的体积更小，还能够扩大电流创造出逻辑电路，有助于缩小计算机材料的体积，甚至实现微型化。如今，所有电子技术都建立在晶体管的基础之上。截至目前，最新的电脑芯片最多拥有超过 2 000 万个微型晶体管，每个仅 20 nm！而研究人员仍在不断研发更小的微型晶体管，技术挑战越来越大！

早期计算机

第二次世界大战期间，由于需要处理大量复杂方程、计算轨迹或破解密码，第一代计算机应运而生。当时的计算机重达几吨，长达十几米，电线长达几千米，需要通过开关和连接器来手动控制。

您会计算机语言吗?

1959 年，葛丽丝·霍普开发了 COBOL 编程语言。这种语言变革了信息科学技术，因为它采用英文的传统语法规则构建起一套与机器沟通的语言，即便非编程人员也能够看懂。以前的程序，尤其是金融程序，一直都使用 COBOL 语言，即机器语言。后来又开发出其他一些高级语言，如 JAVA、C++、Python 和 PHP 等，能够简化编写，适应新用途。

将图片置于文字上

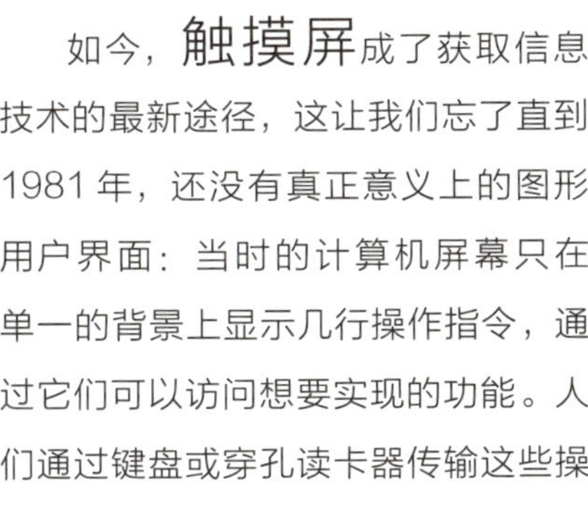

如今，触摸屏成了获取信息技术的最新途径，这让我们忘了直到 1981 年，还没有真正意义上的图形用户界面：当时的计算机屏幕只在单一的背景上显示几行操作指令，通过它们可以访问想要实现的功能。人们通过键盘或穿孔读卡器传输这些操作指令。

窗口、苹果和企鹅

目前，能够在计算机上运行软件的主流操作系统有三个，分别是 Windows、Mac OS 和 Linux。Windows 是使用最广的操作系统，该系统能够安装在所有类型的电脑上，使用起来十分方便，这也是它大获成功的原因。Mac OS 系统由苹果公司研制开发，苹果公司监督控制全部生产线，其系统以稳定可靠而著称。Linux 的吉祥物是企鹅，这是一套自由传播、免费使用、内存占用小的操作系统，适用于各种计算机硬件设备。不同的发行版可能会有多种图形界面（Ubuntu、Fedora、Debian 和 RedHat 等），这些系统的开发、支持与完善仅依靠用户社区。

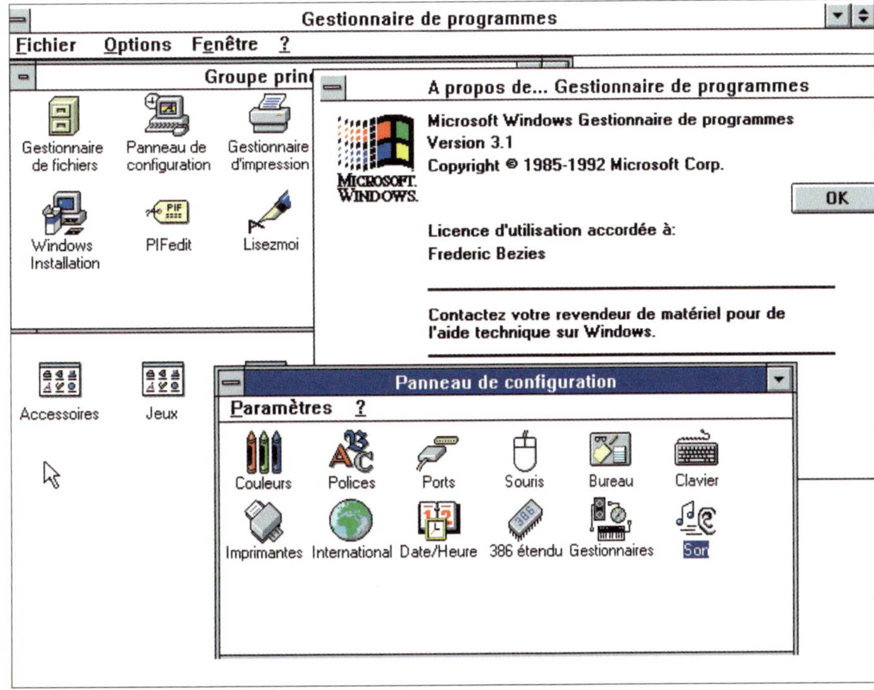

1992 年的微软公司 Windows 系统图形界面。

因特网：连接世界

数据封包

1961 年，伦纳德 · 克兰罗克发表了数据封包交换理论。这一原则是指在发送前对信息数据分割封包，能够从不同来源以不连续的方式加以传输，此后该原则也被应用于互联网领域。

网络搭建

互联网是由相互连接的计算机搭建起的网络，它们以分享资源、减少故障（因为多种途径都能够获取数据）和降低成本为目的。不同大陆之间的网络通过海底电缆实现物理连接。目前，全球共有超过 250 条海底光缆，总长达 100 万 km！

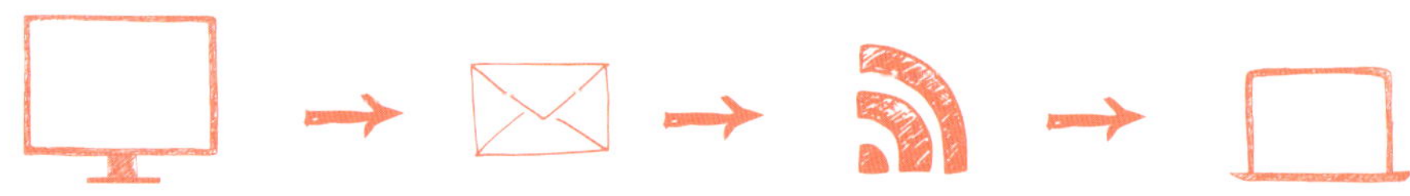

互联网的开端

1969 年，美国国防部的一个研究部门创建了阿帕网（ARPANET）。理念是什么？打造一个能将所有创立者的计算机连接网络统一起来的网络，以便重新整合。1972 年，阿帕网首次公开展示，电子邮件随即面世。30 年后，已有超过 3.7 亿人接入了阿帕网（因特网的前身）。

万维网的诞生

如果说互联网能够让计算机之间彼此相连，那么万维网则使数据的获取更为便捷。1989 年，首个万维网网页在欧洲核子研究中心（CERN）诞生。该网页仅限欧洲核子研究中心使用，蒂姆 · 伯纳斯 · 李在上面阐释了“万维网”计划（“遍布世界的蜘蛛网”）以及所使用的技术。1993 年，万维网向所有人开放，随后首个图形用户界面的浏览器 Mosaic 问世了。至 1989 年末，已有 500 台服务器开启。

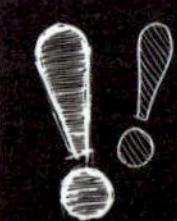

通过互联网沟通

自 1983 年起，通信协议开始启用，即传输控制协议 / 因特网互联协议（TCP/IP）。互联网协议（IP）给每台接入网络的计算机分配了一个地址，由 0 至 255 之间的 4 个数字组成，数字间以点分割，借此能够确定数据的发送人和接收人。传输控制协议（TCP）负责确认发送和接收信息的完整性。

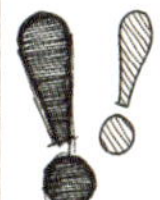

网络术语

万维网有一个专门**词汇**：统一资源定位符（URL），它是创建于网络中的网页地址。它的内容和格式由特殊语言书写，即超级文本标记语言（HTML）。该语言包括超文本和超链接，用户点击即可前往浏览相关的内容。超文本传输协议（HTTP）允许 Web 浏览器和服务器之间传输文件。

云计算

云计算是第二代互联网关联资源的非物质化，是向人机交互性发展的过程：此后文本或应用可以从物理意义上储存在远程服务器上，无论从何种设备（电脑、手机和平板电脑等）都可进行访问。如果说云计算方便了日常生活，同时它也带来了诸多安全隐患，最常见的则与数据分享相关。

移动网络

自 1999 年起，随着智能手机的兴起，网络**接入**迎来快速发展。最早的接入协议是WAP无线应用协议(9.6 kb/s)，如今 4G（150 Mb/s）的上网速度更快，价格也更低，在世界范围内的覆盖率增加了 7 倍。这些改进为发展中国家接入网络提供了便利。至 2020 年，全球约 70% 的人口已配备智能手机，宽带连接约覆盖 90% 的人口，正逐步迈向 5G 时代。

互联网不为人知的一面

暗网（DEEP WEB）。搜索引擎无法查找到这类网站，它的数量是传统网站的 400 倍。大量生活在实施监控和审查的国家（伊朗、俄罗斯等）的人可以利用暗网从事自由活动；军人、揭发者和记者可以维持匿名状态，保护个人隐私；但暗网也可能成为非法网站滋生的温床。

生物信息学：生命数字化

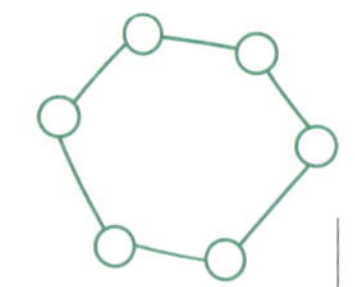

处理器的生命

生物信息学指利用**计算机**处理包含生命体遗传信息的数据。除活体内生物学（在生命的真实条件下）和活体外生物学（实验室模拟）外，还诞生了“in silico”（在硅中）生物学，主要由微处理器构成。

基因机器

自诞生伊始，**分子生物学**就与信息技术和控制论密切相关：遗传密码、程序（人们有时甚至过度地谈论这一点）、遗传信息解读与翻译的关键概念都来源于这些促进了信息学发展的学科。因此，分子遗传学与信息学保持着密切关系丝毫不令人惊讶！当 1970 年荷兰人鲍琳·霍奇维格和她的同事本·海茨帕发明“生物信息学”一词时，它原来所指的并不是运用计算机，而是“生物系统中信息传递过程的研究”。

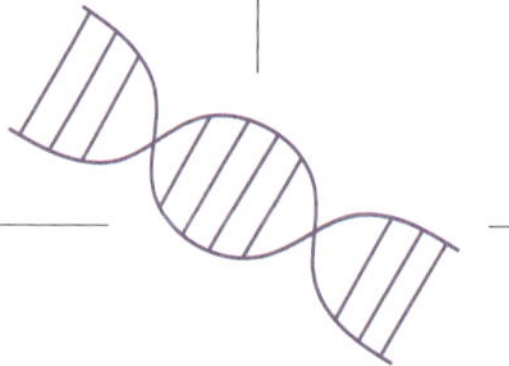

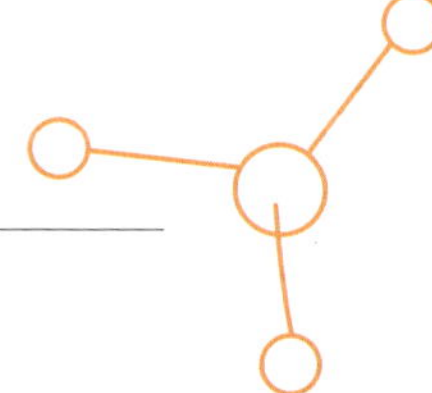

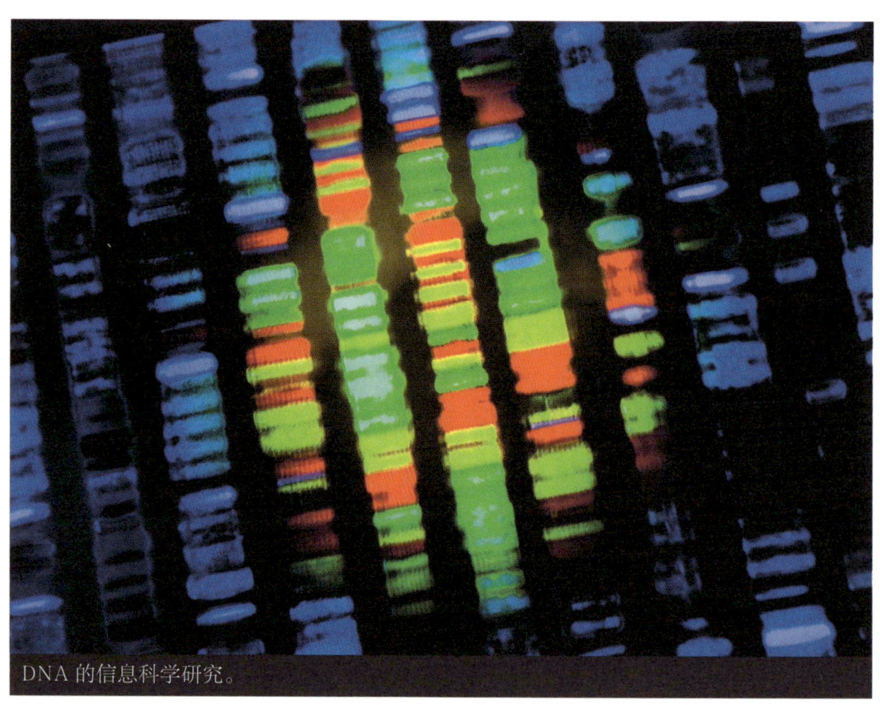

DNA 的信息科学研究。

基因测序竞赛

DNA 序列构成了生命体的基因组，其长度和复杂性使得信息工具不可或缺。1977 年，弗雷德里克·桑格发明了测序技术，该技术在快捷性方面进步飞速，平均每 15 个月至 18 个月就能增加一倍！连计算机处理器的处理能力都难以追赶它的步伐，所以许多 DNA 序列尚待注释和解析。因为只有基因的“文字”是不够的，还需要了解它的含义！基因组解码工作是生物信息学的主要任务。

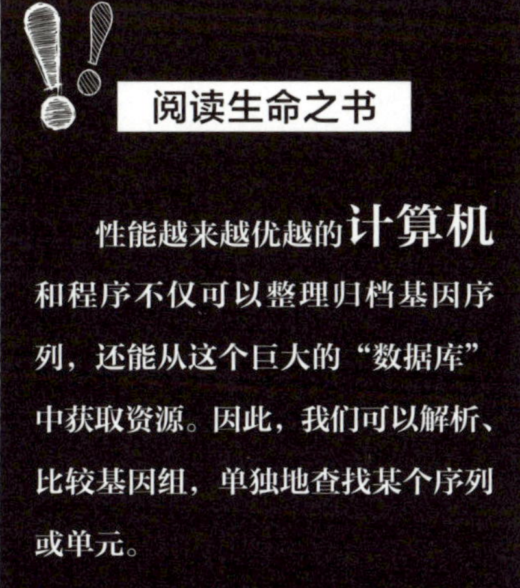

阅读生命之书

性能越来越优越的**计算机**和程序不仅可以整理归档基因序列，还能从这个巨大的“数据库”中获取资源。因此，我们可以解析、比较基因组，单独地查找某个序列或单元。

从基因到蛋白质

生物信息学不仅研究 DNA 分子，还研究**蛋白质**及其与基因组的关系。生物信息学可以自动将核苷酸序列翻译成氨基酸链，并对形成的蛋白质进行三维结构建模。同时，我们还可以模拟基因突变对蛋白质形态及其功能的影响。这些工具在医疗领域，尤其是遗传疾病及其可行治疗方案的研究中被广泛应用。

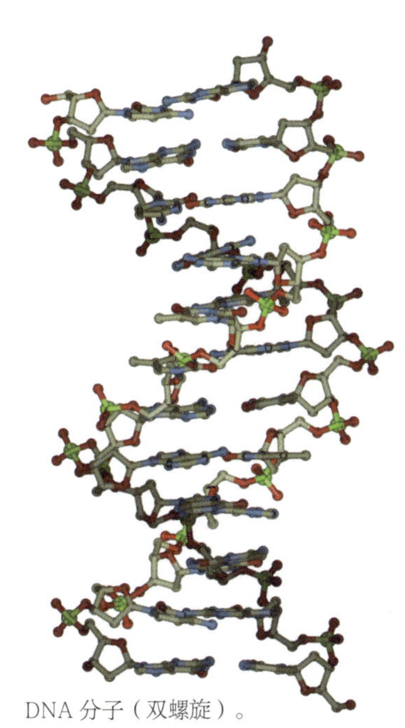

DNA 分子（双螺旋）。

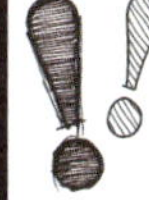

DNA 图书馆

国家及国际机构负责基因序列数据库的**归档**整理：美国国家生物技术信息中心（NCBI）管理着可自由访问的基因银行数据库（Gen Bank），该中心将所有已知的核苷酸序列和相关蛋白质进行了归档登记。2000 年，美国塞莱拉基因公司（Celera Genomics）创始人克莱格·文特尔，宣布首次实现人类全基因组测序（他本人的基因），这大大加快了 1990 年美国能源部发起的人类基因组计划的进程。到 2003 年，该计划只取得了一个完整的序列。

数字时代的达尔文

生物数据的信息处理令进化生物学取得了飞跃式的发展。通过比较不同物种的基因组，我们可以评估其基因相似度，建立起生命形态的树状图，极其精确地描绘出之间的系谱关系。

大数据：我们都被监视了吗？

数据中心，内部放置着通过网络访问实现数据存储与发送的设备。

读懂数字

通过数学、统计学和信息学的跨学科应用，从大量匿名数据中建立起模型和认知是数据学的目标。在城市规划中，针对人口移动的分析能够调整交通工具通行的频率；在某些博物馆，手机数量的空间聚集分析能够实时评估人流量，寻找合适的参观路线。

30 亿用户

2016 年末的互联网数据令人大吃一惊：全球已有近 35 亿网民。在法国，85% 的人使用互联网，每周平均上网时间超过 18 个小时。

超级连通！

占据全球访问量前三位的网站分别是谷歌（Google）、YouTube（属于谷歌公司）和脸书（Facebook）。此外，全球有超过 30% 的人口注册了社交网站，每分钟发布 35 万条推特，通过脸书（Facebook）为 2.16 亿张图片点赞，用手机在 Snapchat 应用上发送 700 万张照片。

十亿级别的数据

网络巨头们开发大数据（BIG DATA）作为工具，用来管理网络活动产生的庞大数据。这些数据类型不一：电子邮件、GPS 数据、视频和金融交易。虽然来源多样，但这些数据应当在任何时候都能被快速使用并加以存储。这导致了存储空间（“云”）的非物质化，今后可以通过网络实现接入，同时还推动了多种计算和分析工具的开发。

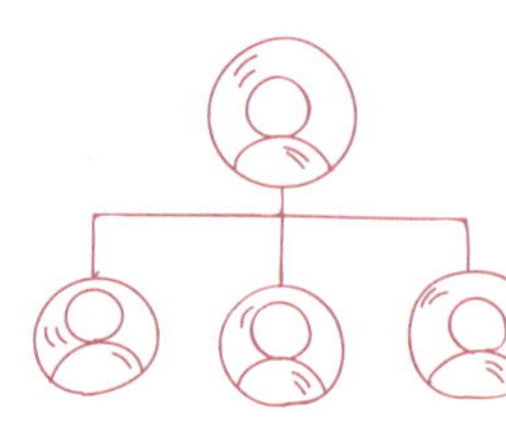

超市围追

通过分析从会员卡或其他类似人群购物情况中获取的数据，超市或在线销售网站能够分析目标消费人群的行为，从而向他们推送特定商品以提高收益。同时这一工具也可以帮助商户在某一商品供不应求时取消促销。使用这些数据来“预测”未来拥有巨大的吸引力。例如，我们的饮食习惯分析能够揭示某种上升的疾病风险而被许多人采用（保险、健身教练等）。

预测未来?

虚拟法律助手正在研发过程中。它的算法源自大量数据的分析和整合，能够解决多种纠纷，并估算法律诉讼的成功率。

爱德华·斯诺登揭露通过数字信息进行全球监视的行径，将大数据和所有数字信息的危险性公之于众。

面临难题

算法是执行重复任务的一种优化方法（在字典里查找一个词、下一步好棋、维持房间温度）。算法的计算机编码有些类似于菜谱。需要列出待完成的事项，建立应完成事项的顺序，遇到难题的情况下在可能得到结果前提供解决方案。而今，管理存储、规划最短路线、识别文本语言或照片上的人脸等都离不开算法。

老大哥正盯着你

2013 年，曾受雇于美国国家安全局（NSA）的编程员**爱德华·斯诺登**（Edward Snowden）披露美国和英国达成一项全球监视协议，自 1970 年以来允许在全世界范围内实施间谍活动和盗取大量数据。如果说最初的目的在于打击恐怖主义，那么窥破政治、工业和商业阴谋和秘密则能使他们实现外交控制。揭露的情况拷问着大数据的危险性；爱德华·斯诺登则迅速踏上逃亡之路……

量子计算机：未来的个人电脑？

这么小，太小了

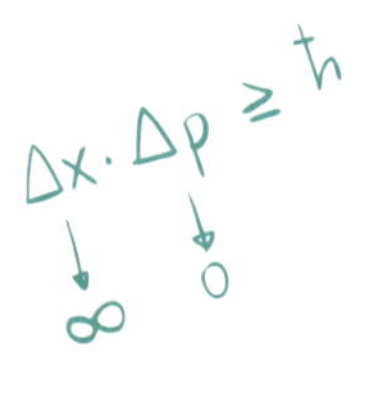

信息设备追求**微型化**的竞赛终于落下帷幕。事实上，如今纳米级的零件体积过小，容易受到机器运行固有的电磁辐射的损害。现在的重点是什么？在不增加电脑体积的前提下继续提高它的计算能力；量子计算机就是解决方案之一。

量子微处理器样品。

计算机中的粒子

根据“薛定谔的猫”（见第267页）实验提出的**量子叠加原理**，量子粒子对于单个量可以同时有多个值。量子计算机不再是一个接一个地处理二进制数的1和0，而是同时处理全部代码的所有可能组合。因此，量子计算机理论上不会有计算上的限制。

量子计算机的核心

量子计算机采用的**零件**必然与我们已知的不同。晶体管、电阻等退场让位于“其他的东西”。确切来说，这个“其他的东西”还在研制过程中。在实验中，将电子关在原子的外壳里能够通过激光使其保持在受激态与基态之间。于是这两种状态构成了“量子比特”的两个界限（即现有机器比特的0和1量子等值）。其他解决方案还包括开发液态或气体计算机……

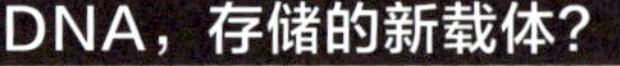

DNA，存储的新载体？

某些计算机编程员在**DNA**中找到了一种四进制的语言（见第42页），它不仅能以极其微小的体积将数量庞大的数据译成编码，还能保持极长的生命周期。这种编码方式促使研究人员使用DNA作为数据存储的载体。人们以此发明出一种特殊语言，并以DNA的形式将阿基米德原理编写成代码。目前，得到的片段存储在一个微型玻璃圆球中，已经成功通过所有极端条件的测试，信息没有受到丝毫影响。

漫漫长路第一步

虽然量子计算机是许多大公司的研制重点，但现有的机器只能算是计算机。目前，最先进的机器是由谷歌公司和美国国家航空航天局（NASA）联合制造的 D-WAVE-X2，它进行复杂运算的速度比“正常”计算机快 1 亿倍。然而，它只是针对某种计算的大型专业计算器而已，远非可编程或是可运行软件的计算机。

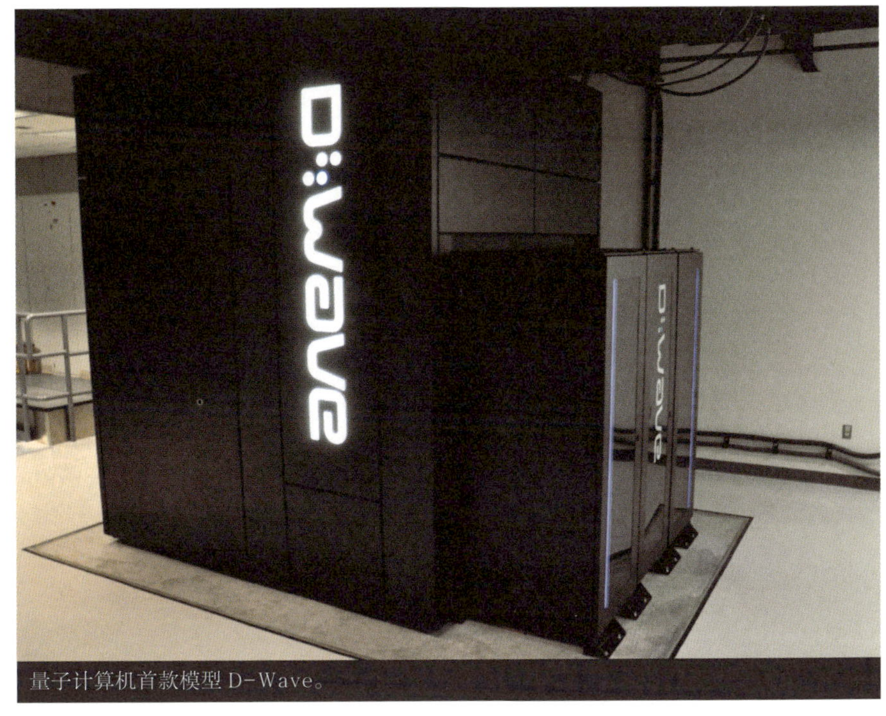

量子计算机首款模型 D-Wave。

为 D-WAVE-X2 而改进的机械。

失去相干性

量子计算机的运行离不开**相干性**，这意味着它应当保持在量子状态。难点在于如何阻止其恢复常态，即“退相干”状态，它在这种状态下必然会与周围环境相互作用，损失部分信息，从而引起计算错误。

量子计算机的用途？

使用量子系统进行**计算**是为了能够在面对庞大变量的情况下，快速找到解决方案。量子计算机可用于开发无人驾驶航空系统、实时管理公共交通网络、创建无法被盗用的密钥、寻找太阳系外行星和改进人工智能……

您说二元论?

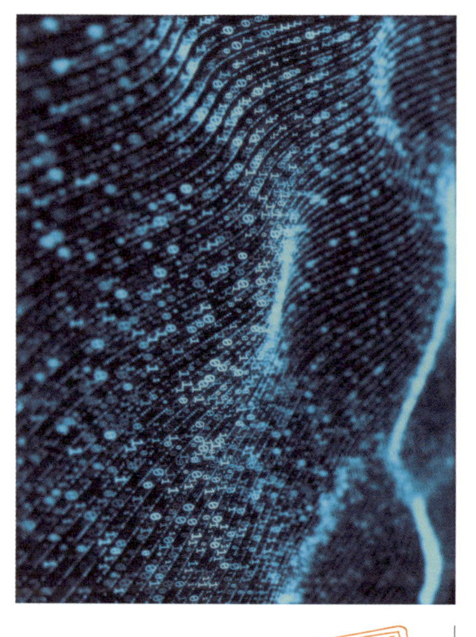

二进制的优势

按二进制系统从0数到5，应表示为：0、1、10、11、100、101。如果这让我们颇费脑筋的话，那么电子设备则能轻而易举地记录和发送数据，因为它是由只有两个档位开关的晶体管组成的：开启（1）或关闭（0）。为了简化数据转换，以十六进制（16个符号）为基础集合八个比特的八位字节逐渐被接纳采用。

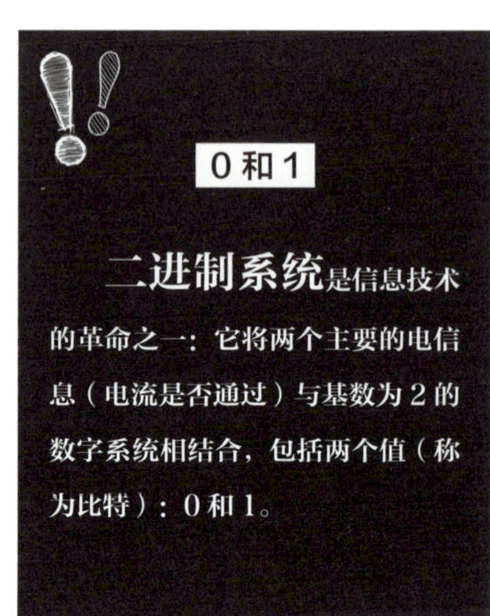

0和1

二进制系统是信息技术的革命之一：它将两个主要的电信息（电流是否通过）与基数为2的数字系统相结合，包括两个值（称为比特）：0和1。

第三次工业革命

数字时代之所以被称为第三次工业革命，在于它所产生的信息流变化。从此以后，信息流能够连续即时地在全球范围内传送。获取信息的途径颠覆了经济与消费方式。顾客能够比较各种报价，浏览其他用户在网站上的留言评价，而后做出选择。人被置于整个系统的中心位置，据经济学家表示，这将带来两种影响：一方面促使企业实现数字化以满足需求；另一方面企业将重新审视与员工之间的关系，将其置于企业的中心。未来将朝着建立在合作社区基础上的参与型经济发展。

从量到数

数字数据与模拟数据截然不同：模拟量直接与测量数值成比例关系，数字量则将几个数字与所做测量相匹配。举例来说，一根针放在天平的两个托盘之间能够显示出平衡状态，而数字天平则显示数目（kg、g等）。

晶体管是当今技术的关键元素。

留下数字痕迹！

数字痕迹是指网民留下的所有可供其他用户浏览使用的活动痕迹：博客、评论、社交网络或论坛活动……招聘软件不仅能够显示用户擅长的领域、从事过的活动、说过的言论或拼写水平，还可以在分析这些信息的基础上补全心理特点，帮助决定是否录用应聘者。

此 cookie 非彼 cookie

Cookies（小型文本文件）是建立连接的证明。访问的网站将小型文本文件直接储存在用户设备（平板电脑、电话、电脑等）以保证网络连接，最长期限为 13 个月。每个网站都有特定的 cookies，能够在用户整个浏览期间，甚至是以后访问网站时辨别用户。Cookies 会记住查找条件，保存密码或浏览历史记录，以实现更优的网页显示。Cookies 还可以帮助广告商建立特点分析，根据浏览历史来调整商品信息的展示，其全球网络投资已经超过 2 000 亿美元。

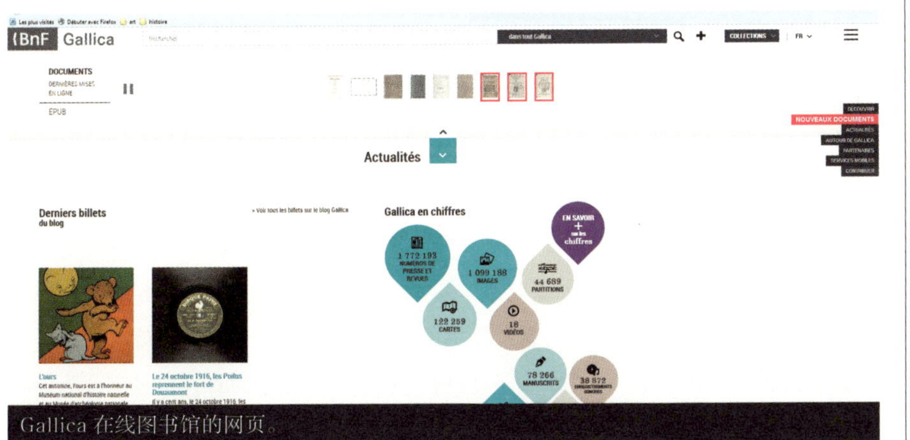

Gallica 在线图书馆的网页。

当装订变成像素

数字**图书馆**对各种资源进行数字化处理（书籍、地图、乐谱等），以便使人们无论身处何地都能获取到资料，甚至是一些稀缺资料。法国国家图书馆与合作者共同创建了 Gallica 数字图书馆，提供 400 万份资料供自由查阅。出于相同理念，法国国家视听研究院（INA）修复了无线电广播和电视档案，并进行数字化处理，其中部分已向个人开放。

珊瑚。

生物医学工程

在生物工程学中，骨组织研究以改善全球每年超过 200 万例旨在修复和整合假体的骨移植手术为目的。降低骨切取风险的研究思路主要在于将不同的生物材料与干细胞或骨髓细胞相结合。以这种方式制造出的人造骨组织或软骨组织能够被自身接受。

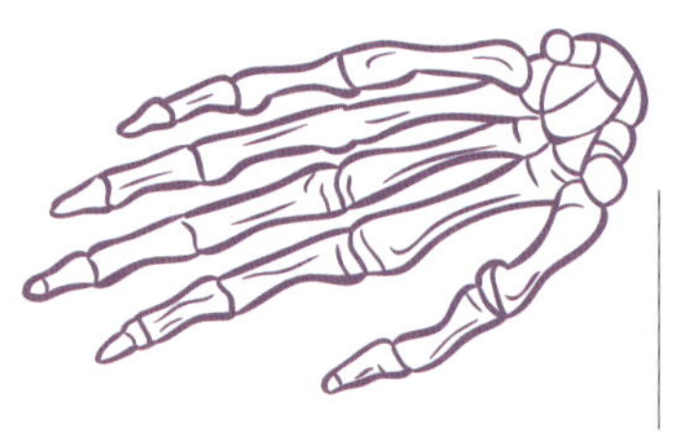

求助生物材料！

生物材料是用于替换或填补自然结构的天然或人造医用材料。生物材料的选择需考虑与活体的相容性：无毒性、免疫耐受性、机械性、耐化学性和持久性。因此，多种材料如钛、陶瓷、珊瑚或某些聚合物（见第 150 页）都可作为生物材料使用。

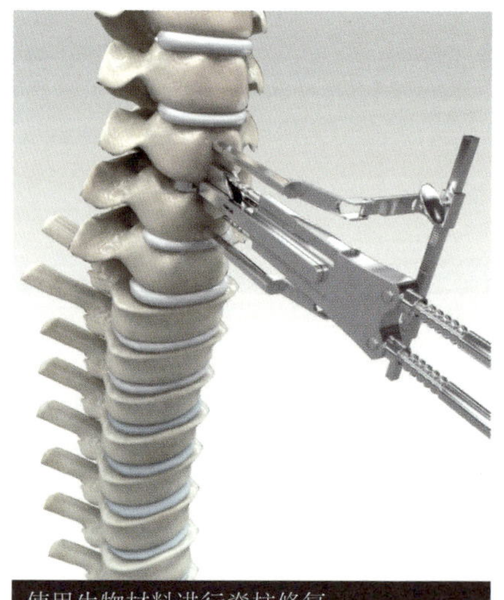
使用生物材料进行脊柱修复。

关联时代

眼镜、手表、钢笔、运动鞋……越来越多相互关联的物品能够监测步数、心率和睡眠等。2014 年起，远程医疗系统开始进行测试。它能将结果即时传送给医生，实现快速全面的诊断，从而加快诊断速度，降低成本，在一定程度上解决医疗资源匮乏地区的问题。

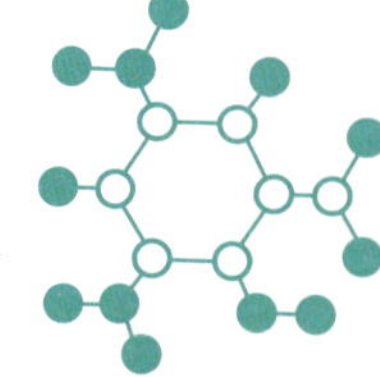

皮肤的挑战

皮肤修复的困难之处在于其功能的多样性：感觉作用（触摸、感知热和冷）、保护作用（光线、晒黑和免疫）、调节体温作用（流汗、颤抖）……此外，还应该考虑到皮肤的褶皱、三层结构和质地。最浅表的表皮细胞的培养能够将从患者身上提取的健康皮肤用于自体移植，直至完全覆盖受损的皮肤，最常见的提取部位是大腿。皮肤是人体面积最大（2 m^2）和质量最重（4 kg 至 10 kg）的器官，此外求助于皮肤捐赠者也是十分常见的做法（异体移植）。

为生命体服务的 3D 打印技术

尚处于实验阶段或用于化妆美容试验的生物 3D 打印技术是再生医学的重要研究方向。通过干细胞培养能够生成定制的组织，速度较愈合速度更快（2 min/cm^2）。一个难题摆在面前：如何挖凿功能性毛细血管网络而不损坏整体结构。2016 年末，问题得到了解决：使用水凝胶当作模子。一旦干细胞网络形成，水凝胶就溶解了。当时植入小白鼠体内的组织在数月内都维持着正常功能。

意念控制

脑机接口实验中，放置在头顶或与大脑直接接触的传感器记录下脑电活动。电脑对其进行处理，而后传输到相连的装置上：假体、运输工具、机器人、人造声音软件……虽然这些接口自 20 世纪 70 年代起便开始研发，但始终面临着生物相容性（传感器排斥）和记录信息中干扰噪声的困扰。这一技术将应用于医疗、精神病学和军事领域。

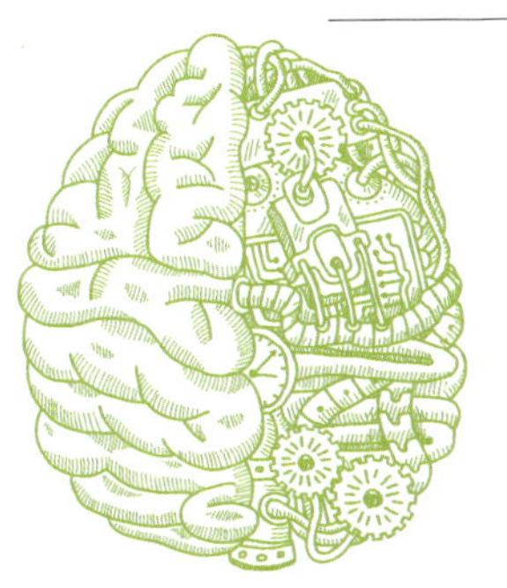

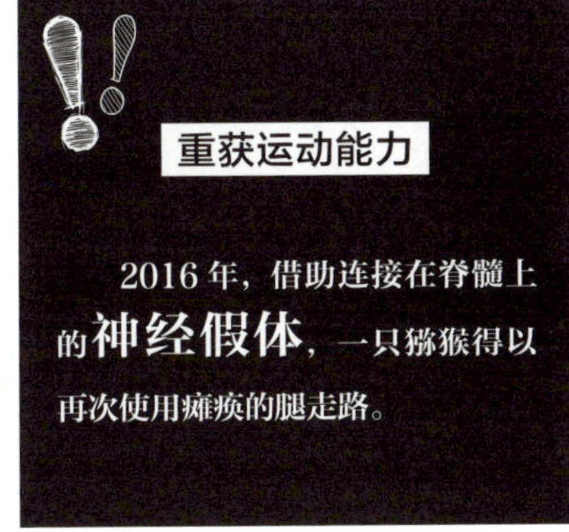

重获运动能力

2016 年，借助连接在脊髓上的神经假体，一只猕猴得以再次使用瘫痪的腿走路。

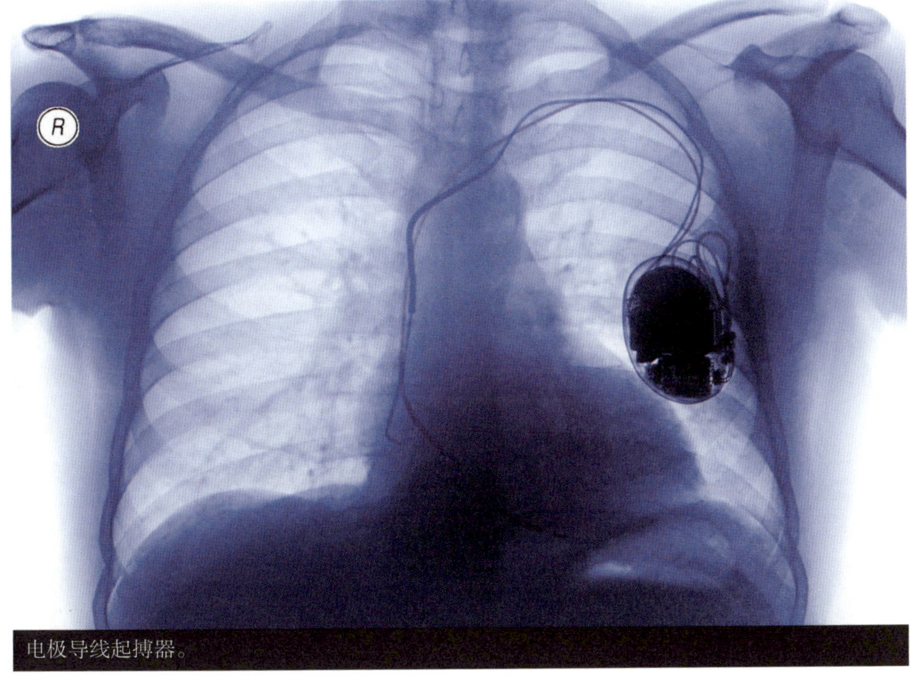

电极导线起搏器。

无线心脏

无线技术近几年被运用到人体当中。心脏起搏系统（起搏器）的体积已经大幅缩小，伏打电池换成了蓄电池，也无须再用导线连接放置于皮下的电盒和心脏内部。这项技术减少了导线引发并发症的风险：能够为全球 150 万使用电极导线起搏器的心力衰竭患者带来治疗效果。

机器人的智力

人工智能之父艾伦·图灵。

只有人才会犯错！

如果说最初人工智能的发展主要涉及计算，那么艾伦·图灵从20世纪50年代起就已经看得更远了。他设计了一项以他的名字命名的测试，意图评估一台机器是否“有意识”。原理十分简单。评审团与被测试者进行对话，前提是评审团成员事先不知道对方是人类还是机器。如果评审团无法分辨人类和机器的回答，那么测试成功。测试那天，没有一台机器成功通过测试。应当说诸如幽默或批评等参数是很难编成代码的，而且如果想要被当作人类，机器还应该学会……犯错！

机器人的选择

通过分析提供的参数，机器人能够给出符合逻辑的解决方案。然而，这还存在着伦理方面的问题。事实上，美国人之所以禁止军事机器人自行决定是否开火，是因为其他需要“决策”能力的操作很快就会成为我们日常生活的一部分。自动驾驶汽车程序应当能够适应所有突发情况。救援机器人应当选择救谁或不救谁，这就不再只是一个逻辑问题了。对于制造具有伦理道德的机器人，不仅在可行性（信息编码的复杂性）方面，还在优势及后果方面引发了强烈的争论。

和机器做游戏

机器很快就被用于娱乐：自1959年起，电脑成了国际跳棋界一个难缠的对手。1997年，当时世界上最优秀的棋手加里·卡斯帕罗夫被“深蓝”打败。此后，程序变得越来越强大。2016年，人工智能甚至统治了包含10 600种组合的围棋。这一壮举得益于“智能”算法，它不仅可以预估对手的棋路，还能在过程中不断学习，而不是每一步都重新计算。

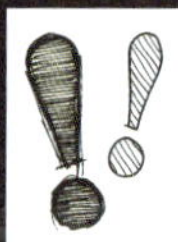

无人机，未来工具

如今，无人机已经进入**民用领域**：监督石油泄漏、定位飓风受害者、检查电力设施……大众能够越来越容易地接触到无人机。

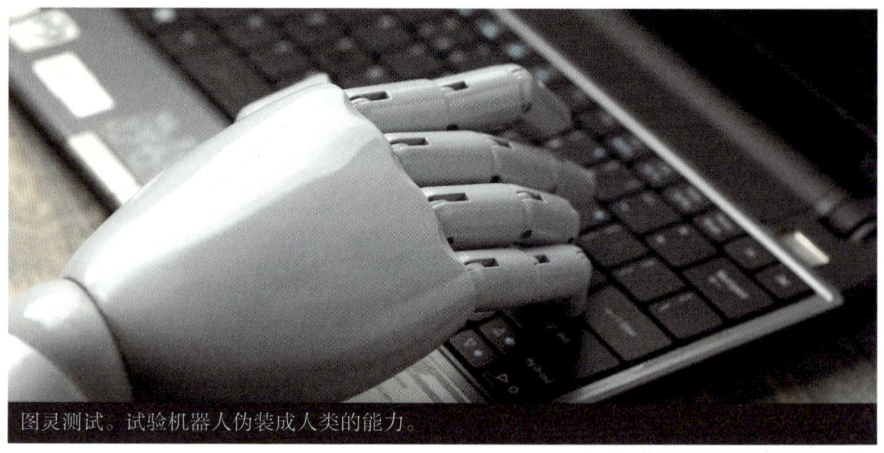
图灵测试。试验机器人伪装成人类的能力。

军用无人机。

不是人类，是智能程序机器人！

BOTS 智能程序机器人（“bots”一词来源于“robots”的缩略）是智能计算机程序，能够执行枯燥无味的重复任务。在互联网时代，它往来穿梭于网络空间，通过搜索引擎为网页编列索引，检查链接的有效性和格式的遵守情况，改正拼写错误等，因而它的用途十分重要。当我们通过即时通信软件联系企业客服时，通常是聊天机器人在回答我们。日常生活中，通过电子邮件接收新闻、用短信追踪包裹或是和虚拟玩家对赛都是智能程序机器人的工作。同许多计算机程序一样，它们也会被用在一些不太值得称赞的地方：增加网页点击率以提高评价和网站所有者的收入、电子游戏作弊和发送不受欢迎的信件（垃圾邮件）……

“家用”无人机。

外科医生机器人

目前，全世界已有超过 2 000 个外科科室配备了机器人。起先，它们负责为外科医生传递工具，而后虽然仍要听命于人类，但它们的角色变得越来越多样化。机器人可以实现微创介入，并实时显示手术的画面。2016 年，Star 机器人完全自主地缝合了动物组织。得益于无与伦比的敏捷灵巧，它能够成为外科医生宝贵的精准工具。

电子战时代的无人机

在军事领域，自第一次世界大战结束，无人机就成为大力发展的工具之一。通过远程操纵，无人机能够传回图片或运送武器。军事无人机既可防御，也可进攻和搜集情报，针对无人机的诸多研究旨在提高它的续航能力、航程以及对抗气流的能力。

科幻：幻想还是现实？

飞行汽车指日可待？

目前，已经或多或少取得成功的飞行汽车推出了多款样品和模型。这些车辆造成了行政管理的难题，因为它们既要同时遵守交通和航空规则，还需要遵守二者的安全规范。最新款飞行汽车仅需 200 m 的跑道即可起飞。距离虽不长，但就城市空间内的使用而言还是过长了。它现在的成本是几十万欧元，对于个人来说，距离驾驶它还很遥远。

如果存在独角兽？

在电影《侏罗纪公园》中，通过操纵基因，从琥珀中蚊子体内提取恐龙的 DNA 能够将其复活。得益于分子剪刀（CRISPR-CAS9），已经灭绝的动物，如猛犸象得以重见天日。事实上，利用相近动物（大象）的雌性个体作为已修改胚胎的母体，从而获得猛犸象的基因遗传在理论上是可行的。因此，对基因组的认识和掌握可能在某一天让渡渡鸟复活或创造出独角兽……这类计划引起了诸多争议，它将生物多样性的益处和可能出现的后果置于对立面，并且还引发了相关的道德问题，如我们之前举例的母象。

隐形传送！

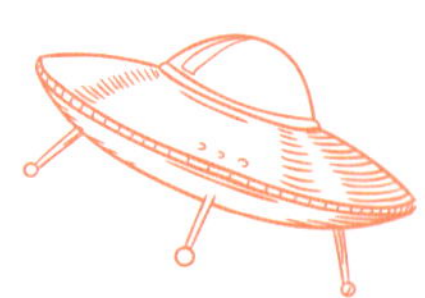

如果说对于人类、动物或物体而言不存在隐形传送，但对于量子而言却是完全可能的！ 20 世纪 30 年代，人们发现了量子纠缠现象，这是一种两个粒子间可能获得的物理特性。粒子不再被视作独立的存在：如果一颗改变了状态，另一颗也会即刻发生相应的状态变化，无论距离多远。这种不传递任何物质或能量的隐形传送被应用到信息技术领域。因此，我们可以做到使用光子传递代码信息（目前距离可到 25 km），并在信息被拦截的情况下轻松识别。

斯科特·凯利（Scott Kelly）在太空中连续度过 340 天。

未来之旅？

在太空连续度过 340 天，斯科特·凯利成为时间旅行者的一员。他跨入未来约 8 ms 的时间可以用爱因斯坦的相对论来解释，根据相对论，时间的概念取决于个人所处的参考系。与此相反，回到过去是不可能的！

超级英雄！

在科幻片中，超级英雄总是在基因突变后获得超能力。在现实世界中，通过人类 DNA 测序，我们发现了超过200个与运动能力相关的基因。它们的发现已经被用于挑选运动员。2007 年，小白鼠经过基因改造后，肌肉组织增加了 4 倍，耐力增强了 10 倍（能跑 6 km 而非 200 m），这一实验引发了医学、农产食品和兴奋剂行业的强烈兴趣。

双生子佯谬

一对双生兄弟，其中一个接近光速地在太空中旅行，那么另一个留在地球的会怎样呢？第一个人感觉旅行了一年，而实际上地球已经过去了十年。进入太空的那个人会比待在地球的那个人更年轻。宇航员斯科特·凯利回到地球后，与待在地球上的双胞胎哥哥马克相比，无论是生理还是心理方面都有很大变化。这种实验不仅检验了理论，还让未来准备太空之旅时要预测对身体的影响。

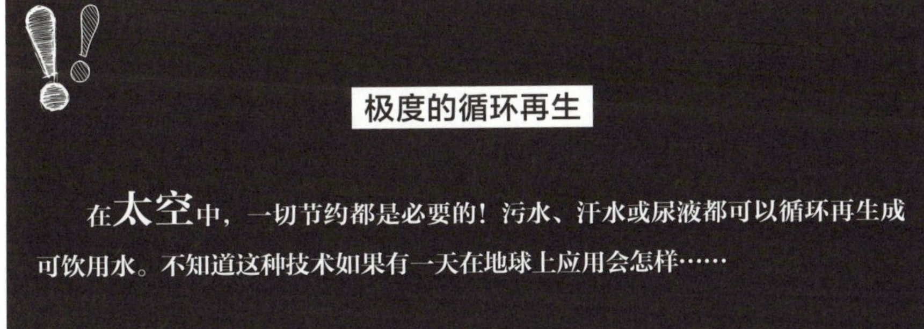

极度的循环再生

在太空中，一切节约都是必要的！污水、汗水或尿液都可以循环再生成可饮用水。不知道这种技术如果有一天在地球上应用会怎样……

词汇表

Adjuvant　辅药

与抗原共同组成疫苗，以提高疫苗的免疫性能。

Allèles　等位基因

同一染色体上的不同“版本”。

Amyloïde　淀粉样蛋白

所有与淀粉相关的性状。一些变性疾病，如阿尔茨海默病患者会出现的淀粉样蛋白斑，其主因就是 β-淀粉样蛋白。

Antigène　抗原

对于人体而言的“陌生”物质，可引起免疫反应。

ARN　核糖核酸

即 RNA，是脱氧核糖核酸家族中的分子，相对更小，较为不稳定。RNA 可通过信使核糖核酸的形式进行基因转录，由细胞核中牵出，合成氨基酸链（蛋白质）。在这一过程中，还有其他形式的 RNA 参与（转运 RNA 和核蛋白体 RNA）。

Acide aminé　氨基酸

构成蛋白质基础的分子。氨基酸序列决定了蛋白质的形状，即蛋白质的功能。

Branes　膜

弦理论中，从多个维度出发、包含所有已知粒子的实体。

CERN 欧洲核子研究组织（CERN）

位于瑞士日内瓦，是全球最大的粒子物理实验室。

CNRS

法国国家科学研究院（CNRS）

Centre National de la Recherche Scientifique 的简称，法国公立机构，创建于 1939 年。

Créationnisme　创造论

创造论认为宇宙、动物、人类的一切起源都应与圣经《创世纪》中一致。

Dessiccation　干燥

植物组织失水。

Entropie　熵

用于测量一个封闭的热力学系统的紊乱程度。

Enzymes　酶

具有催化作用的蛋白质，可以促进和加速部分化学反应，且在反应过程中本身不发生任何变化。

Épissage　剪接

用于形容 RNA 信使在切分后，部分片段重组新链。

Expansion océanique　海底扩张

地壳及洋中脊扩大。

Fermentation　发酵

在缺氧环境下，有机生命体中产生的化学反应。在发酵过程中，糖根据不同情况转换为酸、酒精或气体。

Gamètes　配子

参与生殖的性细胞。

Gènes codants / non codants
编码基因 / 非编码基因

编码基因主宰着蛋白质合成。非编码基因起到监管作用，或“保持沉默”（因而又称为“垃圾基因”。）

Générations spontanées
自然发生

自然发生说认为有机生命体可以自无生命物质中自发形成。除最初的生命形式外，这一说法从 19 世纪末开始，逐渐被淡忘。

Génome　基因组

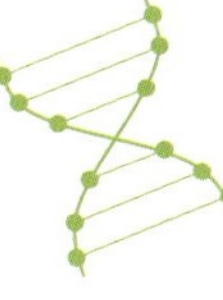

个体或一个物种的全部基因。

Génotype　遗传型

一个个体所携带的全部等位基因，其中部分只在表现型中表达。

Hétérozygote　杂合子

杂合子是指同一位点上的两个等位基因不相同的基因型个体（反义词为纯合子）。

Holocène　全新世

距今已有约一万年的地质年代。部分科学家认为，人类在地球上开始活动后的“人类世”是全新世的下一个年代。

Isotope　同位素

同位素是指拥有相同质子数（质子数与电子数相同）、不同中子数的同一元素。

Méiose　减数分裂

性细胞（配子）形成过程中数目减半的分裂方式，减数分裂完成后，每对染色体分开。

Mitochondries　线粒体

细长的细胞器，存在于大多数活细胞的细胞质中。它们的主要功能是提供操作新陈代谢所需的能量。

Névrose　神经（官能）症

生理疾病，与精神病不同，患病主体意识清醒。

Piézoélectricité　压电现象

某些晶体在承受机械压力时释放电流的现象。

Phénotype　表型

一个个体的全部可见特征，是其基因型的外在（和部分）表达。隐性基因，也有个体承载和传输，但并不显现。

Photon　光子

没有质量和大小的例子，是电子辐射的载体。

Phylogénétique　系统发育

基于进化论的、针对有生命物种亲缘关系的研究。

Planète naine　矮行星

隶属于太阳系，大小介于星体和小星星之间。

Polarisation　极化

与所有电磁波一样，光亦由电场与磁场组成。当光发生极化时，代表电场与磁场的两个向量相对于发生方向保持恒定。

Psychose　精神病

心理疾病，伴随判断与感知障碍（如妄想、幻觉）。

Subduction　俯冲

海洋板块滑动并延长至另一海洋或大陆板块下方的地质现象。

Supernova　超新星

一个星体在生命末期的爆炸，伴随着强烈的光释放。

Symbiotes　共生体

几种生物在有机联系的共生条件下互相得益的关系。

索引

A
AND 分子计算机
Air 空气
Anaximandre 阿那克西曼德
Antibiotiques 抗菌素的
Archimède 阿基米德
Ardi 阿尔迪
Aristote 亚里士多德
ARN 核糖核酸
Atome 原子

B
Bactéries 细菌
Baromètre 气压计
Bernard (Claude) 贝尔纳（克劳德）
Big Bang 大爆炸
Blundell (James) 布伦德尔（詹姆斯）
Bohr (Niels) 玻尔（尼尔斯）
Boson de Higgs 希格斯玻色子
Brahe (Tycho) 布拉赫（第谷）
Buffon Georges-Louis Leclerc
布丰 · 乔治 · 路易 · 勒克来克

C
Cancer 癌症
Carbone 碳
Cassini (Jean-Dominique)
卡西尼（让-多米尼克）
Cellules souches 根细胞
Cerveau 大脑
Changements climatiques 气候变暖
Chaos (théorie) 混沌（理论）
Charcot (Jean-Martin)
沙克（让-马丁）
Coeur 心脏
Constellations 星座
Copernic (Nicolas) 哥白尼（尼古拉）
Coppens (Yves) 科彭斯（伊夫）
Cordes (théorie) 弦理论
Créationnisme 创世论
Curie (Pierre et Marie) 居里夫妇
Cuvier (Georges) 居维叶（乔治）
Cyclone 飓风

D
Darwin (Charles) 达尔文（查尔斯）
Démocrite 德谟克利特
Descartes (René) 笛卡尔（勒内）
Dinosaure 恐龙
Doppler (effet) 多普勒效应

E
Effet papillon 蝴蝶效应
Einstein (Albert) 爱因斯坦（阿尔伯特）
Electricité 电
Electrons 电子
Enzymes 酶
Euclide 欧几里得
Exoplanète 太阳系外行星

F
Faraday (Michael) 法拉第（迈克尔）
Fermi (Enrico) 费米（恩利克）
Fleming (Alexander) 弗莱明（亚历山大）
Fossiles 化石
Fractal 分形
Franklin (Benjamin) 富兰克林（本杰明）
Franklin (Rosalind) 富兰克林（罗莎琳德）
Freud (Sigmund) 弗洛伊德（西格蒙德）

G
Galaxies 星系
Galien 盖伦
Galilée 伽利略
Galileo 伽利略
GEIPAN 法国国家航天研究中心
Génération (théories) 自然发生
Gènes 基因
Génétique 基因的
Greffe 接穗
Grippe 流感

H
Halley 哈雷
Hippocrate 希波克拉底
Hooke (Robert) 胡克（罗伯特）
Hormones 激素
Hubble (Edwin) 哈勃（爱德华）
Huygens (Christiaan) 惠更斯（克里斯蒂安）

I
Immunité 免疫性
Intelligent design 智能设计
Internet 因特网
Intestin 肠

J
Joliot (Frédéric) 约里奥（费德里克）
Juno 朱诺

L
Lamarck (Jean-Baptiste de)
拉马克（让 · 巴蒂斯特）
Lavoisier (Antoine Laurent de)

拉瓦锡（安托万 - 洛朗 · 德）
Levure 酵母
Linné (Carlvon) 林奈（卡尔 · 冯）
LUCA 最后的共同祖先
Lucy 露西人
Lune 月球

M

Margulis (Lynn) 马古利斯（林恩）
Mars 火星
Matièrenoire 暗物质
Mendel (Georges) 孟德尔（乔治）
Mendeleev (Dmitri) 门捷列耶夫(德米特里）
Microbes 微生物
Molécules 分子
Montagnes 山
Mort 死亡

N

Nerfs 神经
Nerveux (système) 神经（系统）
Newton (Isaac) 牛顿（艾萨克）
Nombre d' or 黄金分割
Nombre premier 素数

O

Orrorin 图根原人
OVNI 不明飞行物
Oxygène 氧

P

Paracelse 帕拉塞尔苏斯
Paré (Ambroise) 帕雷（安布鲁瓦兹）
Particules 微粒
Particule 粒子
Pascal (Blaise) 帕斯卡尔（布莱兹）
Pasteur (Louis) 巴斯德（路易）
Pioneer 先驱
Pouchet (Félix Archimède) 宝榭（菲利克斯 · 阿奇曼德）
Protéines 蛋白质
Ptolémée 托勒密
Pythagore 毕达哥拉斯

Q

Quarks 夸克

R

Radioactivité 放射性
Rayonnement 放射
Rayons X X 射线
Reproduction 生殖
Rêves 梦
Rosetta 罗塞塔
Rutherford（Emest）卢瑟福（恩内斯特）

S

SIDA 艾滋病
Soleil 太阳
Sols 土地
Stevens（Nettie）史蒂芬（内蒂）

T

Température 温度
Terre 地球
Thalès 泰勒斯
Torricelli (Evangelista) 托里拆利（埃万杰利斯塔）
Trous noirs 黑洞

V

Vaccin 疫苗
Vapeur 蒸汽
Vide 空
Vie 生命
VIH 人类免疫缺陷病毒
Vinci (Léonard de)
达 · 芬奇（列奥纳多 · 德）
Virus 病毒
Volcan 火山

W

Watt (James) 瓦特（詹姆斯）

图片信息

Archives Larousse : p. 2 ; p. 3; p. 4 g – Dessin W. Lalonde ; p. 4 d – Ph. American Museum of Natural History, New-York ; p. 5 ; p. 6 b ; p. 6 h. – Direction régionale des affaires culturelles de Rhône-Alpes, Service régional de l'archéologie ; p. 7 h – Ph. J.M. Labat © Archives Larbor ; p. 7 b. – Ph.© H. de Lumlev/Coll.Archives Larbor ; p. 10 b.d. – Dessin Masako Taëron ; p. 11 h. et b. – Dessin Amélie Veaux ; p. 12 h – Dessin Christian Jégou ; p. 13 b. ; p. 14 h. – Ph. Nadar. Coll. Archives Larbor ; p. 15 g ; p. 15d ; p. 20 h – Dessin Jacques Cartier ; p. 22 h ; p. 31 h. g. – Ph. Jeanbor © Archives Larbor ; p. 34 h – Ph. Jeanbor © Archives Larbor ; p. 37 d – Dessin Dominique Roussel ; p. 43 h ; p. 46 h.g. – Dessin Michel Saemann ; p. 49 g – Dessin Michel Saemann ; p. 50 b – Ph. Jeanbor © Archives Larbor ; p. 55 b. – Dessin Marc Legrand ; p. 58 h.d. – Dessin Vincent Boulanger ; p. 74 h.d. – Dessin de M. Dessertenne ; p. 75 ; p. 76 h – Ph. Hubert Josse © Archives Larbor ; p. 77 – JL Charmet © Archives Larbor ; p. 78 – Ph. Luc Joubert © - Archives Larbor ; p. 80 d. – Ph. L. Joubert © Archives Larbor ; p. 82 h. – Ph. © Archives Nathan ; p. 83 h. – Ph. Jean-Loup Charmet © Archives Larbor ; p. 84 b. – Dessin Michel Saemann ; p. 86 h. ; p. 86 b. – Ph. DR Coll. Archives Larbor ; p. 87h. – Ph. René Basset © Archives Larbor ; p. 88 b. – Dessin Michel Saemann ; p. 90 b ; . ; p. 109 g. ; p. 116 h. – Dessin Madeleine Avril ; p. 121 h ; p. 121 b ; p. 122 h. – Ph. Jeanbor © Archives Larbor ; p. 122 b. – Ph. © Psamtik/Fotolia.com ; p. 124 ; p. 125 g. – Ph. Jeanbor © Archives Larbor ; p. 135 – Dessin Adolphe Millot ; p. 144 h. – Ph. © Archives Nathan ; p. 147 ; p. 149 b. – Ph. US Air Force ; p. 158 – Ph. A. Marnat ; p. 160 – Ph. Coll. Archives Larbor ; p. 170 b. – Ph. © Mount Wilson Observatory – California Institute of Technology – Archives Larbor ; p. 174 h. – Ph. Coll. Archives Nathan ; p. 174 b. – Ph. Coll. Archives Larbor ; p. 175 – Ph.Coll.Archives Nathan ; p. 176 g. ; p. 178 b. – Jean-Loup Charmet © Archives Larbor ; p. 183 b. – © Observatoire de Paris – Archives Larbor ; p. 184 ; p. 185 h. – Ph. © David Malin/ Anglo-Australian Telescope Board ; p. 189 ; p. 190 h. – Ph. Dornac © Archives Larbor ; p. 196 g. – Ph. © H.Roy – Société astronomique de France – Archives Larbor ; p. 196 d ; p. 208 ; p. 209 – Ph. © Zphoto/Fotolia.com ; p. 210 h.d. – Ph. Olivier Ploton ; p. 210 b.g. ; p. 211 ; p. 213 b. – Ph. Coll. Archives Nathan ; p. 215 ; p. 216 g. – Ph. Coll. Archives Nathan ; p. 216 d. ; p. 217 ; p. 218 h. – National Museum of Lapodimonte, Naples ; p. 219 h.d. ; p. 219 b.g. ; p. 220 h.g ; p. 221 – Ph. © Luc Joubert ; p. 223 b.d. – Prod. Cube Libre, Feature Film Project, The, Harold Greenberg Fund ; p. 224 b.g. – Ph. Luc Joubert © Archives Larbor ; p. 224 h.d. – Ph. Bayle © Archives Nathan ; p. 225 ; p. 228 – Ph. O.Ploton ; p. 229 – Ph. Coll. Archives Larbor ; p. 232 h.g. – Ph. Jeanbor © Archives Larbor ; p. 232 b.d. – Ph. DR ; p. 236 – J.L. Charmet © Archives Larbor ; p. 237 h.g ; p. 243– Dessin Laurent Blondel ; p. 244 – Dessin Frédérique Collinet ; p. 245 b. ; p. 246b. ; p. 251 h.d. – Ph. Lou © Archives Larbor ; p. 254 h.g. ; p. 256 ; p. 257 g. – Ph. G. Tomsich © Archives Larbor ; p. 258 – Ph. H. Manuel – Coll. Archives Larbor ; p. 260 h.g. ; p. 262 h.g. ; p. 264 b. - O. Ploton ; p. 265 b. – Dessin Bruno Chizat ; p. 267 b.d. ; p. 278 h.g. – Ph. © D.Stiévenard, IEMN/ ISEN UMRS CNRS 8520 ; p.278 h.d. – Ph. O.Ploton ; p. 279 h.d. ; p. 279 b.d. – Ph. Jeanbor © Archives Larbor ; p. 280 et p. 281 ; p. 280 h.d. – Ph. © X DR. – Archives Larbor ; p. 286 h.d. ; p. 286 b.g. – Cité de l'Automobile, Mulhouse. Ph. O. Ploton ; p. 287 h. – Ph. O. Ploton ; p. 290 – Ph. M. Didier © Archives Larbor ; p. 292 h.g. ; p. 292 b ; : p. 306 h.g. – Ph. © DR.

© **Alexander Van Driessche :** p. 127 h. ; © Alain Riazuelo/IAP : p. 198 h. ; © BNF : p. 303 b;

© Courtesy of Argonne National Laboratory : p. 148;

© **CERN :** p. 23 – 1997-2016 CERN ; p. 199 h. – 2007 CERN ; p. 239 – CMS/CERN ; p. 270 b.d. – Daniel Dominguez-CERN ; p. 271 b.g. – Lucas Taylor/CMS ;

© **Cosmos :** p. 25 – James King-Holmes/SPL/COSMOS ; p. 27 – Victor Habbick Visions/ SPL/COSMOS ; p. 35 d.- Power and Syred/SPL/COSMOS ; p. 54 g. – Victor Habbick Visions/ SPL/COSMOS ; p. 55 h. – SCIEPRO/SPL/COSMOS ; p. 57 b. – Peter Menzel/Cosmos ; p. 60 h. –NOAA PMEL Vents Program/SPL/COSMOS ; p. 61 h. – Eye of Science/SPL/Cosmos ; p. 62 h.g. – Wolfgang Baumeister/SPL/Cosmos ; p. 69 - SPL/COSMOS ; p. 70 h. – Patrick Landmann/SPL/COSMOS ; p. 70 b. – James King-Holmes/ICRF/SPL/COSMOS ; p. 89b. – Zephyr/SPL/COSMOS ; p. 92 – Wellcome dept. Of cognitive neurology/SPL/COSMOS ; p. 93 – Pasieka Alfred/S.P. L/ ; p. 95 h. – Antoine Rosset/SPL/COSMOS ; p. 95 b. – J.L.Martha, Publiphoto Diffusion/SPL/COSMOS ; p. 100 h – Bo Veisland/SPL/COSMOS ; p. 101 – John Bavosi/SPL/COSMOS ;p. 102 h. – James Holmes/SPL/COSMOS ; p. 104 – GUSTOIMAGES/ SPL/COSMOS ; p. 105 b. – NIBSC/SPL/COSMOS ; p. 108 b. – CNRI/SPL/COSMOS ; p. 111 g. – Hank Morgan/SPL/ COSMOS ; p. 111 d. – John Bavosi/SPL/COSMOS ; p. 112 h. – Steve Gschmeissnet/SPL/COSMOS ; p. 113 – Du Cane Medical Imaging LTD/SPL/COSMOS ; p. 116 b. – PASIEKA/SPL/COSMOS ; p. 127 b. – James Bell/SPL/COSMOS ; p. 131 h. – Bernhard Edmaier/SPL/COSMOS ; p. 139 h.g. – Alexis Rosenfeld/SPL/COSMOS ; p. 149 h. – Los Alamos National Laboratory/SPL/COSMOS ; p. 150 d. – Peggy Greb/US Department of Agriculture/Science Photo Library/COSMOS ; p. 154 b. – George Steinmetz/Cosmos ; p. 161 g. – Bryson Biomedical Illustrations/Custom Medical Stock Photos/SPL/C ; page 167 – Paul Rapson/ SPL/COSMOS ; p. 170 h.– Jean-François Podvein/SPL/COSMOS ; p. 173 h. – Mehau Kulyk/ SPL/COSMOS ; p. 173b.- Mehau Kulyk/SPL/COSMOS ; p. 234 h.g. – Emilion Segre Visual Archives/American Institute of Physics/SPL/C ; p. 238 – Lawrence Berkeley Laboratory/SPL/ COSMOS ; p. 241 – IBM/SPL/ COSMOS ; p. 269 h.d. – Peter Menzel/Cosmos ; p. 272 h.d. – Lawrence Berkeley Laboratory/SPL/COSMOS ; p. 274 – Mehau Kulyk/SPL/COSMOS ; p. 275 b.d. – Corbin O'Grady Studio/SPL/COSMOS ; p. 284 h.g. – Mehau Kulyk/SPL/COSMOS ; ; p. 288 b. – James King-Holmes/SPL/COSMOS ; p. 289 – Pasieka/SPL/COSMOS ; p. 305 b.d. – Gustoimages/SPL/COSMOS ; p. 308 b.d. – Victor Habbick Visions/SPL/COSMOS

© **ESA :** p. 118-119 ; p. 119 ; p. 120 ; p. 137 – Ph. S. Corvaja ; p. 140 h.d. – ESA/ ; p. 152 ; p. 162 d. – Spacejunk 3D, LLC ; p. 192 – ESA/NASA ; p. 194 – Hubble/ESA ; p. 202 ; ; p. 203 b. – Ph. © P. Baudon/Areinespace/ESA ; p. 205 h ; p. 246 h. ; p. 136

© **ESO :** p. 187 - H.Zodet ; p. 190 b. ;

© **Fotolia :** p. 50 h. ; p. 81 ; p. 96 h ; p. 218b. ; p. 257 h.d.; p. 264 h ; p. 115h.; p. 276.

© **Henry Grand Archive/Museum of London :** p. 42 b.d. ;

© **Johnstone :** p. 237 b

© **Library of Congress, Washington :** p. 280 b.g. – American Stereoscopic Compagny; p. 281 b.d. ;

© **Microsoft :** p. 293b.

© **NASA :** p. 168 – JPL-Caltech/NASA ; p. 169 ; p. 191 ; p. 193 – Ph. © Loke Kun Tan/NASA –DR. p. 195 – NASA/JPL/University of Arizona ; p. 197 – JPL-Caltech/NASA ; p. 200 – NASA/ JPLCaltech/GSFC/JAXA ; p. 201 h. ; p. 203 d. – NASA/JPL-Caltech ; p. 205 b. – NASA, ESA, CFHT,CXO, M.J.Jee (University of California, Davis) and A.Mahdavi (San Francisco State University) ;p. 206 – NASA, J.Bell (Cornell U.) and M.Wolff (SSI) ; p. 207 h. – JPL Caltech/ MSSS/NASA ;p. 207 b. – JPL Caltech/ASU/NASA ; p. 287 b. ; p. 300 – NASA/JPL-Caltech ; p. 301 h.d. – NASA Ames/Nick Bonifas ; p. 301 b.g. – NASA Ames/John Hardman . p. 309 h.g. – NASA.

© **LIGO :** p. 263 – T. Pyle/LIGO

© **NOAA :** p. 181 b ;

© **Population Référence Bureau :** p. 230

© **RMN :** p. 30 – Muséum d'histoire naturelle, Dist. RMN-Grand Palais/image du MNHN, bibliothèque centrale ;

© **Saget :** p. 157

© **Shutterstock :** p. 2 h ; p. 13 b ; p. 8 h ; p. 10 h ; p. 13 h ; p. 20 b ; p. 21 h ; p. 24 ; p. 26 ; p. 29 ; p. 38 d ; p. 39 ; p. 41 h. et b. ; p. 42 g ; p. 43 b ; p. 44 ; p. 45 h. et b. ; p. 48 g. et d. ; p. 49 d ; p. 51 g ; p. 53 ; p. 54 d ; p. 56 h.d. ; p. 57 h. ; p. 58 b ; p. 59 b.d. ; p. 61 b ; p. 63 h.d. ; p. 63 ; p. 64 h. et b. ; p. 65 h. et b. ; p. 66 ; p. 67 h.d. ; p. 68 h.g. : p. 71 ; p. 73 h ; p. 78 ; p. 79 ; p. 84 d ; p. 85 ; p. 87 b. ; p. 89 h. ; p. 97 h.d. et b.g. ; p. 98 ; p. 99 ; p. 102 ; p. 103 h ; p. 103 b ; p. 105 h. ; p. 106 : p. 107 ; p. 108h. ; p. 110 ; p. 112 b ; p. 114 ; p. 115 g. et d. ; p. 117 ; p. 125 d. ; p. 126; p. 129 h.d. ; p. 130 ; p. 134 h. et b. ; p. 138 ; p. 139 h.d. ; p. 139 b ; p. 140 b.d. ; p. 141 ; p. 142 ; p. 143 ; p. 144 b. ; p. 145 ; p. 150 g. ; p. 151 ; p. 153 g. ; p. 153 d. ; p. 154 ; p. 155 h. ; p. 156 h. ; p. 156 b. ; p. 159 h. ; p. 159 b. ; p. 161 d. ; p. 162 g. ; p. 163 ; p. 164 ; p. 165; p. 166 ; p. 171 ; p. 172 ; p. 185 b. ; p. 193 h. ; p. 201 b. ; b. ; p. 227 b. ; p. 231 ; p. 233 ; p. 234 b.d. ; p. 235 ; p. 244 b. ; p. 245 h ; p. 247 ; p. 248 h.d. ; p. 253 ; p. 255 b.g. ; p. 260 b.g. ; p. 261 ; p. 267 g. ; p. 268 h.d. ; p. 268 b.g. ; p. 279 ; p. 270 h.g. ; p. 272 ; p. 273 b.d. ; p. 283 ; p. 285 ; p. 288 h.g. ; p. 291 ; p. 294 ; p. 295 ; p. 296 ; p. 297 ; p. 298 ; p. 299 ; p. 302 : p. 303 h.g. ; p. 304 ; p. 306 b.d. ; p. 307 h.g. ; p. 307 b.g. ;

© **University of Michigan** – DR (peinture de Robert Thom) : p. 18 h

© **US National Library of Medicine :** p. 99 h.

© **Wellcome Images :** p. 8 b; p. 9 b. ; p. 10 b.g. ; p. 16 b ; p. 17 b.; p. 18 b. g. p. 18 b.d. ; p. 22 b. ; p. 28 d; p. 31 h. d - ; p. 32 h ; p. 33 d ; p. 38 h.g. – ; p. 62 b. ; p. 78 h.d; p. 80 g. ; p. 81 h. ; p. 82 b. ; p. 83 b ; p. 90 h. ; p. 91 b. ; p. 94 ; p. 96 b. ; p. 97 h.g. Frank ; p. 122 d. - ; p. 123 ; p. 123 b ; page 128 ; p. 129 b. ; page 129 h.g. ; p. 132 h. ; p. 132 b. ; p. 133 h. ; p. 146 g. ; p. 146 d. ; p. 178 h. ; p. 181 h. ; p. 114 ; p. 222 h.d. ; p. 223 h.g.; p. 240 ; p. 249 ; p. 250 h.g. ; p. 250 b.d. ; p. 252 ; p. 259 b.d.; p. 278 b.d.